本书献给所有关心支持我从摩山(Moses)到凯拿（Cana）持续创业的挚爱的朋友们……

严骏伟
Moses Yan

应收账款资产管理及
证券化实务

严骏伟　黄长清　曾宪法　主编

复旦大学出版社

内容简介

我国资产证券化市场自2005年开始试行,自2011年重新启动后,2014年发行开始增速,2015年实现了井喷式的增长。截至目前,今年国内资产证券化产品发行总量已达3 239亿元人民币,存量规模达3 367亿元人民币,是2015年市场规模的1.15倍。与此同时,发起机构类型也由传统的国有大型银行和股份制银行逐渐延伸到城商行、农商行、金融租赁公司等。在政策暖风的推动下,2016年我国资产证券化规模有望超过5 000亿元人民币,迎来发展的黄金期。

本书以应收账款资产管理及证券化实务作为出发点,在应收账款资产管理中,介绍了应收账款管理的金融工具,重点介绍了2015年新兴产业——保理,并在铺陈管理理论的基础上辅以大量保理操作案例,在对行业进行分类的基础上,细化了行业风险,并针对每个所处行业进行保理案例说明;同时,辅以美国先进应收账款的技术管理方法,结合国内应收账款科学技术管理手段,使读者可从中受益。

本书还运用大量篇幅介绍了应收账款资产证券化,在细化行业基础上介绍了租赁、贸易类应收账款和保理资产证券化的发行案例及心得,做到实务操作与理论相结合。

本书可作为高等学校相关专业的教材或教学参考书,也适合金融行业从业者、保理行业从业者、投资银行从业者和有关研究人员阅读参考。

编委会与编写组成员名单

主　　　　　编：严骏伟
执 行 主 编：黄长清　曾宪法
编写组责任执笔：祁　锋　舒雨骅
编 写 组 成 员（按姓氏笔画为序）：
　　　　　　　　王佳璇　王嗣豪　邓大为
　　　　　　　　申　挚　乔　琳　吕臻飚
　　　　　　　　李鹏飞　张　璐　张怡沁
　　　　　　　　姚金伟　谢奇武

主 编 简 介

严骏伟

经济学博士,凯拿资产管理有限公司董事长。长期在中国银行业从事金融实务管理和研究。曾任摩山商业保理公司董事长,中国民生银行总行金融市场部总裁,浦发银行总行资金总部总经理,负责投资、交易和资产管理。中外合资银行常务副行长;工商银行支行行长。严骏伟先生2014年获邀担任中国财富管理50人论坛第二届理事会理事;摩山RABS国际论坛创始人。2001年9月,作为高级访问学者赴美国学习,专门研究跨国银行经营管理、资产证券化、衍生金融工具、金融工程学等领域。在中国金融报刊上发表多篇研究文章,出版专著《跨国银行监管研究》一书。作为投资人,严骏伟是凯拿资产的创始投资人、摩山商业保理创始投资人、摩山投资创始投资人、诺亚财富创始投资人。2015年5月带领团队推出中国首单保理资产证券化产品并在上海证券交易所挂牌上市交易。

执行主编简介

黄长清

现任天风兰馨投资管理有限公司总经理、天风证券资产证券化业务负责人，中国资产证券化分析网高级顾问、中国资产证券化研究院首席研究员、发改委PPP专家库入库专家。曾供职于中信证券、第一创业摩根大通证券有限责任公司和恒泰证券股份有限公司，因带领团队做出很多创新项目而获得中国债券俱乐部颁发的2015年度"最具勇气奖"。是《中国资产证券化操作手册》和《PPP与资产证券化》作者之一。拥有北京大学金融学硕士和南开大学会计学学士学位。

执行主编简介

曾宪法

在保理及供应链金融管理领域中具有近二十余年经验,曾任上海摩山保理有限公司担任总经理职务。曾在世界知名的顾问咨询公司(Price Waterhouse & Coopers)、天逸金融集团、台湾上市公司担任总经理等高管工作多年,曾经为近二十家银行或保理商提供相关的保理顾问服务及整体解决方案。有近二百家企业的经营战略规划、供应链管理等领域的项目顾问经验,同时也是中国服务贸易协会商业保理专业委员会"全国保理业务水平考试(NFCC)培训"的特聘讲师。

序

  应收账款管理的系统化与精细化是未来应收账款市场发展的重要方向。在如今的全球市场,竞争压力迫使产品服务趋向于赊销,使得应收账款逐渐成为企业资产负债表上最大的资产类别之一。然而,在被广大企业所广泛采用的同时,随着企业资产负债表上"应收账款"余额的不断增大,坏账风险也越发显现出来。因此,加强应收账款管理已成为现代企业营运资金管理的重要一步。

  应收账款管理同金融科技(Fin-tech)结合的趋势越来越明显。从最初的财务系统管理应收账款,到应收账款信息化管理,再到应收账款交易平台。金融科技之所以能在应收账款管理领域风靡,是因为其对交易双方都有显著优势。对于应收账款的买方而言,一个标准化的交易平台能实现高效的管理;对于卖方而言,应收账款信息化管理有利于降低法律和构建成本。金融科技的发展促使应收账款管理更加多样化。在互联网、信息技术大发展的时代,借助互联网对经济强大的塑造力、渗透力,有了大数据、云协作等技术做支撑,应收帐款管理就能创造新的风险控制手段,使之能够紧跟资金流向、紧随整个生产过程和业务走向。

  资产证券化是美国应收账款管理的一种重要金融工具。美国资产证券化市场正式发展于1970年,目前是全球最大、最发达的证券化市场。资产证券化产品是美国固定收益市场中最重要的产品类型之一,2015年美国资产证券化市场发行量为19 080亿美元,同比增长21.29%,在固定收益产品发行总量中的占比为29.62%,仅次于美国国债。美国资产证券化的基础资产类型非常丰富,主要包括贷款、应收账款、收益权、知识产权类、租赁收入、保险费收入等,其中广义的应收账款(贷款和应收账款)是最重要的基础资产类型,MBS(抵押贷款证券化)、ABS(资产支持证券)和ABCP(资产支持商业票据)的存量规模很大。

  应收账款管理成为我国经济与金融发展的一项重要课题。根据国家统计局的数据,2011—2015年,全国规模以上工业企业应收账款总额和流动资产总额均持续增长,应收账款占流动资产的比重逐渐增加。数据显示,全国工业企业的应收账款至2015年年末累计高达11.5万亿元人民币,而在2011年年末只有7.03万亿元人民币,4年间共增长了4.42万亿元人民币,平均每年增加约1.1

万亿元人民币。有效盘活存量应收账款,可以提升我国工业企业提升资金使用效率。另外,应收账款融资的优点是有真实的贸易背景,融资具有自偿性的特征。由于交易双方在业务上一般都有长期的往来、紧密的联系和深入的了解,也能建立更有效的违约惩罚机制,因而预防违约以及追偿债务的能力都较强。这使得应收账款成为了较为优质的基础资产。盘活应收账款对于降低交易成本、防范财务风险,特别是缓解小微企业融资难、融资贵,具有非常重要的意义。

2016年1月27日,国务院总理李克强在主持召开国务院常务会议上首次提出"大力发展应收账款融资",于是方兴未艾的应收账款融资市场迎来了新的政策利好。传统的应收账款金融工具主要包括票据、信用证、福费廷和保理等,随着我国资产证券化备案制的推出,资产证券化日益成为一种重要的新型应收账款金融工具。应收账款通过资产证券化可以实现多重目标:降低资金成本、提升资产流动性、多元化资金来源、分散资产风险、实现会计出表等。

除了我国银行间债券市场发行的信贷资产证券化产品外,以融资租赁债权、贸易应收账款作为基础资产的资产证券化产品也有了较大发展。2015年,交易所市场中以融资租赁债权、市政收费权和应收账款为基础资产的资产证券化产品发行量排名前三,分别为512.57亿元人民币、414.85亿元人民币和229.96亿元人民币,占交易所市场ABS产品发行总量的比例分别为29%、23%和13%。

2015年5月19日,国内保理行业首单资产证券化产品——"摩山保理一期资产支持专项计划"在上海证券交易所成功发行。随后方正保理、京东保理、海尔保理等保理公司也相继发行了资产证券化产品。资产证券化与商业保理的联姻,让长期困扰于资本金的保理公司多了一条融资渠道,也体现出国家鼓励应收账款融资、促进保理市场规范发展的政策意图。随着保理机构参与到资本市场的形式日渐多样,更多中小企业有望享受金融工具发展带来的"融资红利"。

应收账款市场实现了商业信用向市场信用的转化,极大地展示了金融脱媒的魅力。如何进一步规范和发展我国应收账款市场,提高社会资金流转效率、降低交易成本?需要从以下两个方面下功夫:一方面,需要引入国外先进的应收账款管理技术和人才,培育和发展专业的应收账款管理公司,建立科学高效的应收账款管理系统。另一方面,需要加快并优化发展资产证券化一二级市场,相关措施包括:加强顶层设计,为资产证券化市场发展提供完善的法律制度环境;允许公募发行,稳步做大市场规模;完善二级市场交易机制,提升产品流动性;鼓励和培育专业的中长期机构投资者。

本书从实务角度出发,系统介绍了美国应收账款管理与资产证券化市场的现状与经验,并结合中国市场现状,对应收账款整体市场情况、不同类型应收账款市场概况、不同类型资产证券化实务要点等进行了详细介绍,涉及法律、会计、税收、信用评级等诸多方面,并附以最新的一些代表性案例分析,此外还对Fin—tech在应收账款管理及证券化中的应用进行了具体介绍。作为一本系统而务实的工作手册,本书对于应收账款管理与资产证券化的市场从业人员、监管机构人员及理论研究人员均具有很好的参考价值。

在主编严骏伟先生的带领下,年轻的团队研究了以往的理论,并在实践的基础上,撰写了第一本应收账款管理及证券化著作,具有开创性意义。我也很荣幸为本书作序。

清华大学五道口金融学院博士生导师
上海财经大学金融学院教授、博士生导师
中国互联网金融协会统计分析专业委员会主任委员
中国人民银行原调查统计司司长

盛松成
2016年9月26日

目 录

第一章　应收账款资产管理及创新金融产品概述 …………………………… 1
　第一节　企业资产管理新宠儿：应收账款 ………………………………… 2
　第二节　企业经营的重要课题 ……………………………………………… 4
　　　　　一、应收账款产生的原因 ……………………………………………… 4
　　　　　二、应收账款管理的目标 ……………………………………………… 4
　　　　　三、应收账款风险对企业的影响 ……………………………………… 5
　第三节　企业融资渠道剖析 ………………………………………………… 5
　　　　　一、内源融资 …………………………………………………………… 6
　　　　　二、外源融资 …………………………………………………………… 6
　第四节　传统贸易金融产品 ………………………………………………… 7
　　　　　一、信用证业务 ………………………………………………………… 7
　　　　　二、福费廷业务 ………………………………………………………… 9
　　　　　三、商业票据业务 ……………………………………………………… 10
　　　　　四、贸易金融工具之间的比较 ………………………………………… 12
　第五节　企业创新融资新渠道：资产证券化概述 ………………………… 14
　　　　　一、发展历程 …………………………………………………………… 14
　　　　　二、主要模式介绍 ……………………………………………………… 16
　第六节　企业流动资金新帮手：保理业务概述 …………………………… 18
　　　　　一、历史演变 …………………………………………………………… 18
　　　　　二、中国保理业的发展 ………………………………………………… 19
　第七节　企业长期投资好工具：融资租赁概述 …………………………… 21
　　　　　一、主要模式介绍 ……………………………………………………… 21
　　　　　二、产品特点 …………………………………………………………… 22

1

第二章 美国应收账款管理及资产证券化概况 … 23

第一节 应收账款市场统计数据 … 24
第二节 应收账款资产证券化市场介绍 … 24
一、资产证券化整体市场情况 … 24
二、应收账款资产证券化分类市场情况 … 32
第三节 应收账款证券化全球评级标准 … 42
一、运营风险 … 43
二、法律风险 … 46
三、增信评级 … 47
四、违约率衡量方法 … 53
第四节 应收账款证券化的主要法律条款 … 55
一、真实出售和破产隔离 … 56
二、SPV 的设立 … 59
三、信用增级 … 61
附件 … 63

第三章 中国应收账款管理及资产证券化市场 … 65

第一节 应收账款的市场统计数据 … 66
一、总体情况分析 … 66
二、行业分析 … 66
三、上市公司应收账款统计 … 67
第二节 中国保理市场发展情况 … 68
一、保理公司规模持续增长 … 68
二、银行保理占据绝对主导地位 … 69
三、商业保理市场持续增长 … 71
第三节 中国融资租赁市场情况 … 74
一、企业数量大幅增加 … 74
二、业务总额数量大幅增加 … 74
第四节 企业资产证券化市场情况 … 75
一、市场规模持续增长,交易所证券化业务提速明显 … 76
二、发行利率整体下行 … 76
三、资产证券化市场以高信用等级产品为主 … 77
四、市场创新情况 … 78

第五节 主要法律条款及规定 ································· 79
　　一、应收账款相关法律 ································· 79
　　二、资产证券化法律法规概述 ··························· 82

第四章　应收账款资产管理与风险控制 ······················ 93
第一节 应收账款的主要类型 ································ 94
第二节 应收账款的资产特性 ································ 95
　　一、属于"交易性融资" ······························· 97
　　二、属于"出货后融资" ······························· 97
　　三、具有"担保力的融资" ····························· 97
　　四、具有"自偿性融资" ······························· 98
　　五、归类为"短天期融资" ····························· 98
第三节 应收账款资产的风险控制 ···························· 99
　　一、"应收账款余额及账期确认"机制 ··················· 99
　　二、"交易流程与历史单证查核"机制 ·················· 107
　　三、"买方付款能力及意愿分析"机制 ·················· 110
　　四、"卖方回购能力及增信措施"机制 ·················· 112
第四节 应收账款资产的管理方法 ··························· 114
　　一、应收账款风险管理的措施建议 ······················ 115
　　二、应收账款管理方法介绍 ···························· 115
第五节 企业基于"应收账款"开展保理的业务模式 ············ 120
　　一、应收账款质押融资 ································ 120
　　二、保理业务介绍 ···································· 123

第五章　各类应收账款资产管理案例分析 ···················· 135
第一节 传统制造行业的应收账款案例 ······················· 136
　　一、企业基本情况 ···································· 136
　　二、行业上下游关系 ·································· 136
　　三、交易流程及单证 ·································· 136
　　四、产品设计要点 ···································· 138
　　五、风险及管制点 ···································· 139
第二节 商超行业的上游供货商所产生的应收账款案例 ·········· 139
　　一、企业基本情况 ···································· 140

二、行业上下游关系 …………………………………………… 140
　　三、交易流程及单据 …………………………………………… 141
　　四、保理产品结构设计 ………………………………………… 143
　　五、项目风险点及管控措施 …………………………………… 144
第三节　家电销售行业的上游供货商所产生的应收账款案例 …… 144
　　一、企业基本情况 ……………………………………………… 144
　　二、行业上下游关系 …………………………………………… 145
　　三、交易流程及单据 …………………………………………… 146
　　四、保理产品设计 ……………………………………………… 147
　　五、项目风险点及管控措施 …………………………………… 148
第四节　以客制化设备合同为基础产生的应收账款案例 ………… 148
　　一、企业基本情况 ……………………………………………… 148
　　二、行业上下游关系 …………………………………………… 149
　　三、交易流程及单证 …………………………………………… 150
　　四、保理产品设计 ……………………………………………… 151
　　五、风险及管制点 ……………………………………………… 152
第五节　以提供企业差旅服务所产生的应收账款案例 …………… 153
　　一、企业基本情况 ……………………………………………… 153
　　二、行业上下游关系 …………………………………………… 153
　　三、交易流程及单证 …………………………………………… 154
　　四、保理产品设计 ……………………………………………… 156
　　五、风险及管制点 ……………………………………………… 157
第六节　与珠宝连锁门店POS机对应的应收账款案例 …………… 158
　　一、企业基本情况 ……………………………………………… 159
　　二、行业上下游关系 …………………………………………… 159
　　三、交易流程及单证 …………………………………………… 159
　　四、保理产品设计 ……………………………………………… 160
　　五、风险及管制点 ……………………………………………… 162
第七节　以商场的未来商铺租金收入为基础的应收账款案例 …… 162
　　一、企业基本情况 ……………………………………………… 163
　　二、行业上下游关系 …………………………………………… 163
　　三、交易流程及单据 …………………………………………… 164
　　四、保理产品设计 ……………………………………………… 165
　　五、项目风险点及管控措施 …………………………………… 166

第六章　中国贸易应收账款证券化实务 ……………………………… 169

第一节　整体市场情况 ……………………………………………… 170
一、我国开展贸易应收账款证券化的需求 …………………… 170
二、我国开展贸易应收账款证券化的意义 …………………… 171
三、应收账款融资产品分类 …………………………………… 172

第二节　业务操作流程 ……………………………………………… 173
一、贸易应收账款的特点分析 ………………………………… 173
二、贸易应收账款证券化的一般操作流程 …………………… 174
三、基于贸易应收账款特点的资产证券化难点 ……………… 174
四、业务流程重点关注问题 …………………………………… 175

第三节　主要法律问题 ……………………………………………… 176
一、应收账款的有效性 ………………………………………… 176
二、应收账款的可转让性 ……………………………………… 177
三、应收账款的特定性 ………………………………………… 177
四、应收账款的时效性 ………………………………………… 177

第四节　信用评级关注点 …………………………………………… 178
一、贸易类应收账款特点 ……………………………………… 178
二、原始权益人持续经营能力 ………………………………… 178
三、应收账款管理能力 ………………………………………… 178
四、资金账户管理能力 ………………………………………… 179
五、交易结构分析 ……………………………………………… 179

第五节　相关难点问题的措施建议 ………………………………… 179
一、针对贸易应收账款的回收不能与原始权益人完全隔离的
　　措施建议 …………………………………………………… 179
二、针对票据支付方式带来的后续操作成本增加的措施建议 … 180
三、针对贸易应收账款无利息收入，容易产生流动性风险的
　　措施建议 …………………………………………………… 180
四、针对贸易应收账款面临价值摊薄风险的措施建议 ……… 180
五、针对普遍存在非恶意逾期及应收账款信息管理系统不健全
　　的措施建议 ………………………………………………… 181

第六节　典型案例介绍 ……………………………………………… 181
一、"五矿发展应收账款资产支持专项计划" ………………… 181
二、"民生银行安驰1号汇富资产支持专项计划" …………… 187

三、"金光一期资产支持专项计划" …… 193

第七章 中国租赁债权资产证券化实务 …… 203
第一节 整体市场情况 …… 204
一、租赁资产证券化市场现状及最新动态 …… 204
二、银行间和交易所市场租赁资产证券化比较 …… 211
三、租赁资产证券化的基础资产类型 …… 213
四、租赁资产证券化未来发展方向展望 …… 214
第二节 业务操作流程 …… 216
一、租赁资产证券化的具体操作流程 …… 216
二、租赁资产证券化项目执行阶段关键要点 …… 220
三、基础资产选择和资产池构建技巧 …… 221
四、循环购买的基本思路及应用 …… 223
五、适应循环购买的信息系统改造要点及后续资产管理要点 …… 224
第三节 税务处理 …… 225
一、融资租赁"营改增"推行时点的政策梳理 …… 225
二、增值税发票开具问题 …… 226
第四节 信用评级 …… 227
一、租赁资产证券化评级方法 …… 227
二、主体分析 …… 229
三、交易结构分析 …… 230
四、增信措施安排 …… 231
五、现金流测试 …… 231
第五节 目前存在的主要问题及措施建议 …… 232
一、增值税发票开具问题 …… 232
二、抵税凭证认可问题 …… 233
三、基础资产破产隔离问题 …… 233
四、产品流动性问题 …… 234
五、次级产品销售问题 …… 234
第六节 典型案例介绍 …… 235
一、"宝信租赁一期资产支持专项计划" …… 235
二、"医学之星一期资产支持专项计划" …… 241
三、"远东租赁三期专项资产管理计划" …… 248

第八章　中国保理债权资产证券化实务 ………………………… 255
第一节　保理资产证券化概况 ……………………………… 256
一、保理资产证券化的基本含义 ……………………… 256
二、国内保理资产证券化的现状 ……………………… 256
三、保理资产证券化的意义 …………………………… 256
第二节　保理基础资产分析 ………………………………… 257
第三节　信用评级 …………………………………………… 261
一、保理资产证券化产品的特点 ……………………… 261
二、评级思路 …………………………………………… 262
三、评级要素 …………………………………………… 264
四、保理资产支持证券信用评级举例 ………………… 271
第四节　目前存在问题 ……………………………………… 279
一、合格基础资产不足 ………………………………… 279
二、主体资质整体不强，对外部担保的依赖度过高 … 280
三、基础资产涉及的法律关系较为复杂，可能带来一定的法律风险 …………………………………………… 280
四、投资者接受度需要提升 …………………………… 281
第五节　相关建议 …………………………………………… 281
一、制定严格的资产合格标准，注重底层资产应收账款的合法有效性 …………………………………………… 281
二、建立商业保理行业的良好生态圈 ………………… 282
三、加强保理资产的专业信息管理系统建设 ………… 282
四、丰富投资者群体，提高市场深度 ………………… 283
第六节　典型案例介绍 ……………………………………… 283
一、"摩山保理一期资产支持专项计划" ……………… 283
二、"摩山保理二期资产支持专项计划" ……………… 290
三、"方正保理一期资产支持专项计划" ……………… 294

第九章　Fin-Tech 在应收账款管理中的应用 ………………… 303
第一节　Fin-Tech 发展概述 ………………………………… 304
一、存贷去中介 ………………………………………… 304
二、支付革命 …………………………………………… 304
三、区块链 ……………………………………………… 305

　　　　　四、智能化交易与理财 ···································· 305
　　　　　五、应收账款管理创新 ···································· 306
　　　　　六、应收账款风险管理 ···································· 306
　　第二节　应收账款信息化管理介绍 ································ 307
　　　　　一、应收账款管理系统背景 ································ 307
　　　　　二、应收账款管理系统介绍 ································ 307
　　第三节　应收账款与互联网金融和大数据 ·························· 321
　　　　　一、应收账款与互联网金融 ································ 321
　　　　　二、应收账款与大数据 ···································· 323
　　第四节　美国应收账款管理技术介绍 ······························ 323
　　　　　一、保理交易平台 ·· 324
　　　　　二、保理交易平台销售应收账款的优势 ······················ 324
　　　　　三、保理交易平台与其他资金来源流动性比较 ················ 325
　　　　　四、保理交易平台应收账款销售 ···························· 326
　　　　　五、保理交易平台应收账款汇款 ···························· 326
　　　　　六、保理交易平台注册流程 ································ 327
　　　　　七、美国保理交易平台拍卖条款 ···························· 327
　　第五节　中美应收账款管理系统的差异 ···························· 329
　　第六节　类金融资产管理系统介绍 ································ 331
　　　　　一、类金融服务功能需求对比 ······························ 332
　　　　　二、类金融服务功能方案分析 ······························ 333

第十章　应收账款管理和资产证券化的创新趋势 ······················ 335
　　第一节　应收账款管理的创新趋势 ································ 336
　　第二节　资产证券化的创新趋势 ·································· 337

附件 A　相关文件 ·· 341
　　附件 1　《应收账款质押登记管理办法》 ···························· 341
　　附件 2　财务分析的基本指标和计算公式 ·························· 344
　　　　　一、盈利能力分析 ·· 344
　　　　　二、盈利质量分析 ·· 344
　　　　　三、偿债能力分析 ·· 344
　　　　　四、营运能力分析 ·· 345

		五、发展能力分析 ··· 346
	附件3　企业运营指标标准值 ··· 347
	附件4　企业盈利指标标准值 ··· 349
	附件5　中小企业划分标准 ··· 351

附件B　有关文章 ··· 354
	附件1　透视中国商业保理行业这块金融蛋糕 ··· 354
		一、大圣归来 ··· 354
		二、煎饼侠式的逆袭 ··· 354
		三、商业保理内在逻辑和现实的冲突 ··· 355
		四、中国商业保理行业的未来趋势 ··· 356
	附件2　放爱一条生路——写在摩山保理资产证券化产品发行前夜 ··· 357
	附件3　国内首单保理资产证券化上市发行启示录 ··· 359
		一、跟着八〇后走,现代社交圈改变旧格局 ··· 359
		二、做证券化,就要懂艺术 ··· 359
		三、重返金融市场,那些年,我们一起追过的金融产品 ··· 360

参考文献 ··· 362

后记　风景这边独好 ··· 363

第一章
应收账款资产管理及创新金融产品概述

在我国传统融资链条中，企业在正常经营中拥有大量的应收账款没有得到金融机构的充分利用。2016年1月27日，国务院总理李克强主持召开国务院常务会议上首次提出"大力发展应收账款融资"，在传统贸易金融融资基础上开辟了一条政府支持的新融资渠道——资产证券化，让方兴未艾的应收账款融资市场迎来了新的利好。在此背景下，本章首先梳理了应收账款资产管理对企业的重要意义，然后从企业融资渠道的类型出发，介绍了传统贸易金融产品的类型和主要特点，并重点介绍了3种创新金融产品，即资产证券化、保理业务和融资租赁。

第一节 企业资产管理新宠儿：应收账款

应收账款是指企业在正常的经营过程中因销售商品、提供劳务等业务，应向购买单位收取的款项，包括应由购买单位或接受劳务单位负担的税金、代购买方垫付的各种运杂费等。

应收账款是由商业竞争引起的，这是应收账款产生的主要原因。在竞争日益激烈的市场经济环境下，企业为了提高竞争力，不得不采用赊销，此时产生的应收账款即为商业竞争引起的，它是一种商业信用。

从国际贸易常见的几种因商品交换、货款支付条件等为主要内容的债权债务的清算方式和支付方式来看，可以发现不同的支付方式包含着不同的支付时间、支付地点和支付方法，也代表着这些应收账款存在着不同程度的风险（表1-1-1中各种支付方式的简单卖方风险由低而高）。

表1-1-1 各种不同支付方式及其性质

支付方式	支付性质
先款后货	先付款再交货，这种方式通常发生在卖方非常强势，属于独占市场、不先付款就很难拿到货品的情况； 在国际贸易中，即为payment by T/T in advance中，这种支付方式对卖方最为有利，但买方却要因此承担较大的风险，并积压资金
现金交易	古代一手交钱、一手交货的现金交易模式，当场银货两讫，对买卖双方是最公平的交易，但对大金额商品交易或国际间贸易来说，却是不容易做到的一件事情
先证后货	信用证L/C(Letter of Credit)先证后货，货到付款。 在国际贸易活动中，买卖双方可能互不信任，买方担心预付款后，卖方不按合同要求发货；卖方也担心在发货或提交货运单据后买方不付款。因此需要两家银行作为买卖双方的保证人，代为收款交单，以银行信用代替商业信用。银行在这一活动中所使用的工具就是信用证。但近年来随着商业发达，采用L/C付款方式，在国际上的占比逐年递减、大幅衰退
预付订金后货	买卖双方合同签订后，先付一部分订金，生产或交货完毕后，再按协议付清余款
付款交单	D/P (Documents against Payment)，简单地说就是"先付款货，后交单"，可以分为即期和远期两种，在买方付款或出具远期汇票后才能向代收银行领取提货的相关单据
承兑交单	D/A (Documents against Acceptance)，也就是买方向银行保证在多少天内会付款，银行就会给你提单，卖方将面对买方不如期结付之风险
交单付现	C.A.D. (Cash After Documents)，卖方在出口地完成出口装运后，备妥货运单据(Shipping Documents)向买方提示单据并收取货款

(续表)

支付方式	支 付 性 质
货到付现	C. O. D. (Cash On Delivery),指买方只有在卖方按指定地点交货时才承担付款责任。在这种情况下,卖方交货和买方付款互为条件
赊销(记账)	O/A (Open Account),先货后款,卖方按指定地点交货,经过买方逐项验收后才承担付款责任,并依双方合同约定天数后,再行支付货款,这是国内贸易最常见的一种付款方式
定期结算制	Duration Balance,卖方按指定地点交货,经过买方定期批量结算后,依双方合同约定时间支付货款
分期付款(定期式)	Progression Payment,买卖双方合同签订后,先付一部分订金,生产或交货完毕后,再按固定期数分批支付,直到付清余款。最常见的是设备租赁、信用卡分期付款或购车分期付款方案
分期付款(不定期式)	Installment,买卖双方合同签订后,先付一部分订金,按照生产、服务或进度,不定期支付相关款项,直到合同履行后付清余款。常见如:工程施工项目、软件开发等客制化服务方案
寄售	Consignment,卖方按指定地点交货,经过买方将此商品销售完成后,才确认商品的采购进货,再依合同约定付款,典型的案例为供应商将商品寄存于超市或商场中代为销售

商业贸易中通常在履行完成合同义务时就可以确认收入,同时就应该确认应收账款。基于上述伴随企业的销售行为、交易条件、收款的时间差、不同的支付方式所形成的债权都叫"应收账款",其实质是存在着不同程度的收款风险,即便是现销时,收入的确认和款项的回收也可能存在时间差,因此各种不同交易组合所产生的应收账款确认与营业收入的认定,有着密切与不可分割的关系,这也是我们关注"应收账款"时需要考虑的重要内涵所在。

市场经济即信用经济中,在买卖双方信用基础上所产生的应收账款是商业交易中的必然产物,通常定位为企业间债权债务关系;债务人无需对其支付利息;通常没有抵押,纯粹以企业的商业信用作为担保。

应收账款的产生表示企业在销售过程中被购买单位占用了对应的资金。企业应及时有效地收回全部的应收账款,才能弥补企业在经营过程中的各种资金及管理成本的耗费。对于被拖欠的应收账款应采取措施,组织催收;对于确实无法收回的应收账款,凡符合坏账确认条件的,应在取得有关证明并按规定程序报批后,作为坏账损失处理,这样才能保证企业永续及有效地经营下去。这些问题都是"应收账款管理"的重要课题所在。

第二节　企业经营的重要课题

应收账款是企业的主要流动资产之一,对其管理是企业财务管理的一个重要部分。在市场经济条件下,随着竞争的白热化,企业为了稳住自己的销售管道、扩大产品销路、减少存货、增加收入,常常需要向客户提供信用业务,这样就导致了应收账款的产生。

应收账款的形成增加了企业经营的风险,影响到企业营运资金周转和经济效益的实现。能否按期顺利收回应收账款直接关系着企业现金流量的周转速度,如果不引起重视可能会导致企业难以持续经营,所以应收账款也决定了企业的偿债能力。因此,加强应收账款风险防范与管理是企业生存和持续发展的关键。

一、应收账款产生的原因

(一) 扩大销售,增强企业竞争力

在市场竞争日益激烈的情况下,赊销是促进销售的一种重要方式。企业赊销实际上是向顾客提供了两种服务：向顾客销售产品及在短期内向顾客提供资金支持。在市场疲软、资金并不充足的情况下,赊销具有比较明显的促销作用,对企业销售新产品、开拓新市场具有非常重要的意义。

(二) 减少库存,降低存货风险和管理开支

企业持有产成品存货,需要增加管理费、仓储费和保险费等支出；相反,企业持有应收账款,则不需要上述支出。因此,当企业产成品存货较多时,一般都可采用比较优惠的信用条件进行赊销,将存货转化成应收账款,从而减少存货,节约相应的开支。

二、应收账款管理的目标

既然企业发生应收账款的主要原因是扩大销售、增强竞争力,那么应收账款管理的目标即是利润最大化。如果要实现利润最大化,需要制定合理的应收账款信用政策,并在这种政策所增加的盈利和需担负的成本之间做出权衡。同时,企业应收账款管理的重点,就是依据企业的实际生产经营情况和客户的信誉状

况制定合理的信用政策,这是企业财务管理的一项重要内容,也是企业为达到应收账款管理目的必须制定的合理方针策略。

应收账款是企业因销售商品、提供劳务等形成的债权,具体来说是应向买方单位或接受劳务单位收取的款项或代垫的其他费用等。随着竞争的日益激励,应收账款作为企业的一种商业信用和促销手段,被越来越多的企业所广泛采用。

应收账款是商品流通发展到一定程度,为了保证流通过程顺利实现的产物,具有不可避免性;另一方面,应收账款的大量存在,会影响流通过程的顺利实现。

应收账款是市场竞争和商业信用的产物,是企业拥有的、经过一定期间才能兑现的具有资产属性的债权。其一,在应收账款的持有时间内,会丧失部分时间价值,也就是机会成本。其二,随着时间的推移,应收账款还可能因为债务人的市场风险甚至破产等原因形成坏账,其影响程度取决于应收账款的金额,金额越大,风险越大;同时也取决于应收账款账龄的长短,账龄越长,坏账风险越大。这就要求我们加强对应收账款的管理,加速其周转,使企业在市场竞争中能更好地发挥应收账款的商业信用作用。

三、应收账款风险对企业的影响

(一)应收账款直接影响企业的现金流量

企业通过赊销不断扩大销售,随着销售的增加,应收账款不断膨胀。应收账款的增加直接影响到企业短期偿债能力和现金流量状况。如有大量的应收账款不仅削弱了企业短期偿债能力,随着现金流量的减少,还直接影响到企业的支付能力、偿债能力和周转能力,使得一些单位虽有良好的盈利状况,但却有利润、无资金,账面状况不错而资金匮乏,进而可能引发财务危机。

(二)应收账款的坏账风险影响企业盈利状况

如果企业应收账款数额过大,其实现的利润就会包括大量的应收账款,尤其是逾期应收账款对企业的危害直接体现在坏账风险上,使得企业的经营利润受到不利影响。

第三节 企业融资渠道剖析

中小企业的资金来源大体上可以分为股权性资金和债务性资金,而现今中小企业使用的股权资金来源可分为自有资本和公众股权等;债务资金来源可分为内源融资和外源融资,外源融资主要包括:私人借贷、商业信贷、金融机构短期信贷、金融机构长期贷款等。

一、内源融资

内源融资是指中小企业通过自身经营活动获取的资金转化为投资的过程,是企业利用各种形式加强自身积累、筹集内部资金的做法。它的资金来源主要是企业留存的收益、折旧、新产品开发基金等。因此,内源融资能力的大小取决于企业的盈利能力、净资产规模等因素。内源融资对企业资本的形成具有以下特点:自主性、有限性、低成本性、低风险性。

现阶段由于金融产业发展落后、社会信用环境不佳等原因,对于中小企业的发展来说,内源融资不增加企业的债务负担,节约企业的交易费用,可以为企业的债务性融资提供资本保障,提高企业的资信能力,降低企业的融资风险。内源融资这种融资方式在中小企业融资中占有非常重要的地位。但是,内源融资的能力及其增长要受企业的利润水平、净资产规模和未来收益预期等因素的制约。

二、外源融资

外源融资是指企业吸收其他经济主体的闲置资金,使之转化为自己投资的过程。它对企业的资本形成具有高效性、有偿性和流动性的特点。外源融资还可细分为直接融资和间接融资。

(一)直接融资

直接融资是指资金使用者与资金提供者直接交易的融资方式。直接融资借助于一定的金融工具直接沟通最终出资者和最终融资者的资金联系,资金供给者与资金需求者直接进行融通,双方彼此了解,不需要通过银行这个金融机构的媒介。直接融资工具主要包括:股票融资、债券融资、租赁融资、商业信用融资、风险投资基金等。

(二)间接融资

间接融资是指资金在盈余部门和短缺部门之间的流动,通过金融机构充当信用媒介实现的一种融资方式。在我国资本市场发展不够完善的情况下,银行信贷融资成为中小企业间接融资的主要渠道。中小企业利用银行信贷进行融具有以下优点：一是获得资金比较迅速。当企业需要融资时，只需向银行提出申请，经审批同意、签订借贷合同后，资金即可划到企业结算账户。二是贷款种类多，便于企业根据需要进行选择（见图1-3-1）。三是融资费用相对较低。企业还款时只需按规定的利率付息，除此之外，没有其他融资费用。四是弹性大、灵活性强。贷款在使用期内，如经营状况发生变化，可与有关金融机构协商，增减借款金额或延长、缩短借款时间，便于企业降低融资成本。

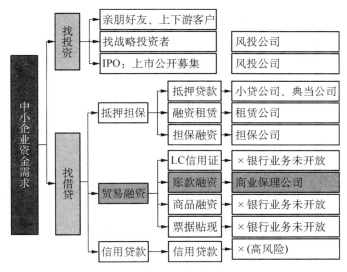

图1-3-1　中小企业资金需求渠道示意

第四节　传统贸易金融产品

一、信用证业务

信用证是指有条件的银行担保，即开证银行应申请人（买方）的要求和指示，向第三方受益人（卖方）开具载有一定金额、在一定条件下（一定期限内、符合规定的单据）保证付款的书面保证文件。

（一）业务模式

如图1-4-1所示：

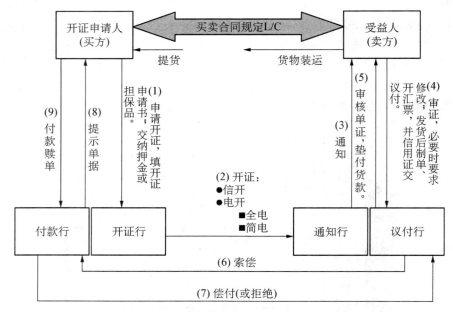

图1-4-1 即期不可撤销跟单议付信用证收付程序示意

(1) 开证申请人根据合同填写开证申请书并交纳押金或提供其他保证,请开证行开证。

(2) 开证行根据申请书内容,向受益人开出信用证并寄交出口人所在地通知行。

(3) 通知行核对印鉴无误后,将信用证交受益人。

(4) 受益人审核信用证内容与合同规定相符后,按信用证规定装运货物、备妥单据并开出汇票,在信用证有效期内,送议付行议付。

(5) 议付行按信用证条款审核单据无误后,将货款垫付给受益人。

(6) 议付行将汇票和货运单据寄开证行或其特定的付款行索偿。

(7) 开证行核对单据无误后,付款给议付行。

(8) 开证行通知开证人付款赎单。

(二) 产品特点

(1) 信用证是一项自足文件(self-sufficient instrument)。信用证不依附于买卖合同,银行在审单时强调的是信用证与基础贸易相分离的书面形式上的认证。

(2) 信用证方式是纯单据业务(pure documentary transaction)。信用证是凭单付款,不以货物为准。只要单据相符,开证行就应无条件付款。

(3) 开证银行负首要付款责任(primary liabilities for payment)。信用证是一种银行信用,它是银行的一种担保文件,开证银行对支付有首要付款的责任。

二、福费廷业务

福费廷(FORAITING)一词,来源于法语"aforfait",有放弃权利之意。国内也有人将其译为"包买商票据"或"买断"。一般而言,福费廷业务是一种以无追索权形式为出口商贴现远期票据的金融服务。根据 $Oxford\ Dictionary\ of\ Finance$ 的解释,福费廷是指:"为出口商提供一种贴现融资,在这种融资方式下,包买商以无追索方式贴现出口商从进口商那里收到的本票、汇票、信用证等。融资期限一般1～3年,出口商支付贴现成本后,可以无风险地立即收到货款。"

(一) 业务模式

如图1-4-2所示:

(1) 出口商根据基础交易合同方面的意向性的贷款安排,如融资金额、期限和利率等情况,联系并选择包买商。包买商根据具体交易情况给予出口商一定的选择期;进出口商通过谈判签订基础交易合同,包买商给予出口商一定的承担期,并正式签订福费廷融资协议。

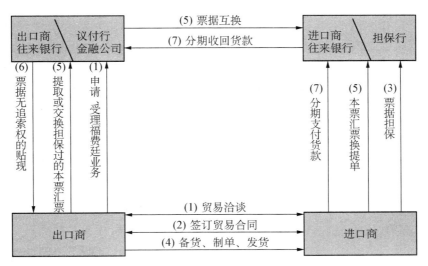

图1-4-2 福费廷业务模式示意

（2）出口商备货、装船发货、缮制单据，并通过银行向进口商提交单据。

（3）进口商将债权凭证提交给事先确定的银行进行保付或担保，以取得货权单据。

（4）进出口商通过银行将经担保银行保付或担保的债权凭证送交出口商。

（5）出口商获得债权凭证后，按照事先与包买商签订的福费廷协议，办理一次性无追索贴现手续，取得现金收入。

（6）债权到期后，包买商通过往来银行向担保银行提交债权凭证以请求付款，担保银行向包买商付款。

（7）如担保银行垫款支付，则向进口商追索，要求偿付。

（二）产品特点

（1）法律关系为债权转让。福费廷业务中基本的法律关系是债权转让，包买商在支付一定对价之后取得票据上的权利，可依据票据所记载的文义条款行使付款请求权等权利，即作为债权出售一方的出口商将其远期应收账款转让给包买商，包买商向出口商支付现款。作为对价，包买商获得从进口商处取得该应收账款的权利。在这一关系中，包买商（银行或福费廷公司）的角色是买方，而不是其他融资方式中的中间人角色，它将替代出口商，从进口商处回收账款并承担一切风险（利率、汇率、国家政策风险等）。

（2）交易标的为远期票据。福费廷交易的标的为远期票据，该票据是权利已经确定的应收票据且为远期票据，产生于销售货物、技术、劳动服务等正当的贸易关系。

（3）无追索权。在福费廷的融资中，债权的购买者主动放弃或补充付款的请求权而设立的第二次权利，主动放弃选择性、变更性和代位性请求权。无追索条款解除了出票人或转让人对其后手所承担的付款担保责任，如果由于付款人或担保人破产或倒闭等信用风险，或由于外汇管制、政府更迭、政府干预、战争等不可抗力原因造成无法收回票款，在"无追索权"条款下购买者不得向出售者进行追索，但欺诈情况除外。

三、商业票据业务

票据是指具有法律规定的格式，约定由债务人按期无条件支付一定金额，并可以流通的书面凭证。在我国，票据具体分为汇票、本票、支票3种。

(一) 业务模式

(1) 符合条件的商业汇票的持票人可持未到期的商业汇票连同贴现凭证向银行申请贴现。贴现银行可持未到期的商业汇票向其他银行转贴现,也可以向中国人民银行申请再贴现。贴现、转贴现和再贴现时,应作成转让背书,并提供贴现申请人与其直接前手之前的增值税发票和商品发运单据复印件。

(2) 持票人持未到期的汇票向银行申请贴现时,应根据汇票填制贴现凭证,在第一联上按照规定签章后,连同汇票一并送交银行。银行信贷部门按照信贷办法和支付结算办法的有关规定审查,符合条件的,在贴现凭证"银行审批"栏签注"同意"字样,并由有关人员签章后送交会计部门。

(3) 贴现银行向中国人民银行申请再贴现时,必须持已办理贴现但尚未到期的、要式完整的商业承兑汇票或者银行承兑汇票,填制再贴现凭证,并在汇票上背书,一并送交中国人民银行。中国人民银行审查后,对符合条件的予以再贴现。

(二) 产品特点

(1) 票据的要式性。票据的外观是有严格要求的,票据上必须记载什么、记载哪些内容、记载的部位是哪里都是法定的,不允许当事人进行改变。

(2) 票据的文义性。所谓文义性就是票据上的记载是用来确定当事人之间权利义务关系的凭据,如果记载与事实不符,也要以记载为准。

(3) 票据的无因性。这里所说的无因性,不是说票据的出票没有原因,而是不问原因。《中华人民共和国票据法》第10条规定,票据的签发、取得和转让,应当遵循诚实信用的原则,具有真实的交易关系和债权债务关系。

(4) 票据的设权性。票据的设权性是指,票据的做成并不能证明任何关系,当交易双方决定用票据了结交易的时候,一方做成票据后,创设了票据的权利义务关系。当票据背后的关系发生纠纷的时候,票据关系不受影响。

(5) 票据是流通证券。流通性是票据最本质的特征,票据贵在流通,票据法中的所有设计都为了流通。随着票据的流通,在票据上签章的人需负连带责任。

(6) 票据是货币证券。这是指票据的价值只能以一定的货币金额作表示,请求给付的标的只能是一定数额的货币,而不是货币以外的其他物品或利益,所以票据又被称为金钱证券。

(7) 票据是提示、返还证券。利的行使必须在占有票据前提下,向义务人出示票据,在实现权利后必须将票据交给义务人。票据原有的权利人在交返票据后,表示他的权利已行使完毕。

四、贸易金融工具之间的比较

见表1-4-1。

表1-4-1 贸易金融工具比较

比较项目	信用证	福费廷	商业票据
风险比较	借助银行的信用,最大限度地转移了信用证项下进出口双方的各种风险。首先,开证行第一性付款责任解除了进口商拒绝付款或因其倒闭、破产无力付款而带来的风险。其次,在进口国外汇管制情况下,申请人开证需得到官方的许可证,因此,一旦开出信用证,便不会发生官方禁止货款付出的现象,从而消减了国家风险。再次,在进口国政局不稳的情况下,出口方可要求第三国大银行进行加保以转移政治风险。最后,由于有银行的付款担保,出口方可放宽对进口方的资信调查,同时,进口方也可以通过信用证条款来约束出口商的发货。但是,在信用证方式下,由于信用证本身特性所决定,进口商面临出口商以假单据进行欺诈或单据符合要求而货物不符合要求等风险	福费廷方式利用票据的贴现,使信用销售变成现金交易,出口商可即得货款,规避了商业风险。与此同时,通过转化了货款,规避了商业风险,并通过转化、使用固定贴现率,避免了来自利率和汇率两方面的风险,也即货币风险。此外赊销中的一切政治风险、国家风险也转移给福费廷金融机构	银行没有提供信用,代收行与票据托收均不承担付款责任。从出口商与进口商之间的关系来看,由于出口商发货在先,委托银行收款在后,对出口商而言,其商业风险远大于进口方。相反,进口商掌握着付款的主动权,其商业风险程度最小。由于货币风险如汇价变动的风险一般以商业风险的存在为前提,托收方式下出口商所承担的货币风险也较大。国家风险、政治风险在以商业信用为基础的票据托收方式下也无法转移。总的来看,票据托收项下进出口方所承担的风险大小悬殊
付款约束机制	信用证是开证行有条件的付款保证,而且根据惯例,开证行不受贸易合同的约束,因此对出口商而言,拥有双重付款的约束机制,它既可以以相符单据要求开证行	在福费廷业务中,出口商通过远期票据的贴现取得现款,将收款责任和风险全部转嫁给银行。出口地银行为避免风险,则将经进口商承兑的远期票据取得进口地	在票据托收方式下,进口商是付款责任的唯一承担人,因此约束机制薄弱,只能依靠单一的贸易合同。如果进口商违约,出口商可凭合同条款采取法律诉讼或仲裁

(续表)

比较项目	信用证	福费廷	商业票据
	付款,又可以在开证行无力付款的情况下依据合同要求进口商支付货款	银行的担保。如进口商到期拒付,担保银行应在规定日期付款。可见,福费廷方式同样是双重的付款约束机制	的方式,向进口商索赔。但是若进口商彻底丧失支付能力,则出口商只能承担损失。在实务中,进口商往往无视贸易合同条款而以市场行情等因素决定是否付款,出口商也往往因索赔的高昂费用和繁琐手续而放弃追索权
支付方式	信用证业务虽然是作为一种贸易结算方式而产生,但信用证也可以以一种抽象的、完全脱离交易基础的形式而出现。比如,备用信用证即构成一种开证行对受益人的担保,保证偿还债务人的借款或预支给债务人的款项,支付由债务人所承担的负债,在其不履约时进行付款,其实质上已作为信用证形式的银行保函了	福费廷业务也可以从处理无追索权的贸易单据到处理无追索权的金融票据,从贸易融资到创造流动资金。同时福费廷业务可以扩展为一种中期投资业务。对福费廷票据的投资,其收益可能高于对其他证券的投资收益,且其风险由于有大银行提供担保而降低	从获得的银行信用保障看:在信用证支付方式中,金融机构的参与只解决了结算的方便和融资问题。与之相比,信用证、福费廷和保理业务,都起到了使出口商收款获得银行信用保障的作用。在出口商对进口商的资信不够信任、收汇风险较大时,这些结算方式都体现出其优越性。它们还起到了加强进出口双方资金流通性问题。而在三者中,福费廷方式和保理方式还有着一项信用证方式所没有的特殊作用:即减少出口商处理应收账款的财务上的繁琐事务,减少出口商资产负债上的原有负债
融资方式	信用证下议付行对出口商的融资主要有4种:打包放款(Packing Credit)、出口押汇(Outward Bills)、票据贴现(Bills Discount)、信用证抵押贷款等。首尾两种是货物发运前银行给以出口商的融资。由于没有实物作抵押,实质仍是信用放款,银	在福费廷项下,福费廷金融机构买断出口商的债权并融通全部资金,且融资期限长达数年甚至十几年,其实质是中长期信贷。对于进口商来说,出口国银行向进口国银行提供的信贷往往被要求用于福费廷的再贴现。这样,进口商就	票据托收方式下的融资主要有托收出口和凭信托收据提货两种。不论是哪一种融资,银行都将承担很大的风险,因此这种融资控制较严,只限于进出口双方资信较好、融资额占发票金额50%~100%不等。托收下的融资,银行对客

(续表)

比较项目	信用证	福费廷	商业票据
其他	行有从出口货款中扣除或要求偿付的权利。出口押汇和票据贴现则是货物出运后银行给出口商的融资,银行拥有货款的所有权,如开证行拒付货款或无力付款,银行对出口商有追索权 在信用证业务中,出口商必须按信用证上列明的要求提供所有票据,当然,提单在其中仍起着最重要的作用,作为物权凭证、运输单据等多重身份而存在。提单仍由银行代为转交,代表物权的转移。 信用证业务的费用,包括议付费、保兑费、通知费、电报费、修改费等,稍高一点,但一般也只占信用证金额的千分之几	能利用出口国中银行的资金,使卖方信贷实际上变成买方信贷。福费廷项下的融资特点是金融机构放弃了在票据遭到拒付时对前手的追索权 福费廷业务,是将应收账项转化为一系列的有若干到期日(通常以6个月为间隔)的远期票据(汇票或本票),进口商开具本票或承兑已开立的以进口商为付款人的汇票,并由大银行以保函或背书担保形式加保。当应收款项金额较大时,债权买方可以邀请其他的投资者参与交易,以分散风险,因此这种远期票据为除债权买方以外的银行和其他金融机构提供了广泛的投资机会。 福费廷的费用最高,除了按不同国别的风险程度收取0.5%~3.5%的费用,还有承诺费和投标费,以及获得银行背书担保或保函的费用、安排货币掉期、减少利率风险的费用等	户有追索权,如果银行到期得不到偿付,则银行有权要求出口商或进口商偿付 从票据上来看,托收业务中常见的票据有多种。有作汇款之用的银行汇票、私人支票,也有作出口商收取货款及收取小额贸易从属费用之用的商业汇票。 从费用方面看,托收方式费用最低,因为银行并没有提供信用担保

第五节　企业创新融资新渠道：资产证券化概述

一、发展历程

与美国、欧洲等非常成熟的市场相比,我国资产证券化市场尚处于起步阶段。正规的资产证券化开始应该是从2005年,而实际我国着手准备做资产证券化是在2000年左右,建设银行、工商银行、国家开发银行等,都在研究如何在中国推出资产证券化产品,不少银行还上报过具体方案。我国资产证券化市场的发展以信贷资产证券化和企业资产证券化作为两大主要阵营。

自2005年资产证券化业务开始操作以来,我国已陆续出现不少资产证券化的成功案例。试点有条不紊地推进,在制度法规、基础设施建设、各部门协调配合等主要方面取得了较大突破,为该项业务的发展与成熟做出了积极有益的尝试。2008年前后,由于美国次贷危机的爆发及全球经济危机的蔓延,引发了人们对资产证券化的质疑,导致业务试点中断了3年多。2011年5月,国务院决定重启资产证券化,经过对过往政策制度的梳理和确认,在补充完善如信用风险自留规则与双评级机制等新规定后,2013年9月,信贷资产证券化正式重启。2014年11月20日,银监会发布《关于信贷资产证券化备案登记工作流程的通知》(银监办便函〔2014〕1092号),标志着信贷资产证券化正式进入备案制;2015年3月26日,中国人民银行发布《中国人民银行公告〔2015〕第7号》,对该业务实行注册制管理。2015年,我国信贷资产证券化产品的发行规模为4 056.33亿元人民币,同比有了大幅增长。

2013年3月15日,中国证券监督管理委员会发布《证券公司资产证券化业务管理规定》(证监会公告〔2013〕16号),较之于2010年的旧指引趋于完善和放松。2014年2月,为贯彻国务院简政放权、宽进严管的政府职能转变要求,证监会公告取消了证券公司专项投资业务,资产证券化业务行政审批也相应取消。2014年3月7日,证监会表示,将全面推动资产证券化深入发展,大力发展应收账款证券化等企业资产证券化业务,借鉴成熟市场的经验,加强立法研究和立法建议。

2014年11月,中国证券监督管理委员会发布《证券公司及基金管理公司子公司资产证券化业务管理规定》(证监会公告〔2014〕49号)及相关配套规则,明确将资产证券化业务由事前行政审批改为事后备案。同期,基金业协会也发布了备案管理办法、基础资产负面清单等自律规则,企业资产证券化业务正式进入备案制时代。在新的业务规则体系下,企业资产证券化产品发行不再经行政审批,大幅缩短了业务流程,企业资产证券化也迎来了快速发展。2015年我国于上海证券交易所(以下简称"上交所")、深圳证券交易所(以下简称"深交所")和机构间私募产品报价与服务系统(以下简称"报价系统")共发行企业资产证券化产品1 897.52亿元人民币,一年发行规模超过了过去10年之和。

二、主要模式介绍

如前所述，我国资产证券化市场中信贷资产证券化和企业资产证券化起步最早，并且市场份额排名前两位，除了这两类模式外，还包括资产支持票据、资产支持计划、非标资产证券化3种模式，以下将具体介绍。

（一）信贷资产证券化

信贷资产证券化是指银行业金融机构作为发起机构，将信贷资产信托给受托机构，由受托机构以资产支持证券的形式向投资机构发行受益证券，以该财产所产生的现金支付资产支持证券收益的结构性融资活动。信贷资产证券化目前由银监会和央行负责监管，这里的"金融机构"是指在中国境内依法设立的商业银行、政策性银行、信托投资公司、财务公司、城市信用社、农村信用社以及中国银行业监督管理委员会依法监督管理的其他金融机构。

2014年和2015年，我国信贷资产证券化产品的发行规模分别为2 819.81亿元人民币和4 056.33亿元人民币。基础资产类型以工商贷款为主，且已逐步多元化，个人住房抵押贷款、汽车贷款、消费贷款、租赁债权、不良贷款均有发行案例。

发起机构方面基本已全面放开，不单集中于政策性银行和国有五大银行，全国股份制银行、城市商业银行、农商行、汽车金融公司、金融资产管理公司、金融租赁公司等百花齐放。

（二）企业资产证券化

资产支持专项计划（又称"企业资产证券化"）是指以特定基础资产或资产组合所产生的现金流为偿付支持，通过结构化方式进行信用增级，在此基础上发行资产支持证券的业务活动。资产支持专项计划业务目前由证监会负责监管，但不对具体项目进行审核，具体产品由挂牌管理机构（目前为上交所、深交所或报价系统）负责挂牌审核，由基金业协会负责事后备案管理。

2014年和2015年，我国资产支持专项计划的发行规模分别为400.83亿元人民币和1 897.52亿元人民币。基础资产类型比较丰富，主要包括：融资租赁债权、小额贷款、市政收费权、企业应收账款、保理债权、信托受益权、航空客票收入、不动产物业、物业管理费、互联网消费债权、股票质押债权、两融收益权等。2015年，以融资租赁债权、企业应收账款和保理债权作为基础资产的产品分别发行493.60亿元人民币、236.85亿元人民币和13.40亿元人民币，分别占总体发行规模的 27.37%、13.13% 和 0.74%，未来随着企业应收账款类资产的出表问题的解决以及保理债权类资产的进一步扩大，以上述 3 类资产为基础资产的企业资产证券化产品规模将会有较快增长。

原始权益人方面基本已全面放开，以非金融企业和类金融企业为主，类金融企业是指从事类信贷业务的租赁公司、保理公司、小贷公司、互联网金融企业等。此外，平安银行于 2014 年 6 月在上海证券交易所成功发行了 26.31 亿元人民币的以个人消费贷款为基础资产的信贷资产证券化产品，是银行业金融机构在交易所市场发行资产证券化产品的首个典型案例。

（三）资产支持票据

资产支持票据又称 ABN（Asset Backed Notes），是指非金融企业在银行间债券市场发行的、由基础资产所产生的现金流作为还款支持的、约定在一定期限内还本付息的债务融资工具。资产支持票据目前由交易商协会负责注册，资产支持票据与资产支持专项计划对基础资产的要求基本相同，基础资产类型主要分为债权资产和收益权资产两类。

我国资产支持票据起步于 2012 年，首批发行企业为宁波城建投资控股有限公司、南京公用控股（集团）有限公司和上海浦东路桥建设股份有限公司。据 Wind 资讯统计，自该产品推出截至 2015 年年末，我国共发行了 69 单资产支持票据，发行规模合计为 229.20 亿元人民币。发行人主要包括城投公司或市政收费企业、航空公司、机场集团等，基础资产类型主要包括：市政收费权、租金收益权、市政工程类应收账款（Build-Transfer，BT）应收款、航空客票收入等。

（四）资产支持计划

资产支持计划业务是指保险资产管理公司等专业管理机构作为受托人设立支持计划，以基础资产产生的现金流为偿付支持，面向保险机构等合格投资者发行受益凭证的业务活动。资产支持计划业务目前由保监会负责监管，受托人发起设立支持计划，实行"初次申报核准、同类产品事后报告"制度。保监会依规对初次申报的支持计划实施合规性、程序性审核。资产支持计划交易结构复杂的，保监会可以建立外部专家评估机制，向投资者提示投资风险。

资产支持计划（之前称"项目资产支持计划"）正式起步于 2013 年。2014 年 7 月 28 日，保监会向各保险资管公司和长江养老保险公司下发《项目资产支持计划试点业务监管口径》（保监资金〔2014〕197 号），通过窗口指导方式规范试点业务。2015 年 8 月 25 日，保监会发布《资产支持计划业务管理暂行办法》（保监发〔2015〕85 号），标志着资产支持计划业务进入一个正式发展的新阶段。

截至 2015 年年末,保险行业共注册 24 单资产支持计划,累计注册规模 872.22 亿元人民币,平均规模为 36.34 亿元人民币,投资期限为 2～10 年,平均期限介于 5～6 年。基础资产类型主要包括:信贷资产、小贷资产、金融租赁资产、股权、应收转款、资产收益权等。

(五)非标资产证券化

非标资产证券化主要是指借助于信托计划、券商资管计划和基金子公司专项计划等 SPV(Special Purpose Vehicle,特殊目的公司)开展的私募资产证券化,产品不在银行间债券市场或证券交易所市场进行挂牌转让。国内目前很多非标资产证券化也在通过互联网金融方式进行,比如陆金所、招财宝等互联网平台发行的类资产证券化产品、万达商业地产联手快钱公司发行的类房产信托投资基金(Real Estate Investment Trusts,REITs)产品等。

从国外成熟资本市场经验来看,标准化资产证券化产品由于具备规模、流动性和成本优势,是资产证券化业务的主流模式,因此下文在介绍应收账款资产证券化时将重点阐述标准化资产证券化模式。

第六节　企业流动资金新帮手:保理业务概述

保理(Factoring)在中国称为保付代理业务,简称保理业务,在中国台湾地区称为应收账款承购业务。

保理是基于企业交易过程中订立的货物销售或服务合同所产生的应收账款,由商业银行或商业保理公司提供的贸易融资、销售分户账管理、应收账款催收、信用风险控制与坏账担保等服务功能的综合性信用服务,它可以广泛渗透到企业业务运作、财务运作等各方面。只要有贸易和赊销,保理就可以存在,它适用于各种类型的企业。保理业务因其适应了提升国内、国际贸易竞争力的需要,已成为新兴的贸易融资工具,近年来取得了迅速发展,与信用证业务、信用保险一并成为贸易债权保障的三驾马车。

一、历史演变

5 000 年前,在现今的伊拉克所在地发现,当时卖方可以取得保证人对于买方付款能力和义务的担保后,由保证人用自己的名义开始销售此商品,这是最早发生的贸易及赊销行为。

后来，在罗马帝国时期，富有的议员及贵族们将自己的财产或产出物（如谷物、羊毛、油脂等）交托给代理人管理或销售，代理人在服务中收取合理的报酬，此种代理人称为Factor。

到16世纪、17世纪，这种代理业务几乎已经遍及全欧洲，到了17—18世纪，荷兰人对于世界商业及生产提供了大量的融资服务，可以称之为全世界的Factor大本营所在。这应该也是国际保理商联合会（Factors Chain International，简称FCI）的总部设在荷兰阿姆斯特丹的原因之一。FCI成立于1968年，是一个由全球各国保理公司参与的开放性的跨国民间会员组织。

到了19世纪，在北美洲新的大陆发展时期，英国清教徒想要去北美洲开垦但缺乏资金，因此英国商人托马斯（Thomas Weston）以预设账户及预付账款的方式给予资金，这些清教徒再将开垦所得原物料送往伦敦销售后所产生的应收账款当做担保品，开创了保理业务的基本雏形。此时的Factor所提供的服务为：①市场营销；②仓储与分销；③行政管理；④收款；⑤承担买方信用风险；⑥资金融通。

在1930年左右，保理公司主要的服务对象是像服装业这样为众多小连锁店或零售商供货的上游企业。由于服装业的各个定单存货在时间上都有很小的时间间隔，公司在客观上就需要按照运送进度表进行有效的集中管理。但企业只有更专注于自己所擅长的生产领域，才能发挥比较优势从而占领市场。因此，为了节约成本，企业非常希望将这些由信用及托收带来的管理业务外包出去。他们所需的是对其现金流的支持以及避免信用风险，但银行那时对这样的业务繁琐、且又无担保或抵押的小客户嗤之以鼻，不愿接纳。这样，这些银行牙缝中的"碎肉"便被保理公司这样的金融机构发现，并大力发展起来。

二战后，随着零售业中众多小连锁店的兼并集中，保理公司客户的应收账款的周期性和数额逐渐增大。银行便发现，保理公司为满足客户逐渐增长的融资需求而从银行借款，再以更高的利率放给客户。自然，银行也逐渐开始重视起这块业务。在20世纪60年代，美国货币总监署（Office of the Comptroller of Currency）允许银行控股公司对保理公司的兼并。于是，通过兼并重组，一部分独立的保理公司就被收编成大银行的下属公司。这样，许多国际性银行便通过其下属的保理公司来从事该项业务。也正是通过与银行的合作，保理才走向了现在这样一项集贸易融资、商业资信调查、应收账款管理及信用风险担保于一体的综合性金融服务产品。

二、中国保理业的发展

根据FCI对保理的定义，保理协议意指供应商与保理商间存在的一种契约关系。根据该契约,供应商可能将应收账款转让给保理商,其目的可能是为获取融资,或为获得保理商提供的下述服务中的至少一种:分户账管理;账款催收;坏账担保。很明显,提供融资服务是保理业务中最为重要的一项功能。

我国最早的国际保理业务产生于1987年,在华语地区国际保理曾有多个译名。直到1991年,我国原对外经济贸易部(现商务部)组织外贸部门和银行部门的专业人士赴欧洲考察国际保理业务,最后确定中国内地使用"保理"这一名称,并一直沿用至今。

在国外,保理业务最初是独立于银行业的,独立的保理公司是在银行的牙缝中觅食并由此逐渐发展壮大起来的。他们通过金融创新买断应收账款的方式,来为一些由于无抵押品而被银行所弃的中小企业提供融资服务,以解决他们资金周转的需求。从保理业的发展过程可以看出,保理业在最初的发展阶段,更多的是由保理公司独立运作的。由于保理是通过细分市场,为不为银行所齿的中小企业提供服务而逐渐形成的行业,这种行业风险就决定了保理商具有眼光锐利而机敏、经营灵活而又不失稳健的特点。而银行由于经常专注于大型企业,因而即使自身成立的保理公司也很难拥有这些保理业最初产生时的原汁原味的特点,只会更多地继承其母银行的经营风格。因此,这种在兼并中形成的银行下属保理公司与银行办理保理业务或自建保理公司,虽然在表面形式上没什么区别,都使银行开办了保理这项业务,但在深层次上还是有差别的。银行自建或自办保理业很容易造成保理业最原始的企业文化氛围的缺失。因此,在现阶段与其通过新建中小银行来支持中小企业,不如开放支持保理业,让更多的保理商进入该行业。

2006年5月,国务院下发了《关于推进天津滨海新区开发开放有关问题的意见》(国发〔2006〕20号),鼓励天津滨海新区在金融企业、金融业务、金融市场和金融开放等方面先行先试。据此,天津市将保理列入《天津滨海新区综合配套改革试验金融创新专项方案》(津政发〔2008〕30号)的内容当中。2009年10月,经国务院同意,国家发改委做出批复,原则同意方案内容。商业保理企业在天津可以注册。随后,我国在商务部正式成为商业保理行业监管部门的同时,2012年7月,经商务部批准,中国服务贸易协会向国家民政部正式提出了成立"中国服务贸易协会商业保理专业委员会"(以下简称"专委会")的申请,该申请于2012年11月26日得到民政部的批准。专委会以商业保理公司为主,其会员还包括与商业保理相关的银行、保险、租赁、供应链物流、系统建设、法律、研究咨询机构、个人等,是我国首个全国性商业保理行业自律组织,这也开启了我国商业保理公司的发展契机。

第七节　企业长期投资好工具：融资租赁概述

融资租赁是企业进行固定资产投资的一种重要金融方式。融资租赁是指出租人根据承租人对租赁物件的特定要求和对供货人的选择，出资向供货人购买租赁物件，并租给承租人使用，承租人则分期向出租人支付租金，在租赁期内租赁物件的所有权属于出租人所有，承租人拥有租赁物件的使用权。融资租赁是集融资与融物、贸易与技术更新于一体的新型金融产业。由于其融资与融物相结合的特点，出现问题时租赁公司可以回收、处理租赁物，因而在办理融资时对企业资信和担保的要求不高，所以非常适合中小企业融资。融资租赁所产生的债权资产是应收账款的一种重要类型，也是非常适合开展资产证券化的基础资产类型。

一、主要模式介绍

（1）直接租赁，是指出租人用自有资金或在资金市场上筹措到的资金购进设备，直接出租给承租人的租赁，即"购进租出"。直接租赁方式没有时间间隔，出租人没有设备库存，资金流动加快，有较高的投资效益。

（2）转租赁，是指由两家租赁公司同时承继性地经营一笔融资租赁业务，即由出租人 A 根据最终承租人（用户）的要求先以承租人的身份从出租人 B 租进设备，然后再以出租人身份转租给用户使用的一项租赁交易。

（3）售后回租，又称回租租赁，指由设备的所有者将自己原来拥有的部分财产卖给出租人以获得融资便利，然后再以支付租金为代价，以租赁的方式，再从该公司租回已售出财产的一种租赁交易。对承租企业而言，当其急需现金周转，售后回租是改善企业财务状况的一种有效手段；此外，在某些情况下，承租人通过对那些能够升值的设备进行售后回租，还可获得设备溢价的现金收益，对非金融机构类的出租人来说，售后回租是扩大业务种类的一种简便易行的方法。

（4）杠杆租赁，又称平衡租赁，是融资租赁的一种高级形式，适用于价值在几百万美元以上、有效寿命在 10 年以上的高度资本密集型设备的长期租赁业务，如飞机、船舶、海上石油钻井平台、通讯卫星设备和成套生产设备等。在杠杆租赁交易中，出租人只需投资租赁设备购置款项的 20％～40％的金额，即可在法律上拥有该设备的完整所有权，享有如同对设备 100％投资的同等税收待遇；设备购置款项的 60％～80％由银行等金融机构提供的无追索权贷款解决，但需出租人以租赁设备作抵押、以转让租赁合同和收取租金的权利作为担保。参与交易的当事人、交易程序及法律结构比融资租赁的上述3种基本形式复杂。

二、产品特点

（1）融资租赁是一项至少涉及三方当事人的交易，即出租人、承租人和供货商，并至少由两个合同构成（买卖合同和租赁合同）的自成一类的三边交易。这三方当事人相互关联，两个合同相互制约。

（2）拟租赁的设备由承租人自行选定，出租人只负责按用户的要求给予融资便利，购买设备，不负责设备缺陷、延迟交货等责任和设备维护的义务；承租人也不得以此为由拖欠和拒付租金。

（3）金额清偿，即出租人在基本租期内只将设备出租给一个特定的用户，出租人从该用户收取的租金总额应等于该项租赁交易的全部投资及利润，或根据出租人所在国关于融资租赁的标准，等于投资总额的一定的比例，如80%。换言之，出租人在此交易中就能收回全部或大部分该项交易的投资。

（4）不可解约性，对承租人而言，租赁设备是承租人根据其自身需要而自行选定的，因此，承租人不能以退还设备为条件而提前中止合同。对出租人而言，因设备为已购进商品，也不能以市场涨价为由而在租期内提高租金。总之，一般情况下，租期内租赁双方无权中止合同。

（5）设备的所有权与使用权长期分离。设备的所有权在法律上属于出租人，设备的使用权属于承租人。

（6）设备的保险、保养、维护等费用及设备过时的风险均由承租人负担。基本租期结束时，承租人对设备拥有留购、续租或退租3种选择权。

第二章
美国应收账款管理及资产证券化概况

资产证券化是美国应收账款管理的一种重要金融工具。美国资产证券化市场正式发展于 1970 年,目前是全球最大、最发达的证券化市场,资产证券化产品是美国固定收益市场中最重要的产品类型之一,在其发展历程中出现了很多产品创新类型和结构,并不断健全其法律制度,其中很多方面值得我们学习。本章主要介绍美国应收账款证券化市场的发展历程、现状及产品分类,并简述全球贸易类应收账款的评级标准和主要法律条款。

第一节 应收账款市场统计数据

2015年全球保理金额超过了2.39万亿欧元,相较2014年上升了1‰。国内保理和国际保理量占比分别为78%和22%。从地区上来说,欧洲占全球保理总量的65%;亚洲排名第二,总量在24%左右,见图2-1-1。

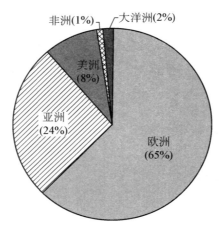

图2-1-1 2014年全球地区保理金额占比示意

(来源:FCI)

自1994年开始,全球的保理行业每年增长得非常快,受发展中国家保理增长和全球贸易增长的影响,全球保理行业平均年增长率在10%左右。受2009年金融危机影响,美国保理业务量有所下降,2014年美国保理业务总量在976.7亿欧元左右,年复合增长率在17%左右。

第二节 应收账款资产证券化市场介绍

一、资产证券化整体市场情况

(一)发展历程介绍

美国是资产证券化的发源地,也是全球最大、最发达的证券化市场。美国资产证券化的发展可以分为4个阶段:20世纪30年代经济大萧条时期至60年代末期(起步期);20世纪70年代初期至80年代中期(成长期);20世纪80年代中期至2007年8月次贷危机爆发(繁荣期);2007年8月至今(转型期)。

在20世纪70年代之前,资产证券化在美国并无太大进展,但是住房抵押贷款从中短期气球型贷款①向标准化长期贷款的转型和贷款转让二级市场的建立为抵押支持债券或者抵押贷款证券化(Mortgage-backed Security,MBS)的发展奠定了基础。20世纪70年代初期至80年代中期,是资产证券化在美国孕育成长的时期,作为典型代表的MBS逐步完善并初具市场规模,同时新型的MBS创新产品开始出现。MBS产生的标志为1970年政府国民抵押贷款协会(Federal National Mortgage Association,FNMA)首次发行住房抵押贷款转付证券②。1983年,联邦房贷抵押贷款公司(Federal Home Loan Mortgage Corporation,FHLMC)首次将住房抵押贷款转付证券的现金流切割并发行多组期限的产品,即抵押担保债务凭证(Collateralized Mortgage Obligation,CMO)。1986年,CMO又衍生出两种新的金融工具,即纯利息产品(Interest Only,IO)和纯本金产品(Principal Only,PO)。同年,美国国会通过了《税收改革法案》,诞生了一个新的资产证券化载体——金融资产证券化投资信托(Financial Asset Securitization Investment Trust,FASIT),这种证券化载体可以避免双重征税,也使证券化资产的范围从单纯的不动产抵押贷款扩大到多种金融资产。20世纪80年代中期至2007年8月,资产证券化逐渐走向成熟,开始在各个领域大量运用,各种资产支持证券(Asset-backed Security,ABS)产品不断涌现,基础资产类型包括:信用卡贷款、汽车贷款、学生贷款和住房权益贷款③等。20世纪90年代中期,担保债务凭证(Collateralized Debt Obligation,CDO)开始推出,包括担保贷款凭证(Collateralised Loan Obligation,CLO)和担保债券凭证(Collateralised Bond Obligation,CBO)。

次贷危机爆发后的一段时间内,美国资产证券化产品(包括MBS和ABS)的发行规模急剧下降(见图2-2-1),据美国证券业与金融市场协会(Securities Industry and Financial Markets Association,SIFMA)统计,2008年市场发行规模由2007年的2.74万亿美元下降到1.54万亿美元;但在经历短暂萧条后,美国证券化市场又重焕生机,2009年市场发行规模为2.17万亿美元,同比增长

---

① 气球型贷款的主要特色是借款人在贷款期间只支付利息,不偿还任何本金或者只偿还很少本金,直至到期日才一笔还清贷款。
② 住房抵押贷款转付证券是指投资银行将担保后的住宅抵押贷款打包成贷款组合,然后以股份权益的方式销售给机构投资者。
③ 住房权益贷款是指借款人以所拥有住房的权益(房产估值减去房贷债务余额)作为抵押或担保获得的贷款。

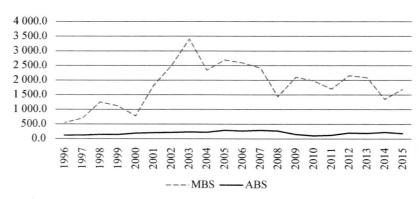

图 2-2-1 美国近 20 年资产证券化存量规模变动趋势(单位:10 亿美元)

(数据来源:SIFMA,Wind 资讯)

40.90%。2015 年美国资产支持证券发行规模为 1.9 万亿美元,截至 2015 年末存量规模达到 10.1 万亿美元,其中存量规模中 MBS 占有绝大部分市场份额,占资产证券化业务总规模的 86.2%,ABS 约为 1.39 万亿美元,占比 13.8%。

市场结构如下。

(1) 发起机构类型。对于 MBS 和 ABS 两种类型产品来说,发起机构的类型主要包括:①住房抵押贷款支持证券(MBS):房地美、房利美、吉利美、住房专业银行及储蓄机构;②资产支持证券(ABS):商业银行、汽车金融公司、信用卡公司、融资租赁公司、消费金融公司、人寿保险公司、知识产权拥有者等。

美国市场的 ABS 产品对于中国目前的借鉴意义较大。1985 年 3 月,美国一家佩斯里金融租赁公司(Sperry Lease Finance Corporation,现改称 Unisys)发行了世界上第一只资产支持证券。1985 年 5 月,美国马林米德兰银行(Marine Midland)紧随其后,发行了全世界第一笔以汽车贷款作为基础资产的资产支持证券。1997 年,超级摇滚歌星大卫·鲍伊将其在 1990 年以前录制的 25 张唱片的预期版权(包括 300 首歌曲的录制权和版权)许可使用费证券化,于 1997 年发行了鲍伊债券(Bowie Bonds),为其筹集到 5 500 万美元,开启了知识产权证券化之门。

(2) 基础资产及产品类型。美国资产证券化的基础资产类型非常丰富,主要包括贷款、应收账款、收益权、知识产权类、租赁收入、保险费收入等。但从产品类型来说主要分为两大类,一类是 MBS(基础资产为个人住房抵押贷款),另一类是 ABS(基础资产为个人住房抵押贷款之外的其他基础资产类型),其中 MBS 占据绝对主导地位(2015 年末存量占比 90.15%),其次是 ABS(2015 年末存量占比9.85%)。MBS中政府担保类MBS,如政府国民抵押协会(Government National Mortgage Association, GNMA)、FNMA、FHLMC等占据80%以上的市场份额;ABS可以分为狭义的ABS和CDO两大类别,狭义的ABS一般是指以汽车贷款、学生贷款、信用卡应收款等为基础资产的证券化产品(见图2-2-2),而CDO又分为信贷资产证券化(CLO)和市场流通债券的再证券化(CBO),CLO的基础资产是高收益贷款或杠杆贷款,CBO的基础资产以公司债券为主。

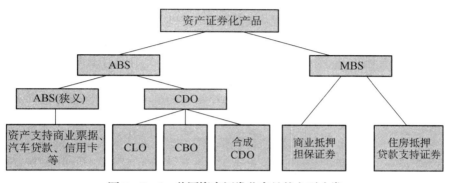

图2-2-2 美国资产证券化产品的主要分类

(资料来源:恒泰证券整理)

(3) SPV类型。美国资产证券化的特殊目的载体(Special Purpose Vehicle, SPV)主要包括3种类型,即:信托型SPV(Special Purpose Trust, SPT)、公司型SPV(SPC)和合伙型SPV。

① SPT模式:信托制度所包含的天然的风险隔离机制以及税收优势,使得SPT成为美国资产证券化的典型模式。

② SPC模式:该模式具有如下优势:(ⅰ)可以拥有证券化基础资产的实质所有权,把一个或一组发起机构的基础资产加以证券化,这些证券化资产可以彼此相关也可毫无联系;(ⅱ)可以扩大资产池的规模,摊薄证券化交易费用;(ⅲ)可以对资产产生的现金流进行灵活的分割组合,发行不同档次或支付来源的多种类型的证券;(ⅳ)可以在多次的证券化融资中被反复使用。

③ 合伙型SPV:合伙形式通常为有限合伙,即指发起机构将拟证券化资产让与合伙型SPV,由其发行可上市流通的证券,投资者购买该证券而成为有限合伙人。有限合伙型SPV的缺点在于风险隔离方面相对欠缺,且合伙份额的转让受到严格限制,增加了证券化的操作难度,这类模式被运用的程度不高。

(4) 投资者结构。美国资产证券化市场中投资者类型非常丰富,如MBS具有期限长、收益率高、风险小和流动性强的特点,养老基金、共同基金、保险公司等机构投资者一直是其主要买家;其次为商业银行及其他存款机构、境外投资者等。对于 ABS,其高收益和期限分档的特点吸引了众多机构投资者,包括货币市场投资者、共同基金、对冲基金、商业银行投资组合、保险资金和长期养老基金等。

(二)新型资产证券化模式介绍

资产证券化发展到今天,无论是技术还是交易的基础资产都和当初不可同日而语。最早出现的证券化资产是按揭资产,是银行信用资产。随后从 20 世纪 80 年代中期开始,一系列非按揭银行信用和非银行信用相继出现在资产证券化行列中,主要包括银行的商业贷款和企业之间的商业信用,如银行商业贷款、住房贷款、汽车贷款、学生贷款、信用卡应收款、融资租赁应收款、企业应收款,等等。目前在资产证券化市场中,这些类型资产的证券化产品仍然占据主要地位。

美国资产证券化市场的发展对全球市场产生了较大影响,20 世纪 90 年代以后发展起来几种新型资产证券化方式,如整体企业证券化(whole business securitization)、风险证券化(risk securitization)和合成证券化(synthetic revenue securitization)等,证券化对象已不再是传统的信用资产或信用契约关系。

整体企业证券化就是以整体企业为资产,运用资产证券化技术,设立 SPV 发行证券并用企业产生的现金流偿付发行的证券。在整体企业证券化中,证券化发起企业在证券化后只处于经营者的地位,不再享有所有权。一旦出现原始权益人即经营者无法胜任原有企业管理的情况,SPV 就可以接管原企业并重新选择管理者。整体企业证券化于 20 世纪 90 年代发端于英国,目前这一市场也在不断扩展。最新的交易包括方程赛(Formula I)、蜡像馆(Madame Tussaud's Museum)、伦敦城市机场(London City Airport)和酒馆(Pubs)等。

风险证券化(risk securitization)是保险市场上风险的再分割和出售过程。这也是利用资产证券化的技术,使保险市场上的风险得以被分割和标准化,从而进入资本市场,这是对资产证券化创新的拓展。在保险证券化交易结构中,保险公司向 SPV 购买再保险,将风险转移给 SPV,SPV 向资本市场上的投资者发行证券化产品,将风险转移到资本市场,同时将筹集的资金放在信托账户中进行投资。若风险发生,信托账户支出保险索赔,余额支付投资者;若风险没有发生,信托账户支出证券化产品投资者的本金和利息。目前,这方面的证券化主要有灾难性保险风险证券化(catastrophe insurance risk securitization)、天气风险证券化(weather risk securitization)等。

合成型资产证券化(synthetic collateralized debt obligation)作为传统资产

证券化与信用衍生品特性相结合的金融创新,现已成为发达国家商业银行转移信贷风险的一种常见结构金融技术。与以真实出售的形式将基础资产转移到发起人资产负债表之外的传统型资产证券化不同,合成型资产证券化并没有实现表内资产的实际转移,而是运用了信用违约互换、总收益互换等信用衍生产品转移了资产的信用风险。

整体企业证券化、风险证券化和合成证券化相对来说只占资产证券化市场的很小一部分。理解这些证券化形式首先必须理解传统的资产证券化模式。整体企业证券化和风险证券化同传统证券化的主要区别在于资产的类别,交易结构、法律基础大致是一样的;合成证券化不同的地方主要在于基础资产的不出表及信用衍生物的运用。

不同的资产类别肯定会在证券化具体交易结构设置上带来一些差别,所以一些国家或地区很重视不同证券化品种之间的区分与规范。比如我国的台湾地区,法规标题就清楚地表明其立法所适用的资产证券化业务按照基础资产的不同分为金融资产证券化和不动产证券化两类。又比如,韩国按照操作模式的不同将资产证券化分为四种形态。美国则不作此类区分,针对所有符合条件的证券化业务统一做出了规定。

(三) 一级市场情况

2015年机构和非机构发行的住房抵押贷款证券(MBS)和资产支持证券(ABS)共计1.9万亿美元(见图2-2-3),相比2014年1.6万亿美元上升了19.8%,这是由于机构和非机构MBS发行量的增加,相比之下,ABS发行量同

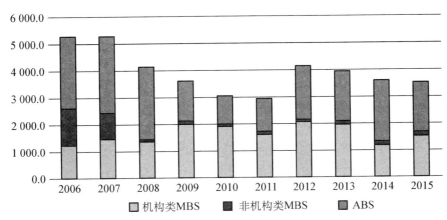

图2-2-3 2006—2015年MBS与ABS年发行量对比(单位:美元)

比下降了 14.1%。

截至 2015 年第三季度,共发行 ABS 1 936 亿美元,同比减少 14.1%。存量资产为 1.39 万亿美元,同比增加 2.6%。由于公开数据披露的限制,这里主要以汽车贷款、信用卡贷款和学生贷款 3 种资产类型为例,介绍美国应收账款市场的分类存量数据情况。

1. 汽车贷款

进一步细分汽车贷款资产证券化基础资产类型繁多,在这些基础资产中,可以按照资产类型、汽车类型和贷款类型等相结合进行分类。根据资产分类可分为货车贷款、摩托车贷款和商旅车贷款等;根据汽车类型可分为休旅车、摩托车贷款;根据贷款类型可分为汽车分销商贷款、普通汽车贷款和汽车租赁等。

2015 年汽车类资产发行相对稳定,总计发行 979 亿美元,相比 2014 年增加 3.2%。汽车类次级资产继续保持稳健的发行量,约在 227 亿美元左右,相较上一年增加了 13.9%,而优先级资产发行量减少了 57 亿美元,2015 年发行量在 356 亿美元,下降了 13.7%。汽车类基础资产存量金额为 1 899 亿美元,比上一年增加了 6.3%。

2. 信用卡贷款

美国信用卡资产证券化基础资产分类可分为银行卡、零售卡和签账卡。2015 年,信用卡发行总量大幅减少了 54%,一方面由于花旗集团未在 2015 年发行;另一方面由于美国运通与其伙伴好事多解散使得发行量大幅减少。信用卡 ABS 存量同比减少 5.7%,达到 1 286 亿美元。

3. 学生贷款

学生贷款发行量在 136 亿美金,同比减少 3.6%,然而联邦教育家庭贷款计划(Federal Family Education Loan Program,FFELP)发行量自从 2010 年 FFELP 终止后持续减少,同比减少 40.5%。学生私人贷款 2015 年上升非常大,加上学生贷款的市场化借贷证券(marketplace lender)的进入,总计发行 66 亿美金,同比上升 145.2%。在 2015 年底,学生贷款存量为 2 017 亿美金,同比减少 7.5%。

4. 其他

在 2015 年,消费/个人贷款由于市场借贷的加入,同样有大幅增加,2015 年总计发行 82 亿美金,增加了 43.1%。"绿色"金融相关资产在 2015 年也有所增加,房屋清洁能源计划(Property Assessed Clean Energy)资产和太阳能面板资产共发行了 8 亿美金,2014 年仅发行 5 亿美金。

（四）二级市场情况

2015年第四季度ABS日均交易量上升到9.1亿美元，相较上季度上升了0.9%，但是相比2014年第四季度的11.7亿美元下降了22.9%。2015年全年ABS日均交易总量相比2014年下降了2.5%。

（五）主要参与机构

1. 原始权益人（发起机构）

原始权益人（发起机构）将资产组合转移给SPV这一阶段是证券化过程中的关键。在实践中一般是采取出售的方式。以债权为例，基础资产从原始权益人转移到SPV在英美法律中称为让与；在中国大陆法律中称为债权转让，直接体现为一个契约。这样的转移在是否要征得债务人的同意、是否要通知债务人的问题上各国法律有不同的规定，这些规定会影响证券化的成本甚至其经济上的可行性。

2. 发行人

作为发行人向证券监管机构注册或经其核准后发行资产支持证券。经与投资银行签定承销协议，由投资银行负责资产支持证券的承销。各国证券法对其所调整的证券种类有不同的规定，对证券的审核也有注册制和核准制之分。此外，证券的发行方式、承销方式、信息披露等均受证券法的调整。证券发行后可以在资本市场上流通。美国主要的发行人有：全美金融公司（Countrywide）、美国西北银行（Norwest）、通用资本（GE Capital）、大通银行等。

3. 服务商

资产出售之后要确定一个服务商负责向原始债务人收取贷款。在MBS中为利用贷款银行与借款人之间的业务关系，一般仍由贷款银行作为资产池的服务商，由它代表接受借款人的还款再传递给投资人，并因此可以按服务协议收取服务费。服务机构通常为第三方的资产管理公司或投资银行担任。

4. 承销商

主承销商/承销团提供投资顾问和承销的作用。承销商一方面向SPV推荐资产组合、分析资产组合的情况；另一方面可以通过公募和私募方式帮助SPV完成证券的承销。主要由证券承销商负责向投资者销售资产支撑证券，真正实现资产证券化。一级市场承销收入是券商参与资产证券化产品的最直接收入。20世纪90年代，资产证券化产品承销约占债券承销总规模的30%～40%；进入21世纪后，比例一度升至67.9%；在金融危机的影响下，资产证券化产品发行规模显著减少，承销占比也在2010年降至10.4%。然而，近年来随着金融市场回暖,资产证券化产品的发行和承销规模开始回升。2012年,摩根大通以281亿美元资产证券化产品的承销规模排名全美第一,占据市场份额14.9%;巴克莱、花旗、美洲银行紧随其后,市场份额均超过10%。同时,投资银行还扮演承销商的角色,为资产证券化产品定价、承销。

5. 资信评级机构

资产支持证券的评级由资信评级机构进行,该机构作为市场上重要的中介机构,其设立、市场准入、从业人员资格以及业务规程等均需要法律作出规范。对证券的资信评级在资产证券化过程中起着非常重要的作用。一方面,只有取得资信等级才能发行证券,而且评级结果影响发行人的筹资成本;另一方面,资产支持证券的投资风险评估是一项非常复杂的系统工程,一般投资者没有能力进行,其投资决策主要依赖资信评级机构的评级。

资产证券化的其他参与机构主要包括律师事务所、投资人、担保人等机构。

二、应收账款资产证券化分类市场情况

(一)租赁资产证券化

美国融资租赁资产证券化发行在2012年已达到195亿美元,2013年达到136亿美元,2014年上半年达到77亿美元。除此之外,设备融资租赁继续得益于融资人循环资金的支持。融资租赁业务会同时收到多笔来自私人股本公司的投资,这些投资大多投向新成立的专业金融公司,主要投资融资租赁。资产证券化市场的持续发展与不断精细化,以及在经济衰退期中稳定的表现,使其近年来在资本市场上让设备ABS的发行商(从新成立或小或大的租赁公司到已成立的农业设备、建筑设备捆绑金融公司)在证券化市场上维持多年的深度参与。

1. 行业参与者

设备租赁变成了商业银行、捆绑租赁公司和独立专业融资租赁的租赁通道,独立的租赁公司可以进一步分为大型多元的租赁和专业集中的小型租赁。一般而言,独立租赁和金融捆绑公司通过ABS募集资金更加活跃。

2. 专属租赁公司

专属租赁公司是母公司全资,并得到母公司的财务支持和产品专业上的支持。通常信贷决策权归属于子公司,负责对潜在客户进行授信。这些专属租赁公司的首要目的是为母公司的设施产品进行融资租赁。由于他们的主要任务是支持母公司的租赁运作,因此一般而言,大型的租赁商只提供特定市场范围内的商品,例如农业设备、建筑设备和医疗设备。这些资产有的可能是投资级评级,

但通常而言也会夸张使用寿命、品牌忠诚度、运营管理能力以及过去一系列成功发行证券化的历史。这些大型的租赁商包括卡特彼勒（Caterpillar）金融服务公司、凯斯纽（CNH）投资公司、通用（GE）电力投资公司和美国迪尔投资公司。

3. 独立租赁公司

独立租赁公司从广义角度可以分为以下两大类：

（1）大型独立租赁公司：独立租赁公司大多具有供应商独立性的，因为他们与供应商没有金融关系或并不依附于供应商。他们的竞争力在于可以灵活提供大量租赁物的选择以满足客户的需求。这些租赁公司在全国范围内有着超过1百万美元的租赁应收款。通常而言，这些资产组合多样，产品线复杂，而且有着大量的管理人员、运营经验和过去一系列成功发行证券化的历史。在美国，独立租赁公司如美联信金融租赁有限公司（CIT）和大类融资服务公司。

（2）中小型独立租赁公司：在这个类型下的租赁公司应收账款不超过1百万美元，与同业大型竞争对手相比可融资的设备种类较少。中小型独立租赁公司通常集中在几种特定类型的设备上，比如：办公用品、卡车设备和医疗设备等。这些资产不一定是投资级别的，通常没有大量的成功发行证券化的经验，有时甚至设备的集中度非常高。有的中小型独立租赁公司仅依靠几个重要的管理人，呈现快速的增长性。在美国，中小型独立租赁公司包括马琳（Marlin）商业服务公司、LEAF金融公司、Nations设备金融服务公司、纳维（Navitas）租赁公司和Ascentium资本公司等。

4. 银行及金融机构

这一类型包含了银行机构，从区域性银行到当地社区银行。很多金融机构将融资租赁视为金融衍生产品。银行在融资大型设备中表现得十分活跃，但至今在公开证券化融资租赁的应收账款上却并不活跃，因为有其他更具有竞争力的资金选择，如客户保证金。其中一个例外就是麦格理（Macquarie）设备融资，它是Macquarie银行的子公司，在美国有发行ABS的经验。

在设备租赁行业中的参与者也可根据主营融资规模划分，这与租赁设备的类型有很大关系。如果按照设备成本进行划分，可分为以下几类：

（1）小型设备。这种类型的资产设备的原始成本在15 000美元至100 000美元之间，包括大型办公室设备、机器工具、小型电脑系统和服务器、小型打印设备、轻工业设备、小型卡车、货车和拖车等。典型的租赁公司会向不同的行业租赁设备至不同的地区。

（2）中型设备。中型设备原始成本一般在100 000美元至500 000美元之间。典型的设备类型有图文印刷设备、机房设备和大型服务器、重型卡车、农业建筑设备和特定类型的商业设备。基于债务人违约情况的设备残值变现回收率

(3) 大型设备。大型设备的原始成本通常超过 500 000 美元。大型设备也包含大型计算机设备、磁共振成像设备及其他医疗设备。这种类型设备的成本较高,并且具备专业要求,常有大量预提的残余价值。

5. 租赁类型

设备租赁是出租人与承租人之间允许所有权和使用权的转移,作为回报,双方会有确定的付款计划。租赁设备类型很多,设备租赁普遍分为两大类:

(1) 经营租赁。出租人拥有租赁资产的所有权,因此关于设备所有权的风险明确地说就是在租赁期结束后设备残余价值的风险。

(2) 融资租赁。承租人使租赁支付款能够覆盖全部(或大部分)使用期限内设备全部(或大部分)价值,是指实质上转移与资产所有权有关的全部或绝大部分风险和报酬的租赁,因此融资租赁风险与设备的所有权相关。

确定一个租赁物是融资租赁还是经营租赁可能不容易,因为行业动向有时会使租赁合同表现出两种债务特性。为了评估抵押品池提供的增信,主要不同之处是租赁期内包含设备及预期残值抵押支持的交易。在所有案例中,需要寻求增信的交易都与交易期内的残值变现有关,残值会在一定条款下转入证券化中的信托机构,用于保护投资人利益。

融资租赁也被称为"全额租赁"(full-payout lease),是由于其为付款计划的净现值等于设备原始成本的 90% 或公平市场价格以及租赁期限覆盖设备使用寿命的 75%。融资租赁也包括承租人在租赁期内对剩余未偿价值的购买权(常表现为在公平市场价格下 10% 初始成本的购买权,或者名义数量的购买权,例如,1 美元收购购买权)。在分析中需要注意的是,承租人有义务披露购买租赁的租赁条款以及租赁资产的不可取消性。从技术上说,融资租赁需要这样的资产不可取消性,其本质上是安装销售或额外销售条款,如此衍生出的担保物权有利于出租人。为破产隔离,融资租赁被当作是担保借款,设备、相关现金流、完善证券优先级在交易评级部分是非常重要的。

经营租赁也被称为"真实租赁",因为它包含了一般理解中"租赁"的意义,即租赁期内出租人得到租赁资产的利息,租赁期后归还出租人租赁资产的所有权和使用权。真实租赁下的租赁分类主要是按照出租人对残值的期望值,将其变现是其出租人的责任。在税收方面,设备在第一次租赁给承租人时,预计净残值必须是合理的。

证券化中的租赁通常而言是三重租约或者是"绝对责任"(hell or high water)的,这意味着租赁基础资产创造了一个绝对和不可改变的义务以支付承租人部分租金,承租人也有责任支付维修费、运营费和保险费。绝对责任是指,三重租约支付租金的义务是必须的。即使设备本身已经被毁,也无法豁免租赁中的责任(虽然保险收入应该能覆盖到期金额)。绝对责任以及三重租约在租赁交易部分,包括在轨道车、飞机和船运集装箱中非常普遍。一份租赁合同的灵活性使承租人可以修改和取消租赁,这会使租赁本身和相关设备无法成为抵押品而列入证券化评级中。

每个融资类型中每个承租人的租赁合同必须是标准化的,合同中的条款不可修改。租赁必须在合适情况和合法的前提下,允许现金流的权益转让和销售以及设备的所有者权益转让和销售给第三方。

(二) 贸易类应收账款资产证券化介绍

贸易类应收账款资产证券化的各个参与方利用信用卡和票据不断交易来发展应收账款的结构。在这些结构思维中,最重要的是标的资产的循环阶段、提前清偿触发事件、现金流分配条款和合格标准。

1. 标的资产的循环阶段

通常,标准的贸易类应收账款池会在2~3月内被偿付,假设资产池相对恒定,所有托收物均用于偿还债务,在交易初始阶段,投资者仅收取利息,那么贸易类应收账款资产证券化的时间会尽可能被延长。在最初的利息支付阶段,本应分摊给投资者的本金可以用于购买其他的贸易类应收账款。因此资产证券化允许原始权益人设置一个利息支付阶段时间点,这个时间点可以满足公司整体资金策略,满足潜在证券持有人的投资目标。

标的资产的循环阶段结束,则本金清偿阶段开始。在本金清偿阶段中,投资者每月收到分摊本金。在过去使用的信用卡应收账款支持证券中,本金可以在收到时就开始分期摊还,或者整笔支付进本金清偿账户。为了保护投资者,防止投资信用降级,触发事件已被纳入。

2. 提前清偿触发事件

提前清偿触发事件是为增信而设计,如果用于重新投资的投资者现金使用结果很不尽如人意,则会通过结束利息支付阶段实现增信。在实际操作中,设置提前清偿触发事件是为防止发生最坏的情况。一组强有力的提前清偿触发事件可以最大化增信的水平。虽然提前清偿触发事件可增加信用质量,但是它们可以引发意外偿还的投资者本金。评级结果并不会触发提前清偿事件发生。

常规交易会有很长一列提前清偿触发事件列表。一般说来,评级中通常包括以下提前清偿触发事件:

(1) 卖方或服务商破产;

(2) 法人、担保人或股东重大违约;

（3）服务商违约；

（4）发行商违反《投资公司法》（美国）；

（5）资产组合表现恶化（如：出现不良、勾销和稀释等）；

（6）增信少于要求水平，或在一定时间内借贷基础不良无法解决等。

除了这些，提前清偿触发事件可能还会由卖家引起，例如，母子公司的大额交易等。

3. 合格标准的要求

合格标准会对资产池进行限定，并限制投资者购买高风险应收账款。对每笔交易而言都有一张要求合格的清单，较常见的要求是：

（1）拖欠及违约账户。贷款基础计算不包括拖欠的应收账款和已逾期的应收账款。

（2）超额集中度。为了防止投资者遭受因单个大额债务人违约带来的损失，大部分发行计划在结构设置时都对单个债务人设定了集中度限制。这种集中度限制的设定主要基于债务人的信用评级以及信用增级级别。

（3）尚未执行的合约。对未完成服务或未交付产品的应收账款通常是有限制的，原因有二：其一，债务人不大愿意为尚未收到的产品支付费用；其二，发起人破产时，应收账款项将被视为尚未履行的合约，可能会被拒绝支付。

（4）已开票据但未发货的应收账款。在这种情况下，供应商将商品卖给消费者，但是在消费者需要商品前，商品库存在供应商处。当供应商破产时，消费者就不会为尚未收到的货物支付货款。另外，若供应商已经为库存商品付款并开具票据，但货物还不属于消费者所有。出现这种情况时，应收账款的追回变得更加困难。

（5）票据限期。应收账款的票据限期是用来降低信用风险的。举例说明，对于汽车租赁交易来说，一份合格租约的账期应该限定在 24 个月内。一般来说，账期为 60 个月的应收账款的信用风险比账期为 24 个月的应收账款的信用风险要大得多，因为账期越长，发起人更有可能遭遇债务人违约。

（6）债务人特征。合格标准也会对债务人的特征作出要求。例如，一个资产池不应接收来自发起人附属公司的应收账款，拥有其他逾期未付应收账款的债务人的应收账款也不会被纳入资产池。资产池也不应纳入来自于超过其管辖范围的债务人的应收账款，因为此时很难完善发行计划的应收账款的留置权。

在一个循环交易结构中，资产池将会进行周期性的筛选，高风险的应收账款将会不断地从合格资产池中被剔除。发行计划通常会回购一定比例的应收账款。如果合格的应收账款资产池的资产降至发行计划的净投资（发行计划支付给卖方的付款）和存款准备金的总和以下，并且没有在补救期内（1～5 天内）进行资产补充，交易就会进入提前摊销。与资产池提前摊销事件一样，太严格的合格标准也会降低信用增信评级。

贸易类应收账款，从分期偿还的角度来看，和使用循环的资产很类似。然而，由于信用支持和循环池运转的频率是动态的，需要设立触发事件来维持所需的信用支持水平。具体说来，每次交易都应该设立"如果一定时期内合格资产净额少于规定的信用支持水平，则提前清偿"这样的触发事件。

4. 循环交易中可能会存在的额外风险

对于循环期间的任何交易，分析信用支持也涉及对应收账款合格标准的评估。在一个循环交易中，并不存在一批固定组合的应收账款，因为在循环期间，从旧的应收账款中收回的资金会被持续地再投资到新的应收账款中。因此，在循环交易中，会存在一些分期交易中没有的风险。

首先，当发起人进入一个新的市场或新的业务时，抵押品构成可能会发生改变。其次，发起人的承销标准可能会发生改变，而这种改变可能会对已购买资产的信用质量产生不利影响。鉴于此，所有的循环交易都应当有合格标准，以此来将后续购买的应收账款限制在定义良好的应收账款组合里。

（三）资产支持商业票据介绍

1. 以应收账款为基础资产的资产支持商业票据的通道分类

资产支持商业票据（Asset-backed Commercial Paper，ABCP）通道是用途有限的实体，它通过发行商业票据（Commercial Paper，CP）为购买资产进行融资或贷款。资产类型包括由贸易、信用卡、汽车贷款、汽车、设备租赁、贷款抵押债券（CLOs）和债券抵押债券（CBOs）等产生的应收账款。ABCP通道通常由大型商业银行建立及管理，目的是为它们的客户提供灵活和较低成本的融资。商业票据包括传统的贴现票据和可延长债券或可赎回票据等多种不同形式。

不同于一般的资产证券化，ABCP通道是一个持续的过程，并不会在几年后就进入摊还。在典型的ABCP通道里，到期的商业票据由新发行的商业票据来支付。与此同时，从到期的应收账款中获得的应收款项也将被再投资到新产生的应收账款中去。在对这些项目进行评估时，标准普尔评级服务公司分析了可能由信用、流动性、利率、外汇、法律问题、结构特征、货币流通以及原始资产方的财务可行性等方面所带来的风险。

根据项目包含单一卖方或多卖方的情况进行分类，ABCP通道可分为单卖方通道和多卖方通道。单卖方项目的建立是为了给单个资产发起人提供便利，通过为它的应收账款资产池提供融资来实现。多卖方项目则需要来自多个资产发起方的应收账款，并且主要由大型商业银行发起。

(1) 什么是单卖方通道?

单卖方 ABCP 通道是指通过发行商业票据来为单一发起方的资产提供融资的实体,具有有限目的和破产隔离的特征。这种通道最适用于拥有较大规模资产池的发起方。资产发起方具有能够充分控制资产池的相关管理费用的优势,但它也有必须独自承担这些费用的责任。单卖方通道可以提供符合商业票据评级的信用增级以及 100% 的流动性。该提供者的信用等级至少与通道的等级相同。

(2) 什么是多卖方通道?

多卖方 ABCP 通道通过将多个独立发起方的资产组合成一个多元的、不可替代的资产组合来支持商业票据的发行(见图 2-2-4),以满足多个独立发起方的融资需求。多卖方通道具有特殊目的和破产隔离的特征。根据通道的信用和投资准则,项目管理人(通常为发起银行)为 ABCP 通道管理这些资产组合。

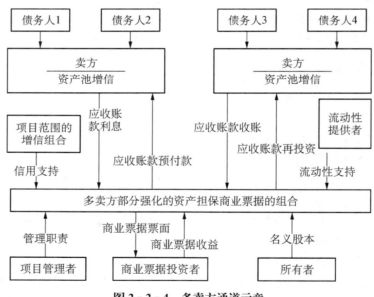

图 2-2-4 多卖方通道示意

多卖方通道主要依靠项目管理者来保证项目的正常运作。因此,对于项目管理者(在许多情况下,也是信用增级和/或流动性额度的提供者)的评估是分析此类项目的关键。项目管理者的角色是与第三方的信用增级提供者和流通性银行进行协商,并对通道中每一笔交易进行严密监控。由于多卖方通道需要从多个不同的卖方处进行融资,管理者还需要管理通道中的资产组合风险和资金流动。项目管理者也可以引入资产,将新的资产发起方引进通道。

对大多数的部分强化通道来说,进入通道的所有的新交易资产池都必须经过标准普尔的审查。审查的频率和时间将由以下 10 个因素决定:①通道的资产组合的多样化;②可替代的项目范围的增信程度;③流动性资金公式;④通道管理和操作流程的强度;⑤目标客户群;⑥信用和投资政策;⑦该资产的承销及稽核经历;⑧通道的追踪记录,主要基于资产组合绩效和对承销准则的遵守情况的考察;⑨商业票据最长到期时间;⑩交易的摊销事件和商业票据发行条件。

2. ABCP 信用风险的界定

当交易的信用质量降低,或在某些情况下原始资产人的经济状况恶化时,就会出现信用风险。对交易发起者资产池的分析取决于项目管理者提交的交易综述。此交易综述中包含资产发起者的全面风险概况、承销标准、托收程序、资金池选择程序、历史应收账款绩效的统计信息以及应收账款特点等方面的内容。

(1) ABCP 信用风险的解析:

① 资产发起者的风险概况包括其历史的和预期的融资绩效、竞争优势和劣势、在产品线中的竞争地位及策略。承销和托收政策包括历史的和当前的贷款标准、审计程序和会计系统。

② 对标准资产类型的评审,例如,信用卡应收账款和汽车贷款等,通常基于项目管理者对资产发起者的评审。在某些情况下,尤其对于新的资产类型、新市场中的资产发起人和未经增信的发行计划,标准普尔公司可能会与资产发起人的管理层进行会谈,评审业务和融资策略、信贷和托收政策以及应收账款管理系统。

③ 对所有的资产类型都会进行违约风险的分析。该分析从评审项目管理者提供的资金池数据开始。资金池数据包括客户集中度、为应收账款担保的有形资产的历史的和预期的价值、资金池的起源及支付特征的历史记录、应收账款资产池的损失和违约特征。

④ 假定包销标准和目标市场没有变动,历史违约记录和清算结果是反映当前资金池信用质量的最佳指标。在决定交易增信的级别时,应当首先建立一个预期方案。预期损失绩效将按照适当的压力指数增长,以此来确定为了达到既定的评级应该选择何种信用增信水平。压力指数是关于资产类型、历史损失率的波动和评级水平的函数。通常,历史损失波动性越高,决定增信级别的压力因子就越大。

⑤ 债务人集中度是另一个要纳入增信级别确定过程的影响因素。应收账款资产池的债务人集中度过高会增加交易风险。举例来说,在某资产池中,有一

个债务人的应收账款占资产池的20%,如果该债务人破产,就可能会损失来自该大额债务人的全部应收账款。因此,设立集中度限制以防止单个债务人应收账款的比重过大就变得尤其重要。在一些情况下也可能需要对产业集中度进行限制。

(2) 评级:

单卖方发行计划和多卖方发行计划的评级通用流程一般是类似的。在起草相关文件前,管理者、银行家和潜在的发起人会受邀讨论资产证券化的策划书。评级过程从这种非正式的策划书讨论开始。关于新的资产支持商业票据项目,首次讨论会议应于项目文件的预期完成时间的6~8周前举行。对于已有资产证券化的资产支持商业票据发行计划,首次会议通常由发行计划管理者在交易的计划完成日前3~4周主持召开。首次会议通常以电话会议或简单会面的方式进行,由资产支持商业票据发行计划管理者或发行计划的法律顾问介绍交易概况。这种早期讨论的目的是为了在正式的评级过程开始前,先确定一切非常规的、复杂的、需要解决的运营、结构、信用及法律等问题。

当发行计划获得授权后,代表发行计划的承销商通常会准备并提交一份交易文件。新的资产支持商业票据发行计划的交易文件包含有关预期流通性、全面项目支持、商业票据发行测试、信用和投资政策、现金流、发行的票据形式和其他方面的相关细节。而提供给进入发行计划的新卖方的交易文件中通常会包括资产组合的损失及违约状况的记录数据、承销审核结果、发起人信用及收账政策等信息。

当标准普尔公司收到完备的资产证券化文件和签署好的委托书后,评级过程的正式部分就开始了。对新的资产支持商业票据发行计划的评级分析包括对发行计划的信用和投资政策在内的项目文件的审核。对添加到发行计划中的新交易的评级分析通常包括对应收账款购买协议、流动性协议、历史资产绩效数据(若有)、卖方信息(由发行计划管理者提供)、交易中的信用增级等信息的审阅。标准普尔公司认为必要的相关的法律意见书也会被要求提交(请参照标准普尔结构融资法律标准,这在评级准则中也可看到。)。管理者和分析员将会讨论决定首次评析的时间,通常将于收到完整的基础文件和签署委托书之后的2~3周内发生。复杂的资产(esoteric assets)通常会需要更长时间。

第二轮评析的时间取决于管理者及其法律顾问的反馈速度。当分析员认为他/她已经确定了所有相关问题并且已经与管理者就出现的问题进行过交流后,分析员将会为评级委员会准备一次陈述。这个委员会由经过专业训练的标准普尔结构融资评级集团的成员组成。评级委员会发现的任何未解决的问题将会由分析员传达给管理者。一旦管理者及其法律顾问解决了这些问题并且确定了最终的文件,一份评级证明就生成了。

在对资产支持商业票据发行计划进行评级时,将需要以下文件:①经营管理协议;②ABCP发行计划的公司文件;③受托人与发行及付款代理机构签订的协议;④保险协议;⑤全面项目信用增级;⑥管理协议、安置机构协议、安全协议或担保协议、条款摘要和投资政策;⑦预期损失概述;⑧信贷及托收政策;⑨交换文件(swap documents)。

每次发行计划进行新的交易、购买应收账款时,需提供以下文件:①流动性协议;②第三方信用协议;③应收款购买协议;④法律意见书或关于法律意见的法官的证明。

资产支持商业票据发行计划有两个层次的信用增级:特定资产池增信和项目全面增信。

(四) 未来现金流资产证券化

传统资产证券化是从住房抵押贷款开始的,进而发展到汽车贷款、信用卡应收款、商业不动产贷款、学生贷款等其他类银行信贷资产。随着证券化市场的发展,资产证券化开始突破银行信贷而被应用到其他类型的债权,利用证券化来变现各种资产组合的价值扩展到金融机构以外的其他部门,例如电力、公路、桥梁、体育馆、主题公园等基础设施的建设可以通过资产证券化来融资,以未来的收入流作为担保和偿还债务的资金来源。证券化的技术也应用到了集装箱、火车、船舶、飞机等营业资产(operating asset),这些资产本身并不自动产生支付资产支持证券本金和利息的现金流,证券的支付取决于资产服务者与资产的最终使用者签订的经营租赁合同、维修合同,以及资产服务者出售资产的能力。营业资产可以通过证券化转变成投入再生产的资源从而进一步扩大生产,或者以更低的资金成本偿还设备购置时所欠的高息银行贷款。例如,2007年荷兰飞机租赁公司AerCap发行的25年期16.6亿美元的租赁资产支持证券,该资产池包括租赁给38个全球性航空公司的70架最新型飞机,资产总值约为21.1亿美元,该融资项目的主要目的就是提前偿付AerCap在购买这些飞机资产时所欠的银行贷款。全球的飞机租赁公司于2007年在美国发行的飞机租赁类资产证券化就达到约46亿美元,为这些租赁公司在全球范围的业务扩展提供了一条非常经济的融资渠道。

随着投资者对不同种类风险承受力的提高,证券化开始从具有相当可预测性和统一性的资产转向相对更难把握和具有独特风险的资产,资产证券化被广泛应用到了一些行业中能够产生合理的可预测的未来现金流的资产上,其中就有知识产权领域的资产证券化,如影片发行收入、唱片版权、药品专利、服装名牌专利、快餐店店名委任权,等等。例如,2007年派拉蒙(Paramount)电影公司将约20部电影的包括门票、电视播放收入、DVD收入等未来收入真实出售给SPV,并发行约1.6亿美元的7年期资产证券化产品。其他几大好莱坞电影公司,如米高梅(MGM)、环球(Universal)、迪士尼(Walt Disney)、哥伦比亚(Columbia)、索尼(Sony)等均将证券化市场作为它们直接融资的首选途径,资产证券化市场着实为美国好莱坞的电影发展立下了汗马功劳。

总而言之,随着金融市场的发展,特别是资产证券化步伐的加快,加入到资产证券化行列的资产种类不断增加,由最初的住房抵押贷款扩展到企业类资产即未来现金流资产(见表2-2-1)。资产证券化市场为这些公司提供了更经济的融资渠道,并转移或分散了资产风险,有利于公司加强负债管理。

表2-2-1 美国资产证券化市场主要资产类型

基础资产类型	具 体 形 式
贷款	住房抵押贷款、汽车贷款、学生贷款、商业地产贷款、各类工商企业贷款等
应收账款	信用卡应收款、公司贸易和服务应收款等
公用事业和基础设施收入	电力、供水、水处理、天然气、高速公路、铁路、机场、港口、主题公园、体育馆、商业地产、赌场、滑雪场、高尔夫球场等
租赁收入	计算机租赁、办公设备、飞机、汽车、船舶等交通工具、集装箱等
保险费收入	灾难保险、人寿保险、健康保险等
自然资源储备	林地储备、石油天然气储备、矿藏等
知识产权类	电影、唱片、快餐店店名委任权、服装名牌专利、药品专利等

第三节 应收账款证券化全球评级标准

与普通公司债的评级相比,对资产证券化交易的信用评级有两个显著特点:首先,对资产支持证券的信用评级主要围绕交易中证券投资者的应收权益进行评级,而对公司债的评级则更关注于发行人的综合资信水平,这也正反映了两种证券在交易架构的基本差异;第二,在对资产支持证券的信用评级中起决定性作用的是基础资产和交易结构等可变因素,灵活性较大。而公司债的评级则基于公司的经营状况评级结果,相当固定。

从评级角度来看,应收账款是由于销售产品和提供服务而产生的,具有以下几个特点:①产品和服务是销售给企业客户的;②应收账款有名义上的回收价值(无担保企业债);③应收账款通常还款时间短;④应收账款没有利息。

(1)短期应收账款。应收账款变现速度快,典型的以天为计算,一般应收账款还款期小于 60 天。该特性保证了即使企业绩效指标达到触发点、要求分期偿还，损失也能限定在一个时间范围内，这被称为损失水平（loss horizon）。由于应收账款还款期限短和有名义回收值，混合记账（commingling）的风险很大。

（2）无息应收账款。无论余额什么时候支付，应收账款通常是没有利息的。然而，应收账款证券化的投资者通常拥有投资利息。应收账款证券化一般要求包含额外的应收账款（例如，超额抵押担保）以确保可以产生额外的现金流用于支付证券利息。

（3）摊薄（dilution）。应收账款投资组合也会受非现金性的优惠的影响。这些优惠通常是交易的一部分，非现金优惠会减少回收额，这个在结构上是有成本的。非现金优惠可以是可预测和量化的，也可以是不可预测和不可量化的。前者如提前还款折扣，后者如因次品或者服务质量差导致的信誉损害。了解摊薄程度和结构的影响在评级过程中是很重要的步骤。不同的行业和不同的卖方进行摊薄测算的经验和过程都是不一样的。

应收账款证券化通常会进行循环交易，跟其他循环交易一样，应收账款通常通过交易持续性地对应收账款进行融资，通过资产抵押商业票据或其他资金通道，直到交易终止。证券化的担保物的本金持续地为新担保物融资。在循环期间，票据持有者的利息是用超额担保部分支付的。这样的交易从理论上可以对应收账款进行融资。和其他的循环资产一样，应收账款资产必须符合先前约定的合格标准。

在正常情况下，循环交易的特征是每月检查摊还触发条件（Amortization Trigger），还可以根据实际情况更频繁地检查。这些触发标准包括拖欠、损失和销售变现天数（Days Sales Outstanding，DSO）等性能标准，这些标准一般用来确保该交易具有指定的信用等级。任何没有被免除或者解决的违规行为将会导致交易摊销（amortization）。摊销周期一般都相对较短，大体和 DSO 的时间一致，在有些情况下可能时间会长一些。应收账款证券化评级过程中主要关注以下风险因素。

一、运营风险

承销商或资产服务机构是应收账款资产证券化成功的关键，无论是在运营回顾还是在交易文件中，当运营程序描述不充分或者不连贯时，运营风险就产生了。

（一）复审

作为交易评估的一部分，评级公司会对卖方企业的公司策略、行业风险、债务人风险、历史业绩、信用和收款政策、信息系统和服务能力进行运营评估，还会对某些特定的大客户、存在问题的企业业务或者其他法律问题进行了解。运营复审的目的是发现与了解卖方对风险的容忍度和应收账款管理程序。应收账款的管理包括信息技术能力和市场策略概述。最好能找到企业相关分析师进行会谈，以便更好地了解卖方的业务和行业的整体情况。如果卖方未进行评级的话，运营复审尤其重要。

评级公司对企业的运营复审包括应收账款的有效性、可回收性和可执行性的分析。这部分可以通过卖方的申明与保证、卖方提供的契约、原件或者应收账款被转变成特殊目的载体（SPV）后的相关交易法律意见获得。一般认为这些条款是符合DBRS法律和资产支持商业票据（ABCP）的标准。

考虑到卖方内部不同部门间采用不同方式承销和收集应收账款，DBRS会对这些部门询问一些额外的问题。另外，还需要从不同的业务线来提供更新的数据。关于运营的讨论会帮助我们更好地理解资产证券化的重要风险。

评级公司会从卖方不同渠道收集应收账款的各类信息。原始权益人应当按照不同的业务条线来提供历史数据。运营讨论会更好地理解资产证券化中的重要风险，如卖家风险、信用风险、摊薄风险（dilution risk）和对冲风险（hedging risk）。

（二）复审可能会讨论的一些问题

1. 卖方信息

（1）企业所有权结构和交易对手；

（2）卖方的信用评级；

（3）产品线和市场趋势；

（4）公司最近或将至的变化；

（5）公司总部和其他业务的地点；

（6）重要的销售部门、产品说明和组织构架图；

（7）高级人员：销售、信用、收账、财务和法律；

（8）审计过的财务报表（建议5年内的）；

（9）备选资金方案和"合适的"证券化的讨论。

2. 客户信息

（1）客户的性质、稳定性和集中性；

（2）就客户而言，行业的发展趋势；

(3) 产业多元化；
(4) 地理多样性；
(5) 付款记录；
(6) 客户的信用等级。

3. 销售过程
(1) 应收账款的类型；
(2) 生产订单；
(3) 信贷审批系统和订单交付能力之间的接口。

4. 风险管理过程
(1) 应收款项的条款和条件；
(2) 信贷与收集政策和个别审查频率；
(3) 信贷审批程序和限制；
(4) 覆盖和控制；
(5) 销售和信贷职能的分离；
(6) 计费过程和发票的发放时间；
(7) 付款方式，政策应用和市场惯例；
(8) 注册/安全流程；
(9) 释放留置权的过程。

5. 收款
(1) 应收账款的持续监控；
(2) 收到的账款的用途；
(3) 解决争端的办法；
(4) 坏账和准备金提取政策；
(5) 应收账款的拖欠处理政策；
(6) 账户执行政策的一致性；
(7) 销账复原的时间和数额；
(8) 使用锁箱(lockbox)的过程。

6. 系统
(1) 信贷政策进入系统；
(2) 存储和灾难修复；
(3) 安全流程；
(4) 报告过的资产组合数据来源的管理；
(5) 以往信息来源。

(三) 数据要求

如果有多个卖家或多个部门参与,那么评级公司将会把每个卖方和部门的数据分离开来。如果在集成的资金池里有多种货币,则还需要提供其他的信息。历史月度信息应该详细列出,具体如下:

(1) 每月应收账款的开始和结束余额;
(2) 如果存在多种货币的情况,各种货币的销售和应收账款的月度数据;
(3) 投资组合的更新,一般是 30～121 天;
(4) 历史投资组合周转率和方差分析;
(5) 总的坏账损失和追回款;
(6) 每月摊薄和其他非现金调整(包括款项通知单等);
(7) 所有债务人集中水平的详细资料。

二、法律风险

以加拿大为例,加拿大贸易应收账款资产证券化是由加拿大评级公司 DBRS (Dominion Bond Rating Service) 审议的,通常评级标准高于卖家的主体评级标准,这样的结构可以有效地将信用风险与投资者隔离。评级的方法通常是假设卖家进入破产程序而且无法发起新的应收账款或无法维持现有的应收账款池。为了处理这种可能性,由卖家发起的应收账款必须做到真实销售且无破产风险。这样的销售必须包含在应收账款的优先级资产里,这些是有法律支持的。

法律意见通常包括:
(1) 文件是强制性的;
(2) 资产转移建立在真实销售和无破产风险的基础上;
(3) 投资通道在应收账款中有优先权。

公司的现金管理在结构上存在地区差异。在加拿大,大部分付款直接由资产服务机构接收,然后再存到一个账户中,该账户也是整个现金管理系统的一部分。极少有公司租用银行的保险箱。而在美国情况恰恰相反,大多数公司租用银行的保险箱,用来给债务人还款。如果资产服务机构是投资级别,DBRS 通常允许交割日期间资金的混合记账。通常情况下,例如,当资产服务机构的级别调至投资等级时,交易结构允许通道有能力控制现金流。如果使用保险箱,通道有权下指令将现金转移到通道名下的保险箱而不是给卖方。如果卖方现金账户被非投资级卖方使用,DBRS 就会认为资金被隔离,并在债务人回款的一到两个工作日内直接由资产服务机构转移给通道。

三、增信评级

应收账款证券化增信评级一般会包含(但不局限于)以下几点:①申请资格;②违法和违约历史;③历史付款特点(例如,季度、DSO、付款条件);④债务人集中度和信用质量;⑤证券化结构;⑥发起方风险简介;⑦资产服务机构的质量;⑧承销步骤和政策;⑨数据质量。

信用增级通常包括:①信贷损失准备金;②摊薄准备金;③收益和资金成本准备金;④资产服务机构替换准备;⑤对冲准备金(若有)。每个因素是独立评估的,各因素作为整体来决定是否有充足的可用信用增级来支持评级。

(一)动态预付率

信用增级的大小通常用动态预付率决定,并且根据资产组合的业绩来调整。动态预付率由以下几个要素组成(但不局限于这些):①信用损失准备金;②摊薄准备金;③收益准备金;④资产服务机构替换准备。值得注意的是,这些准备金是可以被替换的。

1. 信贷损失准备

信贷损失准备是对票据持有人的保护措施,用于抵销在交易周期内发生的信贷损失。尽管应收账款是有真实销售结构的,如果信用增级没能维持在较高水平,通道也可能因为分期付款而遭受损失。债务人的破产会造成严重损失的结果,如果应收账款没有相应的抵押,且回收率非常低的话,一个债务人破产也会导致重大损失。

若应收账款池中部分客户未偿本金占比较大,小部分的债务人破产会造成大额的损失。因此,通过限制债务的集中度来管理损失。

信贷损失准备主要是为了减轻债务人的违约风险。数据不一致或者数据波动很大的卖方会被要求选择更加保守的方式来反映组合业绩。

基于短期资产的性质,信贷损失准备通常按月来计算。通常由3个组成部分:违约比率、损失范围比率和压力因子。

2. 违约比率

违约比率是信用损失的预估量,源于对原始应收账款的估计。它的一般计算公式为违约逾期的应收账款额除以在相应月份发生的销售总额。过往损失通常是不存在或非常小的,对拖欠账账户冲销的政策,则根据卖方主体的不同而不同。用保守的方式来调整这些因素,损失估计以实际冲销数额加上被认为是不符合证券化项目的应收账款。

举例说明,如果应收账款处于91～120天之间,就被认为是不合格的应收账款,则计算违约比例的分子是逾期处于91～120天未偿还余额的总和加上当月被冲销的应收账款的金额。假设一个30天付款的应收账款,我们可以将120天之前发生的应收账款定义为不合格应收款。因此,4个月前的总销售将被用来计算违约比值。在过去12个月中最高的违约比率,通常用来确定预期损失准备金,其目的是采用保守的态度以及考虑到季节因素的影响。这也确保了对票据持有人的增信保护措施和应收款资金的绩效是一致的。

3. 损失范围率

损失范围概念产生于在某一时间段内产生的应收账款,该应收账款可以被纳入到当月应收账款资产表里。该比率的计算方法是总销售额除以销售期。

例如,假设付款期是30天,如果90天以内的应收账款在超过付款期都是有效的应收账款,则相应的产生该笔应收账款的销售发生时期是4个月。比率的计算应该是过去4个月总的销售额除以相应的月份总的有效应收账款。

一旦损失范围率确立,用损失范围率乘以违约率就可以得到现期资产池里信用损失的预计额度。在上个例子里,如果违约率是1%,每月发生的销售额是1 000美元,那么每月预期就有10美元的损失。由于有效条款允许4个月的时间期限才冲销这笔损失,因此总的预期信用损失为40美元。如果现在的有效应收账款余额是1 600美元,那么预计的信用损失比率是2.5%(40/1 600)。这种动态特点可以保护投资者。这种计算反映了当前的绩效,且防止了由于资产组合老化而造成的应收账款损失。

4. 压力因子

一旦违约率和损失范围率确定,根据信用评级开始应用压力因子。相比于单一的损失估算,信用评级可以保护已经被评级的证券抵御更加残酷和痛苦的外部环境(见表2-3-1)。

表2-3-1 相应评级的应收账款的压力因子对应表

信用评级	AAA	AA	A	BBB
压力因子	$2.5x$	$2.25x$	$2x$	$1.75x$

计算公式如下:

$$\frac{91\text{天至}120\text{天逾期}+\text{冲销}}{\text{前}4\text{个月的销售总额}} \times \frac{\text{前}4\text{个月的销售总额}}{\text{有效的应收账款}} \times \text{压力因子}。$$

一般来说,DBRS将上面的压力因子作为是最低标准。诸如数据质量差和产业多样性低等负面因素可能会导致较高的压力因子。上面的计算可以用

表 2-3-2 来说明。

表 2-3-2 损失准备金的计算案例

预期的应收账款	金额（美元）
逾期 91~120 天的应收账款	1 750 000
该时段内冲销的应收账款	125 000
4 个月以前的销售总额	150 000 000
加上前面 4 个月的销售总额	700 000 000
有效的应收账款	200 000 000
压力因子	2.5x

用上面的假设对损失准备金的计算过程如下：

$$\frac{\$1\,750\,000 + \$125\,000}{150\,000\,000} \times \frac{\$700\,000\,000}{\$200\,000\,000} \times 2.5 = 11.0\%$$

所以预期的损失准备金率为 11.0%。

（二）稀释准备金

由于非违约和支付等原因引起发票金额减少时，摊薄风险就产生了。例如，退货、快速支付折扣、大宗返利、发票错误、产品数量、质量或交货等产品问题、广告费和客户忠诚计划等都会引起稀释风险。在资产证券化过程中，如果资产组合停止循环，就不会有新的应收账款来替换，稀释条款代表了发行方的资金缺口。稀释准备金可以用来保护票据抵御这些风险。

像快速支付折扣或大宗返利等稀释条款非常容易量化。快速支付折扣是指，如果买方在某一个指定日期前付款就可以得到一个折扣优惠，该折扣优惠的力度是提前确定的。一旦过了这个指定日期，折扣优惠就没有了。对于其他的稀释项目，像产品纠纷，很难预估是否会发生、何时会发生。对卖方稀释历史的回顾可以帮助我们了解稀释条款的本质和债务人收到账单后稀释条款发生的大概时间。

稀释准备金的结构设计应该能抓住不同卖方的独特特征。虽然有很多种方法可以计算稀释准备金，但要考虑到一些关键点如预计稀释率，就可以捕捉稀释率波动和稀释范围水平比率的缓冲区域。与信贷风险分析相似，预期稀释率应当考虑过去 12 个月的销售成绩。关于波动率的处理是用处于 2 到 3 倍的压力因子来决定稀释准备金。

如果过往的稀释率是很稳定的，则仅仅取决于潜在稀释的强度和总的增信水平的相关性、应收账款的本质、债务人和其他交易风险。DBRS 会基于案例的不同对高稀释率的卖方做出一个补偿方案。如果卖方的评级低于预期水平,则补偿应当被增高的信用增级取代,而该信用增进的增高是通过调整稀释准备金额来实现的。

(三) 资金准备金的收益或成本

基于应收账款通常是没有利息的事实,收益准备金是用来覆盖资产证券化过程中的资金成本的。一般情况下,收益准备金的大小是资金成本和资产组合变现天数的函数。然而,当资金成本和资产组合变现天数与原先的假设发生变化时,就会造成收益准备金的减少。这是合理的,因为交易浮动汇率可能会增加,或者如果资产转换率下降,则资本变现天数就会增加。因此,对收益准备金采用额外压力测试就可以来管理这个风险。

对 AAA/R-1 级的利率风险进行压力测试,预期在分期还款阶段会有足够多的准备金来抵御将来可能发生变化的资金成本。典型的计算方法是假设利率会升高 1.5 倍,资产变现天数在近期会升高 1.25 倍。

利率费用准备金的计算如下:

设资金成本为 2.5%;资本变现天数(DSO)为 40,则

$$利率准备金 = \frac{2.5\% \times 40 \times 1.25}{365} = 0.50\%。$$

(四) 资产服务机构替换准备

在评估应收账款的交易时,DBRS 假设现任资产服务机构被替换时,信用增级也有能力支付更换资产服务费。DBRS 将根据观察到的市场价格设定比较合适的服务费率,一般为 1%~2%。

(五) 全面增信建议

DBRS 认为全面的信用增级足以弥补相应等级水平所要求的信贷损失、更换服务费用、稀释和利息费用。虽然上面的条款是单独进行评估的,但在交易中是通过准备金底线的概念来达到预计的最低增信水平。

(六) 准备金底线

不管信贷的表现如何,通过建立最低增信水平,准备金底线都可以进一步支持交易。准备金底线的概念包括认识到债务人的违约风险是不可预测的,即使考虑到较快的周转率和微量的回收率,风险率在任何一个月都可能很高,特别是

当该资产组合主要是由一个大的债务人或一组大债务人组成时。准备金底线的充足性是基于历史损失和稀释情况来计算的,包括基于集中度的最低标准。

(七)集中度限制

如上面所指出的,对债务人集中度的限制是防止由于债务人的破产而造成重大损失的重要措施。集中度限制和稀释是评估准备金底线的基础。虽然大部分的应收账款交易得益于资信高的债务人和债务人产业的多样性,然而几乎所有的交易都有不同程度的过度集中风险。和其他资产类别相似,集中度风险是通过限制给大债务人提供资金来实现的。这个限制是根据在每笔交易成立时所设立的合格标准确定的。

表 2-3-3 提供了对集中度的指导意见。在这种情况下,每一个债务人都有一个资金限制,这样,任何一个债务人风险的增加可以根据债务人的信用评级和固定的增级底线来动态管理。这个额外的特征增加了债务人的多样性,并且确保了对低评级债务人的风险能被减少合适的水平。

表 2-3-3 债务人集中度限制

债务人评级	在总增信所占的比重	
	AAA/R-1(高)级别	AA/R-1(中)级别
AAA	100%	100%
AA(低)	50.0%	100%
A(低)	33.3%	50.0%
BBB(低)	25.0%	33.3%
BBB(高)或低,抑或没评级	16.6%	25.0%

(八)特殊债务人

在有限的情况下,没有第三方评级的债务人可能会被归为特殊债务人,且被视为最少具有投资级别评级。这种情况是针对曾经公开评级过但现在没有评级的主体。对公司信用记录和财务指标的复查也是 DBRS 分析的一部分,DBRS 分析也可能会包括由企业评级团队给出一个影子评级。对影子评级的要求是根据案例而定的。

(九)投保过的应收账款

有些卖家的应收账款针对债务人违约风险已经投保。根据保险的范畴和保险商的信用评级，DBRS 会给保险一些信用从而缓解了一些集中度高的应收账款，使其成为合格的应收账款。然而，服务、利息、稀释、准备金等依然是需要的，因为保险不会覆盖这些损失风险。应收账款保险政策不等同于信贷包装，因为付款政策通常与卖方的众多契约和履行条件是一致的。标准通知时间的要求、应收账款形成的证据和合同争端的风险可能会导致拒绝支付。这也是保险无法完全成为信用增级的替代的重要障碍。

（十）在循环交易中补充准备金

除了信用增级的动态特点，应收账款通常以月为单位进行借款基础测试，确保资产和必要的信用增级能够持续一致地反映资产的循环特性。任何源于资产恶化的损耗通常要通过卖方增加更多的应收账款来弥补。这确保了在每一次报告后，交易的信用增级能充分地支撑对应的评级。这种每月对必要的信用增级的修复叫做准备金补充。其结果是循环资产池在每个月或每次报告期间后可以有一个全新的开始，因为信用增级已经恢复到需要的水平。如果准备金没有补充，那么交易就会慢下来，分期付款开始。

（十一）非投资级别的卖方/资产服务机构

当卖方是非投资级别的，卖方可能存在升高的潜在的外部财务压力，这种压力可能会影响资产绩效。例如，额外信用增级的要求、债务人还款模式的要求、债务人还款的模式或财务紧张时现金混合记账可能会对资产证券化的投资者产生负面影响。

和卖方有关的主要问题包括持续实体运作的能力和在财务损伤时对应收款资产组合的冲击。DBRS 将只考虑对非投资级别的卖家的应收账款资产证券化交易进行评级。

下面的结构机制包含了缓解非投资级别卖家交易风险的例子：

（1）常见的是对低于投资级别的每一个等级大幅度提高信用增级水平。这种提高通常是伴随终止条款的。如果信用级别下降到一个事前确定的水平，通常是 BB 级，则终止条款就出现了。

（2）通道对现金收据的控制。所有的现金应该保持在保险箱中或每日被转移到通道名下的账户。

（3）如稀释或外汇风险等可能影响应收账款价值的项目补偿通常由信用增级来替代。

其他结构性的缓解方法包括采用后备资产服务机构和频繁报告。采用后备资产服务机构可以保证第三方能获取相关资产组合的信息，并监控提供的有关数据。后备资产服务机构就是一个备用替换的资产服务机构。频繁报告意味着通道将获得关于资产时效的信息,可以更好地调整资金与现有资产对票据的偿还。其他解决非投资级别的卖方的机制可以根据具体案例来分析。

四、违约率衡量方法

以销售为基础的违约率是衡量信用的一个方法,但它很难识别和预测资产池中可能出现的损失,因为大多数贸易类应收账款证券化的卖家并没有正式的逾期规定(例如逾期120天),但这是衡量信用质量的一个标准。

应收账款账龄表通常可以从应收账款卖家处得到(见表2-3-4)。在此表中,将"账龄61~90天"一列和"账龄超过90天"一列一起看,可以明显看出账龄超过90天的应收账款的占比和总额在增加,这表明超过1个月的应收账款始终未偿付,它们的账龄也在不断增加。那么问题来了,在清算时,究竟有多少应收账款余额在增加,它们什么时候可以偿付呢?这个问题很难回答,单单从这张账龄表中想要预测这些应收账款的亏损程度和支付非常困难。

表2-3-4 应收账款账期(单位:元)

时间	应收账款总额	当期发生额	21~30天账期	31~60天账期	61~90天账期	超过90天账期
6月30日	252 500	208 126	29 038	6 818	3 090	5 429
占比(%)	100.00	82.43	11.50	2.70	1.22	2.15
5月31日	295 700	242 474	35 780	6 210	2 809	8 427
占比(%)	100.00	82.00	12.10	2.10	0.95	2.85
4月30日	335 000	277 715	40 200	6 198	3 183	7 705
占比(%)	100.00	82.90	12.00	1.85	0.95	2.30

在大多数交易中,只要卖方确定违约,就能精确计算出资产组合的信用质量。这需要2个步骤:第一步是确定应收账款被看作为不良资产的时间。第二步是确定其违约发生的时长(例如,应收账款逾期91天)。大多数企业会每月核算应收账款,评级公司也会要求企业提供每月账龄在91~120天的应收账款的美元总额。这个数字会用于计算违约率。

以交易为基础的评级方法以衡量亏损和价值损耗来分析历史亏损和历史价值损耗,将其作为应收账款(信用销售)占比。因此,当使用不良资产代表亏损时,它必须被追溯至发生不良应收账款的时间段,例如,图2-3-1中账龄在91~120天的应收账款被视为不良资产。企业提供给顾客的付款条约中必须阐

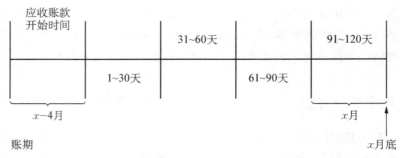

图 2-3-1 违约宽限期

明这一点。假设一个企业规定付款时间是 30 个自然日内，那么此笔应收账款在超过 30 天后就被视为不良资产或逾期。有了这两个信息后，账龄在 91～120 天的应收账款就可以被精确地追溯至它的发生日。如果有一笔 30 天（一个月）的付款，它的应收账款账期在 91～120 天，则此笔账款就被视为违约（在应收账款视为不良到违约还有 3 个月的时间），加起来一共有 4 个月的时间。这 4 个月的时间就是违约缓冲期。违约缓冲期与亏损缓冲期不一样，这会在下节中讨论。不良应收账款的账龄 91～120 天的在 x 月月底，都可以追溯到 $x-4$ 月（见图 2-3-1）。它的违约率会被用作测量发生月的预期亏损：应收账款的账龄 91～120 天加上实际清算，除以 4 个月前的月销售额。

以销售为基础的评级方法可以解释一些问题。首先，通过将托收、亏损和稀释与销售额，季节因素和总体表现相匹配，可以大约测出最小额。例如，如果违约率和上述公式计算出的数值相近，那么就不用再考虑季节因素了。

表 2-3-5 很好地阐释了以销售为基础的评级方法，表中假设：30 天的付款账期，违约是逾期 61～90 天后，3 个月的违约宽限期。

表 2-3-5 违约计算比较

时间	应收账款额（美元）	销售额（美元）	61～90 天账期	违约率设为良性应收款的 $a\%$ (1)	违约率设为 3 个月前销售额的 $a\%$ (2)	(2)-(1)
6 月 30 日	243 981	175 000	3 090	1.27	1.40	0.14
5 月 31 日	284 463	195 000	2 809	0.99	1.40	0.42
4 月 30 日	324 113	23 000	3 183	0.98	1.68	0.69
3 月 31 日	308 000	220 000	3 200	1.04	1.68	0.65
2 月 28 日	286 500	200 000	4 500	1.57	2.14	0.57
1 月 31 日	261 938	190 000	4 400	1.68	2.20	0.52

表 2-3-5 表示的是企业习惯使用的托收数据。然而这个表格中的数据可以说明前文中提到的季节因素。值得注意的是，61~90 天账期的总额减少，但是占比和销售额在 3 个月前持平。比如，在 2 月和 3 月，销售增加了 2 万美元或比上月增加了 10%。到了 5 月 31 日和 6 月 30 日，61~90 天账期的应收账款总额相较上月增加 281 美元或增加 10%。如果使用以优级应收账款为基础，衡量亏损，那么亏损会受季节性因素影响。相对地，如果以销售为基础的衡量应收账款账期，就会消除季节性偏差影响因素，从而导致亏损为常数。

在使用销售为基础的评级方法时，要求数据较少，只需要每月知道销售额和账期，那么，每个贸易类应收账款池都可以使用这个评级方法（使用中会有一个修正）。另外，如果能确认缓冲期，也可以计算出缓释设定值，使用的方法也一样，因此可以相对简单地衡量出亏损和缓释设定值。

第四节 应收账款证券化的主要法律条款

我们通常所说的资产证券化也就是真实出售证券化（true sale securitization），从 20 世纪 70 年代第一单资产证券化产品到 90 年代现金流抵押债务债券（cash collateralized debt obligation），真实出售证券化均有一些相似点。主要包括：

(1) 资产证券化发起人建立破产隔离的特殊目的载体（SPV），SPV 发行资产支持证券，购买发起人的基础资产；

(2) 基础资产从发起人的资产负债表中剥离，此部分资产不会成为发起人的破产财产；

(3) 资产支持证券经过分层等信用增级设计以适合不同投资者；

(4) 资产证券化投资者获得利息和本金的偿付。

概括起来就是资产证券化交易几个独特的结构性设计：SPV、真实出售、破产隔离和信用增级。这些特点也是资产证券化区别于传统债权或股权融资的关键所在。

在上述资产证券化结构中，几个要素之间有着紧密的逻辑关系：真实出售是 SPV 在资产证券化发起人和资产证券化基础资产之间建立风险防火墙的前提条件，而判断一种出售是否为真实出售则要看其是否是破产隔离的真实出售，因为只有破产隔离的真实出售对资产证券化才有意义；真实出售和破产隔离是证券化产品信用增级的基础。从根本上而言，也是由于有了 SPV 的破产隔离，资产证券化的偿付才不受资产证券化发起人的财务状况的影响。

一、真实出售和破产隔离

真实出售是指在资产转让的过程中,发起人以出售的形式将与基础资产有关的收益和风险转移给 SPV,资产转让后 SPV 对基础资产拥有完全的所有权,发起人或发起人的债权人不得对该资产行使控制或收益等所有权权力。

真实出售由于多方面的作用而奠定了其在资产证券化交易中不可或缺的地位。从发起人角度讲,真实出售有助于提高发起人的资本效率,分散或转移发起人的资产风险,改善发起人的资产负债结构,提升发起人的资金流动性;从 SPV 角度讲,真实出售是 SPV 在基础资产和发起人之间架构风险隔离墙的重要基石,真实出售也为 SPV 对基础资产的管理和证券化产品的偿付提供了便利;从投资者角度讲,由于真实出售将基础资产与发起人的破产风险隔离开,投资者的收益回报免受发起人的破产影响,收益的稳定性和可预期性得到了提高。

一般来讲,破产隔离是认定基础资产是否真实出售的标准,而真实出售被认为是实现破产隔离的重要手段。因为破产时法院若认为发起人并没有转移基础资产上的风险和收益的话,可能会否定资产转让的"真实出售"性质,将其定性为担保融资交易。这种"重定性"将损害发起人、SPV 和资产证券化投资者的利益,危害交易安全,从根本上破坏资产证券化交易的基础。

在美国,鉴于案例法渊源和分散式立法的特点,规范性法律文件中对真实销售的定义并没有明确的规定。但关于真实销售,美国拥有成熟的立法体系和科学的立法内容:以破产法、商法和各州财产法为代表的制定法,以破产法院判例为核心的判例法,及会计准则、税法和评级机构规范等技术类规范和法规,都从不同角度对真实销售进行调整。

(一)美国商法对真实销售的规范[①]

美国《统一商法典》(Uniform Commercial Code,UCC)对于证券化真实销售的规范主要是第九编《担保交易:账债和动产契约的买卖》。修订前的 UCC 1990 中"账债和动产契约"的定义远远无法满足证券化标的资产发展要求,且未对账债的销售与担保权益(security interest)的单纯转让加以区别,使得 UCC 1990 在证券化实务中的适用大打折扣。

经过修订后,UCC 2001 第九编扩大了对账债的定义解释,包括广义上有形和无形财产的转让所产生的支付权利,如产生于商业和消费贷款(包括信用卡应

---

① UCC 2001;§9-102(a)2;UCC 2001;§9-318。

收款)的销售、租赁、许可和转让,基于公共设施和旅馆机构经营、保险和特许权支付、知识产权授权等产生的支付权利的转让,都归属于第九编中关于"账债"的定义。

UCC 2001第九编同时扩大了适用证券化交易的范围,从而使更多类型的证券化资产的转让可以根据UCC 2001第九编确定交易各方的权利义务。此外,UCC 2001还间接确定了真实销售的标准,也就是发起人在所出售的证券化资产中不得保留任何普通法或衡平法上的权利。但对于何为法律/普通法上的权利,何为衡平法上的权利,UCC 2001第九编仍未能提供明确的标准,只能将该问题抛给其他立法和法院的自由裁量权。

(二) 美国破产法对真实销售的规范——《安全港制度》

随着美国资产证券化的发展,成文法对真实销售的定义也在不断完善中。1978年的《破产法典》(Bankruptcy Code)在美国参众两院的不断修正改革中,在2001年议案中第一次引入了立法意义上的《安全港制度》(Safe Habor),其后,在不断修正后,在2005年4月,美国《2005年防止破产滥用及消费者保护法》(Bankruptcy Abuse Prevention and Consumer Protection Act of 2005,也称《破产改革法》)签署颁布并于同年10月生效实施。这是美国自1978年《破产法典》制定以来幅度最大也是最重要的一次修订。其第九章确立并完善了现如今的安全港规则。

安全港制度的适用对象是证券化交易中涉及破产情况的真实销售问题。该安全港制度将商品合约、远期合约、证券合约、回购协议、金融互换协议与净额结算主协议给予破产机制豁免待遇。其中证券合约涉及"购买、出售或者借贷证券、存款单、按揭贷款或者其中任何利益、证券组合或者上述品种指数的合约"、"任何保证金贷款交易"、"伴有证券交易的任何贷款交易"、"任何预付性的证券交易"、"与前述合约相似的任何其他协议或交易"等。

在破产改革法颁行之后,法院则应当主要按照"形式主义"的方法来判定,体现了受保护交易的判定方法的重大演变。所谓形式主义判断方法,是指法院应当通过业界实践所普遍认可的交易形式来判断是否构成受保护交易。这是破产改革法所确立的新型定义方法与判断方法。依据这种判断方法,金融交易的形式重于金融交易的经济实质。因此,尽管某项形式的金融交易在经济实质上等同于已有的普通交易,但是只要它是金融市场实践和惯例所认可的交易形式,并且这种交易形式属于受保护交易的范围,那么它就应当受《安全港规则》的保护,即:"只要是在金融市场上普遍运用并被业界认可为回购、互换或其他受保护类别的交易,就都属于安全港适用范围内的金融合约,至于其经济实质是否是贷款或者其他非金融合约在所不论。"

这些内容都反映了对证券化资产真实销售的法律保护已经在新安全港制度下重生,并将以此为契机提速资产证券化的发展。

(三)美国各州有关财产权利的法规对真实销售的规范

由于2001年《破产改革法》安全港制度的示范作用,自2001年以来,美国各州纷纷制定有关证券化的专门法规。

例如,路易斯安那州规定,在不存在欺诈或故意误解的情况下,只要证券化交易参与方将交易定性为账债、动产契约或本票的销售,那么该项交易就不是担保交易,而是真实销售,相关的权利也转移给了买方。德克萨斯州规定,只要证券化交易参与方将交易定性为销售,那么该交易就是一项销售。其中,以公司法最发达的特拉华州最为激进。特拉华州2003年颁布的《资产支持证券便利化法》(Asset-backed Securities Facilitation Act)规定"任何财产或权利,全部或部分在证券化交易中进行了转移,将被视为不再属于转让人的财产或权利;转让人、转让人的债权人或者破产托管人,只要受特拉华州法律管辖,将不再对被转让的资产拥有任何法律上的权利",即将当事人意思排除在交易性质之外,便"自动认定为真实销售",从而实现与发起人破产财产的隔离。

这些立法在最大限度上保护了资产证券化中资产转移的交易安全,为资产证券化的更好发展提供了法律保障。美国最近几年成立的资产证券化SPV绝大多数是在特拉华州注册的。

(四)美国法院判例对真实销售的规范

从美国破产法院在一系列案例中所做的分析来看,判断一项资产转让是否为真实出售的法律标准通常包括以下3个方面:

(1)资产受让人(SPV)对资产出让人(证券化发起人)的追偿权。这里的追偿权是指在SPV由于各种原因无法实现证券化产品收益时向发起人进行追索的权利。但由于交易安排的复杂性,并非任何形式的追索权都必然排除真实出售的存在。比如,由于基础资产本身的合法性出现了问题而影响SPV利益,从而追索发起人的现象就不会影响真实出售的定性。

(2)证券化发起人回购资产的安排。在证券化交易中通常规定证券化发起人的回购期权或者SPV的出售期权。一方面,如果发起人有权从SPV处重新购回被转移的资产,这就意味着发起人还保留着对基础资产的某种程度的控制权;另外一方面,如果SPV行使资产出售期权,发起人有义务从SPV处回购资产,也就是说发起人还承担着资产出售后的某种风险。那么,这些交易结构会被定性为担保融资,而不是真实出售。

(3) SPV对定价机制的决定权。在证券化交易中,一般是按照基础资产账面价值并在一定的折扣基础上转移资产,折扣率是按照资产质量和历史违约记录来确定的。如果转让价格在转让后还可以由SPV根据具体情况进行调整,那就意味着发起人在资产转让后还继续承担资产风险,这种资产转让也通常被界定为担保融资,而不是真实出售。

另外一些因素也可能会影响资产的真实出售的定性,比如出让方在资产出售后是否还具有对资产的控制权,等等。

一项成功的资产证券化交易除了要求资产转让是"真实出售"、证券化基础资产不是发起人的破产财产以外,一般还要求资产受让人具有对被转让资产的优先权。优先权是指SPV和投资者对被转让资产的求偿权在等级上优先于包括发起人的债权人和发起人破产管理人的求偿权在内的任何第三方求偿权。美国规定了各种权利保全措施作为取得优先权的方式,包括交付、通知、登记等,如《统一商法典》规定的"权利保全和优先权"(perfection and priority)制度。这些相关法律法规的制定增强了证券化交易的稳定性和安全性,促进了资产证券化的发展。

关于债权转让的原则,各国的立法例大致有3种。其一是协议移转原则,即债权的转让必须与债务人达成合意。此例为《中华人民共和国民法通则》所采用。其二是通知转让原则,即债权的转让,虽然无须征得债务人的同意,但应将转让的法律事实通知该当事人。日本民法典采用此例。其三是自由转让原则,即债权的转让无须征得债务人的同意。德国民法典采用此例。

二、SPV的设立

资产证券化最具有特色的地方就在于设立了一个SPV,用它来向发起人购买拟证券化的资产,实现"破产隔离",并以资产未来产生的现金流和相应的信用增级为基础,发行资产支持证券销售给投资者,由此建立以SPV为中心的稳定的自我清偿型(self-liquidating)融资结构。所以SPV在整个证券化交易过程中发挥着核心作用,其组建和运营直接关系到证券化交易的成败。

破产隔离和税收减免是衡量SPV构架成败的主要准则。这里的破产隔离指的是SPV自身不会在经营过程中破产。SPV破产包括"自愿破产"(voluntary bankruptcy)和"非自愿破产"(involuntary bankruptcy)两种情形。从国外的实践来看,防止SPV破产的主要途径包括放弃破产申请权、放弃自动冻结权、限制业务与负债、设立独立董事,等等。其中前两者主要针对"自愿破产",后两者主要是防范"非自愿破产"。

1. 放弃破产申请权

SPV可以在其组织章程中或者在与资产支持证券投资者的契约中明确放弃今后提出自愿破产申请的权利,也可使通过组织章程的设计使得自愿破产在实际上变得不可能。关于破产放弃的法律效力在实践中或是在理论界却存在着争论,但一般而言,在证券化交易中,SPV破产隔离是为保证整个交易安全所必需的,同时SPV的债权人其实就是证券化产品的投资者,而投资者是首先要求SPV破产隔离的,所以在证券化交易中,SPV放弃破产申请权应得到理论界和实践界的确认。

2. 放弃自动冻结权

除了SPV破产申请权放弃外,证券化产品投资者一般还要求SPV放弃破产中的"自动冻结"权(automatic stay)。"自动冻结"是指一旦发起人被动或主动申请破产,其所进行的一切有关债务人财产的债权债务清偿、担保执行等行动都将自动终止,以保证所有债权人均能按照破产程序公平受偿。"自动冻结"放弃并不能阻止SPV进入破产程序,只是保证在SPV破产时或证券化发起人破产时证券化产品投资者取得收益的权利不受影响。这项权利放弃在实践中也曾经受到过破产法庭的挑战。比如在很多情况下,基础资产的价值要大于资产支持证券的面值,这些超额的价值只有通过破产程序才能被SPV的股权人(常常为证券化发起人)所获得。如果在发起人破产后短时间内让投资者处置资产池资产,投资者可能为了及时回收投资而贱卖基础资产,导致基础资产超过债权的价值在贱卖中损失。而通过破产程序,可以使得基础资产的处分和变卖行为受到法院的监督,这样可以使其实现价值的最大化。

3. 限制业务与负债

SPV业务与负债的限制对于整体企业证券化(whole business securitization)是尤其重要的。不难理解,SPV的业务范围越广泛、负债规模越大,则被债权人申请破产的可能性也就越大。SPV是为了实现证券化交易而设立的,其业务范围只限于证券化交易确定的业务范围,具体包括从发起人处购买基础资产,发行资产支持证券,利用基础资产的现金流向投资者支付投资收益,等等,除此以外,SPV不得从事其他业务。另外,有必要将SPV的债务严格限制在证券化交易所需的范围内,具体包括资产支持证券投资者的本金和收益,资产服务者和各中介机构提供服务所需之费用。在某些情况下,也允许产生一些附属债务,比如,在体育馆整体企业证券化中,允许体育馆的拥有者(SPV)有小规模借款以从事维修、保养等有利于证券投资人利益的行为。

4. 设立独立董事

SPV一般是发起机构设立的,而发起人的利益与投资者的利益有时候并不一致,尤其是在决定SPV破产或者基础资产出售等问题上。代表投资者利益的独立董事的确立有助于将SPV和发起人区别开来,防止SPV受到发起机构的控制,从而保护投资者的利益。在实际交易中,证券化评级机构一般也要求SPV设立独立董事,比如穆迪投资者服务公司就要求在期限较长的资产证券化交易结构中,SPV应设立至少两个以上独立董事,公司申请自愿破产或是出售基础资产必须有这些独立董事的同意。

5. 税收减免

税收减免是检验SPV是否设立成功的另一重要标准。SPV是资产证券化交易结构中最具有特色的地方,但如果SPV的设立会"截流"一部分基础资产现金流从而导致最终流向投资者的收益下降,那么这个特色也就变成了包袱。在SPV所可能"截流"的现金流中,最受关注的就是可能存在的SPV本身的纳税义务。

在资产证券化最早的偿付结构转手结构(pass through)中,SPV不对基础资产现金流做任何处理,被动地将现金流转让给投资者,SPV税收中性原则比较容易被有关税收工作者理解。但随着资产证券化的发展,更多的SPV会主动地操作来自资产池的现金流,比如,在本金或利息支付到期之前将SPV滞留现金做短期再投资,或者运用一些衍生工具来规避利率或货币方面的风险而产生一些收益或损失,这部分收益可能会带来税收上的义务。但在美国,SPV所涉及的联邦纳税义务可因与母公司并表而由其他并表成员的损失所抵销,由此达到税收抵免的目标,即使在会计上"并表"也意味着非"真实出售"。美国税法之实质重于形式的原则为主动型SPV同时实现真实出售和税收抵免的目标提供了便利条件:从财务和监管的角度而言,证券化发起人将基础资产"真实出售"给SPV,但从税收的角度看,该SPV只是一种特别的资产证券化安排,其与发起人之间的关系是抵押贷款的关系,而不是买卖的关系。

三、信用增级

信用增级是指借助于担保、保险、保证、优先/次级分层、超额利差、储备金账户等方式对债务人、资产池、资产支持证券提供不同程度的信用支持,以达到设计的信用级别。

1. 外部信用增级

外部信用增级是指通过引入一些外部机构来实现信用增级。比如以下5

方面。

（1）担保或保证(collateralization 或 guarantee)：即信用水平较高的保险机构、政府机构或企业对资产支持证券提供违约或及时偿付等信用担保或保证，如美国城市债券协会(Municipal Bond Insurance Association，MBIA)、安巴克保险(Americcen Municipal Bond Corporation)(Ambac)等一些保险机构提供的违约保险，政府学生贷款担保机构给学生贷款提供的违约担保，信用较好的企业给资产池基础资产违约提供的担保，等等。

（2）信用证或备用购买合同(letter of credit 或 standby purchase agreement)：长期短期信用均较高的机构如一些大型商业银行也可为证券化产品在规定时间提供回购承诺或担保，以使证券化产品达到设计的短期信用评级。比如在浮动利率即期票据(Variable Rate Demand Notes，VRDO)的设计中，商业银行提供的回购承诺可以提高 VRDO 的短期信用评级。

（3）流动性支持机制(Liquidity Facility)：金融机构可以为资产池暂时的流动性短缺提供支付承诺，在一定程度上起到内部储备金(Reserve Account)相似的功能。

（4）现金担保账户(Cash Collateral Account，CCA)：是一种以现金账户来提供外部信用的增级方式，也旨在抵补资产支持证券可能发生的损失或暂时性的流动性短缺。CCA 是独立于证券化基础资产之外的一个现金信托账户，该账户一般由第三方银行贷款组成，账户中的资金可以投资于随时可变现的短期债券类资产。在信用卡应收款证券化交易中，CCA 常常用来为资产池提供信用增级。

（5）互换(Swap)：证券化交易中的互换一般有利率互换、货币互换、信用违约互换等，这3种互换分别用来规避利率风险、货币风险和信用风险。信用违约互换更多出现在合成型资产证券化交易中。

2. 内部信用增级

在资产证券化交易中，SPV 可以将基础资产现金流进行期限或信用上的分割或重组，以形成不同设计信用水平的产品组别(Tranche)，此即为内部信用增级。

（1）优先/次级结构(Senior/Subordinated)：这是最常见的内部信用增级方法之一。在这种结构中，优先级部分的信用受一组或多组次级组别产品的支持，一旦出现损失，次级部分首先承担，只有在次级部分发生全额损失时，优先级部分才开始遭遇损失。

（2）超额担保(Overcollateralization)：当 SPV 以低于基础资产池面值发行资产支持证券时，基础资产超出证券化产品面值的部分就形成该证券化交易的超额担保。在已发行的证券化交易中,一些资产信用较好、超额利差较高的基础资产也出现过担保低于100%的情况,在这种结构设计中,多余现金在释放(release)之前必须滞留在SPV中直到超额担保达到事先设定的程度,如100%或更高。

(3) 超额利差(excess spread):是指基础资产所形成的利息收益减去投资者利息、相关费用(如第三方信用增级费用、资产服务费、各中介机构服务费用,等等)及确认的资产损失后的余额。超额利差能较为敏感地反映基础资产的违约(default)、损失(loss)、早偿(prepayment)、恢复(recovery)等信用指标。另外,通过偿付结构的不同设计,超额利差可作为储备基金账户的来源,也可用来提高超额担保等。例如在一些学生贷款证券化交易中,SPV需要超额利差来不断增加自己的超额担保,比如达到102.5%,当SPV的超额担保达到这个层次后,才允许向SPV股权所有人释放多余现金。

(4) 储备基金账户(reserve account):账户的资金来源可以是证券化产品发行所得,或者是SPV的超额利差。储备基金账户一般在证券化交易完成之时就已经到位,但也可以部分到位,在一段时间(比如一年)之内通过超额利差的逐渐积累达到设计水平。该基金规模一般可以随着证券化产品本金的逐步偿还而减小。

资产证券化是当代国际金融创新的典范,自20世纪70年代在美国产生以来,逐渐在许多发达市场经济国家和新兴市场经济国家得到发展和推广,其资产类别、结构设计不断扩大和复杂化,并日益渗透到了经济领域的各个层面。资产证券化市场成为金融或非金融机构重要的直接融资渠道。

2007年美国爆发和一直蔓延的次贷危机,给资产证券化的发展带来了负面影响,让很多市场参与者和有关监管部门对资产证券化的意义与作用产生了怀疑。但实际上,次贷危机是资产证券化各参与者在宏观流动性过于充沛以及金融监管缺位的情况下,迈出更具冒险性一步的产物。我们不应该因噎废食,要正确把握创新金融工具的特点,倡导在坚持适当监管的条件下发挥其积极作用,同时采取必要的风险防范措施,防止创新金融工具被误用。

附件 合格标准(取自加拿大PBRS评级机构的标准)

应收账款的基础包括:销售和应收账款转让是有效的,债务人的债务是可以执行的,应收账款是根据原始销售产生的且没有被转让过。应收账款交易倾向于购买近期的、满足之前预先确定的关于债务人和集中度限制等条款的应收账款。为了确保资产证券化的资产组合满足标准,卖方必须保证他们已经检查过资产组合,且资产组合满足约定的合格标准。具体分为以下 11 条:

(1) 债务人不是卖方的附属公司;

(2) 应收账款是不违法(或违约)的,符合法律规定;

(3) 应收账款构成了一个账户,而不是通过票据或动产证明来支持;

(4) 应收账款代表信贷的延伸,从正常交易的卖方转移到用现金支付的债务人;

(5) 应收账款是全额支付的,不能用于抵销;应收账款产生于合法、有效和有约束力的合同;应收账款完全由卖方拥有;

(6) 应收账款用特定货币来计价和支付;

(7) 应收账款不能违反适用的法律、法规或规章;

(8) 应收账款有付款条件,要求及时支付;

(9) 应收账款满足卖方信贷的申请要求的各个方面;

(10) 应收账款不能存在任何争议、反诉、回购义务或抵销;

(11) 应收账款的债务人不能违约(或逾期)总应收账款中的大部分债务。

任何时候,一旦发现转让的应收账款没有满足上述的合法性标准,卖方要么回购该应收账款,要么用同等面额的合法的应收账款替换到特殊目标载体(SPV),任何违反行为都会导致对该交易终止。

第三章
中国应收账款管理及资产证券化市场

中国是全球第二大经济体和第一大货物贸易大国。中国是全球贸易发展的主要贡献者。随着近年来国内外贸易买方市场的普遍形成，赊销等信用交易比例已占到约70%以上，庞大的贸易规模和越来越高的信用交易比例必然产生巨量的应收账款，进而形成我国开展贸易应收账款证券化最雄厚、最坚实的基础。

第一节 应收账款的市场统计数据

根据国家统计局数据,截至 2014 年末,我国规模以上工业企业应收账款为 105 168 亿元人民币,同比增长 10%;截至 2015 年 11 月末,我国规模以上工业企业应收账款为 118 477.8 亿元人民币,同比增长 7.8%,应收账款规模保持较快增长。

一、总体情况分析

根据国家统计局的数据,2011—2015 年,全国规模以上工业企业应收账款总额和流动资产总额均持续增长,但是增长趋势逐渐放缓。应收账款占流动资产的比重逐渐增加。数据显示,全国工业企业的应收账款至 2015 年底累计高达 11.5 万亿元人民币,而 2011 年末只有 7.03 万亿元人民币,4 年间共增长了 4.42 万亿元人民币,平均每年增加 1.1 万亿元人民币。详见表 3-1-1。

表 3-1-1 2011—2015 全国规模以上工业企业应收账款总额

(单位:亿元人民币)

年 份	2012 年年末	2013 年年末	2014 年年末	2015 年年末
应收账款总额	82 190.00	95 693.40	105 168.00	114 546.90
应收账款增速	16.90%	16.40%	9.90%	7.90%
流动资产总额	362 373.44	408 223.90	435 017.60	460 717.50
流动资产增速	11%	12.60%	6.60%	5.90%
应收账款占流动资产比重	22.68%	23.44%	24.18%	24.86%

就国内的工业企业来讲,截至 2016 年底,主营业务收入不低于 2 000 万元人民币的工业企业总共累积下来的应收账款为 114 546.9 亿元人民币,在 2014 年的基础上上升了 7.90%,同年流动资产的总额增速为 5.9%。在这些工业企业流动资产总额中,应收账款所占比例从 2014 年的 24.18% 上升至 2015 年的 24.86%。

二、行业分析

2015 年,全国规模以上工业企业应收账款总额较大的十大行业依次为计算机、通信和其他电子设备制造业、电器机械和器材制造业、汽车制造业、通用设备制造业、专用设备制造业、化学原料和化学制品制造业、非金属矿物制造业、金属制品业、煤炭开采和洗选业、黑色金属冶炼和压延加工业。具体数据如图3-1-1所示。

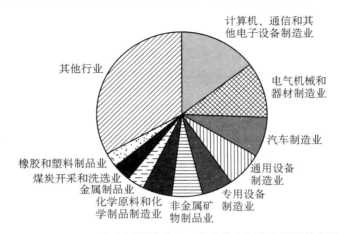

图3-1-1 2015年全国规模以上工业企业分行业应收账款占比

（数据来源：国家统计局）

三、上市公司应收账款统计

2015年上半年国内经济增速放缓,不确定性进一步加强,据数据统计,2015年6月底中国所有上市公司应收账款良性增长,目前总计有2716家上市公司公布了上半年的应收账款数据,总计额度达到3.06万亿元人民币（见图3-1-2）。

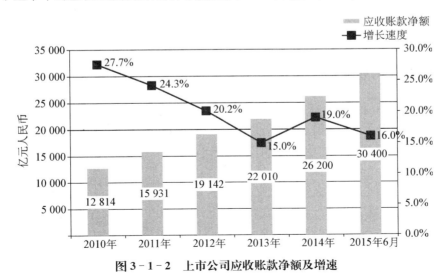

图3-1-2 上市公司应收账款净额及增速

其中有可对比数据的上市公司2593家,2015年上半年的应收账款总额为3.04万亿元人民币,相比2014年同期的应收账款总额2.62万亿元人民币,增长16.14%。七成公司应收账款增加在上述2593家上市公司中,有1795家上市公司的应收账款同比去年出现了不同幅度的上涨,占比为69.22%。上市公司营业收入和应收账款的关系是衡量企业回款能力的一个重要指标。据了解,如果公司的回款速度放缓,或公司不能有效地管理应收账款,则将会对公司资金周转和经营业绩产生影响。

在这些披露的上市公司半年报中,从行业角度分析,共有27个行业中绝大多数应收账款同比出现不同程度的涨幅,其中文化传媒、军工、计算机最为明显,部分公司甚至出现应收增、营收降的情况。

具体来看,27个行业中应收账款涨幅最高的当属文化传媒,幅度达到46.98%;涨幅排名二至五位的分别为国防军工、计算机、医药生物和交通运输业,具体涨幅依次为38.01%、34.08%、27.23%和27.10%。

第二节　中国保理市场发展情况

过去几年,随着国内外贸易买方市场的普遍形成,赊销等信用交易比例已占到70%以上。在2014年后,因受世界经济复苏明显放缓和国内经济下行压力加大的影响,国际国内市场需求总体不足。与此同时,我国各行业产能过剩问题也较为突出。在此背景下,企业应收账款规模持续上升,回收周期延长,应收账款拖欠和坏账风险明显加大,企业周转资金紧张状况进一步加剧,这些必然产生巨量的应收账款,并引发应收账款融资及衍生业务的巨大需求。

一、保理公司规模持续增长

2011年中国跃居全球第一大保理市场并一直延续至今。数据显示,我国在2014年的保理业务量(国内外总计)达4 000亿欧元,占到全球保理业务总量(2.34万亿欧元)的17.30%;与2013年相比,全球总量上升了3.6%;占据最大市场份额的欧洲同年的保理业务量较上年有9.8%的上升。与全球趋势形成强烈反差的是保理业务排名第二的亚洲市场,该地区的保理业务量下降了5.6%,这是自金融危机以来,亚洲地区的第一次下降,但其中我国的保理业务量成为增长最快的地区,占亚洲保理份额的64%,而且中国的保理市场还在不断增长。

此外,目前中国加入国际保理商联合会(Factors Chain International,FCI)

的会员已有30家。2014年有关数据表明,银行类中已有25家外资保理机构,另有6家商业保理企业;共完成3886亿欧元的国际保理业务,同比增长2.8%。

中国银行业协会于2015年年底发布的《2014年中国保理产业发展报告》中显示,截至2014年年底,中国银行业协会保理业务专业委员会全体成员单位保理业务量折合人民币达2.92万亿元(见图3-2-1)。其中,国际保理业务量为1 224.41亿美元,同比增长7.32%;国内保理业务量2.17万亿元人民币,同比下降12.15%。

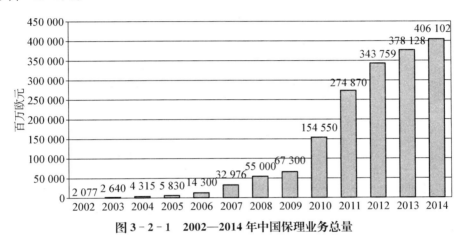

图3-2-1　2002—2014年中国保理业务总量

单就商业保理而论,保守估计,2012年传统商业保理创下了至少100亿元人民币以上的营业额,商业保理不包括电子商务类、第三方支付类和供应链融资类,在保理业务专业委员会的会员中,营业额在20亿元以上的商业保理公司不低于3家,且近一段时间以来发展势头较为迅猛。

二、银行保理占据绝对主导地位

中国银行业协会于2015年年底发布的《中国保理产业发展报告(2014)》中显示,由于资金充沛的中资银行在我国保理市场上占据了主要地位,因此中资银行的保理业务经营策略很大程度决定了我国保理业的发展态势。

结合《商业银行保理业务管理暂行办法》(中国银监会令〔2014〕第5号)的业务分类相关规定,中国银行业协会保理业务专业委员会(以下简称"FAC")对银行保理产品进行分类,以便于业务数据统计分析,促进银行保理产业全面发展。FAC首先将银行保理产品分为国际保理和国内保理,其中国际保理包括出口保理和进口保理;国内保理包括卖方保理和买方保理;结合保理4项服务的实务开展情况,FAC 再将出口保理和卖方保理细分为有追索权、无追索权银保合作保理,并将进口保理细分为承担进口商风险的进口保理及托收型进口保理。

根据 FAC 统计数据显示,截至 2014 年年底,FAC 全体成员单位保理业务量折合人民币 2.92 万亿元,同比下降 7.89%,其中国际保理业务量为 1 224.41 亿美元,同比增长 7.32%;国内保理业务量为 2.17 万亿元人民币,同比下降 12.15%,但仍是我国保理市场的重头,如图 3-2-2 所示。

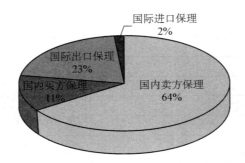

图 3-2-2　2014 年银行保理主要产品占比情况

从中外资银行市场份额来看,中资银行继续保持绝对优势,在国际保理业务中,中资银行占比 98.22%;在国内保理业务中,中资银行占比 99.34%,如图 3-2-3 所示。

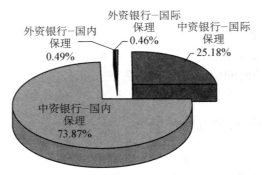

图 3-2-3　2014 年中外资银行保理主要产品占比情况

从区域分布看,2014 年环渤海区域和西部地区业务发展较快,特别是环渤海区域以近 56% 的增长率位居各大区域之首,其中山东、北京和河北 3 省市的业务发展非常突出。长三角地区则从第一大区域下降至第三,业务主要集中在浙江、江苏和上海。

从行业分布看,2014 年保理客户主要集中在批发零售和制造业、信息传输、软件和信息技术服务业。受到经济环境和行业政策影响,各细分行业保理业务发展情况差异较大,呈上升趋势的有化工能源、医药、租赁行业,其中化工能源上升较明显;呈下降趋势的有商贸、冶金和工程建筑行业,特别是商贸较2013年下降超过50%。

三、商业保理市场持续增长

(一)注册公司井喷增长

随着商务部2012年下半年在我国部分地区开展商业保理试点以来,我国商业保理行业呈现出井喷式发展态势。2012年传统商业保理创下了至少100亿元人民币以上的营业额。发展迄今,根据中国服务贸易协会商业保理专业委员会发布的《2015中国商业保理行业发展报告》(以下简称《报告》),截至2015年12月31日,全国共有注册的商业保理企业2 514家,其中,2015年新设立的商业保理公司1 294家,新增企业数量是2014年的1.44倍,如图3-2-4所示。数据显示,保理公司数量和融资余额均实现了飞跃。截至2015年年底,全国注册成立商业保理公司及分公司共计2 514家,其中法人企业2 346家、分公司168家,其中2015年注册成立商业保理公司1 211家、分公司83家,新增数量较2014年增长43.3%,是2012年成立公司数量的27.66倍。

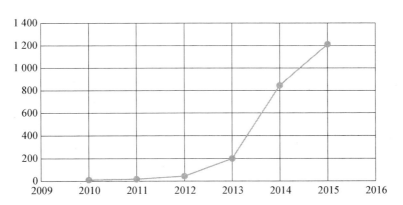

图3-2-4 2010—2015年全国新增商业保理公司注册数(单位:家)

(数据来源:《2015年中国商业保理行业发展报告》)

就总体规模而言,2015年我国商业保理融资业务量超过2 000亿元,较2014年增长了1.5倍。《报告》预测,到"十三五"末,我国商业保理业务规模将达到人民币万亿元级,约占到中国整个保理市场的1/3,届时商业保理将成为我国贸易融资和风险管理领域不可或缺的重要产业。显而易见,在过去两年里国有大中型银行才是中国保理这个行业的代表,在保理这个市场上商业保理公司只是一个微不足道的小角色。而在国际保理市场上,商业保理公司与银行保理却并非这种龙套与主角的关系,例如,在欧美的保理市场上,商业保理显得更有活力,并且取得了很好的成绩。公正地说,商业保理在中国是一种新事物,还不被重视,甚至可以说受尽了歧视待遇,缺乏政策的阳光雨露,在夹缝中求生存。在这种大环境下,商业保理公司却仍然顽强地发展,这说明了商业保理是充分适应市场的。有理由相信,只要改善发展环境,中国的商业保理行业将会飞速地发展起来。

(二)行业整体还处在起步阶段

2015年全国商业保理业务量超过2 000亿元人民币,融资余额约在500亿元人民币,是2014年数据的2.5倍,值得注意的是500亿元人民币的规模,整体来看仍相对较小。因此从这个统计数字来看,尽管商业保理行业成为近年来投资热点,商业保理企业数量呈现爆发式增长,各种创新和亮点频现,但绝大多数公司成立时间尚短,还没有正式开展业务,已开业的公司业务规模也较小,行业整体还处在起步阶段。

根据各地商业保理协会提供的数据,目前深圳前海地区注册企业开业比例约为15%,其他地区商业保理公司开业比例平均在50%,据此推算,全国已开业的商业保理公司数量约在500家左右,约占已注册企业的20%,其中90%仍处在起步阶段,只有10%的企业(约50家)进入成长期(年保理业务量超过10亿元人民币)。

按照总体开业比例的20%计算,500余家已经开业的商业保理公司2015年大约服务了31 500家中小企业,平均每家中小企业客户获得的保理融资额为635万元人民币,商业保理正在成为中小企业融资的重要渠道之一。

(三)融资模式创新取得突破

资金瓶颈一直是制约商业保理公司发展的重要问题。除少数具有国企、央企、上市公司、集团公司背景的保理公司外,大量具有民营企业背景的保理公司很难从银行获得授信。随着国家健全多层次资本市场、实行资产证券化备案制和鼓励互联网金融发展等政策措施的落地,2015年商业保理公司在融资渠道方面取得了重大突破。2015年12月14日,上海成也商业保理股份有限公司新三板挂牌申请获得批准,并于当日公开转让,鑫银保理、渤海保理也相继申请新三板挂牌;摩山保理一、二期,方正保理等企业成功实现"保理资产证券化"。这些为构建保理资产转让生态系统、提高保理资产转让效率、降低交易成本做出许多的创新亮点。

（四）行业发展存在的主要问题

毋庸讳言，在行业快速发展的同时，仍然面临着很多困难，存在着许多亟待解决的问题。

1. 行业规模仍然较小，市场认知度尚需提高

尽管商业保理行业成为近年来的投资热点，商业保理企业数量呈现爆发式增长，各种创新和亮点频现，但绝大多数公司成立时间尚短，还没有正式开展业务，已开业的公司业务规模也较小，行业整体还处在起步阶段。

2. 专业人才匮乏，人员流动性大、成本较高

商业保理行业起步晚、发展快，人才缺口巨大，目前行业人员基本都是转行而来，大多没有接受过系统化培训，各商业保理企业主要通过边干边学在实践中培养；同时，现有从业人员素质参差不齐，企业间相互挖人现象普遍，人员流动频繁，导致有经验人才的雇佣成本上升，制约了行业的持续健康发展。亟需加大人才培养力度，引导人才有序流动。

3. 信用体系不健全，风险管理存在难点

经济下行期市场风险加大，企业因坏账、拖欠而导致的资金链断裂、破产倒闭、跑路现象层出不穷，经营环境对商业保理公司来说极为不利。商业保理公司的抗风险能力无法与银行相比，加上行业信用信息交换系统尚未健全、与人行征信系统尚未对接，自身团队保理业务及风控经验不足，难以较好地把控风险。

4. 保理公司业务范围仍需拓展

完整的商业保理服务应该包括客户信用调查与评估、应收账款管理与催收、应收账款融资、买方坏账担保等一系列综合服务，而目前商业保理公司主要开展的是融资业务。因业务单一、盈利空间有限、抗风险能力弱，部分业务开展较好的保理公司因资本金十倍杠杆限制，也到了需要开发非融资类保理业务的阶段。

5. 政策法规环境有待改善

国家层面的政策法规尚属空白。商务部主导的《商业保理企业管理办法》仍未出台，相关税收、外汇和财政支持政策还无从谈起，最高院关于保理适用法律相关意见仍在研究。同时，随着试点地区增多，各地主管部门都出台了相应的监管和优惠政策，但也出现了政策不统一、不规范的问题。在是否需要前置审批、税收政策、杠杆率、与商票业务的结合、与互联网金融机构的合作等方面出现了很多模糊认识和不规范的做法，仍需进一步明确或完善。

6. 行业监管协调机制需要加强

目前，我国银行保理和商业保理并存，二者所开展的业务并无本质区别，双

方的合作虽在加强,但分属不同的监管体系;除与银行、证券、保险等传统金融机构的合作不断加深以外,商业保理与融资租赁、互联网金融、小贷担保等新金融机构之间呈现出业务交叉、不断融合的趋势,甚至是你中有我、我中有你;不同的试点地区,监管政策也不尽相同,这就使得行业监管变得更加复杂,风险因素增加。因此,不论出于风险防控还是出于推动保理业务健康发展的角度,都需要商务部门与地方政府和金融监管部门之间建立密切的监管协调机制,以形成有效的行业监管。

第三节 中国融资租赁市场情况

我国现代租赁业始于改革开放时期,近年来发展很快。"十一五"期间,中国融资租赁业一直呈几何级数式增长,行业注册资金按人民币计算,约合 15 165 亿元,比上年年底的 6 611 亿元增加 8 554 亿元。截至 2015 年年底,中国融资租赁合同余额约为 44 400 亿元人民币,比上一年的 32 000 亿元人民币增加约 12 400 亿元人民币,增长幅度为 38.8%。

一、企业数量大幅增加

2013 年,中国融资租赁业全国在册运营的各类融资租赁公司(不含单一项目融资租赁公司)突破 1 000 家,达到 1 026 家,同比增长 83.2%;注册资本突破 3 000 亿元人民币,达到 3 060 亿元人民币,同比增长 61.90%。

全国融资租赁企业管理信息系统数据显示,截至 2014 年年底,我国登记在册的融资租赁企业共 2 045 家,比 2012 年年底增加 959 家,增幅为 88.3%,比 2013 年提升 12.9 个百分点。其中,内资试点企业 152 家,增加 29 家,增幅为 23.6%;外资企业 1 893 家,增加 930 家,增幅为 96.6%。行业从业人数总计 28 247 人,比上年年底增加 2 455 人,增幅为 9.5%。截至 2015 年 12 月底,中国融资租赁企业总数为 4 508 家,比上年年底的 2 045 家增加 2 463 家。

二、业务总额数量大幅增加

2011 年,由于国内外经济环境的变化,加上国家有关部门对金融租赁企业的业务发展采取规模控制的政策,增长速度有所放缓。2011 年年末,全国融资租赁合同余额约为 9 300 亿元人民币,同比增长幅度降为 32.9%。2012 年,租赁企业对经营理念和业务结构进行调整,国家监管部门对推进行业发展的政策和措施也重新进行研究和审定,中国融资租赁业增长速度同比明显加快。截至2012年年末,融资租赁合同余额达到15 500亿元人民币,同比增长66.7%。2013年,融资租赁合同余额突破2万亿元,达到2.1万亿元人民币,同比增长35.5%。

2015年上半年,中国融资租赁仍保持快速增长的态势。截至2015年6月末,全国融资租赁期末合同余额约为36 550亿元人民币,较2014年年末同比增长14.22%(见图3-3-1)。其中,金融租赁合同余额约为14 700亿元人民币,增长13.08%;商务部管辖的内资租赁合同余额约为11 450亿元人民币,增长14.50%;商务部管辖的外资租赁合同余额约为10 400亿元人民币,增长15.56%。以上数据表明,融资租赁业在我国具有良好的行业发展前景。

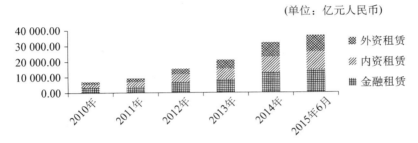

图3-3-1 2010—2014年及2015年6月我国融资租赁业合同余额情况(单位:亿元人民币)

(数据来源:根据Wind及公开资料整理)

第四节 企业资产证券化市场情况

我国是全球第二大经济体和第一大货物贸易大国。中国是全球贸易发展的主要贡献者。从世界贸易组织最新公布的统计数据看,2015年1—8月份,全球出口贸易累计同比下降11.1%,全球进口贸易累计同比下降12.9%,而中国进出口贸易总额累计同比下降仅为7.6%,降幅低于全球平均水平。2014年,我国社会消费品零售总额达到27.19万亿元人民币,同比增长达10.90%,自2004年起,连续11年保持两位数的增长速度,国内贸易持续保持高速发展态势。国家统计局2016年1月19日公布数据显示,2015年我国全年社会消费品零售总额为30.09万亿元人民币,货物进出口总额为24.59万亿元人民币,服务贸易进出口总额达7 130亿美元。另一方面,随着近年来国内外贸易买方市场的普遍形成,赊销等信用交易比例已占到约70%以上,庞大的贸易规模和越来越高的信用交易比例必然产生巨量的应收账款,进而形成我国开展贸易应收账款证券化最雄厚、最坚实的基础。

一、市场规模持续增长,交易所证券化业务提速明显

  2015年,全国共发行1 386只资产证券化产品,总金额为5 930.39亿元人民币,同比增长79%,市场存量为7 178.89亿元人民币,同比增长128%。其中,企业资产支持专项计划(以下简称"企业ABS")发行989单,发行额为1 802.3亿元人民币,同比增长359%,占比31%;存量为2 300.32亿元人民币,同比增长394%,占比32%;资产支持票据(以下简称"ABN")发行9单,发行额为35亿元人民币,同比减少61%,占比1%;存量为158.9亿元人民币,同比减少5%,占比2%。

  自2014年起,资产证券化市场呈现爆发式增长,这两年共发行各类产品逾9 000亿元人民币,是前9年发行总量的6倍多,市场规模较2013年年末增长了15倍。从产品结构看,信贷ABS始终占较大比重,值得注意的是,2015年交易所证券化产品发行增速较快,规模明显扩大。

  在企业ABS产品中,以融资租赁资产、公共事业收费权以及应收账款为基础资产的产品发行量较大,分别为512.57亿元人民币、414.85亿元人民币和229.96亿元人民币,分别占企业ABS发行总量的29%、23%和13%。除上述大类资产外,信托收益权类产品发行177.45亿元人民币,占10%;小额贷款类产品和不动产投资信托类产品(Real Estate Investment Trusts,REITs)分别发行137.8亿元人民币和130.85亿元人民币,均占7%;企业经营性收入类产品发行额77.6亿元人民币,占4%;企业债权类产品发行额42.95亿元人民币,占3%;由保理融资债权、两融债权、股票质押回购债权及公积金贷款组成的其他类产品(其中,股票质押回购债券类产品发行33.87亿元人民币,住房公积金类产品发行19亿元人民币,保理融资债权类产品发行13.4亿元人民币,两融债权类产品发行12亿元人民币),合计发行78.27亿元人民币。

二、发行利率整体下行

  如图3-4-1所示,2015年,随着投资者对金融产品预期收益率的下降,对证券化产品认购热情的高涨,以及下半年市场高收益资产的短缺,全年资产证券化产品发行利率总体呈振荡下行趋势。企业ABS优先A档证券最高发行利率为8.7%,最低发行利率为3.7%,平均发行利率为5.65%,全年累计下降179个

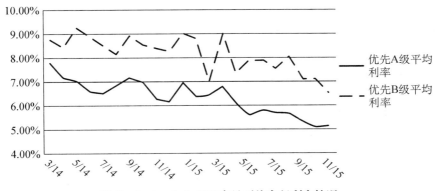

图 3-4-1 企业 ABS 产品平均发行利率情况

(资料来源:CSF 观察,《2015 年资产证券化发展报告》)

BP(Basis Point,基点);优先 B 档证券最高发行利率为 11%,最低发行利率为 5.5%,平均发行利率为 7.15%,全年累计下降 252 个 BP;优先 B 档证券比优先 A 档证券的发行利率平均高 150 个 BP。2015 年,ABN 共发行 9 只,平均发行利率分别为 6.75%。

三、资产证券化市场以高信用等级产品为主

2015 年发行的资产证券化产品仍以高信用等级产品为主,在信贷 ABS 产品中,信用评级为 AA 及以上的高等级产品的发行额为 3 416.71 亿元人民币,占 94%;企业 ABS 产品中高信用等级产品的发行额为 1 645.95 亿元人民币,占 98%,如图 3-4-2 所示。自 2005 年首轮试点以来,市场上的产品基本以 AAA

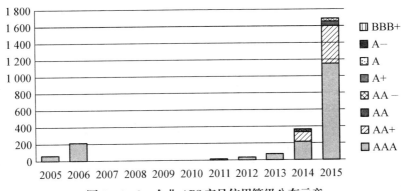

图 3-4-2 企业 ABS 产品信用等级分布示意

(资料来源:CSF 观察,《2015 年资产证券化发展报告》)

级和 AA+级的高信用等级产品为主,虽然近两年信用层次更加多样,但仍以优良资产为主,尤其是在信贷 ABS 中,有 90%的产品评级为 AAA 级。

四、市场创新情况

(一)资产证券化基础资产更加多元

随着资产证券化业务发展日趋常态化,资产证券化产品的基础资产类型更加丰富。交易所市场发行的企业 ABS 产品基础资产类型更加多样,例如,租赁债权、小额贷款、市政收费权、贸易应收账款、保理债权、信托受益权、航空客票收入、不动产物业、物业管理费、互联网消费债权、股票质押债权、两融收益权,等等,表 3-4-1 中摘录了一些参考的成功发行的案例。

表 3-4-1　成功发行的案例

基础资产类型	专项计划
保理债权	摩山保理、方正保理
融资租赁合同债权	中航租赁、远东租赁、宝信租赁
应收账款债权	五矿发展
小额贷款债权	阿里小贷(1~10 号)、中和农信
BT 回购债权	浦建收益、浦发 BT、吉林城建
保障房回购债权	厦门建发棚改、徐州新盛安置房
高速公路收费收益权	莞深收益
电力收益权	澜电收益、大都市热电
污水处理收益权	宁建收益、宁公控
供水收费收益权	中国水务一期、濮阳水务
门票凭证	欢乐谷、长隆
商业物业	中信启航、海印专项、苏宁云创

(二)资产证券化产品结构设计不断创新

交易所产品引入真实出表设计。2015 年 3 月 4 日,首单真实出表的企业 ABS 项目——南方骐元-远东宏信(天津)1 号资产支持专项计划取得深圳证券交易所挂牌无异议函。该专项计划引入了有偿流动性支持机制,由原始权益人的关联方为计划提供上限为 5 032 万元人民币(相当于总规模 8%)的流动性支持,并由计划支付一定的流动性支持服务费,以此满足原始权益人出表要求。

(三)发起机构类型不断扩大

一是民营融资租赁企业首次尝试 ABS 项目。2015 年 3 月 30 日,融信租赁股份有限公司发布公告称,"融信一期"资产支持专项计划成功募资2.07亿元人民币。融资租赁企业的资金大多来自银行,资金成本较高,资产证券化为其提供了新的融资方式。"融信一期"ABS产品不仅是中国首单民营融资租赁ABS项目,也是新三板挂牌公司ABS项目的首次尝试。

二是互联网金融加速渗透资产证券化市场。2015年9月15日,京东白条资产证券化产品发行成功,融资总额为8亿元人民币,基础资产为"京东白条应收账款"债权,为互联网借贷资产证券化产品,这是继阿里巴巴后,第二家互联网金融机构发行资产证券化项目,也是首个基于互联网个人消费金融资产的资产证券化项目。12月29日,"嘉实资本分期乐1号资产支持专项计划资产支持证券"收到上交所无异议确认函。分期乐是成立刚满两年的轻资产创业企业,主要面向大学生提供现金和分期消费服务,其债权具有小额分散的特点,单笔平均额度控制在5 000元人民币以内。2015年,国家出台多项政策推动互联网金融规范发展,且"互联网+"正逐步成为推动传统产业换代升级的技术手段,成为"大众创业、万众创新"的实践平台,未来互联网金融机构与传统金融机构以及类金融机构的合作将进一步加强。

第五节　主要法律条款及规定

一、应收账款相关法律

(一) 定义演变

"应收账款"一词在2007首次在法律层面明确概念,并在法律属性首次明确了"应收账款"的定义,即"应收账款"需要有相对明确的"义务人"确定该等权利性质为付款请求权,即定性为债权;并承认"应收账款"既包括现有的应收账款,又包括未来的应收账款,如表3-5-1所示。

表3-5-1　应收账款的定义

法律法规/部门规章/规范性文件	立法部门	立法时间	备注
《中华人民共和国物权法》(以下简称《物权法》)	全国人民代表大会	2007年10月1日	首次提及"应收账款"这一法律概念,并明确作为可以出质权利,但《物权法》未作出明确定义

(续表)

法律法规/部门规章/规范性文件	立法部门	立法时间	备注
《应收账款质押登记管理办法》	中国人民银行	2007年10月1日	(1) 自《物权法》出台后,首次明确了"应收账款"的定义,确定该等权利性质为付款请求权,即债权属性; (2) "应收账款"需要有相对明确的"义务人"; (3) 承认"应收账款"既包括现有的应收账款,又包括未来的应收账款; (4) 明确了因票据和有价证券产生的付款请求权不纳入"应收账款"范畴; (5) 用列举法的方式描述"应收账款"的类型
《中国人民银行征信中心应收账款质押登记操作规则》	中国人民银行征信中心	2007年10月1日	强调通过平台信息化能特定化所出质的应收账款。
《中国银行保理业务规范》(以下简称《保理业务规范》)	中国银行业协会	2010年4月7日	(1) 对"应收账款"的定义和《登记办法》保持一致,定性为债权; (2) 在保理业务情景项下,"应收账款"的定义中排除了"提供贷款或其他信用产生的债权"(原因在于《保理业务规范》主要从商业普通应收账款的角度规范保理行业的运营)
《商业银行保理业务管理暂行办法》(以下简称《保理业务办法》)	中国银行业监督管理委员会	2014年4月10日	(1) 对"应收账款"的定义和《登记办法》保持一致,定性为债权; (2) 在保理业务情景项下,应收账款的权利人限定为企业,排除了个人享有的应收账款; (3) 首次提及了"未来应收账款"的概念,对于"未来应收账款"的定义限定为满足以下两个条件的应收账款:①存在基础合同;②基础合同项下权利方义务未履行完毕
《天津市高级人民法院关于审理保理合同纠纷案件若干问题的审判委员会纪要(一)》	天津市高级人民法院	2014年11月19日	(1) 对"应收账款"的定义和《登记办法》保持一致,司法机关认可将"应收账款"明确为债权属性; (2) 强调了"应收账款"的生成是"基于履行基础合同","应收账款"需要有对应的基础合同(我们理解公路、桥梁、隧道、渡口等不动产收费权,虽然不存在书面合同,但该债权的请求权基础也是当事方之间存在具有公共服务性质的事实合同,且"义务人"相对明确,收费权人对于相关设施拥有专营权); (3) 司法机关在"应收账款"的定义认定中认可了兜底安排

在10年后出台的《保理业务规范文件》中明确排除了"提供贷款或其他信用产生的债权";应收账款的权利人限定为企业,排除了个人享有的应收账款。根据上述总结,在中国人民银行颁布的《应收账款质押登记办法(修订征求意见稿)》(以下简称《征求意见稿》)出台前,以下共识广泛被市场所接受:(ⅰ)《应收账款质押登记办法》(以下简称《登记办法》)是"应收账款"定义的基石;(ⅱ)从法律属性而言,"应收账款"是债权;(ⅲ)"应收账款"既包括现有的应收账款,也包括未来的应收账款;(ⅳ)"应收账款"需要对应相对明确的"基础合同"以及"义务人"。

(二)《应收账款质押登记办法(修订征求意见稿)》拓展定义后

详见表3-5-2。

表3-5-2 应收账款的拓展定义

改动后	解读
第二条 本办法所称的应收账款是指权利人因提供一定的货物、服务或设施而获得的要求义务人付款的权利**以及依法享有的其他付款请求权**,包括现有的和未来的金钱债权及其产生的收益,但不包括因票据、信用证或其他有价证券而产生的付款请求权,**以及法律、行政法规禁止转让的付款请求权**。	(1) 新增加"以及依法享有的其他付款请求权",本处修改将明确涵盖因履行基础合同而享有的其他衍生附属付款请求权,包括请求给付义务人支付违约金、赔偿金、请求义务人返还预付价款/保证金、请求保证人/承担连带责任的义务人对担保债务/连带责任义务付款的权利; (2) 继"票据以及有价证券"之外,明确排除了信用证项下的付款请求权; (3) 增加了法律法规禁止转让的付款请求权,但合同约定不能转让的不在此列,可以理解为设定不得转让权利的基础合同项下的应收账款被视为可以依法出质设定担保
本办法所称的应收账款包括下列权利:	
(一) **销售、出租**产生的债权,包括销售货物,供应水、电、气、暖,知识产权的许可使用,**出租动产或不动产**等;	无实质修改,将《登记办法》中的原来两项合并为一项表述
(二) 提供**医疗、教育、旅游**等服务或**劳务**产生的债权;	(1) 明确了提供劳务产生的债权纳入"应收账款"范围; (2) 描述了部分提供服务的情形,旨在将医疗收入、民办学校学费/培训收入、商业旅游景区/主题公园门票等性质的应收账款纳入"应收账款"范围
(三) **城市和农村基础设施项目收益权**,包括公路、桥梁、隧道、渡口等不动产**收益权,水利、电网、环保等项目收益权**;	将此前《登记办法》中"公路、桥梁、隧道、渡口等不动产收费权"抽象定义为"城市和农村基础设施项目收益权",与此同时也明确了"水利、电网、环保等项目",其修改意图包括所有依赖于基础设施而提供公共服务性质的营业活动而形成的相对方请求付款的权利
(四) 提供贷款或其他信用产生的债权;	未变化

(续表)

改动后	解读
（五）其他以合同为基础的具有金钱给付内容的债权。	（1）增加了兜底条款，强调了"应收账款"需以合同为基础，并且明确要求"以金钱给付"为内容，因此如果基础合同无法明确，将无法纳入"应收账款"范围构成障碍； （2）该等条款为理财产品兑付收益、信托产品本息兑付收益、资产计划份额收益、契约式私募基金份额收益、P2P拆借投资兑付收益等类型合同项下权利的质押打开通道

综上所述，中国对于应收账款资产定义分为2种，广义上应收账款泛指企业一切未来收到的本金和利息的债权。狭义上应收账款是指权利人因提供一定的货物、服务或设施而获得的要求义务人付款的权利以及依法享有的其他付款请求权，包括现有的和未来的现金债权及其产生的收益，但不包括因票据、信用证或其他有价证券而产生的付款请求权，以及法律、行政法规禁止转让的付款请求权。包括下列权利：

（1）销售、出租产生的债权，包括销售货物，供应水、电、气、暖，知识产权的许可使用，出租动产或不动产等；

（2）提供医疗、教育、旅游等服务或劳务产生的债权；

（3）城市和农村基础设施项目收益权，包括公路、桥梁、隧道、渡口等不动产收益权，水利、电网、环保等项目收益权；

（4）提供贷款或其他信用产生的债权；

（5）其他以合同为基础的具有现金给付内容的债权。

二、资产证券化法律法规概述

（一）基本法律问题

债权资产开展资产证券化面临的核心法律问题包括：真实出售、破产隔离和债务人通知。

1. 真实出售问题

从租赁、保理和贸易应收账款资产证券化项目的《基础资产买卖协议》的典型文本内容来看，《基础资产买卖协议》项下的基础资产买卖是一项真实的资产买卖行为：

（1）在买方将基础资产的购买价款支付给卖方的前提下，卖方绝对放弃对基础资产的所有权,买方有权于专项计划设立日后享有并行使与基础资产有关的全部权利。

(2) 由于买方委托了卖方担任基础资产的资产服务机构,从最有利于基础资产回收和处置,以及节约交易成本的角度出发,买方同意在专项计划设立时不立即通知债务人及办理必要的变更登记手续,具有商业合理性。在"权利完善事件"发生时,卖方有义务采取约定的"权利完善措施",从而保护了买方对于基础资产的完整权利。

(3) 除对不符合资产保证的基础资产予以赎回外,《基础资产买卖协议》未设置任何卖方对基础资产的回购安排,卖方无回购基础资产的权利或义务。

2. 破产隔离问题

破产隔离是指原始权益人出现破产时,基础资产不被列入破产资产。债权资产转让后,若原始权益人破产,在破产隔离式的销售下,SPV仍拥有归集应收款的权利;在非破产隔离式销售下,SPV仍作为原始权益人的债权人,但没有应收款的所有权。对于保理债权和贸易应收账款来说,由于属于比较纯粹的既有债权,这两类基础资产实现破产隔离更加容易一些。对于租赁债权来说,由于涉及到租赁物件的转移问题,因此实现破产隔离需要设置相应的措施和机制。

租赁债权资产证券化的基础资产是指卖方(租赁公司)根据租赁合同享有的租金债权及其附属担保权利,并且根据入池基础资产的合格标准,基础资产对应的租赁物件应当已经起租,且卖方已履行了相关租赁合同项下的义务。但由于租赁物件的所有权仍然保留在卖方的手中,如果租赁公司突然破产,则:①按照《中华人民共和国合同法》(以下简称《合同法》)第二百四十二条、《中华人民共和国企业破产法》(以下简称《企业破产法》)第三十条的规定,租赁物件将被列入租赁公司的"债务人财产"并在租赁公司被人民法院宣告破产后成为租赁公司的"破产财产";②由于租赁公司和承租人之间的租赁合同属于在破产申请前成立而租赁公司和承租人均未履行完毕的合同,故租赁公司的管理人("破产管理人")可以决定解除租赁合同或者继续履行租赁合同(但承租人有权要求破产管理人提供担保),在租赁合同解除后,基础资产的回收等将因此受到不利影响。

此外,由于租赁公司仍然担任资产服务机构并代为收取基础资产产生的回收款,在租赁公司担任资产服务机构期间,如果人民法院受理关于租赁公司的破产申请,且租赁公司的自有财产与其代为收取的回收款已相互混合而无法识别,则租赁公司代为收取的回收款可能会被人民法院认定为租赁公司的破产财产。

为缓解前述风险,根据专项计划文件的规定,通常采取如下防范措施:①在发生任一"权利完善事件"后,租赁公司应将基础资产有关的租赁物件的所有权转让给买方,并且向承租人、租赁物件回购承诺方、担保人和保险人发出权利完善通知,将租赁物件、基础资产转让的情况通知有关各方;②在租赁公司的长期信用等级下调后,回收款转付期间将依据其级别下调的具体情况进行不同程度的缩短,从而缩短了回收款在租赁公司收款账户的保存时间;③当评级机构给予租赁公司的长期主体信用评级低于一定级别时,租赁公司应指示相关将租金、回购价款、担保物变现价款、保险金或其他应属于专项计划资产的款项直接支付至专项计划账户,不再支付至租赁公司收款账户。

通过上述措施,可以使得在租赁公司的信用评级严重下降或信用情况恶化之前,与基础资产有关的租赁物件所有权、附属担保权利等全部有效转移至买方,从而防止了租赁公司破产可能给基础资产造成的不利影响,在考虑商业合理性的条件下兼顾了基础资产安全。

3. 债务人通知问题

《合同法》第八十条规定:"债权人转让权利的,应当通知债务人。未经通知,该转让对债务人不发生效力。"据此,可以认为:

(1) 债权转让通知不影响债权转让的效力。债权自《基础资产买卖协议》约定的基础资产交割日即由原始权益人转移给管理人,不通知债务人并不影响债权的转让和专项计划的有效设立。

(2) 计划管理人与债务人之间的关系:在通知债务人债权转让的事实之前,管理人无权向债务人主张债权,债务人也没有义务向管理人偿还债务。

(3) 原始权益人与债务人之间的关系:在接到债权转让通知之前,债务人仍可以向原始权益人偿还债务,但原始权益人受领款项后,应将所受领的款项返还给管理人。

《北京市高级人民法院关于印发〈北京市高级人民法院审理民商事案件若干问题的解答之五(试行)〉的通知》(京高法发〔2007〕168号)第二十条提到:

"问题:债权转让没有通知债务人,受让债权人直接起诉债务人的,法院应如何处理?

债权转让没有通知债务人,受让债权人直接起诉债务人的,视为"通知",法院应该在满足债务人举证期限后直接进行审理,而不应驳回受让债权人的起诉。"

根据《合同法》规定和上述司法解释,债权转让如果不通知债务人不影响债权转让的效力,但不能对抗善意第三人。因此,在转让债权时如果不通知债务人,可能存在一定抗辩风险。在中国目前市场和社会环境下,如果专项计划设立时大规模通知债务人,原始权益人可能会担心影响客户合作关系而不愿立刻通知;此外,如果基础资产笔数太多,则逐一通知的工作量很大。针对这一问题,专项计划通常会设置"权利完善通知"的触发机制,即在专项计划设立时先不通知债务人,在某些不利事件("权利完善事件")发生后,原始权益人或管理人会通知债务人:原始权益人持有其的债权已被转让给管理人,并需要按照新的还款路径进行还款。通过"权利完善通知"机制的设置,债务人抗辩的风险能够得到有效缓释。

权利完善通知能够针对不同的情况,在必要时对全体债务人或个别债务人送达权利完善通知,能够及时地在必要的情况下,通知债务人债权转让的事实,从而使债权转让对债务人发生法律效力。在接到权利完善通知后,管理人即有权向债务人主张债权,债务人亦应该向管理人履行还款义务。

(二)信用评级

应收账款类资产证券化产品的信用评级主要包括基础资产评级、参与方评级、现金流压力测试几方面。

1. 基础资产评级

由于基础资产为融资租赁债权、应收账款和保理债权属于既有债权,且还款来源为该等既有债权的债务人,因此需要首先对基础资产进行影子评级。若基础资产的集中度较高,需要对基础资产债务人、担保人(如有)及抵质押物(如有)进行逐笔分析,确定每一笔基础资产的影子评级,并根据基础资产的影子评级及之间的相关性来确定资产池的信用状况;若基础资产分散度极高,可根据由原始权益人提取的静态池和动态池数据进行分析,确定违约率中枢,再根据每一笔资产的特征进行逐笔调整,以确定整个资产池的违约率。

2. 参与方评级

由于资产证券化的参与方较多,包括资产服务机构、管理人、监管银行、托管人等,该等机构的服务能力和履约意愿将影响专项计划的整体表现。对于参与机构的评级,评级因素包括股东背景、资产规模、业务流程、风控管理、项目经验等。通常在交易结构中,对资产服务机构、监管银行和托管人也有级别要求,例如,资产服务机构的级别下调会触发现金流归集的加速,而监管银行和托管人的评级下调可能会触发监管银行/托管人解任事件。因此,参与方的评级也会在交易结构中对专项计划的运行有所影响。

3. 现金流压力测试

对于该等既有债权,未来的现金流情况相比于实证收费权类产品更好预测,因此在构建好现金流模型后,需要对现金流的流入端和流出端分别进行压力测试,检测在违约率压力、回收率压力、早偿率、发行利率、违约时间分布等压力情景下的兑付情况,以模拟资产池和资产支持证券在极端情况下的表现。

上述信用评级内容将在第六章按基础资产类型进行详述。

(三) 会计处理

租赁债权、保理债权和贸易应收账款均属于债权资产。未来收益权资产无法实现会计出表,但债权资产在满足一定条件下可以实现会计出表。资产证券化的会计处理围绕着两个基本问题展开:一是证券化设立的特殊目的实体是否应纳入转出方的合并报表;二是资产的转让是否在会计上形成销售(即终止确认)。

1. 会计处理的基本法规依据

目前指导资产证券化会计处理的文件主要有3个:一是2005年财政部颁布的《信贷资产证券化试点会计处理规定》,其重点规范了发起机构信贷资产终止确认的条件和会计核算方法;二是2006年财政部出台的《企业会计准则第23号——金融资产转移》(以下简称《23号准则》),明确了金融资产转移的会计处理原则,并结合实务做出了较为具体的规定;三是财政部2014年修订的《企业会计准则第33号——合并财务报表》(以下简称《33号准则》),对金融资产转让方是否纳入合并报表做出了规定。

以上法规对前面提出的两个基本问题做出了回答。目前国内企业资产证券化业务会计处理依据的主要是《23号准则》和《33号准则》,尚不能直接完全依据《信贷资产证券化试点会计处理规定》进行会计处理,但由于租赁债权、保理债权和贸易应收账款与信贷资产并无本质区别,在很大程度上可以参考《信贷资产证券化试点会计处理规定》的相关处理方法。

2. 会计出表的判断流程

根据以上准则,会计师事务所对资产证券化会计出表的判断流程和判断步骤基本上分别如图3-5-1和表3-5-3所示。

在实务中,会计师主要根据原始权益人(发起机构)自持证券全部规模的比例来判断是否终止确认金融资产。其中,《23号准则》第七条规定"几乎所有的风险和报酬"的概念的对应比例是95%,即发起机构自持不超过5%的风险和报酬时,即认为风险和报酬全部转移给转入方,实现出表。否则,在其他情形下,原则上应从注重金融资产转移的实质出发,对原始权益人能否控制债权资产做进一步分析。在实际操作中可以看出,以上各条规定并没有给出明确的对风险和报酬控制权的量化标准,不同的会计师可能因此得出不同的结论。不同情景下原始权益人的会计出表结果如表3-5-4所示。

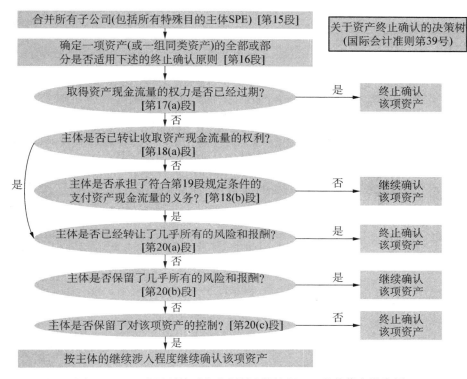

图 3-5-1　会计师关于出表判断决策流程——以普华永道为例

（资料来源：普华永道研究报告）

表 3-5-3　会计师关于会计出表判断步骤——以普华永道为例

步骤	标准	会计师的分析
1	是否应当合并特定目的信托	会计师从经营活动、决策、经济利益和风险 4 个方面分析发起人是否对 SPT 有控制。例如，特定目的信托的发起人在信贷资产转让交易中，愿意将合法所有的抵押贷款财产权转让给受托人并取得对价，并且由受托人以上述财产设立的信托符合"经营活动"的要求。此外，如果发起人投资并持有权益信托单位，则实际上承担着特定目的信托的剩余风险
2	所转让的贷款应当全部还是部分适用终止确认原则	满足对转让的贷款的部分适用终止确认原则应当是这一部分只包含了相应贷款的可明确辨认的现金流部分，或全部现金流的一定比例，否则，无法以转入信托账户的部分资产进行终止确认分析与测试，而需要对全部转让的资产进行终止确认分析
3	是否转让了收取贷款现金流量的合同权利	进行信贷资产转让后，如果将继续担任信托财产委托管理机构，则负责从借款人处回收贷款本息，定期将该项转入信托账户。因此，不只是现金流收取的代理机构，而实质上仍然保留了收取现金流的合同权利

(续表)

步骤	标准	会计师的分析
4	"过手测试"是否达到第19段规定的所有标准	(1) 一般如果在银行不提供任何损失担保或回购承诺、流动性支持的情况下，基本上，参与分配的现金流全部来源于原始资产。 (2) 会计师会分析是否有权就入池贷款进行抵押或再出售。 (3) 会计师会分析入池资产的特征，了解并评估从借款人处收回的现金划转给特殊目的信托及至到最终投资持有人的时间是否超过一个正常经营周期。当然正常的经营周期依入池贷款的类型（例如，住房抵押贷款与公司贷款）而有所不同
5	是否已经转让了几乎所有的风险与报酬	会计师会通过案例，对于一笔信贷资产转让交易中涉及的风险和报酬转移程度进行定量分析，其步骤如下： (1) 模型中主要考虑的风险有哪些，例如，违约风险、汇率风险、利率风险、提前还款风险等； (2) 模型中应该考虑资产项下所有相关报酬，包括本金和收益； (3) 模型考虑不同的情景假设，并根据正态分布设计各种不同情景的出现概率； (4) 模型中根据对转让前和转让后的现金流量现值波动进行分析，从而判断风险和报酬转移的程度
6	是否对资产"控制"	如果对上述步骤仍不能判断是否终止确认，对资产的"控制"是基于受让方能否实际控制贷款来评估出让方是否不再具有"控制"的。在国内环境下，由于受到法律法规限制，很难认定受让获得对贷款进行控制，因而也无法认定出让方银行丧失了对转让贷款的控制。以下情况不视为失去控制： (1) 转让方有权重新获得转让的资产，除非该资产可以便利地从市场上获取； (2) 转让方有权重新购买转让的资产，并有效约定向受让方提供已获得的贷款方的资产回报以交换被转让资产； (3) 通过与受让方达成全面回报掉期安排或无条件的卖出期权，转让方实质上保留了所有权的全部风险和回报
7	继续涉入	如果保留信托财产所有权上部分但不是几乎所有的风险和报酬，而且保留对信托财产的控制权，那么就对继续涉入的部分按照所暴露的风险和报酬进行继续涉入确认

（资料来源：普华永道研究报告）

表3-5-4　不同情景下原始权益人会计出表结果

情景		会计出表结果
已转移金融资产所有权上几乎所有的风险和报酬		全部出表：终止确认金融资产
既没有转移也没有保留金融资产所有权上几乎所有的风险和报酬	放弃了对金融资产的控制	全部出表：终止确认金融资产
	未放弃对金融资产的控制	部分出表：按照继续涉入所转移金融资产的程度确认金融资产，并相应确认负债
保留大部分的风险及报酬		全部不出表：不终止确认金融资产

（资料来源：恒泰证券整理）

3. 循环购买结构的会计处理

根据目前国内外资产证券化实践经验,若设置了循环购买结构,则绝大多数资产证券化项目难以实现会计出表,主要原因是"过手测试"难以通过。最近,某银行发行的信贷资产证券化项目通过特定的交易结构设计,在循环购买结构下实现了会计出表,是一个有较大借鉴意义的经典案例,出表的原因在于循环购买频率很高(每天循环购买)以及受托人(而非发起机构)对是否循环购买具有决定权。特定的交易结构条款设计如下:

"根据草拟的《信托合同》,在信托运营期内,当信托本金账存在现金余额时,发起机构有权自主决定是否向受托机构出让标的资产,若发起机构出让标的资产且通过资产证券化系统推送备选资产包,受托机构有权决定是否启动标的资产持续购买程序。当符合下列情形,便构成信贷资产持续买卖的终止时点:1)预期还本日;2)发生加速清偿事件;3)发生违约事件;4)在信托运营期内,若留存在信托本金账下可用于持续购买的现金占信贷资产支持证券未偿本金余额的比例达到 7%,且(ⅰ)受托机构连续 5 个工作日未进行持续购买或(ⅱ)发起机构连续 5 个工作日未向受托机构提供进行持续购买的标的资产,为触发加速清偿事件情形之一,构成《信托合同》约定的标的资产持续买卖的终止事由。"

(四) 税务处理

租赁债权、保理债权和贸易应收账款这 3 类债权基础资产开展资产证券化若未实现会计出表,则本质上属于表内债务融资,不涉及太多税收问题;若实现了会计出表,则面临和银行间债券市场的信贷资产证券化类似的税务处理问题。以下分析内容参考了《资产证券化税收处理及问题》[①]的相关研究成果。

1. 资产证券化相关税收法规

目前,我国对资产证券化交易的相关税收规定仍不完善,没有形成一套与资产证券化发展相配套的完整、细致的税收法规。现行的税收法规只有财政部、国家税务总局在 2006 年出台的财税〔2006〕5 号文《财政部、国家税务总局关于信贷资产证券化有关税收政策问题的通知》(以下简称《5 号文》)。该文规定了银行业金融机构开展信贷资产证券化业务的有关税收政策,包括印花税、营业税和所得税的政策。总体来讲,《5 号文》里规定的一系列税收处理主要依据现行的基本税收政策,除了印花税上给予发起机构、受托机构较多的暂免政策外,并没有给予资产证券化交易特殊的税收处理。

《5 号文》的规定针对信贷资产证券化业务,适用于工商贷款、信用卡贷款、

---

① 林华,葛乾达,黄长清. 资产证券化税收处理及问题. 金融会计,2015(11):10—16.

汽车消费贷款、住房按揭贷款等基础资产。对于企业资产证券化业务,尽管市场上目前也参考《5号文》的规定,但严格说来该法规并不适用。而且,考虑到企业资产证券化业务的多样性,《5号文》的规定也无法涵盖企业资产证券化业务的税收处理。

由此,面对蓬勃发展的企业资产证券化业务,税收上也需要出台相关政策以提供支持。企业资产证券化业务进行税收规定的难点在于其业务的多样性比较难规定统一的税收处理,往往无法通过一两个法规以明确税收处理。在此情况下,不妨可以先考虑就其中的几类常见业务出台相关税收法规以明确税收处理,如针对融资租赁资产证券化业务、不动产REITs等出台相关税收法规。

2. 证券化交易中主要税收问题

如前所述,资产证券化交易税收法规目前还嫌单一,同时也比较滞后。这也给实务操作带来诸多问题有待解决。以下介绍其中的一些主要问题。

(1) 特殊目的实体税收地位:

目前国内对于一些特殊目的实体的税收地位缺失相关的规定,除了有限合伙企业依据财税〔2008〕159号文规定合伙人为纳税人从而合伙企业层面无需缴纳所得税以外,对于信托、资管计划等一些特殊目的实体目前没有相关的法规对其税收地位进行明确。具体来讲,现有的税法对信托、资管计划等一些特殊目的实体是否作为所得税穿透实体处理并未明确。《5号文》中的一些规定似乎可以解读为信托被视为所得税税收穿透实体,但《5号文》并未明确这一关键点。如《5号文》规定,对信托项目收益,在取得当年向资产支持证券的机构投资者分配的部分,在信托环节暂不征收企业所得税;在取得当年未向机构投资者分配的部分,在信托环节由受托机构按企业所得税的政策规定申报缴纳企业所得税;对在信托环节已经完税的信托项目收益,再分配给机构投资者时,对机构投资者按现行有关取得税收收益的企业所得税政策规定处理,上述规定避免了在信托环节和投资者层面双重所得税征税问题。

在实践操作中,由于信托、资管计划只是一种契约形式而不具有法人地位,在现行的税收法规下其也不具有纳税人地位,市场上也普遍将其作为非税主体处理,实务中存在如下问题:(ⅰ)由于资产支持专项计划等不具有法人地位,在投资时可能以管理人作为名义投资人,法律上也登记管理人作为投资人。当投资收益向管理人进行分配时,管理人作为法律意义上的投资人就所获得的投资收益存在缴纳企业所得税的风险。而当管理人将收益向背后的投资人进行再分配时,投资人存在需就该收益再行交纳企业所得税的风险。(ⅱ)在某些情况下,当资产支持专项计划等背后的投资人为自然人时,在进行收益分配时,专项计划和管理人都不代扣代缴自然人投资人的个人所得税,造成税收征管问题。这主要由于资产支持专项计划不具有纳税人地位而无法履行代扣代缴义务,而管理人由于其不是真正的支付人一般也避免代扣代缴个人所得税。

解决上述问题建议考虑是否对特殊目的实体的税收地位进行明确。参考国外的经验,可考虑税收法规上授予信托、资管计划等特殊目的实体纳税人地位,同时明确特殊目的实体的所得税穿透性属性,从而避免双重征税,同时也解决一系列税收征管问题,如个人所得税代扣代缴问题。借鉴国际经验,一般也给予特殊目的实体特殊税收政策,如美国税法规定,如果特殊目的实体是以 FASIT、合伙制、不动产按揭贷款投资通道(Real Estate Mortgage Investment Conduit, REMIC)或授予人信托等形式设立,直接免除其所得税。

(2) 发票开具:

证券化交易中发票开具问题对原始权益人会计出表是一个障碍。基础资产的债务人一般会要求获得发票以作为支付相关费用的入账以及税前列支凭据。特别当基础资产的收益涉及开具增值税专用发票时,债务人确信无疑会要求获得增值税专用发票以便其进行增值税进项抵扣。例如,在租赁资产证券化业务中,由于承租人支付的租赁款在营改增后适用增值税,承租人都会要求就支付的每期租赁款获得增值税专用发票以便其进行进项抵扣。否则,在没有进项抵扣的情况下承租人的每期销项增值税负担将大幅上升。

而发票开具限制了原始权益人将基础资产进行出表的安排。在目前的证券化业务中,由于信托、资管计划等特殊目的实体没有获得纳税人地位而无法开具发票,管理人一般也不开具发票,特别是当管理人为营业税纳税人时其也无法开具增值税发票,最后,开具发票的负担还是落在原始权益人身上。由于发票问题,原始权益人被迫选择将基础资产不出表以配合发票开具。

(五) 信用触发机制

通常来说,应收账款资产证券化项目的交易结构设计中会包含信用触发机制,在一定情况下触发相应的机制,触发后通过改变现金流分配顺序、加快证券本息兑付、更换相关参与机构,以保障投资者的利益。

1. 和基础资产表现相关的信用触发机制

在应收账款企业资产证券化产品中,基础资产为融资租赁债权、企业应收账款及保理债权等,该等基础资产的信用表现将直接影响专项计划的信用表现,并和优先级资产支持证券是否能按计划兑付直接相关。因此,当基础资产的信用质量恶化时,需要设置相应的触发事件来改变兑付顺序,以尽可能保障优先级资产支持证券投资者的利益。

通常,该等信用触发事件是以基础资产的累计违约率为测算标准,并根据累计违约率的高低设置不同的触发事件,包括加速清偿事件和违约事件。对于加速清偿事件的触发条件,通常为累计违约率6%～8%之间,在加速清偿事件触发后,基础资产回款不再支付次级证券的期间收益,而是直接用于优先级证券的本金兑付;对于违约事件的触发条件,通常为累计违约率8%～12%之间,在违约事件触发后,次优先级证券的利息将晚于优先级证券本金的支付,更有利于保障优先级证券投资者的利益。

另外,有些项目还设计有提前终止事件,提前终止事件中有时会包含和基础资产信用质量相关的触发条件,即当累计违约率达到一定程度(通常为12%以上)时自动触发。当提前终止事件被触发时,管理人要求原始权益人于相应的兑付日将所有的证券本息一次性兑付,以保障投资者的利益。

2. 和参与机构表现相关的触发事件

参与机构,包括管理人、监管银行、托管人、资产服务机构等,其表现也直接影响了专项计划的正常运行。尤其是资产服务机构通常也是原始权益人,其承担了资金归集和资金划转的职能,若资产服务机构延迟划转资金,将影响专项计划财产的核算和资产支持证券的本息的兑付,可能会对投资者造成不利影响。对此,交易结构针对参与机构是否按照专项计划交易文件(包括《资产服务协议》《监管协议》《托管协议》等)履约设计了有相关触发事件。当相关参与机构无法正常履约时,将触发解任事件,并通过寻求符合标准的后备机构或替代机构对专项计划进行服务,以保障投资者的利益。

3. 和兑付相关的触发事件

若基础资产的回款无法按计划对优先级证券的利息或本金进行兑付时,专项计划会触发差额支付启动事件和担保启动事件。托管人和管理人通常会对专项计划账户内的资金进行核算,并根据核算结构测算是否可按计划兑付利息和本金。若无法足额兑付,管理人将向差额支付承诺人发出差额支付通知书,触发差额支付启动事件,通知其将差额部分划付至专项计划账户;若差额支付承诺人未按要求进行相关划付或未足额划付,管理人将向担保人发送通知,触发担保启动事件,由专项计划担保人向专项计划账户划付相关资金,以确保优先级资产支持证券的足额兑付。

第四章
应收账款资产管理与风险控制

　　对以应收账款为基础的资产进行融资时,应穿透其业务模式,并分析其特性及风险点。本章节根据多年应收账款融资经验,将理论知识与实践经验相结合,分析不同行业应收账款的主要类型,从资产特性出发,为应收账款风险管理提供4个风险控制方法。

第一节　应收账款的主要类型

根据中国人民银行 2015 年 1 月 21 日颁布的《应收账款质押登记办法(修订征求意见稿)》,我国应收账款种类主要包括:贸易类应收账款、租赁应收账款、互联网赊销债权类应收账款以及未来收费权类应收账款。不同种类的应收账款与其业务模式息息相关,其特点也是千差万别,具体如表 4-1-1 所示。

表 4-1-1　应收账款种类

种类	业务模式	特点	典型风险特征
贸易类应收账款	(1) 供货商与供应商之间签订贸易合同,根据合同约定对应的交付要求、时间、金额运输条件及对应的违约条款; (2) 供货商完成货品供货后提供供货单明细并签字确认,确保本次货品交易无瑕疵; (3) 待支付到期日由供应商根据签订的贸易合同中的结算方式、结算金额向支付给供货商,完成本次交易	(1) 短期、无息、无利差保护; (2) 表现与产品类型、销售政策、付款条件、会计和回收政策高度相关; (3) 债权人的财务状况和业务发展策略也高度影响应收账款表现; (4) 一般是没有担保类的信用类债务(少数附带抵质押或保证担保); (5) 应收账款的逾期或轻微违约一般不会导致后续供货中止,一般来供货中断只发生在多次或极为严重的违约之后; (6) 表现与买卖双方谈判地位相关,债权人谈判地位与应收账款的表现呈负相关,信用水平高只能保证应收账款最后不会成为坏账,但一般会出现比较严重的逾期	(1) 逾期风险; (2) 债务集中度过高风险; (3) 季节性风险或其他时间上的周期风险; (4) 稀释风险
租赁类应收账款	(1) 融资租赁公司把自有资金或者对外融到的资金,用于租赁项目; (2) 通过和承租人签订租赁协议; (3) 租赁公司针对向承租人收取租金、收费收入或其他业务而拥有收取账款的权利	(1) 具备"物权"和融资的双重属性; (2) 它由能力将未来为租赁公司产生净现金流收入; (3) 租赁公司能够借助它获取收益	(1) 租赁公司的合法、有效、完全拥有的应收账款债权; (2) 债权权属不清晰; (3) 关联交易产生的应收账款债权

(续表)

种类	业务模式	特点	典型风险特征
互联网赊销债权类应收账款	(1) 买卖双方针对交易服务签订贸易合同或服务协议； (2) 由互联网公司根据卖方企业的历史交易数据，核定融资额； (3) 第三方支付企业为互联网企业提供采购数据信息、应收账款监控及资金结算等服务； (4) 应收账款到期后，买方企业向互联网企业提供到期还款	(1) 多由第三方支付机构作为资金划付工具； (2) 应收账款期限短，单笔金额小，数量多； (3) 逾期率相对较高，但违约率不高； (4) 付款人的历史信用高度影响应收账款的表现	(1) 逾期风险； (2) 季节性风险或其他时间上的周期风险； (3) 稀释风险； (4) 法律权属度有争议，多以收益权体现
未来收费权类应收账款	(1) 权利人与行政机构依或特许经营机构签订协议，取得基础资产债权； (2) 通过协议将基于提供设施或服务，对未来使用设施或享受服务的债务人享有的请求偿付一定金钱的权利	(1) 具有一定的稀缺性； (2) 表现与付款条件、会计和回收政策高度相关； (3) 债权人的财务状况和业务发展策略也高度影响应收账款的表现； (4) 一般具有一定的政府兜底信用； (5) 应收账款逾期或轻微违约	(1) 逾期风险； (2) 政策风险； (3) 现金流预测偏差风险； (4) 基础资产运营成本风险； (5) 抵质押风险

第二节 应收账款的资产特性

在明白了应收账款的概念及基本定义后，以应收账款为基础的资产，不管是通过"保理业务"或"企业资产证券化"的方式去进行融资来看，其本质都是"应收账款"，我们应该要穿透业务模式、直接透视应收账款资产与一般的信贷资产或其他抵押贷款所形成的资产会有哪些区别与优缺点，它的风险特性为何？本节将仔细地探讨应收账款资产的特性与风险点。

首先应收账款资产属于"资产支持性"的融资贷款产品，它的风险评估决策重点在很大程度上取决于通过正常贸易背景下商品的流转所能收到的应收账款额，因此其关注焦点从评估借款人的现金流转能力转移到了评估应收账款等担保品的价值。

如果借款人被清算，那么借款人担保物（应收账款）变现所获得的现金，将首先用于偿还资金。相反,传统信用贷款或抵押贷款完全是基于企业对未来的经营绩效而定,如果企业经营成功,此笔贷款融资资产就能收回本金和利息;反之,企业经营不善,它们能收回的资金就很少,并蒙受损失,这种先有了获利后才能偿还贷款的融资模式,相对的风险就较高。将"信贷资产"与"保理资产"(有追索权)这两种资产分别比较,如表4-2-1所示,这样就容易了解了。

表4-2-1 信贷资产与保理资产(有追索权)的比较

要项	信贷资产	保理资产(有追索权)
性质	属于信用贷款	属于资产支持融资项下产品
依托	企业信用	真实贸易背景项下应收账款
授信对象	融资企业	双企业授信(不只看融资企业,还看买方企业)
费用	相同(利息,手续费)	相同(利息,手续费)
追索权	有追索权	双企业追索权: 买方保证付款+卖方回购
尽职调查	企业尽调+财务分析	有(3道防线):企业尽调+财务分析+交易查核
抵押/担保	相同	相同
还款来源	企业营利后还款	有明确还款来源: 买方还款+卖方担保回购
公示	担保品质押登记	担保品+应收账款转让登记
资金监管	无	有(回款账户监管)
风险	较高	较低

在传统信贷关系中,在得到借款人的财务报表之前,是无法察觉企业的财务状况是否恶化、有无重大变化,而真正到发现危机的时候,早已错过了最佳的财产处置与权利保护时机。

而基于应收账款资产的设计是基于企业营业活动的一个环节,因此透过操作应收账款资产管理流程,可以随时检视企业营运上之变化,亦可随时掌握企业最实时之营运发展现况。这个环节设计的主要核心是能够透过应收账款及交易的核查,推估企业的营业收入及获利能力变化,也可以据此识别出借款人风险状况的变化情况并及时进行干预,以防止更多风险出现。

举例来说,如果企业的现有客户出现财务境况恶化并开始出现滞付时,或企业成长性衰退导致应收账款减少,或应收账款天数产生巨大的变化,或产品质量出现问题有"退货"情况发生时,则此笔应收账款的兑付就一定会出现金额或支付时间的差异,导致到期不能准时及完整的支付,所有上述的原因都在应收账款资产的监控流程中即时暴露出来,可以有效地提前预防及处置。

在严谨的应收账款资产融资业务中，借款人会经常与交易双方的企业保持联络，通过现场审计、尽职调查、应收账款核对和其他担保物监控方式能在第一时间排除欺诈动机所产生的风险，同时，也可通过借款人的资金流向进行定向支付或回款账户的监管，以预防借款人将此资金挪为其他用途，造成不可预期的风险出现，而形成一种特有的防范机制。这与传统信贷业务也是截然不同的。

除了这些优点外，还可以总结出下述 5 大应收账款资产的风险特性。

一、属于"交易性融资"

应收账款资产具有以实质交易为授信基础、它属于"交易性融资"（Transaction Base Lending，TBL）的一种，一般均有明确的"交易文件或单据"可供查核。在相对应的交易文件与单据可供查核审查下，可以排除因融资人美化报表而产生的风险判断偏差，但实务上仍须注意"伪造单据"与"假交易"的风险，才能有效防止经营者的道德风险。

二、属于"出货后融资"

交易性融资产品又分为"出货前融资"与"出货后融资"两部分。基于应收账款的资产属于风险相对较低的出货后融资产品，因此融资的"资金用途"在于提供企业"营运周转金"（或称流动资金），缩短应收账款收款天期，同时并可兼顾保障应收账款收款风险；唯操作上必须同时注意同一笔交易的出货前融资与应收账款融资的联结，以避免同一笔交易"重复融资"导致超额资金融通情况发生。

三、具有"担保力的融资"

虽然"应收账款债权"并非银行法所列的担保品项目，但因为应收账款资产以取得买方的应收账款债权作为对卖方的融资基础，在实务操作上，以应收账款为基础的融资行为均要求买方须具有一定的信用等级及付款能力，使得对卖方融资的同时取得对合格买方应收账款请求权作为融资的"保障或担保"，因此就实质担保力而言，此类产品仍属具"实质担保力"的融资产品。

四、具有"自偿性融资"

以应收账款为基础的融资性产品系以未来到期的应收账款的支付作为还款来源,具有"卖方融资,买方付款"的产品特性,因此产生"授信风险移转"(Credit Transfer)的效果,且在法律上银行为买方账款的直接债权人,将使还款来源更具有法律保障。因此,自融资时点即掌握未来明确的还款来源,所以是一个具有自偿性的融资,而有别于其他具自偿性融资的产品。

五、归类为"短天期融资"

以应收账款为融资型产品系属客户一个营业周期内的出货后融资,一般称"一个营业周期"包含"生产天期"、"销售天期"与"收款天期"3个部分,因此融资期间仅为营业周期后段的收款天期,实务上多数落在180天以内,故此类产品属于融资风险较小的短天期融资。

综合以上分析可知,以应收账款为基础的资产具有5大风险特性,且因这5大风险特性均有风险相对较小的优点,因此也可称为应收账款资产的"5大风险优势"。

虽然应收账款资产在授信风险具有前述介绍的特性与优势,但在实际操作业务时仍可能发生如下操作失败的情形:

(1)"无效交易/虚伪交易",导致应收账款类产品的基础资产完全丧失无效。

(2)"应收账款债权瑕疵",导致无法有效对买方主张债权,使得资产转让失去原本应有的担保能力。

(3)"实际买方付款金额小于融资金额",如买方主张商业纠纷、大额退货折让、应收/应付抵销等因素大额减少原本应支付的账款,导致银行无法取得足够清偿融资的还款来源。

(4)因前述因素导致原本移转至买方融资风险又再移转回卖方,必须转而向卖方求偿已融资的账款,此时在卖方又无能力偿还的情况下,使原本属于应收账款转让的短期融资转而成为协议清偿的长期债权或不良债权(Non-Performing Loans,NPL)。

因此,要防止前述应收账款资产4大风险产生的根源,就要建立一套完整的资产尽职调查模式及风险分析架构的最佳方案,也就是在完整的"信贷资产风险管理"模型中加入下一节所述的4大"应收账款风险管理机制",如此才能构建出一个完整的风险控管机制。

第三节　应收账款资产的风险控制

应收账款资产管理的风险管控机制的最佳方案就是在完整的"信贷资产风险管理"基础模型中，加入下述 4 大"应收账款资产管理特有的风险管理机制"，如此才能构建出一个完整及严密的控管机制。

一、"应收账款余额及账期确认"机制

应收账款资产的基础在于买卖双方交易所产生的应收账款，若此笔交易中存在预收账款、多次付款、质保款、商业纠纷、大额退货折、应收/应付抵销等多种因素，都会造成等应收账款大额减少或支付的不确定性产生，导致"实际买方付款金额小于应收账款融资金额"，使得原本应支付的账款，无法取得足够清偿融资的还款来源。因此，"应收账款资产风险管理机制"首要注重的就是辨别"应收账款的合法性"、"应收账款的余额是多少"、"应收账款合理支付的时间为何？"具体风险要点及控制措施重点说明如下：

（1）确认"合法的应收账款"；
（2）确认"有效的应收账款"；
（3）明确计算"应收账款余额"；
（4）进行"应收账款账龄分析"；
（5）明确"应收账款转让方式"；
（6）规范"应收账款质押/转让的登记方式"。
以下详细说明。

（一）确认"合法的应收账款"

一般应收账款泛指权利人因提供货物、服务或设施而获得的要求义务人（以下简称"买方"）付款的权利，包括现有的和未来的金钱债权及其产生的收益，但不包括因票据或其他有价证券而产生的付款请求权。标准的应收账款产生的基础交易包括下列权利：

（1）销售产生的债权，包括销售货物，供应水、电、气、暖等；
（2）出租产生的债权，包括出租动产或不动产；
（3）提供服务产生的债权；

(4) 公路、桥梁、隧道、渡口等不动产收费权。

应收账款是一种特殊权利，所以在合法合规的基础下，应该符合下列要求：

① 可质押的应收账款应具备非公益性、可转让性和时效性，仅限于金钱债权，养老金、抚恤金、非金钱债权不能作为应收账款出质。

② 应收账款出质以已经发生的应收账款为主，如已发生的销售货款、租金等。

③ 以未来的应收账款作为出质标的，应限于有基础法律关系但尚未发生的类型。如已经签订不动产租赁合同，未来租金收入有租赁合同作为法律基础，且由债务人确定可以作为出质权利。广义的应收账款还可以包含：

（ⅰ）未来租金收入；

（ⅱ）政府因政策实施所产生的补助款、退税款等；

（ⅲ）零售、百货业根据 POS 机历史交易金额、预估的未来应收账款；

（ⅳ）电子商务、商场等代收代付的账款。

④ 企业、个体工商户未来的营业收入，基础法律关系尚未发生且债务人也不特定，不能作为出质权利。

⑤ 对公路、桥梁、隧道、渡口等不动产收费权，虽债务人不确定，但收费基础法律关系——不动产经营权确定，收费稳定，可以作为出质权利；公园门票收入、景区收入、基础设施项目收费权。

⑥ 学生公寓收费权等，具备法律上的稳定收益的特点，可以作为应收账款出质。

⑦ 企业经营权以及各种特许经营权虽然可以产生预期收益，但不具有应收账款性质，不能作为应收账款质押。

（二）确认"有效的应收账款"

在上述对应收账款定义的基础下，在应收账款尽职调查初始期，应详细核查下述各基本要件，以确认为合格的应收账款。

1. 确认真实合法的交易

具备合法真实的贸易背景，且无贸易纠纷或争议，购销双方没有争议，且非寄售、试用、代销等交易。一般不被接受的应收账款主要包括：

(1) 作为企业变卖的一部分而产生的应收账款；

(2) 卖方和买方之间存在法律纠纷的应收账款；

(3) 卖方与买方之间存在未偿付的已到期或逾期的应收账款；

(4) 所有权归属或金额不确定的应收账款；

(5) 因个人或家庭消费而产生的应收债权；

（6）涉及特许经营、专利、商标、知识产权等市场不易定价的产权交易而形成的应收账款。

在贷前调查和审查环节，对借款人和债务人均要进行资信调查，重点审查借款人与应收账款债务人之间贸易背景的真实性，包括：企业与债务人之间的债权是否真实存在，借款企业是否利用虚假账龄、虚构应收账款、提前开票等行为进行欺诈行为，防范以虚假贸易背景骗取融资的情况。

2. **交易履行完毕无瑕疵**

卖方已按商务合同的约定履行了交货等主要义务，更明确地说，就是基础交易合同中对应收账款债权的确立条件有明确约定，并且卖方在履行对应基础交易合同项下的义务后能够提供商业发票、货运单据等证明材料，且这些债权凭证完整、有效、无瑕疵。

3. **明确为赊销方式结算**

卖方采用赊销方式销售货物或提供服务：基础交易合同中对买方付款方式有明确约定；交易的结算方式为赊销。

4. **有明确的支付时间约定**

应收账款有明确的到期日或可以明确推断出到期日：卖方已履行全部商务合同项下的义务并且根据基础交易合同可以明确计算应收账款到期日。

5. **无债权转让的限制约定**

基础交易合同中未含有限制应收账款债权转让条款；或虽购销合同中不得含有禁止应收账款转让的限制性条款，但买卖双方可以另行约定排除限制性转让条款。

6. **账款无质押或转让**

非已经转让或设定担保的应收账款，也就是确认卖方对申请融资的应收账款未设定任何形式的担保，无权利瑕疵。在贷前调查和授信审查过程中，相关人员可以通过中国人民银行"应收账款质押登记公示系统"对拟进行质押的应收账款质押信息进行查询，避免重复质押的风险。

7. **不存在商业纠纷及违约风险**

卖买方之间不存在商业纠纷，双方债权不存在相互抵销，合同具有明确的违约责任、罚则和违约救济条款；一般容易产生交易风险及商业纠纷的应收账款的类型如下：

（1）销售的商品为成套设备、生产线和大型设备等，买卖合同中包括了一系列售后服务条款，如设备安装、调试、人员培训等，存在较多不可控、不确定因素；

（2）质量标准不统一或质量不稳定、不易量化，容易产生争议的产品等；

（3）涉及特许经营、专利、商标、知识产权等市场不易定价的产权交易而形成的应收账款；

（4）建筑工程施工、软件开发等非赊销、非一般贸易形成的债权等。

（三）明确计算"应收账款余额"

在交易真实性前提下，应收账款的实现还要求借款人必须履行基础合同的义务。因此，应尽量选择既成的应收账款，即借款人义务已经履约完毕、应收账款已经现实产生，其判断的标准是根据基础合同的约定，借款人已经交付、债务人已经验收等。而此时查核应收账款的总额是多少，余额是多少，可转让的有效金额是多少，就是要关心的工作，具体考虑的审查要项如下。

1. 确认已履约的应收账款金额

主要工作是依据买卖方的交易合同中规范的应收账款产生的依据凭证，在进行履行及实现性查核时推算出金额。

一般的做法可以根据卖方开立的发票金额确定，但是为了避免卖方造假、开立发票后但未真正递送给买方，而在取得融资款后作废该发票等情形发生，应在查核时附加关注下列两个重点工作：

（1）查证有无由买方签署的付款确认书、对账单或者其他的金额及付款义务明确的债权凭证。在无法取得买方凭证时，应对过去一至两年的历史交易凭证加强抽查，如销售合同、销售订购单、销货发票等，以验证与其相关的应收账款的真实性。

（2）复核卖方的应收账款明细账，藉由借方累计发生额与主营业务收入关系比较判定是否合理，并将当期应收账款借方发生额占销售收入净额的百分比和过去的成长性做比较，如有异常应查明原因。

2. 查明已支付的应收账款金额

确定已收回的应收账款金额多寡。通常是用发票的票面价值扣除因当次交易中任何预付融资货款、折扣、减让等原因而出具的贷项清单的价值所形成的净值。

在实务操作过程中除了查明有无预收款或其他支付款项，以确认收回金额外，若其中有较大的款项还应进行常规检查，如核对收款凭证、银行对账单、销货发票等，并注意凭证发生日期的合理性，分析收款时间是否与合同相关要素一致。通常最好的方式是把借款人的银行流水账拉出来，往前、往后看看资金的进出与应收账款的冲销是否匹配来确最后的净值有多少。

3. 确认有效的应收账款余额

应收账款余额是指截止到某一时点，卖方所拥有应收账款的价值。该价值应为：

有效的应收账款余额＝已履约的应收账款金额－已支付的应收账款金额－不宜承做账款调整金额。

所谓"不宜承做账款调整金额"指的是：

（1）应当扣除买卖双方在销售或服务合同中约定以买方在累计销货数量或金额后达到一定指标后，卖方应给予买方的任何折扣、减让、债权债务抵销及买方已付款额，这些不定期会成为应付账款与应收账款互相扣抵。举例来讲：在超商行业供货商需承担的节庆费、促销费、上架费、广告费、条件反利、年终反利、堆头费、损失费等均属应调整的范围。

（2）账期时间太长或合同中对履约完整性存在不确定或限制性条件的影响金额，也应做出对应的调整。举例来讲：合约中经常出现10%的质保金、一定期间同意无条件退货、对未能完成履行合同义务时所产生的惩罚性赔偿。这通常可以从历史的交易数据中查证退货率、质保金回收率等数字中推估出来。

（3）以未来的应收账款或市政工程类应收账款（Build-Transfer，BT）/（Build-Operute-Transfer，BOT）的收益作为收款依据基础的项目，因为存在许多不确定的影响因素，通常可接受的应收账款的账期不应超过一年，超过一年以上则需针对项目的收益做更进一步的分析与调整。

（4）在无法充分明确应收账款余额是多少时，通常也可以选择账龄长、金额大、与债务人有争议的、重大关联方交易形成的应收账款项目进行函证。函证是外部证据，外部证据往往比内部证据更有说服力向债务人函证应收账款。应收账款函证就是直接由借款人的审计单位发函给债务人，根据债务人应付账款的账面记录核实被审计单位应收账款的记录是否正确。函证是确定应收账款事实存在、数字准确的有效方式之一。

（四）进行"应收账款账龄分析"

一般说来，逾期拖欠时间越长，账款催收的难度越大，成为坏账的可能性也就越高。应收账款账龄分析就是考察研究应收账款的账龄结构，所谓应收账款的账龄结构，是诸多应收账款的余额占应收账款总计余额的比重，账款的使用时间越短，收回的可能性越大，发生坏账损失的程度相对越小。反之，收回的难度及发生坏账损失的可能性也就越大。

因此，对不同拖欠时间的账款及不同信用品质的客户，企业所采取的收账方法、政策、方案也不同。

（1）就同一买方客户计算应收账款周转率、应收账款周转天数等指标的历史记录与本次交易的账期是否一致。

（2）对本次资产的账期与其他客户或同业的账期是否一致进行查核，也是与相关赊销政策、以前年度指标、同行业同期相关指标对比分析，检查是否存在重大异常。

对过去曾发生的坏账损失或延迟支付的金额及原因做一充分的了解，充分估计这一因素对企业损益及现金流的影响。这一类应收账款管理方法及分析在应收账款资产的评估中起到了一定的积极作用，如果是属于虚假交易或买卖双方协商、特别为了贷款而调整账期的项目，通常是很容易在这个环节中被充分表露出来的。

(五) 明确"应收账款转让方式"

先理清本次应收账款资产中的债务人对于债权转让的合作意向及配合方式为何，是积极性的配合还是消极性的不愿意？这会联想到整个应收账款资产的风险及产品设计。若应收账款的转让通知不能在法律条款的规范下有效送达及取得确认，就存在发生争议时权利义务的变动与不确定性所在，这也是"公开型(明保理)"与"隐蔽型(暗保理)"间的最大区别。

从国内保理业务的交易性质和因合同产生的情况来看，保理商开展国内保理业务时所产生的法律关系主要由《合同法》以及散见于其他的法律法规的条款所调整，而这些条款便构成了国内保理业务的法律基础。摘要如下：

《合同法》第七十九条的规定："债权人可以将合同的权利全部或部分转让给第三人，但有下列情形之一的除外：（一）根据合同性质不得转让；（二）按照当事人约定不得转让；（三）依照法律规定不得转让。"

（1）债权转让的实质是债权人将债权作为一项财产进行处分的行为，只要债权真实存在且具有让与性，除了法律禁止的情形外，债权人可以将债权全部或者部分转让给第三人。

（2）因此，只要供货商与买方在买卖合同中没有约定交易债权不得转让的条款，则可自由转让债权，其转让行为受法律保护。

（3）从意义上，这条法律规定从立法对保理商开展国内保理业务的合法性进行了确认。

《合同法》第八十条规定："债权人转让权利的，应当通知债务人。未经通知，该转让对债务人不发生效力。债权人转让权利的通知不得撤销，但经受让人同意的除外。"

从我国关于债权转让通知的规定上看，我国采纳了折衷主义的立法模式，即债权转让通知可以由债权人发出，也可以由受让人发出，债权人或受让人可以将债权转让事项通知债务人，也可以不通知债务人。此一解释在国内许多法院判决案例中，存在许多不一致与争议，迄今尚无统一的规范，所以从积极面对要形

成的优质应收账款资产的角度来看,应该朝向合法、有效送达的方式努力,而在实务作业中,我们要考虑3个问题:

(1) 对送达方式及签收方式的效力;

(2) 对债权转让内容的说明及完整性;

(3) 债权人对转让内容与金额是否同意。

因此在实务上常采用下述4种方式操作,但也都各有利弊,现举例简单说明某保理公司的保理管理办法之规定:

我司认可的有效送达的方式包括:

1. 取得买方对《应收账款转让通知书》的书面确认

(1) 买方行政公章、与商务合同签章一致的合同专用章、财务专用章均可认定为有效签章。

(2) 无追索权业务品种下的《应收账款转让通知书》必须得到买方加盖行政公章或合同专用章书面确认。

2. 公证送达

适用于无法取得买方对《应收账款转让通知书》的书面确认的情况,公证的内容应至少包括:

(1)《应收账款转让通知书》本身真实性的公证;

(2) 对送达通知内容的公证;

(3) 对送达程序的公证。

3. 邮寄送达

适用于无法取得买方对《应收账款转让通知书》的书面确认的情况,须按以下条件及要求办理:

(1) 必须通过中国邮政EMS进行邮寄;

(2) 在EMS邮件详情单上选择"文件资料",并在邮寄内容一栏注明"××公司(卖方)与××公司(买方)××合同项下第×××号《应收账款转让通知书》(载有应收账款债权转让条款)"字样;

(3) 向邮政部门索要邮费发票,并妥善保管;

(4) 及时向邮政部门查询、索要买方签收EMS的回执复印件;

(5) 允许邮寄送达的,经营单位应通过变更基础商务合同、发送变更账户通知书等有效方式确保买卖双方约定卖方收款账户为卖方在我公司指定银行开立的保理回款监管专户。

以上3种方式送达买方时,我公司须留存一份原件。

4. 发票背书通知

由买方或买方委托我公司在卖方向买方开出的发票上背书，在发票背面或发票备注栏明确注明和提示买方：发票项下对应的应收账款已转让给我公司，只有向我公司指定的账号付款才能解除相应的付款责任。在此种通知方式下，应对发票的客户联原件进行审核，留复印件，并取得买方出具的发票收妥函。

（六）规范"应收账款质押/转让的登记方式"

根据《中华人民共和国物权法》（以下简称《物权法》）等法律规定，中国人民银行制定了《应收账款质押登记办法》，经2007年9月26日第21次行长办公会议通过、公布，自2007年10月1日起施行。

应收账款质押必须采取"书面合同加登记"的方式。在质押合同中，应载明所担保的债务的种类、金额、质押担保的范围、债务人履行债务的期限，以及应收账款的类型、数量、归还期限、有效凭证移交时间、如何通知债务人等；应当在质押合同中约定"出质人必须将权利证明交付质权人"，并按合同实际交付，将此作为借款人的合同义务；应按合同约定通知债务人，并取得债务人已知晓应收账款已质押的相关证明。

质押登记时对质押应收账款描述应明确，质押应收账款可识别，具体如下：

（1）销售货物产生的应收账款：订立质押合同时已产生的应收账款，应在登记系统中写明以下要素：付款人、金额、账期和相关的发票号。订立质押合同时未产生而在将来产生的应收账款，可采用概括性描述方式，对应收账款发生的特定的时间、特定的范围以及特定的付款人等信息进行描述。

（2）出租产生的应收账款：动产或不动产的种类、状态、租金金额、租赁期限、承租人以及不动产的地理位置。

（3）提供服务产生的应收账款：从服务的项目、服务提供的对象与期限等方面来描述质押财产。

（4）收费（益）权：针对收费权质押，债务人一般不特定，可不做特定描述，应把收费项目、范围、期限等描述清楚。如有收费许可证，应登记收费许可证的名称和编号，并说明收费许可证下所有项目或部分项目的收费权质押，并且列明具体的收费项目。

（5）知识产权的许可使用：可从专利的名称、专利号、专利被许可使用的主体以及使用期限描述质押财产。

（6）发现登记系统中内容存在遗漏、错误等情形，应当进行变更登记，以保证登记信息与合同一致，否则可能会影响法院对质权有效性的评价。

二、"交易流程与历史单证查核"机制

(一) 确认交易流程

充分了解借款人在销货及收款循环中的交易流程及单据,主要有:买方如何下单?卖方如何生产?如何出货?买方如何验收?双方如核对账?何时开立发票?卖方应收账款立账的基础为何?买方的账款支付的期间是多久?卖方请款的流程为何?买方支付货款的流程及付款的方式为何?等等。其中尽可能找到非卖方企业的单证作为佐证,如图4-3-1所示。

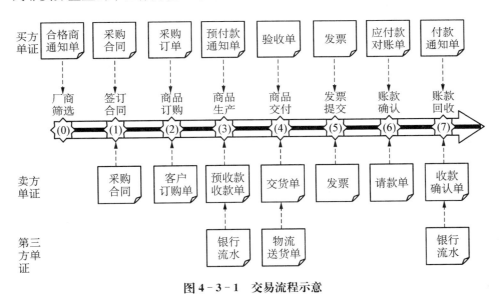

图4-3-1 交易流程示意

图4-3-1说明了一个制造型企业常见的相关单证与流程,通常在确保应收账款资产的真实性为重要前提下,除了详细核实卖方企业内部的单证外,更加要关注买方提交给卖方的单证,如:合同、采购订单、收货单、验收单、对账单等。除此之外,可以再从物流公司、银行等机构找到相关的送货单证或银行流水查核物流及现金流的走向,从而佐证相关的交易为真实、存在的。

(二) 征提交易文件

依据前述的交易流程、征提数个已完成整个循环作业(已回款)的交易文件,比对交易流程、查核及修改流程。

一般国内销货常征提的文件有：订购单、增值税发票、出货单、验收单、入账明细、入账证明（存折明细）等；国外销货常征提的文件有：P/O、P/I、Invoice、Packing List、Bill of Lading 等。

（三）实施穿行测试

针对上述征提的文件开始进行穿行测试，在穿行测试过程中当以所涉及的交易从初始至结束过程中所有的处理方式、时间、金额、数量和依据单证或报告，以及对这些重要流程在操作中所进行的控制方式进行了解，旨在发现风险和舞弊的控制。穿行测试可以为应收账款资产提供的有效性和真实性进行管理与查证。

各交易文件所需注意的重点如下：

（1）征提销售合约时除了看有效期间、交易品项、金额、付款条件外，更重要的是查看是否有禁止转让条款，如有则不适合推展应收账款转让业务，需进一步查证买方是否同意取消此条款。

（2）征提此合同项下对应订单的内容中对于品项、数量、金额与合同是否一致，再确认下单者、下单对象、交货地点、交货方式、贸易条件、有无其他特别条款。

（3）征提出货单、确认交货流程、交货地点是否有买方签收或交予买方指定的 Forwarder 等。

（4）因产业特性不同时应注意的事项如下：

① 零售超商行业。货品上架后，若因销售状况不佳或促销活动结束，使货品下架而产生大额折让。

② 工程建设项目。分进度验收，有分阶段付款之情形，须确认验收进度，有验收进度落后而延迟付款之可能。

③ 数码制造行业。存货问题、代工带料加工模式所产生的应收应付互抵之情形。

④ 医疗耗材。试剂、消毒用品等，无验收问题。

⑤ 医疗器材。大型器材须经安装、测试、试车、相关人员验收完成才付款，时有因未经医院批准的验收完成，而迟延付款。

⑥ 瑕疵品处理方式。以换货处理/自货款扣除瑕疵货款。

⑦ 折让比率。若折让比率过大，则考虑融资成数不可高于八成。

除了上述各凭证间的查核外，还要考虑单证与财务账务的查核，这两方面的查核，才是完整的穿行测试中的要点，有关财务账务的查核要点如下：

（1）查证入账的销售交易是真实的。可以从主营业务收入明细账中抽取若干笔分录,追查有无出货凭证及其他佐证,借以查明有无事实上没有发货却已登记入账的销售交易。如果对出货凭证等的真实性也有怀疑,就有必要再进一步追查存货的记录,测试存货余额有无减少,以及考虑是否检查更多涉及外部单位的单据,例如,外部运输单位出具的运输单据、客户签发的订货单据和到货签收记录等。

如果经评估认为有虚构销售交易的可能性较大时,需要考虑是否对相关重要交易和客户的情况(例如,相关客户的经营场所、财务状况和股东情况等)专门展开进一步的独立调查。

(2)查证交易中交货、运送、收货、登记入账均完整。首先,从发货部门的档案中选取部分出货凭证,并追查至有关的销售发票和主营业务收入明细账,起点应是查核该交易订单项下的出货凭证,追查至销售发票存根和主营业务收入明细账,以确定是否存在遗漏事项或不一致。

其次,查核销售交易计价的准确性,包括:按发货数量和价格准确地开具账单,以及将账单上的数额准确地记入会计账簿。通常的做法是查看销售发票存根上所列的单价、金额,与经过批准的订单、出货凭证表进行比较核对,对其金额小计和合计数也要进行复算。对发票中列出的商品的规格、数量和客户代码等,则应与出货凭证进行比较核对。

在实施计价准确性细节测试的同时,一般要将所选取的出货凭证的日期与相应的销售发票、主营业务收入明细账和应收账款明细账上的日期做比较。

(四)应收账款账期确认

穿行测试完成后,还要根据卖方交货完毕、发票开立、对账、买方确认应付账款,找到根据立账依据的基础并一直找到收款完毕,计算出具体的应收账款支付的实际天数,作为未来应收账款资产到期日的计算依据。与交易收款有关的付款要项常见如下:

(1)付款方式如:电汇/其他付款方式;

(2)国内付款方式:有月结后付款/验收后付款;

(3)国外付款方式:OA ×× days from B/L Date/Net ×× days(收货后××天之后付款);

(4)结账日:与买方固定的每月结账日;

(5)付款日:买方固定的每月付款日;

(6)账款到期日:依买卖双方付款条件确认账款的到期日;

(7)通常也会根据合同的交易条件不同有不同的应收账款确立点,如:买方签收即确立应付账款、需经买方验收过后确立应付账款、出货至仓库经买方提货

应付账款才确立等各种不同型态

另外,还有一种"分期收款销货"。此类销货模式是指在较长的时间内按规定期限分期收取货款的销售方式,一般适合于具有金额大、收款期限长、款项收回风险大特点的重大商品交易,如房产、汽车、重型设备等。从某种意义上说,它相当于出售商品企业给购货方提供了一笔长期无息贷款。当然,分期收款销货的售价,通常比现销或普通赊销商品的货价要高一些,这是因为,部分差额可用来作为销货企业的信贷利息收入,部分差额可用来补偿它采用这种销售方式而可能受到的损失。其他还有依据完工进度分阶段付款,如工程项目、软件开发等,也都有不同的规范与行业特性,这些都是在计算账款时要考虑进去的要素。

经由这几个测试与要项分析后,可以计算出具体的应收账款到期日,再与收款凭证互相核对,以验证买方客户是否准时付款。最后,再对此特定买方之过去一年历史交易记录分析客户付款准确程度,订出一个合理的收应收账款的账期,作为评估此应收账款资产的标准到期日。

这些测试与销售交易的细节测试一样,由于销售与收款交易同属一个循环,在经济活动中密切相连,因此,收款交易的一部分测试可与销售交易的测试一并执行。

(五)缺失补正措施

经过流程及穿行测试评估后若发现有的单证不足或有控制缺陷时,应对重要缺陷或实质性漏洞提出改善要求,最后决定未来提交应收账款时应附带的相关单证,如:发票+对账单+订单+收货单+发票,等等。

三、"买方付款能力及意愿分析"机制

(一)"买方付款能力"审查

传统保理业务虽然不与买方直接签约,但是就基础资产中交易的本质来看:买方作为应收账款的债务人,所以这笔资产的第一还款来源就是买方依据商务合同按期支付的应收款项,也就是最终还款人不是借款人,而是向借款人进货的客户,即买方。

假若买方在此应收账款到期日之前出现经营能力下降、现金流不足,甚或是破产、倒闭等无法如期支付的情形发生时,通常在有追索权的保理业务类型下,保理商可要求卖方在宽限期内无条件回购此笔应收账款,否则,此笔应收账款资产就会有无法如期兑付的风险产生。因此,谨慎评估买方短期内的经营能力,加

强对最终还款人的考察,并对其履约支付应收账款的能力做一详尽的调查及评估是首要关键。

这就是以应收账款资产为基础的融资与传统信用贷款在本质上的差异,即借款人与最终还款人的分离是业务的最大特点,因此:

传统信贷放贷,其关注的对象是借款人的信用问题;

而应收账款融资,其所关注的对象不仅是借款人,而更要关注向借款人进货的客户。

(二)"买方付款意愿"审查

其次常见的风险是买方不准时付款或者说买方常有恶意拖欠的情形发生。这种现象通常发生在买方的行业地位相对强势或处于行业垄断的地位,因买卖双方的地位不对等,买方常常因为资金的调度或无原因的、只是希望能够长时间占用供应商资金,所以往往不按期履约付款。在供应商面对的市场环境竞争下,为了维持贸易关系,对于买方拖延付款只能默默承受。这种情形常发生在政府、事业单位特许或垄断型企业,如电信、能源、市政建设、超市等,在遇到这类型的买方企业时,依据历史交易的实际回款天数来测算出经常的延误付款的平均天数及最长天数,作为核算"应收账款到期日"的调整因素,也是一种变通的处置方式。

(三)非关联方交易

从理论上来说关于应收账款融资,只要进货的买方客户(债务人)有着良好的信誉,保理商就可以依托在此资信基础上,对借款人(卖方)进行应收账款的融资。简言之,卖方(借款人)单纯地因为产品的优势或渠道的经营能力卓著,取得优质买方客户的合同、销售其产品或服务,假若这些大企业也能配合账款的确认及债权转让事宜,在卖方(借款人)没有好的获利能力、没有较强的资产当后盾时,或没有良好的信用记录,在极端的情况下,甚至应收账款的特性可以完全忽略卖方(借款人)自身的实力来获取应收账款融资款,解决营运资金的瓶颈,这也就是常常有人提到保理融资是小企业的救星的原因所在。

但特别要注意的是:如果集团的关联方企业,一旦成为上下游企业互为在日常经营活动中成为买卖关系,则在经营过程中十分容易产生为了融资目的而制作虚假交易、或因关联方相互借款、担保等,过多资金往来等不确定因素,最后导致货款互抵、债权债务不清楚或延迟支付等现象,对于这类关联企业应收账款回款的风险将会远大于非关联交易,不可不小心处理。碰到此类项目或资产时,就应比照一般金融机构对集团性客户授信风险的评估方法来加以处理,完全应应以信用贷款的观点来主导及评估此笔应收账款资产,前述所说依托于对买方信用的观点,应该要做某种程度的打折与保留,而在集团授信时也应该特别注意下述几个重点:

对集团性客户多头授信、过度授信和不适当分配授信额度加强管理与评估。

集团性客户通过关联交易、资产重组等手段在内部关联方之间不按公允价格原则转移资产或利润等情况,应评估不能按时收回的可能性。

审查集团性客户信贷业务要按照银监会《商业银行集团客户授信业务管理指引》等文件要求,根据集团性客户的不同类型和管理模式,确定授信管理类型、授信方式和用信方式,采取防范管理措施。

以上阐述的核心思想为应收账款资产要加强对第一回款来源"买方企业",实施所谓的"买方无力支付风险"或"买方到期不愿意准时支付"等两大要素加以调查与厘清,这项工作做得越彻底、越完整、越清晰,相对的应收账款资产质量就越好、风险就越低,因此可以说"买方付款能力及意愿分析"是决定应收账款资产好坏及强弱的核心环节。

所以说,想尽办法完善交易对手方的风险调控机制,审慎评估买方客户,选择履约能力强、商业信誉较好的客户是第一关键。再通过审查买卖双方历史交易记录,来判断其上下游企业之间的交易及结算方式是否正常,是否依据双方的约定准时支付,这是第二关键。此两项关键正是第三个要项应收账款资产的风险管理机制中的核心所在。

四、"卖方回购能力及增信措施"机制

在应收账款资产管理业务的风险管理中。除了加大对真正还款人(买方)考察的同时,也不能放松对借款人(卖方)的评估。对此,除了延用传统信贷模式中的分析方式外,应再加上以此笔应收账款到期日为评估基准点的现金流压力测试,以确认到时如果买方未能准时付款,卖方(借款人)是否有足够的现金来回应此笔应收账款的回购。

所以,这个机制的重点就是依据传统企业授信审查的基本原则,再结合应收账款融资的特点,对借款人条件的合规性、调查要素的全面性、应收账款的质量查核、转让条件、抵(质)押物价值认定及抵(质)押率的合理性、授信方案等提出完整的审查意见。具体审查重点如下。

(一) 借款人审查

这部分审查主要以定性审查为主。要对股东及实际控制人及其家族的发展

历史、个人品行、信用状况、个人资产、负债状况、是否存在其他投资、从业经验、经营管理能力、有无对外担保等进行审查。

(二) 行业市场情况审查

首先,审查借款人所处行业是否处于当地主流行业,是否为政府、银行或保理商支持的行业;主要审查项目所处行业的整体市场特点、政策环境、发展趋势和竞争态势。通常是国家鼓励发展的产业、行业、产品、技术和工艺,由于符合发展方向,并有可能得到各种政策支持,将会具有相对较好的市场前景和竞争优势。

其次,要审查对该行业中企业授信质量及授信总量是否在合理的范围之内,同时需要分析在同类企业中在各项要素上的地位(盈利能力、负债水平、销售渠道、上下游关系)。若借款人所处行业在当地不具备明显集群特点的,则要重点分析销售渠道和消费市场的稳定性、产品的特殊性、盈利能力的保障程度和保障方式。

最后,再根据所处行业的背景情况,通过分析借款人近两年来产品的产销量、成品及原材料价格变化情况、产品的寿命周期、销售渠道,分析借款人产品的销售前景及盈利能力。

(三) 产品市场供需分析

1. 产品供需现状分析

先看上游供货方,分析目前国内外产品的设计、生产、供应能力和主要生产厂家;再看下游主要客户的价格水平及变动趋势,审查判定对产品市场需求情况的调查意见是否准确。综合以上两个方面,综合判断目前市场供求平衡状况,对供求失衡的应审查其主要原因,如属于产品结构性失衡或区域性失衡,应同时分析供求失衡的程度。

2. 预测未来市场的供求状况

审查未来市场供给预测是否合理。对项目计算期内的市场供给总量应做出合理的预测。对项目计算期,应考虑产品生命周期、互补产品和替代产品的出现、市场变化规律等因素合理确定。

接着审查未来市场需求预测是否合理。要考虑:相关产业产品和上下游产品变化对产品市场的影响;产品结构变化、产品升级换代和替代品出现对产品市场的影响;客户群体的消费习惯、消费水平、消费方式以及变化趋势对产品市场的影响。

再从行业壁垒程度来观察对未来市场供求关系的影响。比如,资本密集型的项目市场准入门槛较高,退出成本较高。

综合以上3个方面,审查和判定未来市场供求平衡状况,对供求失衡的应审查供求失衡的程度和原因。

(四) 资金用途是否合理

这部分主要是对授信用途的合法性、真实性,对授信资金监控的有效性进行审查。做授信审查时,可通过对借款人近两年的销售情况及增长率、原材料采购需求、购销结算方式、资金占用时间、自有资金状况、资金缺口情况等方面判断授信需求是否真实、合理。

分析企业的总体偿债能力,主要通过测算银行债务敞口与净资产的比率、银行债务敞口与销售收入比率,同时考察企业是否存在短期银行负债过度。由于明显短贷长用而引起短期负债过度的企业,应具体评估其现金流,看看其应收账款资产到期时企业能否有较大现金流入支撑回购,再视实际情况予以适度支持。

(五) 回购能力审查

这部分审查要注重现场调查结果,藉由定性和定量分析相结合,注重分析申请人经营的稳定性、还款来源的可靠性。一般说来,企业的应收账款业务在查核借款人回购能力时,通常与流动资金贷款的审查方式一致,都应以其正常经营活动产生的现金流作为还款来源,重点审查申请人的生产经营活动是否正常,销售回款是否及时,是否有其他回购资金来源,如:

企业经营所得:将企业正常经营所得中产生的利润作为可还贷资金的来源,一般还应包括净利润和计提的折旧、摊销等。

财政等补充还款来源:应着重审查补充还款来源的充分性和可靠性。

借款偿还期内,可以用其他客户的应收账款或项目产生的利润作为还款来源。由于企业再融资存在非常大的不确定性,因此再融资不能作为还款来源。

在了解现金流入的审查工作中,同样也要求调查企业的电、水、煤使用量,企业的购销合同及执行,纳税情况,银行现金往来,以判断申请人的经营状况是否正常,平均每月的销售费用、管理费用等财务支出状况如何。在扣除这些固定成本以后,是否仍有稳定、充分和可靠的现金流入作为还款来源。

第四节 应收账款资产的管理方法

在如今的全球市场,竞争压力迫使产品服务趋向于赊销,使得应收账款逐渐成为企业资产负债表上最大的资产之一。然而,应收账款在被广大企业所广泛采用的同时,企业的资产负债表上"应收账款"的余额不断增大,坏账风险也越发显现出来。因此,加强应收账款风险管理已成为眼下现代企业营运资金管理的重要一步。

一、应收账款风险管理的措施建议

应收账款的金额过高,甚至增幅超过营业收入,这表明企业的现金流入量受到严重影响,企业面临资金短缺风险,甚至是财务危机。所以,应收账款的安全及质量直接影响到企业的可用资源、损益情况、现金流量,甚至影响着企业的发展。当企业遇到新的项目时,则由于流动资金不足,项目无法启动,就致使企业错失良机,给企业的发展带来极其不利的影响。然而,在现代企业管理制度中,企业并没有充分重视应收账款的风险管理。

应收账款是指企业在提供劳务过程中形成的应向客户收取但尚未收取的款项,即赊销,包括应向客户收取的全部款项和价外费用,以及应向购货单位收取的增值税等。应收账款是企业重要的流动资产,也是一项风险较大的资产,它的安全性及质量会影响到企业的资源、损益情况、现金流量,所以加快货款回购、防范财务风险,对提高企业经营能力有重要的意义。

企业应收账款风险主要有两个方面:资金回收风险和账期的不确定性。应收账款账期的不确定性,主要是指在应收账款回收时,付款方未按约定的付款日期付款,导致赊销企业面临损失。在回收的过程中,回收金额同样存在风险,存在潜在坏账损失,也就是指企业无法收回全部的应收账款,而使部分或全部的应收账款成为坏账的风险。坏账风险的存在会减慢应收账款的流转速度,虚高了经营成果和资产,给企业造成大量的损失。

目前,在现代企业管理制度中,应收账款管理存在一些风险及问题,本部分将针对这些问题,提出相应的风险管理的措施建议。建立健全应收账款管理制度,同时加强应收账款管理,是应收账款管理制度中最重要的一步。

二、应收账款管理方法介绍

(一)信用管理

企业应收账款分析应核实侦查不合理的欠款,分析逾期欠款的原因,并且及时预警、收紧额度和及时催收是信用管理的重要组成部分,可参考以下信用管的步骤来进行。

首先,在营销上对目标客户要进行选择。企业应当做好客户的资信调查,采用科学和规范化的程序收集客户的企业性质、法定代表人背景、注册资金情况、财务状况、经营规模、信誉等资料,建立客户档案,为信用评价提供相对完整的依据。企业应根据客户的品质、能力、资本、抵押、条件和连续性等标准,采用定性分析和定量分析相结合的方法对客户进行信用评定,根据评定结果,选定评级符合要求的客户开展销售业务,建立健全营销网络。

调查客户信用状况分为直接法和间接法两种:直接法就是企业的财务人员与客户直接接触,通过当面采访、询问、观看等方式获取信用资料,这种方法的优点在于及时性,但准确性往往不够,客户的缺点和不足容易被掩盖;间接法则是以客户或其他单位保存的有关客户的各种原始记录核算资料为基础,通过加工整理获得信息的方法。

信用资料的来源主要包括:
(1) 企业财务报表;
(2) 信用评估机构提供的资料;
(3) 银行提供的资料。

对于来自企业主管部门和其他部门提供的资料,需经过精选才可能使用,评估客户信用状况可以采用五C评估法:品质(character)、能力(capacity)、资本(capital)、担保品(collateral)、行情(condition)。

(二) 建立健全赊销审批制度

迫于销售压力,赊销成了贸易常用的结算方式,但密切把控客户的履约风险,才能真正提高销售业绩。

企业授予客户信用额度,须经公司主管领导审批后才能起用并录入客户档案。在销售过程中,销售部门应该严格根据此限额控制交易数量,不得突破,避免销售人员凭主观判断给企业带来损失。如果客户信用额度发生了变动,必须办理报批和备案手续,企业对信用限额的执行情况要进行定期的检查和分析,以确保信用限额制定的安全性与合理性。

在西方国家,企业信用管理已发展成为一门重要的社会学科,在中国,由于整个社会的信用基础还比较薄弱,社会信用体系还不完备,因而企业信用管理尚处于摸索阶段。同时,由于我国大部分企业应收账款管理意识还比较薄弱,管理手段比较单一,因此大部分企业还没有建立起比较完善的信用管理体制。今后,随着我国与世界交往的密切程度不断提高,以及世界经济一体化的步伐不断加快,我国的市场经济将会进一步发展,我国的民主法制建设也将进一步完善,我国的社会信用基础也将随之逐步建立并完善。

应收账款的增加会造成资金成本和管理费用的增加。在对应收账款成本进行全面核算前,先来了解一下应收账款成本的组成,应收账款存在以下 3 项成本:

(1) 机会成本:应收账款通常由赊销形成,也就是现金还款的替代。所以说,应收账款的存在,占用了原本可用于投资的资金。因此,企业用于赊销业务所需要的资金乘以市场资金成本率之积,便是应收账款的机会成本。

(2) 管理成本:企业对应收账款的管理所耗费的开支,主要包括对客户的尽职调查费用,应收账款账的记录费用,收账过程支出的差旅费、通讯费、工资、诉讼费以及其他费用。

(3) 坏账成本:因应收账款存在着无法收回的可能性,所以有可能会给债权企业带来呆坏账损失,即坏账成本。企业应收账款余额越大,坏账成本就越大。

机会成本和管理成本是应收账款的直接成本,坏账成本是应收账款的风险成本,这 3 项就是企业提供给客户商业信用的支出。企业应进行应收账款投资的规划与控制,制定有利企业的信用政策,将应收账款投资成本与收益对比,全面核算应收账款的成本。企业采用赊销方式,虽要耗费一定代价,但也能够开拓并占领市场,从而降低产成品的仓储费用、管理费用。为双边衡量应收账款的边际产出与边际投入,提高应收账款的投资效益,企业从实际出发,制定以信用标准、信用条件和收账政策为主要内容的信用政策显得十分必要。

(三) 建立完善的内部控制制度

应收账款内部控制制度是企业内部一项重要的会计控制制度。如果没有健全的应收账款管理制度作为基础,对应收账款的相关工作进行约束,财务风险必定会增加。对于合同管理、销售管理、应收账款日常管理系统的制度,对具体操作步骤的操作规范和经办人的权责规定是建立应收账款内控制度的必要条件。制度不够健全,一方面加大了应收账款管理的难度;另一方面,对应收账款的安全回收也没有保障。

只有建立良好的内部控制制度才能够健全企业的运行机制,增强企业自我控制、自我协调的能力,才能够使企业在激烈的市场竞争中取得竞争优势。

应建立定期拜访客户制度。定期拜访客户,可以及时了解客户的需求及客户对企业提供产品及服务的意见,同时还应密切关注客户动态,做好应收账款的跟踪、监控工作。

应建立应收账款预警制度,定期分析应收账款账龄。根据应收账款的账龄进行分类,做好分类预警。

(四) 健全审批制度

每一项销售和收款业务必须有严格的流程化的审批制度,在审批确认后,才能作为应收账款入账,这样才不会增加不必要的应收账款。

1. 加强应收账款日常动态的管理

应收账款发生后,财务部门对应收账款须进行定期跟踪和预警,应每间隔一定的时间以文书或表格形式向有关业务部门、责任经办人员、企业领导传递应收账款的动态信息,以便督促和提示上述有关人员积极催收;而对逾期未结清的应收款项的动态信息,也可使责任经办人员对已形成的应收账款情况及时了解。

2. 制定往来款项对账制度

企业应该根据应收账款的账期和金额等要素制定往来款项对账制度。首先,要查看账户的总账与明细账及有关部门的备查往来台账是否一致;其次,核查这些账户明细账目的真实性;再次,检查该类账户核算的正确性,并进行账龄分析;最后,进行账务分类,可以参考银行的 5 级分类,并对正常以外的其他 4 类账户逐个进行重点检查与分析。

3. 采取有效的催收手段

根据应收账款回收的不同情况可以采取信函通知、电告催收、派人员面谈甚至诉诸法律。遇到极端情况,通过法律途径,从债务人那里取得一定的有价值的货物、折价抵偿其债务,债务人划出一部分应收款项给债权人来冲抵自身债务。

(五) 从科学的角度合理管理应收账款

应收账款风险管理应积极采取措施,合理运用应收账款。随着市场经济的发展,应收账款应从崭新的、科学的角度合理利用应收账款,合理降低应收账款风险。

首先,引入保险机制。信用保险是对债权人因债务人的信用风险导致应收账款损失时,由保险人依据保险合同的约定,承担赔偿责任的一种财产保险业务。这种险种主要承保由于客户未付款(含长期拖欠或丧失清偿能力)造成的损失。

其次,引入应收账款保理业务。保理是保付代理的简称,是指保理商与债权人签订协议,转让其对应收账款的部分或全部权利与义务,并收取一定对价的过程。它是实务贸易中以托收、赊账方式结算货款时,销售方为了避免收汇风险而采用的一种请求第三者(保理商)承担风险责任的做法。保理商要提供应收账款的催收、信用风险控制与坏账担保等服务。

加强坏账管理。坏账风险是由多种因素促成的,包括宏观原因和企业自身原因。因此,在实际工作中,企业应当遵循稳健性原则,对坏账损失的可能性预先进行充分估计,当应收账款满足确认坏账条件时,及时将其确认为坏账。发生的坏账损失,由公司法律部及时予以审核。在核实过程中,如果发现涉及有关单位或个人责任的,必须追查其责任。对应该由有关单位或个人承担的责任损失,有争议的,应当采取法律手段追索。在追偿应由责任人或保险公司承担的损失后,才能确认资产损失,并履行审批手续。

应收账款管理是否有效,直接关系到企业商业信用政策的运用是否成功,从而影响到企业的资金周转和经济效益的大小,甚至影响到企业的生存发展。本书通过对应收账款管理的研究,针对企业应收账款管理中存在的问题,分析问题产生的原因,从而针对问题根源,有针对性地提出改进意见,对症下药,量体裁衣,进而明确企业应收账款管理的重要性及迫切性,同时为具体管理指明方向和道路。

(六)完善应收账款征信

根据新华网 2014 年 8 月 22 日报道,央行征信有关负责人表示:"应收账款融资是适合中小企业的融资方式。应收账款融资中,放贷机构更加看重应收账款的质量,也就是应收账款债务人的信用,这延伸了融资企业的信用基础,增加了中小企业融资的可获得性。"

央行征信中心根据《物权法》的授权提供应收账款质押登记服务,并于 2015 年年底建成了应收账款融资服务平台,先后从物权登记和融资供需信息服务两方面,推动中小企业动产融资特别是应收账款融资的发展与创新。作为全国性的电子化服务平台,实现应收账款债务企业对账款的确认,资金需求方与资金供给方间融资需求信息推送和反馈,目前支持应收账款质押融资、明保理、暗保理和反向保理等多种业务类型。

我国应收账款融资在取得发展的同时,还有很大开拓空间。从我国应收账款的市场存量看,应收账款融资的使用率还很低。根据征信中心企业征信系统的应收账款融资余额数据,结合国家统计局发布的规模以上工业企业应收账款余额估算,近两年用来支持融资的应收账款占全社会账款存量的比重不足 20%。

与传统金融业相比,互联网金融企业的核心优势在于支付渠道和海量的数据积累,活性高,变化频繁,能够对借款人的资本信用做即时、快捷的评估,并进入贷款操作流程。所以说,互联网金融的一大优势在于基于互联网的线上征信技术。这种线上的数据征信的主要特点包括成本低、效率高、信息透明,但目前这个阶段而言,由于国内的数据资源还不尽完善,数据征信只能在少数几个大型平台上实现,因此互联网征信还不是很成熟。

在目前中国的信用环境下,整体的信用程度不高,信用的建立方式主要还是实物和资产的抵押,或者债权的质押。现在在互联网上真正进行纯粹数据征信的平台也不多,大多还是在线上和线下的信用之间做一个比较融洽的结合。

就未来发展来看,互联网征信具有更广阔的发展潜力。大数据挖掘平台能使更多的企业获得数据的前端,并和传统的看重资产和负债、抵押物等的征信方法结合起来,共同推动应收账款征信的发展。

第五节 企业基于"应收账款"开展保理的业务模式

基于"应收账款"推出的金融产品方案是指客户以其合格的应收账款或权利(即买方商业信用)作为主要担保或信用增级方式,从金融机构获得融资的一种供应链金融产品。它既包括"应收账款质押融资""国内保理""商业承兑汇票贴现"等国内贸易融资产品,也包括"出口押汇""国际保理"等传统的国际贸易出口融资产品。应收账款类产品适用于以赊销为主要经营方式,且下游企业(即买方)或付款方信用状况较好的客户。应收账款类产品是属于客户自身资产支持型的一种融资产品,它以客户应收款作为还款来源,更关注应收账款的质量和资金流控制,对客户的自身信用状况和授信担保条件要求不高,同时又能帮助客户提前实现销售资金回笼、降低销售财务风险、提高资金运用能力、改善企业财务报表结构。

从产品特点和实际应用来看,国际业务相关产品在供应链金融业务中应用非常广泛,但鉴于国际业务产品均为成熟产品,也行之有年,因此在本章节中我们仅对国内保理的基本操作模式业务做简单介绍。

一、应收账款质押融资

(一)产品定义

借款人以其应收账款的预期收益作为担保,并在中国人民银行应收账款质押登记公示系统办理质押登记手续后取得金融机构授信的业务。一般可以分为两种方式的应收账款质押融资:

(1)单笔授信的应收账款质押模式。根据借款申请人产生的单笔应收账款

确定授信额度,为借款申请人提供授信,主要适用于应收账款发生频率较小、单笔金额较大的情况;

(2)循环授信应收账款质押。根据借款人一段时间内连续稳定的应收账款余额,为其核定应受账款质押最高授信额度,主要适用于应收账款发生频密、回款期短、周转快,特别是连续发生的小额应收账款,应收账款存量余额保持较为稳定的情况。

(二)产品优势

1. 对于卖方(即应收账款债权人)

(1)通过应收账款质押融资让未来的现金流提前变现,加速流动资金周转,改善经营状况,缓解由于应收账款积压而造成的流动资金不足状况。

(2)满足了企业尤其是中小企业传统抵(质)押担保资源不足情况下的融资需求。

(3)由于金融机构对用以质押的应收账款有较高的要求,因此侧面督促了企业加强应收账款的管理,提高了企业整体的管理水平。

(4)操作手续简便,融资效率高。

2. 对于买方(应收账款债务人)

(1)卖方将应收账款质押给金融机构获得融资后,将降低对应收账款账期的敏感性,能为买方提供更有竞争力的远期付款条件,提高其资金使用效率。

(2)稳定了上游供应渠道,且不用付出额外成本。

(三)适用范围

(1)供应商和买方(核心企业)之间采用赊销方式,长期有一定规模应收账款的制造、销售企业。

(2)应收账款较多,需要资金扩大生产销售规模的有市场、有发展潜力的优质中小企业。

(3)本身正处于高速增长时期,不动产相对匮乏但有周期较长、较稳定应收账款的企业。

对于以上类型企业,要求有相对稳定的付款群体,以信誉良好的大集团公司为交易对象的为优。

(四)风险要点及控制措施

1. 出质合法性

应收账款是一种特殊的出质权利,业务经办机构在贷前调查和授信审查审批时应重点关注如下：

(1) 可质押的应收账款应具备非公益性、可转让性和时效性，仅限于金钱债权，养老金、抚恤金、非金钱债权不能作为应收账款出质。

(2) 应收账款出质以已经发生的应收账款为主，如已发生的销售货款、租金等。

(3) 以未来的应收账款作为出质标的，应限于有基础法律关系但尚未发生的类型。如已经签订不动产租赁合同，未来租金收入有租赁合同作为法律基础，且债务人确定，可以作为出质权利。

(4) 企业、个体工商户未来的营业收入，因基础法律关系尚未发生且债务人也不特定，不能作为出质权利。

(5) 公路、桥梁、隧道、渡口等不动产收费权虽债务人不确定，但收费基础法律关系——不动产经营权确定，收费稳定，可以作为出质权利；公园门票收入、景区收入、基础设施项目收费权、学生公寓收费权等，具备法律上的稳定收益的特点，可以作为应收账款出质。

(6) 企业经营权以及各种特许经营权虽然可以产生预期收益，但不具有应收账款性质，不能作为应收账款质押。

2. 真实性及可实现性

(1) 在贷前调查和审查环节，对借款人和债务人均要进行资信调查，重点审查借款人与应收账款债务人之间的贸易背景真实性，包括：企业与债务人之间的债权是否真实存在，借款企业是否利用虚假账龄、虚构应收账款、提前开票等行为进行欺诈行为，防范以虚假贸易背景骗取银行授信的情况。

(2) 在真实性前提下，应收账款的实现还要求借款人必须履行基础合同的义务。因此应尽量选择既成的应收账款，即借款人义务已经履约完毕，应收账款已经现实产生，其判断的标准是根据基础合同的约定，借款人已经交付、债务人已经验收等。以未来的应收账款作为出质的，应重点审查合同的真实性、合同履行的可实现性和债权人获得支付的可能性。此外，可接受质押的应收账款的账期不应超过 1 年，且买卖双方的商务合同中不应存在债务抵销条款。

3. 质押操作的合法性、有效性

(1) 在贷前调查和授信审查过程中，相关人员应通过中国人民银行"应收账款质押登记公示系统"对拟进行质押的应收账款质押信息进行查询，避免重复质押的风险。

(2) 应收账款质押必须采取"书面合同加登记"的方式。在质押合同中，应载明所担保的债务的种类、金额、质押担保的范围、债务人履行债务的期限，以及应收账款的类型、数量、归还期限、有效凭证移交时间、如何通知债务人等；应当在质押合同中约定"出质人必须将权利证明交付质权人",并按合同实际交付,将此作为借款人的合同义务;应按合同约定通知债务人,并取得债务人已知晓应收账款已质押的相关证明。

(3) 质押登记时对质押应收账款描述应明确,质押应收账款可识别,具体如下:

① 销售货物产生的应收账款:订立质押合同时已产生的应收账款,应在登记系统中写明以下要素:付款人、金额、账期和相关的发票号;订立质押合同时未产生而在将来产生的应收账款,可采用概括性描述方式,对应收账款发生的特定的时间、特定的范围以及特定的付款人等信息进行描述。

② 出租产生的应收账款:动产或不动产的种类、状态、租金金额、租赁期限、承租人,以及不动产的地理位置。

③ 提供服务产生的应收账款:从服务的项目、服务提供的对象与期限等方面来描述质押财产。

④ 收费(益)权:针对收费权质押,债务人一般不特定,可不做特定描述,应把收费项目、范围、期限等描述清楚。如有收费许可证,应登记收费许可证名称和编号,并说明收费许可证下所有项目或部分项目的收费权质押,并且列明具体的收费项目。

⑤ 知识产权的许可使用:可从专利的名称、专利号、专利被许可使用的主体以及使用期限描述质押财产。

(4) 发现登记系统中内容存在遗漏、错误等情形,应当进行变更登记,以保证登记信息与合同一致,否则可能会影响法院对质权有效性的评价。

二、保理业务介绍

(一) 产品定义

保理业务是指卖方将其与买方之间由于销售货物、提供服务或因其他原因所产生的应收账款转让给银行或保理商,从而获得其提供的保理预付款融资、销售分户账管理、应收账款催收和承担买方信用风险担保于一体的综合性金融服务。

从定义可以看出,国内保理最大的优点是保理业务可以借用大型优质企业的良好信用,受让其上游的中小企业应收账款债权,为部分中小企业提供贸易融资等服务。因此,它是一项可以有效扩宽保理公司中小企业信贷业务的信贷产品。国际保理商联合会依据保理业务的4项主要(服务)功能以及是否"通知买方",界定了表4-5-1所示的业务品种。

表4-5-1 保理业务品种

序号	产品分类	账款管理	催收账款	承担买方风险	预付融资	通知买方
1	全套服务(full service)	有	有	有	有	有
2	回购型(recourse)	有	有	无	有	有
3	到期保理(maturity)	有	有	有	无	有
4	发票贴现(invoicediscounting)	无	无	无	有	无/有

表4-5-1中的业务都是比较常见的,保理商通常也会根据不同的客户需要,对4项主要(服务)功能及是否"通知买方"进行组合,提供客户满意的产品。

(二)产品类型

保理业务会根据各种不同的身份、交易结构、债权转让等发生不同的类型,以下摘要列表(见表4-5-2),并针对比较重要的几项加以说明。

表4-5-2 保理产品分类

分类标准	具体分类	
交易国家(跨境)	国内保理	国际保理
保理商身份	银行保理	商业保理
保理商家数	单保理	双保理
债权通知	公开型(明保理)	隐蔽型(暗保理)
保理商风险	有追(回购)	无追(买断)
参与对象	正向保理	反向保理
债权时机	现有债权保理	未来债权保理
是否融资	融资保理	非融资保理
付款人区分	直接保理	间接保理
是否循环	循环保理	非循环保理
租赁保理、池保理、保单保理、信保保理……		

1. 按保理商个数分类

按保理商个数不同,分为双保理(two factor)和直接保理(direct factoring)/单保理(single factoring)。表4-5-1中的4种业务类型都可以采用直接保理的方式进行,但是保理商往往出于转移和降低风险或寻找账款催收代理等目的,在承担买方风险的保理业务中使用双保理方式。当然保理商也可以通过购买信用保险等方法转移和降低风险,并采用直接保理的方式向卖方提供类似的服务。

国际双保理是指卖方在采用赊销(Open Account,O/A)、承兑交单(Documents against Acceptance,D/A)等信用方式向买方销售货物或提供服务时,由出口保理商(Export Factor,EF)和进口保理商(Import Factor,IF)共同提供的一项集商业资信调查、应收账款催收与管理、保理融资及信用风险控制与坏账担保于一体的综合金融服务。其中 EF 提供的服务称为出口保理,IF 提供的服务称为进口保理。

直接保理(单保理),即由一家保理商为卖方提供保理服务。在国际保理中,保理商在出口国的,称为直接出口保理(出口单保理);保理商在进口国的,称为直接进口保理(进口单保理)。在国内保理业务中,由于买卖方同处于一个国家或地区,适用相同的财务及法律规范,保理商很容易获得买方的信息及对其进行账款催收等管理,因此国内保理通常采用单保理模式,但目前在我国国内也有不同银行间或同一银行的不同分支行间以双保理模式合作国内保理业务,以便于获得客户信息、分担风险。

2. 按保理承担风险分类

按保理商承担风险情况不同,分为买断保理(without recourse/non-recourse,又称无追索权保理)和回购保理(with recourse/recourse,又称有追索权保理)。

买断保理,即指保理商在其核准的保理额度范围内承担除商业纠纷以外的买方的信用风险。买方在应收账款到期后的约定期限内无法履行付款责任的,由保理商在其核准的保理额度范围内对卖方担保付款(payment under guarantee)。买断型保理中的买方信用问题是指除下列以外情形:商务纠纷、欺诈、不可抗力或司法裁定或仲裁的原因,导致买方到期不付款。其中商务纠纷是指卖方违反商务合同的义务,及/或买卖双方因商务合同产生的争议(包括但不限于交易商品的品质、交货方式及期限、价格、数量、付款方式及期限、争议解决方式等情况而产生的争议),及/或买方与卖方达成债务免除、折让、和解、抵销等合同的情形。

回购保理,是指保理商在任何情况下不承担买方的信用风险,买方在应收账款到期后的约定期限内无法履行付款责任的,由卖方对该应收账款进行回购。在表 4-5-1 中,全套服务和到期保理都属于买断保理,而第二种和第四种业务属于回购保理。

3. 按通知买方分类

按是否将保理的事实通知买方,分为公开型保理和隐蔽型保理(non-notification factoring)。

(1) 公开型保理,是指在保理业务的整个过程中始终将保理的事实告知买方,告知的方式包括:卖方在保理业务开展伊始向买方提交保理商规定格式的通知书(introductory letter)和在每张转让发票上加注保理商规定格式的转让条款。

(2)隐蔽型保理,是指在通常情况下不告知买方保理的事实,仅在卖方与保理商的契约约定的特殊情况下将保理的事实通知买方。

为便于比较分析,特将公开型、隐蔽型、有追索、无追索型保理列于表4-5-3中。

表4-5-3　不同类型的保理产品的比较分析

分类标准	具体分类	详细描述
按通知买方分类	公开型(明保理)	应收债权转让一经发生,卖方立即以书面形式将债权转让事实通知买方,指示买方将应付款项直接给付保理商,或由保理商委托卖方作为收账代理人继续向买方收款,卖方将有关款项付至卖方开立在银行的监管账户直接扣收
	隐蔽型(暗保理)	债权转让一经发生,卖方在转让之时并不立即通知买方,保理商仅委托卖方作为收账代理人继续向买方收款,买方将有关款项付至卖方开立在保理商的账户后扣收
按保理承担风险分类	有追索权(回购型)	根据卖方申请,保理商受让其与买方因交易产生的债权,买方不论何种原因到期不付款时,保理商有权向卖方追索,或按照保理合同约定,卖方有义务按照约定金额自保理商回购应收债权,应收债权的坏账风险由转让应收债权的卖方承担
	无追索权(买断型)	卖方将其应收债权转让给保理商,在其所转让的应收债权因买方信用问题到期无法收回时,保理商不能够向卖方进行追偿,所转让的应收债权的坏账风险完全由保理商承担

(三)基本原则

一般国内保理在操作和管理上与传统贷款业务有诸多不同之处,潜藏的风险也不尽相同。与国际保理业务也不同,国内保理业务因参与者均在国内,因此不存在国家风险、法律冲突风险等,其主要风险点在于应收账款的质量风险和保理公司内部风险。

1. 交易背景条件

(1)真实的贸易背景。

(2)以赊账为基础,并以流通货币作为支付对价的商品交易或者服务交易。原则上应为通过销售所产生的债权债务关系可以自行成立的商品或服务,如生产资料、零部件和消费品。

(3) 商品有较强的适销性,且不易引起商业纠纷。

(4) 根据贸易合同或有关法律规定,无相关的债权不得转让,能保证应收账款转让的有效性、合法性。

(5) 不涉及非法交易和不公平交易。

(6) 交易具有明确的债权债务关系,国内保理付款期限在1年以内。

(7) 关联机构之间的交易不得承做买断型国内保理,在符合授信条件的情况下,可以承做回购型国内保理。在回购型国内保理业务中,买方应承诺不以任何理由提出商业纠纷和拒绝付款。

(8) 在出口保理业务中,贸易合同中不存在进口商可以无条件退货的规定。

(9) 在进口保理业务中,不涉及违反国家外汇管理规定,不允许购汇、对外支付等情况。

2. 不适合保理业务的背景

以下交易背景,不适合保理业务,若有特殊需求,应特别谨慎办理:

(1) 交易双方在日常交易中互为对方的买卖方,并经常有货款互抵的情况发生。

(2) 转让对于受让人行使追索权有不利影响。

(3) 面向个人消费者的零售、采用分期付款方式的长期合同及寄售等业务。

(4) 无条件退货的交易。

(5) 股权交易。

(6) 以票据作为支付工具的。

(7) 金融债权(如票据权利、贷款或者委托贷款债权等)。

(8) 逾期重组的债权。

(9) 以货易货的交易。

(10) 其他单笔付款剩余期间超过1年以上的交易,或对实现债权有不利条件的交易。

(四) 产品优势

1. 对于卖方(债权人)

(1) 将未到期的应收账款立即转换为销售收入,改善财务报表。

(2) 对买方提供更有竞争力的远期付款条件,拓展市场,增加销售。

(3) 买方的信用风险转由应收账款受让保理商承担,收款有保障。

(4) 资信调查、账务管理和账款追收等由应收账款受让保理商负责,节约管理成本。

(5) 节约担保资源,减少由互保等行为产生的风险。

（6）融资期限可以突破单笔应收账款的金额和期限,降低企业资金管理的难度。

2. 对于买方(债务人)

（1）利用优惠的远期付款条件,加速资金周转,创造更大效益。

（2）节省开立银行承兑汇票、信用证等付出的额外费用。

（3）在不需付出额外成本的前提下借助银行稳定了上游供应渠道。

3. 对于保理商

（1）创造了向供应链上游延伸业务的渠道,扩大了客户群体,拓展了业务范围。

（2）扩大资产业务,获得息差收入;收取保理费用,扩大中间业务收入,提高了综合收益。

（3）通过为核心企业上游企业提供保理服务,帮助核心企业稳定了上游供应渠道,能进一步深化与核心企业的合作关系。

（4）贯穿供应链上下游,利于风险控制。

（五）典型操作模式

1. 国内、公开型、有追索权保理

这是国内保理基本的操作流程,是指保理商与卖方之间签署保理协议,根据该协议,卖方将其现在或将来的基于其与买方订立的国内货物销售/服务合同所产生的应收账款转让给保理商,并为其提供的综合性金融服务,其作业流程如图4-5-1所示。

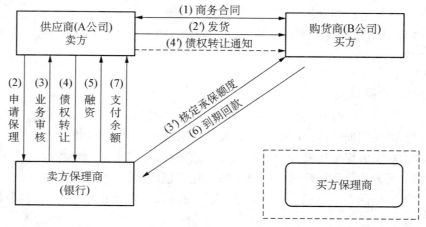

图4-5-1　国内、公开型、有追索权保理的作业流程

2. 其他常见保理业务模式

如表 4-5-4 所示。

表 4-5-4　常见保理业务模式

保理操作类型		服　务　内　容
国内保理融资服务	定义	指卖方在采用赊销(O/A)、承兑交单(D/A)等信用方式向国内买方销售货物或提供劳务时,银行作为保理商身份基于其现在或将来的应收账款转让而共同提供的包括应收账款催收、贸易融资、销售分户账管理及信用风险担保等服务
	业务类型	回购型/买断型(按是否承担买方风险分); 公开型/隐蔽型(按是否将保理事实通知买方分); 循环/单笔使用(按额度或账款可动拨的使用方式分)
	作业流程	(1) 业务推广:产品设计与推广,洽谈客户; (2) 征信调查:买方征信、卖方征信、交易条件核定、卖方报价核定; (3) 签约对保:与卖方签约、文件审核归档; (4) 台账管理:账款受让、融资、收到账款; (5) 异常管理:商业纠纷、贷项清单、间接付款; (6) 逾期管理:回购型⇒催收、反转让;买断型⇒催收、保证付款、收到赔款
买方协议付息保理	定义	国内发票贴现业务中的贴现息由买方企业、买卖双方按照贴现付息协议约定的比例承担。即指卖方企业在销售商品后,持买方企业交付的未到期商业汇票(银行承兑汇票或商业承兑汇票)向银行申请办理贴现,买卖双方以协议方式约定,由买方全部承担或买卖双方共同承担并支付贴现利息的票据贴现行为
	业务类型	回购型/买断型(按是否承担买方风险分); 公开型/隐蔽型(按是否将保理事实通知买方分); 循环/单笔使用(按额度或账款可动拨的使用方式分)
国内信保保理	定义	指银行为卖方提供包括应收账款催收、贸易融资、销售分户账管理及信用风险担保等国内保理服务时,通过卖方在投保信用保险的前提下将应收账款转让给银行(或由银行投保)等方法转移和降低风险
	业务类型	回购型/买断型(按是否承担买方风险分); 公开型/隐蔽型(按是否将保理事实通知买方分); 循环/单笔使用(按额度或账款可动拨的使用方式分)
保理表外融资	定义	卖方/出口商将其以赊销(O/A)、承兑交单(D/A)等结算方式的货物或提供劳务贸易形成的合格应收账款以保理业务形式转让给银行,银行根据客户实际融资需要,在卖方/出口商的可用卖方保理业务融资额度范围内为其提供表外融资业务的组合

(续表)

保理操作类型		服务内容
保理表外融资	业务类型	回购型/买断型(按是否承担买方风险分); 公开型/隐蔽型(按是否将保理事实通知买方分); 循环/单笔使用(按额度或账款可动拨的使用方式分)
应收账款池融资服务	定义	指卖方将一个或多个不同买方、不同期限和金额的应收账款转让或质押给银行,即可从银行获得融资支持,从而解决企业应收账款短期无法收回、流动资金周转困难、融资受限等问题
	业务类型	转让池/质押池; 回购型/买断型
租赁保理	定义	在出租人与承租人形成租赁关系的前提下,银行作为保理银行,与出租人签订保理合同并约定,出租人将融资租赁合同项下未到期应收租金债权转让给银行,银行向出租人提供综合性金融服务,包括融资、应收账款管理、应收账款催收和信用风险担保,并作为租金债权受让人直接向承租人收取租金
	业务类型	普通型租赁保理融资; 结构型租赁保理融资(按租赁业务的不同操作模式分); 回购型、买断型(按是否承担承租人风险分)
	作业流程	普通型: (1)出租人租赁公司与承租人签署了融资租赁合同,与供货商签署了租赁物买卖合同且货款及设备均已交付; (2)出租人租赁公司将租赁权益转让给银行并融资; (3)银行向承租人收取租金。 结构型: (1)出租人租赁公司与供货商签署租赁物买卖合同; (2)出租人租赁公司与承租人签署融资租赁合同; (3)银行与出租人租赁公司签署过桥融资合同和保理融资合同,银行发放过桥贷款; (4)出租人租赁公司支付货款给供货商; (5)出租人租赁公司将设备交付给承租人,应收租金债权成立; (6)出租人租赁公司将租赁权益转让给银行并融资,同时归还过桥融资; (7)银行向承租人收取租金; (8)回购型承租人到期未还租金时,租赁公司回购未收回的融资款;若供货商提供租金余值回购保证或物权担保的,由供货商行回购银行未收回的融资款。 买断型承租人到期未还租金时,银行继续向承租人追偿

(续表)

保理操作类型		服 务 内 容
直接出口保理融资	定义	在国际保理中银行既是出口保理商,又是进口保理商身份,为出口商提供保理服务。即由出口保理商负责向进口商追收应收账款
	业务类型	回购型/买断型(按是否承担买方风险分); 公开型/隐蔽型(按是否将保理事实通知买方分); 循环/单笔使用(按额度或账款可动拨的使用方式分)
出口双保理融资服务	定义	出口商在采用赊销(O/A)、承兑交单(D/A)等信用方式向进口商销售货物或提供劳务时,银行作为出口保理商身份和进口保理商基于其现在或将来的应收账款转让而共同提供的包括应收账款催收、贸易融资、销售分户账管理及信用风险担保等服务
	业务类型	回购型/买断型(按是否承担买方风险分); 公开型/隐蔽型(按是否将保理事实通知买方分); 循环/单笔使用(按额度或账款可动拨的使用方式分)
出口发票贴现	定义	在国际保理中银行仅为出口商提供融资服务的一项特殊产品。它指出口商将现在或将来的基于出口商与进口商(债务人)订立的出口销售合同项下产生的应收账款转让给银行,由银行为其提供贸易融资、应收账款催收、销售分户账管理等服务
	业务类型	公开型/隐蔽型(按是否将保理事实通知买方分); 循环/单笔使用(按额度或账款可动拨的使用方式分)
出口代收型保理	定义	在国际保理中银行仅为出口商提供账款托收服务的一项特殊产品。指银行受出口商委托,以出口商提交的债权凭证和商业票据,通过其国外代理行或海外分行向进口商收取款项以实现资金划拨的业务。有付款交单(Documents against Payment,D/P)和承兑交单(D/A)两种形式。也称出口托收
	业务类型	回购型/买断型(按是否承担买方风险分); 公开型/隐蔽型(按是否将保理事实通知买方分); 循环/单笔使用(按额度或账款可动拨的使用方式分)
短期出口信保	定义	在为出口商提供包括应收账款催收、贸易融资、销售分户账管理及信用风险担保等国际保理服务时,通过出口商在投保信用保险的前提下将应收账款转让给银行(或由银行投保)等方法转移和降低风险
	业务类型	回购型/买断型(按是否承担买方风险分); 公开型/隐蔽型(按是否将保理事实通知买方分); 循环/单笔使用(按额度或账款可动拨的使用方式分)
离岸保理	定义	银行境外金融中心为国内企业的境外离岸子公司或境外离岸公司提供的保理服务

(续表)

保理操作类型		服务内容
离岸保理	业务类型	回购型/买断型(按是否承担买方风险分); 公开型/隐蔽型(按是否将保理事实通知买方分); 循环/单笔使用(按额度或账款可动拨的使用方式分)
背对背保理	定义	在国际贸易实务中,出口商有时通过设在进口国的中间商销售其出口商品。(中间商一般是出口商设在进口国的附属或代理机构,主要从事进口出口商的货物并销售给当地批发商的业务。)中间商不仅要筹集资金组织进口,还要进行国内销售,资金压力较大。银行基于此类业务背景提供背对背保理服务(back to back factoring)
	业务类型	回购型/买断型(按是否承担买方风险分); 公开型/隐蔽型(按是否将保理事实通知买方分); 循环/单笔使用(按额度或账款可动拨的使用方式分)
进口双保理	定义	进口商在采用赊销(O/A)、承兑交单(D/A)等信用方式向出口商进口货物或劳务时,银行作为进口保理商身份和出口保理商基于其现在或将来的应收账款转让而共同提供的包括应收账款催收、信用风险担保服务
	业务类型	仅托收; 回购型/买断型(按是否承担买方风险分)
多阶段融资	定义	供应商企业持银行认可的、与核心企业贸易往来的各阶段有效的凭单,向银行申请的资金融通业务产品
	业务类型	订单融资、验货后收货单融资; 订单融资、发票融资; 订单融资、验货后收货单融资、发票融资

(六)风险要点及控制措施

1. 观念改变

对保理商来说只有学会如何控制风险,保理业务才能健康、持续、稳定、快速地发展。因此,保理商应在以下3方面加以注意。

(1)加强对最终还款人的评估。借款人与最终还款人的分离是保理业务的最大特点。保理商放贷,其关注的对象是借款人的信用问题;而保理的应收账款融资,其所关注的对象不是借款人,而应是向借款人进货的客户。因为最终还款人不是借款人,而是向借款人进货的客户,即买方。因此,保理商所关心及考察的对象应该是最终还款人,而不应是任何其他中间人。

(2)在加大对真正还款人考察的同时,也不能放松对借款人的考察。美国的 Capitol Resource Funding 公司提出的考察标准如下：

① 借款人是否提供了对应收账款和存货的第一留置权？

② 借款人的账目声誉如何（client's accounts creditworthy）？

③ 借款人的应收账款和应付账款比率是 1∶1 还是更高？

④ 借款人的品质地位如何？

⑤ 借款人是否已处于微利状态？大订单是否可以使其获得预期的利润？

⑥ 借款人货物的运送是否是真实可靠，以及发票是否是可转让的？

(3) 加强对业务中票据真实性的核定。即考察借款人货物的运送是否真实可靠，以防范伪造发票，"放风筝"（kiting），进行票据欺诈。为了防范欺诈，通常可采取以下控制措施：

① 加强与进口保理商的联系，及时获取有关信息。

② 确认发票的真实性。方法之一就是由保理商寄送正本单据，包括正本发票、提单等给买方，而不是由卖方自寄。

③ 建立专门的客户监控部门，进行客户账户监控。尤其对业务量大、业务频繁的客户账户，应保证客户只会得到在保理协议项下的融资。

2. 风险要点

(1) 应收债权本身可能存在权利瑕疵，如债权被限制转让、债权附有质押等权利负担、债务人行使抵销权等。因此，贷前调查和授信审查时应注意以下几点：

① 买卖双方销售合同中是否存在应收账款不可以转让的条款；

② 销售合同中卖方的合同义务是否明确，如售后服务、产品质量、交货方式、交货期日、交货地点，避免因合同规定不明确而发生纠纷；

③ 拟转让应收账款是否已设定质押（在中国人民银行应收账款质押登记系统中查询）；

④ 在选择客户时，密切关注买卖双方是否互为销售关系，避免双方债权互相抵销。

(2) 在采用卖方作为收款代理人，并以卖方的名义在银行开立应收账款融资专户归集应收账款项下资金的操作模式下，若发生该账户被相关司法机关采取冻结或查封等强制措施的情形，则前述还款专户内资金将可能被认定为卖方的资产，银行将不具备优先受偿权。因此，应尽量要求卖方将款项直接支付给保理商。如卖方确实无法做到，应要求卖方将相应还款账户作为保理专户质押给保理商，并承诺如出现损害权益的情形，由其负责对保理商偿付相应款项。

(3) 在实际业务中，经常发生由于买方处于强势地位、不愿配合保理商出具债权转让通知确认回执的情况，因此：

① 保理商应尽量选择商务合同中对债务人联系方式有明确约定的应收账款，以避免债务人以未收到通知为由拒绝向保理商付款；

② 视买方地位不同，债权转让通知方式可采用主动送达方式或公证送达方式，无追索权国内保理业务的债权转让通知原则上应要求主动送达方式；

③ 如采用公证送达方式，业务经办人员应妥善保管相关送达证据，如公证部门对寄送内容的公证书及邮局的已投交证明（或特快专递递交凭证）。

（4）在应收账款相关商务证明尚未完备（如只有销售合同，卖方尚未开出增值税发票、买方尚未出具货物终验证明等）的国内保理业务中，存在债务人以货物有瑕疵、卖方无法开具发票、卖方未能完全履行供货合同中的义务等理由对付款提出抗辩，从而导致银行的债权无法如期实现的情形。为避免此类风险，应注意以下几点：

① 尽量选择卖方能够提供明确证明文件证明合同义务已履行的应收账款，如到货证明、初验证明、终验证明等；

② 尽量选择在销售合同中已约定到货后货物灭失、毁损风险由债务人承担的应收账款；

③ 应在保理合同中约定，如卖方未履行销售合同项下应尽的义务导致债务人拒付应收账款的，卖方应赔偿保理商的全部损失，包括但不限于未能偿付的款项、期间的利息损失及相关费用支出等。

第五章
各类应收账款资产管理案例分析

本章节列举了在不同行业中应收账款融资管理案例。这些案例从核心企业出发,以其所在行业上下游关系的了解及在产生应收账款所在交易流程与相关单据的尽职调查的基础上设计出不同的产品,并揭示了相关行业/产品可能存在的风险和在开展业务中需要注意的地方。

第一节 传统制造行业的应收账款案例

案例特性：传统制造行业接受下游客户订单进行生产制造后、交货所产生的应收账款形成的资产，此类型的应收账款应该是持续、稳定的因销售交易而固定循环产生。

一、企业基本情况

1. 卖方(借款人)介绍

制造企业A公司(简称：卖方A公司)为有知名度的水暖部件大型代工(Original Equipment Manufacture，OEM)厂商，专营各大国际品牌OEM/ODM(Original Design Manufacture)订单生产，公司年销售额达十余亿元人民币，企业的销售净利润率约在12%左右。因新厂房落成、产能扩充，生产量上升，故产生的流动资金缺口约为6 000万人民币，所以提出应收账款融资的申请。

2. 买方企业(债务人)介绍

客户B公司(简称：买方B公司)为世界知名品牌在中国的全资子公司，负责在中国市场的销售及生产事宜，总资产约为50亿元，负债率为55%，年营收近30亿。由于行业性及卖家的强势地位，买家B公司提出的付款周期为180天，另外，B公司作为行业内一家上市公司集团，背后关系雄厚，主要体现在其股东成份中最大的股东是世界领先的供应商，其经营状况良好，无不良记录。此次买卖双方一直保持着成熟稳定的合作关系。

二、行业上下游关系

"卖方A公司"专精于水暖龙头配件OEM生产制造，其下游的客户也都是国内几家知名的上市卫浴品牌，每一家客户采购额占比均没有超过10%，因销货分散、相对应收账款风险相对较少。现50%的产能内销，50%的产能出口世界各地10多个国家。其中与"买方B公司"销售额相比为8%，买卖双方已有5年的交易历史，属于长期稳定的合作关系。

三、交易流程及单证

对此交易的查核流程及征提的单证如图5-1-1所示。

第五章 各类应收账款资产管理案例分析

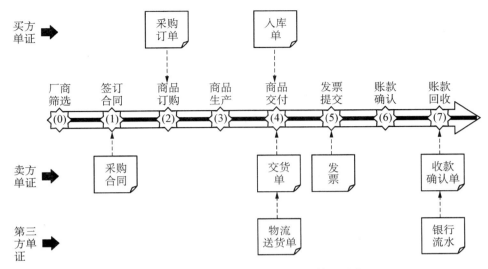

图 5-1-1 制造业交易流程及单证资料示意

（1）签订合同：买卖双方签订《合同》仅规范合作期间及相关权利义务，其中明订采购数量、价格、付款条件，以买方另行开立的采购订单为准；因此《合同》仅为合作意向的框架合同。

（2）采购订货：由"买方B公司"开出"采购订单"并交于"卖方A公司"开始生产，双方明定于交货验收、收到发票后3个月后付款，此一规定确认应收账款立账日应以发票开立日期为基准。

（3）发货运送："卖方A公司"生产制造完成后填写"发货单"，经合作物流公司交运到买方指定交货地点。在此作业中，查核第三方物流公司的托运单据及对该笔托运费用是否支付的凭证，都是证明此笔交易是否为真实交易的好抓手。

（4）交货验收：买方于收到货品后，进行质量检验，若无瑕疵则填写"入库单"完成货品的交货及验收作业。买方"入库单"属于非融资人公司提供的单证，一般除非买卖双方勾结，否则可信度较高，因此在实地审查的过程中，一定要想办法看到及取得原件，并加以查证与核实，更能确保交易的真实。

（5）发票开立：卖方收到买方开立的"入库单"后，依据验收品相及金额，开立发票进行请款。买卖双方过应收账款都是依发票金额为基础，因此也要连带查核买卖双方过去12个月内有无发票作废取消及折让的事情发生，若有则必须深入了解原因，以作为保理预付款比例的调整参考。

（6）买方付款：买方约定付款，对付款的时间及金额，应查核银行账户的对账单，从中查证收款金额、立账金额、冲账金额是否一致，若有多张发票，在合并付款时,也要一一核实与比对,不得忽视。

四、产品设计要点

(1) 产品类型:"国内＋公开＋有追索＋买方还款型保理"。

(2) 此案例是最常见、最标准的保理业务类型,设计流程如图5-1-2所示。

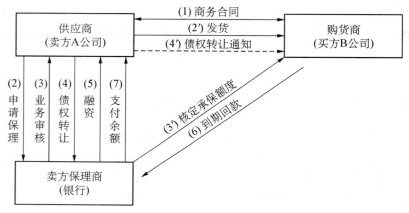

图5-1-2　国内公开、有追索型保理示意

(3) 供应商("卖方A公司")根据其与债务人("买方B公司")双方签订的货物销售或服务合同,充分履行后依双方赊销协议规定,因而产生有明确支付日期的应收账款。

(4) 供应商("卖方A公司")因经营的考量,以上述应收账款为基础,向保理商提出保理融资需求。

(5) 保理商经风险评估后,若同意接受此笔保理资产,应与"卖方A公司"签订保理合同,则此笔应收账款的债权全部转让给保理商。开立保理商可以有效监管的银行账户,作为买方到期支付的唯一指定银行账户。

(6) 保理商应先完成中国人民银行的应收账款质押登记系统的有效录入,并在《合同法》的规范下,将此项"债权转让"及"付款账户信息"合法地通知到债务人("买方B公司")及有效地取得证明文件,才能算是债权转让完成。

(7) 保理商依合同约定向"卖方A公司"支付"保理预付款",及收取相关的手续费、授信费等业务费用。

(8) 在应收账款到期日前 n 天,应依合同约定由"卖方A公司"或保理商发出到期还款通知。

（9）"买方B公司"到期支付该笔应收账款至回款账户后，保理商应立即结算本金与利息，将余额支付给"卖方A公司"后完成此笔保理业务的全部流程。

（10）若"买方B公司"到期不能准时支付或支付金额不足以覆盖此笔保理业务的本金＋利息＋其他费用时，应立即启动"卖方回购"的相关程序。

五、风险及管制点

（1）企业准入的管理：银行或保理商应依公司的风险政策管理，对买卖方企业规模、所涉行业、区域或其他因素，订立相关的企业准入条件。

（2）应收账款准入管理：依各种不同交易模式及付款条件，对所产生的应收账款，银行或保理商也应订定不同的准入条件，作为保理业务推动的依据。

（3）额度管理模式：保理业务牵涉到买卖双方，所以不能单纯地只管理卖方（融资人）的额度，应该交易双方都要管理。举例来说，"有追索权保理业务"需要核定"卖方保理预付款额度"及"买方的非承保额度"。若为"无追索权保理业务"，则需要核定"卖方保理预付款额度"和"买方信用风险担保额度"。

（4）保理预付款比例：指对受让的全部核准应收账款，同意支付的保理预付款与受让的全部核准应收账款金额之比。比例的决定应依行业特性、历史应收账款回款分析及利息、费用覆概率等分析后决定。

（5）保理预付款放款额＝$\sum$（每笔核准应收账款金额×保理预付款比例）。

（6）法人代表及实际控制人的个人无限连带担保责任，也就是对此保理融资的所有债务，提供不可撤销的无限连带担保责任。

（7）买卖双方与买方或卖方与其他债务人因货物损失、拒付、少付货款、产生贸易或债务纠纷和追索时，应能有详细及完整的处理及管理程序，以保障保理资产的合法性。

（8）对买卖双方发生经营性的风险警讯时，应于合同中明定保理业务的提前回购的触发条件与机制。

（9）对于此类型保理业务采取"间接付款"，也就是发生"非买方企业支付此笔账款"或"买方将款项直接付至非卖方的监管回款账户"，均应充分了解原因，及时评估是否有异常发生。

第二节　商超行业的上游供货商所产生的应收账款案例

案例特性：面对商超为买方的行业，典型特征是买方非常强势、存在许多交易及付款的行业潜规则,这类型应收账款往往时间短、交易量大,且存在许多应排除及特别注意的事项,是本案例的核心重点。

一、企业基本情况

1. 卖方企业介绍

此案例中的融资申请人是一家经营粮油类商品的公司(简称:卖方A公司),公司投资人专注于粮油行业多年,拥有一定的人脉和资源,专供某大型商超的全国市场。

2. 买方企业介绍

保理买方是一家国际知名品牌连锁超市(简称:买方B超市),在国内拥有良好的口碑和知名度,销售业务量居全国前列。

二、行业上下游关系

中国零售业主要业态发展状况:国家内贸部在《零售业态分类规范意见》中,将中国零售业商店依据零售业的选址、规模、目标顾客、商品结构、店堂设施、经营方式、服务功能等特性,分类确定为以下8类:百货店、便利店、超市、大型综合超市、仓储式会员式商店、专业店、专卖店和购物中心,其上下游关系如图5-2-1所示。

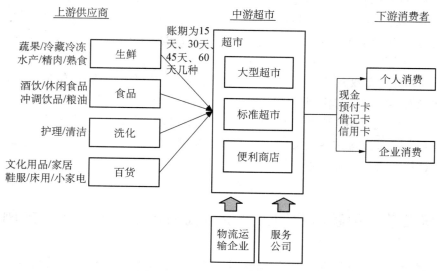

图5-2-1 商超行业关系示意

商超企业在整个贸易流程中处于强势地位,交易流程中对组织管理、定价等权利拥有话语权和支配权,供应商特别是中小供应商居于相对弱势地位。所以尽管一般常见的合作模式有下列4种(见表5-2-1),但目前超商与供应商合作仍以"代销"模式为优先。

表5-2-1 商超行业常见合作模式

模式	概述	采购结算方式	典型应用场景
(1) 购销	按收货支付货款	① 预付货款; ② 货到 n 天付款; ③ 货到月结 n 天付款	① 自采(生鲜/年货); ② 特殊商品; ③ 品牌经销商; ④ 竞争类商品(食品、洗化)
(2) 代销	按实际销售支付货款	进货时计存货,根据销量定期结算	① 竞争类商品(食品、洗化); ② 合作长、关系稳定的供应商
(3) 联营	按实际销量结算(保底+分成)	① 以销计进,定期结算; ② 收款-联营扣点(保底)-费用	① 品种更换快,需要一定面积场地; ② 百货、生鲜类商品
(4) 出租	收取场地租赁费	计其他业务收入	百货类商品居多

商超业态作为和居民生活密切相关的业务模式,在保理领域有较大的发展空间。2014年国内超商行业前20家客户的营业收入超过4 100亿人民币,未来保理业务在商超市场的发展前景仍是光明。在商超企业供应链前端,保理公司可以和商超企业的商贸类贸易商、生产型供应商、物流供应商开展保理业务;在商超企业供应链中端,保理公司可以和商超企业开展核心企业保理业务和商铺租赁保理业务等多种类,开展多渠道合作。

三、交易流程及单据

如图5-2-2所示。

以本项目为例,经销商首先与商超企业签订供应商框架协议,成为其指定的供应商,之后在每年签订当年度总订单后,据此展开所有的交易往来活动。因为许多国际品牌的大型商超,其系统信息化程度高,再加上交易频繁、时间短,所以大多都采取无纸化的作业,也就是采购、进货、付款作业都已经通过供应链管理系统在线上实施,因此书面单证并不多见。具体的交易流程展开如图5-2-2所示。

(1) 签订合同:买卖双方签订《合同》,规范合作期间及相关权利义务,其中大部分会明订采购数量、价格、付款条件、返点、销售目标及相关收费、返佣、解约

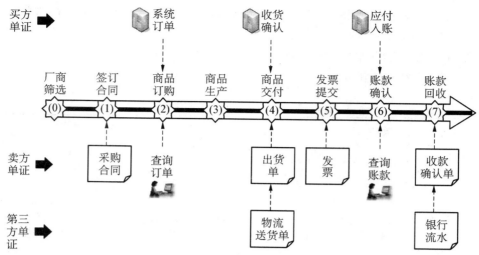

图5-2-2 商超行业交易流程及单证资料示意

的条款,因此对供应商与商超间的《合同》查核一定要完整及充分,且必须多方查证是否仍有抽屉协议或其他未揭露的风险。商超经常存在的收费项目繁多,这是充分必要了解的核心要项,是作为后续应收账款净额计算的基础。常见收费项目如表5-2-2所示。

表5-2-2 商超行业常见收费明细表

项目	说明
店庆费	商超每年店庆均要收取
进场费	产品进场必须支付
节日费	每逢国庆节日和"中秋"等节收取
促销费	商超搞促销活动和入场必付
广告费	产品进场时明确必须支付
单项费	对单项产品入场收取的费用
海报费	商超发布海报,厂家必须付费
扣率	商超销售产品必须要的扣率
有条件返利	商超完成一定销量由企业返利
无条件返利	厂家完不成销量的惩罚性返利
年终返利	年终完成一定额超市要返利
堆头费	产品堆放在好的位置必须付费
附加扣率	随时在结账时会发生的扣率
促销员费	企业派员再承担费用,超市对促销员考核发薪,余款不退
倒推销商品	向生产厂家反推销他人商品
其他损失费	有些商超向厂家收取的费用

(2) 系统下单订购:"买方B超市"会依销售状况及存货数量,通过特有的需求计划引擎,模拟出采购需求,并经过相关人员复核后,直接通过供应链管理系统下订单,"卖方A公司"必须在指定时间将商品送达超市制定的配货总仓。

(3) 物流配送:超市的配货总仓会将收到的货品产品通过内部物流系统配送至各门店,完成商品的配送。

(4) 销售立账:因本案例供应商与超市之间是采用"代销"模式,因此商品送到各门店后,所有权并不移转,而需要"买方B超市"的门店销售后才会完成进货作业并于系统中显示。

(5) 约定对账:由于"买方B超市"每日的销售零散及频繁,若逐笔与供货商结算账款,会造成双方的资料量过大,因此双方会依约定的固定时间对账后,此时"卖方A公司"才可以根据商超系统销售与对账记录开出正式发票。

(6) 买方付款:B超市收到发票后大约1个月左右付款,此时应该查核的重点为每期销售的总金额、开立发票金额与实际买方付款的金额存在多少比率的差异,以了解因为(ⅰ)供货频繁,结算周期短,还款与应收账款无法一一对应的影响有多大?(ⅱ)当期票折、卖场费用、应收/应付互抵结转的现象有多少?占比为何?是否有重大影响?(ⅲ)从订购、交货、销售、立账、对账,到实际收款平均是多少天?进而推算出合理的应收账款天数为多久。

四、保理产品结构设计

(1) 产品类型:"国内＋公开＋有追索＋买方还款型保理"。

(2) 此案例是最常见、最标准的保理业务类型,与本章第一节案例的模式完全一样:

① 买卖双方签订货物销售或服务合同。
② 卖方向保理商提出保理融资需求。
③ 保理商应与"卖方A公司"签订保理合同,转让全部债权,并开立监管账户。
④ 保理商依支付"保理预付款",及收取相关的手续费、授信费等业务费用。
⑤ 在应收账款到期日前 n 天,发出到期还款通知。
⑥ 到期支付该笔应收账款至回款账户,完成此笔保理业务的全部流程。

(3) 本项目的差异点在于过程中所查核的相关单证,需改为信息系统中的电子单证,因此保理商必须取得"卖方A公司"在买方提供的供应链系统中的用户名称及密码,并随时登陆查询,将此画面截屏,以作为工作底稿存档。

五、项目风险点及管控措施

（1）大型商超类企业在格式合同中都有债权转让的限制性条款，供应商对确权要求难以操作。

（2）供应商企业整体财务担保能力较低，因此卖方法人和实际控制人个人无限连带责任担保是必要的条件。

（3）这个行业为解决销售旺季前期采购资金的缺口，卖方可能会要求买方申请预付款或用应收账款贴现的方式，让买方提前支付全部或一部分的款项，并收取一定费用（月息1%，即变相融资）。这部分预付款在后期将直接用于抵扣掉卖方的应收账款，后期应收账款则可能出现负值。

（4）商超的上游中小型供货商或生产厂所产生的应收账款普遍金额小、单量大、周期短，除非有良好的保理信息化平台可以与买方供应链系统实时对接，否则操作成本太高。另外，未来的操作风险出现的可能性也会增加，这是保理商要进入商超行业的前提要素。

第三节 家电销售行业的上游供货商所产生的应收账款案例

案例特性：在大家电卖场为买方的行业，典型特征也是买方非常强势，这类型应收账款的结算方式有其特殊性，且习惯使用银行承兑汇票为支付工具，这是本案例的核心重点。

一、企业基本情况

1. 卖方企业介绍

融资申请人即卖方为一家电器经销商（简称：卖方S公司），主要从事商（家）用电器和中央空调的销售及安装。公司代理国内外近10个著名厂家的产品，销售网点遍布整个华东地区的各大超市。卖方S公司专门为买方提供某品牌空调及小家电产品。买卖双方自2002年起合作，年均贸易量达3亿元左右，已形成稳定、良好的贸易关系。

2. 买方企业介绍

买方为国内500强之一的大型家电连锁企业（简称：买方K公司），是中国领先的家用电器及消费电子产品"全渠道零售商",销售门店覆盖全国 400 多个大中城市。

二、行业上下游关系

在目前的市场环境下,大型家电连锁企业的大部分电器商品一般都不会由电器生产厂家直接供货,而是由各个经销商负责代采购,然后再销售给卖场。原因很简单:上游生产厂家及下游大卖场均处于强势地位,厂商要求现款提货,卖场则要求货到付款,且要求一定时间进行销售回笼,即账期;因此经销商往往充当了中间环节的协调者。以本案例为说明,家电产品在销售渠道的贸易结构如图 5-3-1 所示。

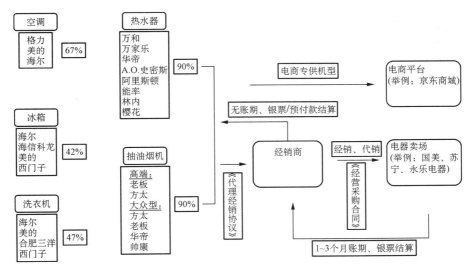

图 5-3-1 家电生产销售行业关系示意

国内大型家电连锁企业在和家电经销商签订购销合同时常常采用代销和经销的两种方式,并且规定了较长的结算周期,一般少则一个月,多则三、四个月。此外,还根据不同品牌规定不同的商业返点。从而,大型家电连锁企业在获取商业返利的同时,还占用供应商大量的应付货款,并结合其他筹资渠道,以此来作为支撑其规模扩张的资金来源。在此过程中,经销商需要在采购中垫付货款,但收款却面临一定账期,因此产生资金缺口;商业保理公司也因此可以切入到对家电经销商的应收账款保理融资中去。

三、交易流程及单据

以本项目为例,经销商即"卖方 S 公司"在合作初期与电器生产厂商及买方分别签订《代理经销协议》、《经营采购合同》,并参照图 5-3-2 所示的交易流程。

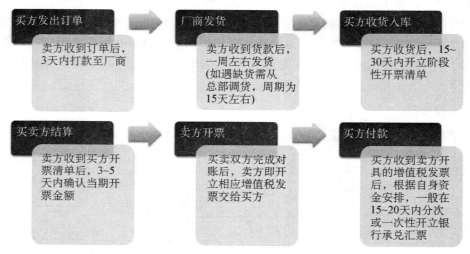

图 5-3-2　家电经销商交易流程及单证资料示意

(1) 下游客户订货:"买方 K 公司"下达《商品订货单》,指定货物明细、交货时间及具体送货仓库。

(2) 上游原厂采购:"卖方 S 公司"接到买方的订货单后,向厂商发送"采购订单",支付相应预付款(通常为全款),并取得厂商签发的"卖方 S 公司调拨单"(提货单),主要原因是中间的经销商因为家电商品存在单价较高、淡旺季的销售量差异很大、产品汰旧更新快、产品跌价时效快等因素,所以经销商多半不会有任何存货,单纯的家电卖场提供带采购及垫资的服务。

(3) 上游直接发货:卖方持厂商"调拨单"自提商品(或由厂商直接发货至买方仓库),办理内部入库、出库手续,将商品送至买方指定仓库,"买方 K 公司"签收并签发"入库单"。

(4) 约定对账:买方于送货当月或次月出具相应对账单。因为供货频繁、结算周期短,双方依约定时间对账后,由"买方 K 公司"开具"经销开票清单",作为应收账款确认及开票依据。

(5) 支付银承：付款支付方式一般为银行承兑汇票。也就是双方确认后买方一般于次月以银行承兑汇票支付，但此结算周期通常会因为买方工作量及安排付款点及节假日等因素影响，实际账期存在 15~30 天的差异，因此约定取得银行承兑汇票的时间可能相应被放大。

(6) "卖方 S 公司"接到订单后需要先行垫资进行商品的采购，根据历史交易测算，一般是向上游采购付款为基础日算起，约 45 天左右，可以拿到"买方 K 公司"开立 3~6 个月不等期限的银行承兑汇票。

(7) 家电连锁店及超市经常存在广告费、上架费、促销费、当期票折、卖场费用结转等现象，所以应收账款与实际支付会有差距存在。

(8) 卖方与买方结算流程由系统对接，可以方便查询。

四、保理产品设计

(1) 保理类型："公开＋有追索权保理"转"银承贴现融资"。

(2) 卖方与保理公司签订保理业务合同，开立共管账户，并要求买卖双方正式变更结算账户，将其变更到卖方与保理公司的共管账户，确保买方的回款均在保理公司的监管之下。

(3) 保理公司于卖方接到买方开票清单后，最终以买方《经销开票清单》（即对账单）上的"本期计划支付金额"作为当期应收账款余额，此金额已扣减掉贸易中产生的大部分折扣、费用等因素，而保理公司 80% 的融资比例亦能规避掉其他返点带来的账款差异，使得每期还款均能涵盖放款本金。

(4) 债务确认通知方式：由卖方公司盖公章确认《应收账款转让通知书》，买方确认《应收账款转让通知书》。

(5) 回款及回购方式：因为买方以开立电子银行承兑汇票方式支付至卖方与保理公司的共管账户内，由于共管账户的原因，卖方应在收到银行承兑汇票后，直接向保理商贴现，并支付相应的保理款项，或者选择以自有资金进行赎回。

(6) 保理商与"卖方 S 公司"约定买方开立的《经销开票清单》为基础；确认此笔应收账款，自放款日起 45 天内如未收到买方的电子银行承兑汇票，或开票金额未能足额回款，则卖方必须进行无条件回购。

(7) 计息天数：放款日至收到买方偿付的银行承兑汇票贴现之日止，银行承兑汇票贴现利率另行报价协商。

(8) 增信措施：卖方关联企业及卖方法人对此次融资款项提供企业及个人担保。

五、项目风险点及管控措施

（1）应收账款余额的不确定性：和其他一般贸易不同，卖方的交货总金额并不能作为实际应收的金额，还需要扣减当期折扣、场地费、促销费等一系列卖场收取或抵扣的金额。如果单纯以销售金额作为放款基础，则会面临实际放款超过买方实际还款的风险。

针对这点，如上面在产品设计中所阐述，融资是按照开票清单上已排除退货、折让、预付等因素后实际账款金额为基础，理论上不存在应收账款再缩水的风险；另外，卖方承诺到期未能足额偿付时，可提供无条件回购。

（2）这个行业为解决销售旺季前期采购资金的缺口，卖方可能会要求买方以申请预付款或用应收账款贴现的方式，让买方提前支付全部或一部分的款项，并收取一定费用（月息1％，即变相融资）；这部分预付款在后期将直接用于抵扣卖方的应收账款，后期应收账款则可能出现负值，那么保理公司将面临当期无法取得买方银行承兑汇票而无法覆盖前期放款的风险。

（3）预防重复融资的事情发生，所以对买方以银行承兑支付的方式必须严格把控，以防止卖方到其他金融机构进行银行承兑贴现。

（4）为了防范上述风险要项的产生，保理公司应要求买卖双方签订账户变更协议，将双方结算账户统一为卖方与保理公司的共管账户，保理公司可监控其资金状况，若出现预付款，则直接用于偿付尚有保理本息，从而在资金源头控制了可能发生的风险。

第四节　以客制化设备合同为基础产生的应收账款案例

案例特性：在许多客制化量身订制生产的企业类型中，买卖双方签订合同后，通常会以完成进度支付不同比例的账款，此时最终交付产品及验收是否能够完成，对应收账款的认定及有效性，是本案例的核心重点。

一、企业基本情况

1. 卖方企业介绍

Y公司（简称：卖方Y公司）是华南地区首批高新技术企业，注册资金5 000万元人民币，一直致力于智能立体停车设备的研发、设计和制造，为客户提供安全、快捷、舒适的停车体验,是中国立体停车行业的领跑者,自身拥有研发、设计、制造、安装和维护能力及专业的科技人才队伍,其设备已实现规模大、自动化程度高的性能要求,服务于国内外诸多车库项目,年度销售收入逾5亿元。

2. 买方企业介绍

N工程建设管理有限公司(简称:买方N公司)是一家国有独资企业的二级全资子公司,主营工程建设管理、房屋和土木工程建设、会展服务等。

二、行业上下游关系

Y公司作为主营智能立体停车设备的行业知名企业,自身拥有前期的规划设计和技术研发能力及行业优秀的研发设计专业人才,其上游多为原材料供货商,下游客户面向机关、医院、酒店、银行、商业地产和住宅地产等各种车库项目,与下游客户之间可能通过工程建设公司衔接提供车库项目服务,如图5-4-1所示。

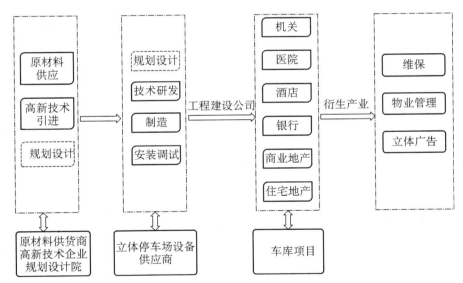

图5-4-1 设备设计制造业上下游关系示意

从立体停车场行业整个上下游产业链看(见图5-4-1),上游主要包括原材料供货商、高新技术企业和规划设计院等,立体停车场设备供应商通过上游采购、技术引进、规划设计或自行研发,为下游客户提供设备制造、安装调试和质保等车库项目服务。

三、交易流程及单证

Y公司业务流程主要有6个重要节点,分别为项目合同签订、设备研发设计、制造、交货、安装调试和质保。与N公司之间的交易流程大致分为如下几个阶段,各阶段相应的单证资料包括中标通知书、项目合同、发票、交货单、验收单、银行回单等,如图5-4-2所示。

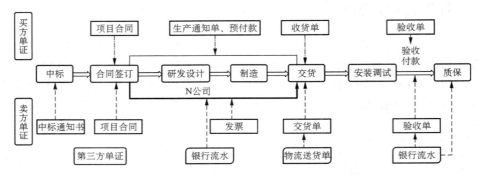

图5-4-2 设备设计制造业交易流程及单证资料示意

依据《中标通知书》及合同规范整理流程说明如下:

(1)中标后,公司与客户签订项目合同(一般含设备、安装等)。

(2)合同签订(定金5%):签订合同及提供履约保函后一周内,支付合同总额5%的定金,公司进行产品设计,配合设计施工单位做好相关土建、消防等技术要点沟通。本阶段查核重点有几项:①合同违约及惩罚的条款限制为何?②履约保函金额、开立金融机构及其约定条款为何?③有关于定金的支付或退回也需明确合同内容条款,是否将定金与后续的工程进度款互抵等等。

(3)生产通知(预付款20%):待基建项目完工前6个月,才会发出书面生产通知,同时支付合同总额20%的预付款,开始设备生产。此时应查证是否有合同总价的15%的现金支付到相关的银行账户(含定金5%、合计为20%),通常这种类型的工程项目,承包方所需投入的资金都是在此点开始发生,因为接到生产通知后,就必须开始购料生产。假设此项目的零部件、购料成本占合同总价的60%,这时承包方在扣除收到的20%预付款后,就必须垫资40%,生产周期及资金的调度也是企业的两大考验,因此一般融资需求的触发点就会发生在这个时候。本案例也是一样,"卖方Y公司"此时向保理公司提出融资的申请。

(4) 进场交货(进度款 30%)：待基建项目建成后,且机具设备均已完成设备及组件的相关测试,符合可以现场安装的标准,"买方 N 公司"发出"进场通知单",此时才能将机械设备通过公路运到项目现场,支付合同总额 30% 的进度款,公司安装人员进场安装。

(5) 安装验收(验收款 95%)：设备安装调试完成,经当地质量技术监督部门检验合格后 60 日内,客户支付合同总价的 95%。此点应特别留意合同约定的验收条款为何。

(6) 质保金(5% 的质保金)：待一年质保期满后,客户一次性无息付清账款。

四、保理产品设计

(1) 产品类型：属于阶段融资,"合同融资"转"公开＋有追索权保理"。

(2) 本案例真正应收账款产生且不可撤销的发生点在安装验收完成后,依合同规范及施工进度所预付的定金、预付款、进度款及最后一期的质保款,都存在债权、债务间的不确定性,因此无法纳入应收账款的范畴。

(3) 但企业真正对融资的需求点是在接获买方发出的生产通知时,此时触发购料、备料,投入人力生产,大量资金需求产生,若以验收后确认账款再提供保理融资,则仅有 60 天的融资期,时间太短,也不符合企业对资金的需求。

(4) 因此此案例设计为"分阶段对融资"：在验收前,以合同或订单的收益权转让进行融资;在验收后,转成保理融资业务至买方付款后结束,质保金将不予融资,如图 5-4-3 所示。

(5) "卖方 Y 公司"以项目合同及生产通知单为基础向保理商提出合同融资,将此合同项下的收益权转给保理商,并有效通知到"买方 N 公司",且取得书面同意证明。

(6) 保理商依合同总价的 50% 作为融资上限(比率应依项目的材料成本及付款条件为基础进行推估而定)。为保证此笔融资款不会被企业挪为它用,可附加定向支付的融资条件,也就是由保理商将融资款支付到监管账户后,依"卖方 Y 公司"对上游供应商的采购合同,指定付款到供应商的账户,作为项目专项采购用。

(7) 待"卖方 Y 公司"取得买方提供的"进场通知"后,保理商可以据此单证将"合同融资"转为"交货后融资",融资比率可以调整到 65%,实际为增加 15% 的融资放款,具体在保理商内部应以"借新还旧"的方式,结清旧融资、再开启新的融资项目。

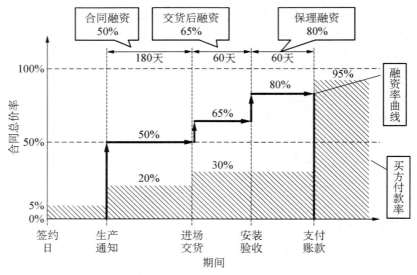

图 5-4-3 阶段融资示意

（8）待"卖方 Y 公司"取得买方提供的"安装验收报告"后，保理商可以据此单证转为"保理融资"（仍应按保理转让标准程序处理），融资比率可以调整到 80%，实际为增加 15% 的融资放款，具体操作如前述"借新还旧"的方式处理。

五、风险及管制点

（1）本案例这种做法是在以大买方担任核心企业角色下，推动 N+1 供应链金融模式中常见的做法，它的设计核心思想为依托在核心企业的良好资信与配合下，对合格的"卖方企业"给予短期资金支持，顺利拓展市场，创造营收。

（2）由于对此类型设备设计与制造的公司，每一个客户及项目都是独立不重复，无过去历史交易可供查核，不像标准商品买卖；合作双方会在合作期间固定循环采购；因此，此时除了对此次交易的合同详加关注外，还应对"卖方 Y 公司"过去 3 年内多个项目的"履约能力"做一详细查核，主要的抓手是对应收账款的账龄、在建工程项目、已完工项目时间评估、质保金到期回收状况等进行详细分析，也能有好的辅助效果。

（3）假设申请人仅需要 65% 的融资比率，就可足以覆盖公司流动资金的需求，所以企业在安装验收后，不打算继续提高融资率到 80%，但在融资项目的管理上我们仍要操作融资方式的转变，只是维持融资率不变，主要原因是：①从买卖双方合同的约定上"进场交货"与"安装验收"两个点对应收账款存在的争议性是完全不同的概念；②阶段性融资在整个项目过程中，要充分、及时地掌握工程进度，随时拿到最新有关的原始单证，作为贷后检查的主要重点；③预防重复融资的事情发生，所以应按工程进度将不同的债权标的进行转让。

（4）各阶段融资因为风险系数不同，所以给予不同的融资比例，同时在融资的收息、收费也可以做不同的设计，逐步调降，让整个方案更具完整性。

（5）本项目的另一个风险点是此项目的"土建工程"的施工进度是否如期与真实，因为设备进场交货的前提是该停车场的土建工程完成才可以开始，若施工进度延误，就会使得融资期间拉长，这一部分也是一个风险考量要点，必须要有妥善与明确的对策。

（6）若不管任何原因发生卖方未能履行合同的情况时，首先要关注企业承揽项目前对买方提供的履约保证是否可以完全覆盖应赔偿损失，计算差额有多少？再加上回购此笔融资款所需的资金，评估卖方综合还款能力。

第五节　以提供企业差旅服务所产生的应收账款案例

案例特性：差旅服务型公司以代替企业员工购买机票或酒店订房为主要服务，因此对应到的应收账款基础单证量非常大、金额很小、账期很短，如何运用应收账款池的管理方式，是本案例的核心重点。

一、企业基本情况

1. 卖方企业介绍

融资方即卖方为某企业差旅管理服务公司（简称卖方 T 公司），是目前中国较大规模的专业旅行服务商之一，注册资金为 1 亿元人民币，主营国内旅游、入境旅游、出境旅游业务，民用航空运输销售代理，订房服务，会展会务服务。

2. 买方企业介绍

买方为 T 公司平台上的有差旅管理服务需求的客户群，以其中一家为例：某外资贸易公司（简称买方 B 公司）与 T 公司合作已有 3 年，形成良好稳定的合作关系。

二、行业上下游关系

企业差旅管理又简称为 TMC 公司（travel management companies），即为

企业提供出差、会议、旅游等行程中所需的机票酒店的预订服务。TMC 的上游公司主要为机票代理商、航空公司等，一般结算方式为现结。而下游的企业与 TMC 存在 50 天及以上的账期，从而产生应收账款。图 5-5-1 所示为 TMC 行业上下游的结构。

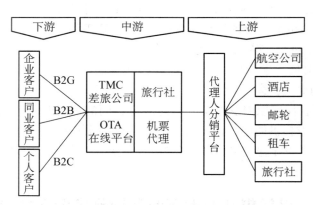

图 5-5-1　TMC 行业结构示意

TMC 行业进入壁垒低、成长壁垒高。"资金＋人才＋技术"，成熟市场的集中度高是 TMC 行业的两大障碍，主要造成的原因为：

（1）上下游结算周期不匹配导致资金占用程度高；对下游机票款需付现或采用一周双结的方式支付，而对上游企业客户多采用月结方式收款，所以几乎可以说是高资金杠杆的经营模式。

（2）要求能够对大客户提供现场服务与全面性的服务，这对服务水平及人员的素质要求相对较高。

（3）单量庞大，买卖双方在企业服务、支付结算、报销等环节均有技术及方法的要求，因此，首先要拥有一个信息化的平台，才能有资格进入 TMC 领域，这几乎是该行业的基本要求，但也是造成一般机票代理公司无法进入的门槛所在。

三、交易流程及单证

TMC 差旅公司主要是为企业员工提供差旅代订机票、酒店、租车等服务，因此双方合作的往来及交易的标准模式，如图 5-5-2 所示。

（1）签订合同：买卖双方签订《TMC 服务合同》，以规范合作期间的付款、服务标准等常见的条款。但因为 TMC 公司在与企业签订合同后，除了提供服务外，同时开始要为该企业代付所有的差旅费用，因此为了有效管理风险，TMC

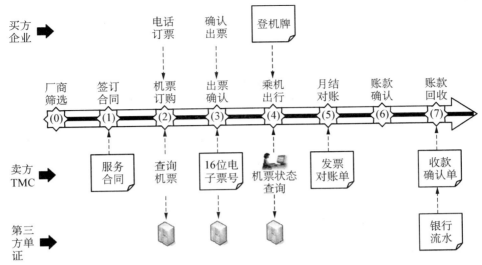

图 5-5-2 TMC 行业交易流程示意

公司通常也会对不同的规模、类型、行业、经营状况等因素核给该企业的每月最高服务金额的上限,即该企业的授信额度。所以当 TMC 公司作为融资人提出保理业务申请时,信审人员应充分掌握这些分级的依据与条件,作为后续保理业务中买方企业准入条件的参考依据与标准。

(2) 出差需求提出:通常 B 公司会安排各部门专人与 TMC 公司对接,当有员工出差时,T 公司会依据 B 公司提交的出差分级分类原则,代为安排适当的交通工具及酒店住宿。

(3) 出票确认:B 公司的出差人员确认行程无误后,T 公司立即代为付款订购机票或酒店,此当订购作业完成后出行人员应该拿到完整的电子机票票号等信息。

(4) 乘机出行:出差人员依据行程安排出行,若有更改、取消行程,也都需要透过 T 公司代为服务。在该航班起飞后,出差人员是否登机搭乘,也都可以经由航空公司、航空运动协会、其他第三方提供的平台立刻知晓。

(5) 账款确认:T 公司在第二月的 5 号将对账单(内容为第一个月从 1 号到 31 号的机票出票票号以及金额)发到 B 公司,B 公司进行对账并确认对账金额。

(6) 账款回收:B 公司于对账当月 20 号支付此笔账款。此案例中双方的账期与付款方式约定为"30+20",也就是每 30 天双方结一次账,结完账后 20 天内支付,所以产生了这样的确认及回收账款日的计算方式。

(7) 一般差旅公司提供的账期大约 1 个月左右，但对特定优质及强势的企业客户也会延长到 3 个月后付款。此时，应该查核的重点为双方签订的合同中对约定的结账日期及还款日分别为何。

(8) 另外，通常差旅企业也会因为要平均分摊因结账及对账所带来的工作量，同时避免所有企业集中在某天支付款项，所以会将企业的结账时间及付款天数做不同的规定，这样就可以平滑企业内的工作量及资金的流动，这也是信审人员要充分了解的重点所在。

四、保理产品设计

（1）产品类型：属于"应收账款池保理"。

（2）在差旅行业保理业务中，其应收账款的特性主要有：

① 机票出票频繁，每日都会出票，且每月都会回款，应收账款的依托为与企业的对账单；

② 买方较多，每笔应收账款金额小且分散；

③ 每个买方的合同对账日不同，回款时间不同；

④ 每笔回款金额与对账单金额会有不同，因为并非双方的交易都为机票，其他还有酒店以及旅游产品等，买方一般会混合所有的产品金额予以支付；

⑤ 买方回款方式较多，如银行转账、现金等；

⑥ 根据买方需求，并非每月都有机票采购，所以应收账款产生的时间点和金额不稳定。

（3）应收账款池保理：是指在企业应收账款能够保持稳定余额的情况下，以应收账款的回款为风险保障措施，根据企业出让或出质的应收账款余额，向企业提供一定金额的短期融资，同时配套提供账款管理等综合服务。

（4）有别于保理业务与应收账款质押融资业务是单一卖方对个别特定买方交易所产生的应收账款，是由保理商进行的买方风险承担、账务管理、融资等各项服务。本项业务是单一卖方对其名下不特定买方交易所产生的应收账款所形成的应收账款池，由保理商针对该应收账款池提供业务登记、流程管理、账务处理、各项额度控管、融资等服务。基于风险管理，尚需对各买方占融资池成数设限，亦须订立入池与出池标准。

（5）涉及的业务类型包括

① 以应收账款质押为基础（回购型）；

② 以应收账款转让为基础（买断型）；

③ 以应收账款转让为基础（回购型）。

（6）根据 T 公司与买方交易的具体情况，结合差旅行业交易特性，对该项目设计的保理流程如图 5-5-3 所示。

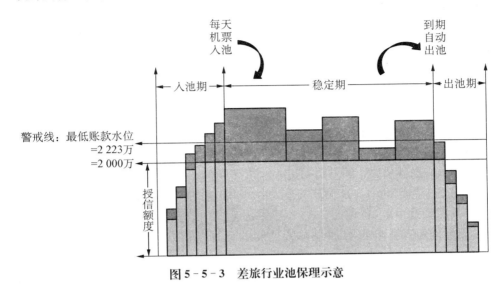

图 5-5-3　差旅行业池保理示意

① T 公司提供买方名单（即 B 公司等企业客户名单），保理商认可后向买方发出应收账款转让和账户变更通知函确认；

② 根据此案例应收账款的特性，因机票出票量大且频繁，保理商可以融资池的形式来设计产品结构，保理业务类型为国内公开有追索权保理，授信额度为 2 000 万，期限为 1 年。应收账款池融资操作原理如下：

（i）前期有一个入池期，T 公司每日向保理商导入机票数据。

（ii）等到水位超过最低账款水位线之后，进入稳定期，保理商停止放款。

（iii）在稳定期中，每月回款日时将会有应收账款出池，当票据出池、水位低于最低账款水位线时，需向保理商提供新的应收款即机票数据或者进行回购。

（iv）在账款到期前 1~2 个月，应收账款开始准备出池，进入出池期。

（7）对同一个卖方客户可能同时存在质押池和转让池，这两种方式下的应收账款分池管理和操作。风险部门需在审批意见中明确卖方客户的总融资额度具体是用于质押下池融资还是转让下池融资，或者是两者可共享。

五、风险及管制点

（1）信用风险：差旅行业处于上升期，符合国家长期经济发展趋势，系统性风险较小。A公司在长三角乃至全国的声誉及地位较好,存在的道德风险较低。需关注财务风险、经营风险及特殊事件,且注意到买方家数多、金额分散,产生严重性信用风险的概率较小。

(2)操作风险:差旅行业中以机票代理采购为基础所形成的应收账款普遍金额小、单量大、周期短,除非有良好的保理信息化平台可以与买方供应链系统实时对接,否则操作成本太高,未来的操作风险出现的可能性也会增加,这是保理商要进入的第一要素。

(3)对B2G(business-to-government)业务存在机票订购后,会有改签、退票、对账等不确定因素,因此借用信息化平台来针对历史数据进行处理及核查,这种缓释处理的能力是能否提供池保理业务的关键要素。

(4)流动性风险:T公司和买方客户之间的账期为50~60天,而保理商给T公司是1年期的池保理循环额度,在未到期前应只单纯地做应收账款的替换,不涉及回款及放款,也就是未进入还款出池期时,理论上与信用贷款的差异不大,因此池保理业务唯有加强预警功能的设计与防范,才能有效地回避风险。因此

① 对回款账户进行确认并监管;监管户每月流入现金与融资余额的覆盖比例;

② 系统数据对接卖方每日上传出票数据与退票分析;

③ 每月对账,包括:当月出票额、买方企业、放款金额等数据统计与比对;

④ 对每个G端客户的同比或环比增长及衰退进行分析;

⑤ 乘机人、机票等异常情况进行分析;

⑥ 保理商有权随时抽查所有与本保理相关的交易单据。

(5)在应收账款质押和转让两种方式下需要在买卖方关联中通过业务类型的栏位标识来加以区分,质押下的发票录入转让、融资等具体交易步骤没有区别,出账规则同转让业务,仅根据不同品种联动不同的账务科目,具体使用科目名称及代号将由财务部配合提供。

第六节 与珠宝连锁门店POS机对应的应收账款案例

案例特性:许多珠宝、黄金门店的销售存在稳定、可预期的现金流,本案例通过POS机的流水分析及收款账户监管,对未来应收账款提供融资服务是核心重点。

一、企业基本情况

1. 卖方（借款人）介绍

融资申请人 J 集团（简称：卖方 J 公司）始创于 20 世纪 70 年代，主要从事珠宝首饰与宝玉石工艺品的设计、批发及销售，主要产品包括翡翠饰品、金银饰品、镶嵌饰品、翡翠、玉雕、宝玉石工艺品等。目前，集团的销售网点覆盖全国 5 大区域、15 个省/直辖市，共近 150 家门店。集团零售业务主要通过各门店，面向的主要消费群体为终端消费者。

2. 买方企业（债务人）介绍

批发业主要客户为珠宝首饰行业中的批发客户，最终消费群体同样为终端消费者，无特定买方。

二、行业上下游关系

珠宝首饰行业的产业链涉及甚广，从上游的矿石开采、加工冶炼、毛坯加工，到金属加工、工艺加工等加工环节，直至终端销售，如图 5-6-1 所示；J 集团于 20 世纪初发展成为集采购、加工、销售为一体的集团。行业下游为终端消费者。产品通过各销售网点，如直营连锁店、加盟店及经销商等渠道销售给终端消费者。

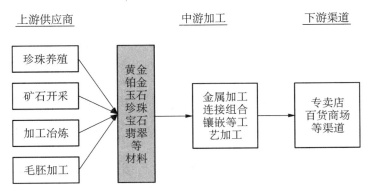

图 5-6-1 珠宝零售行业结构示意

三、交易流程及单证

J 集团拟用其门店未来一年的销售所得向保理公司申请授信额度。集团零售业务主要通过自营方式开设店铺向终端消费者进行销售。自营方式按销售终端的不同,可以进一步划分为联营店和直营店。

联营店指集团在大中型百货商场中开办的专柜或店面。由集团与百货商场签订经营合同,在百货商场指定区域设立品牌专柜后提供商品,并由集团销售人员共同负责销售和管理,商场负责收银和开具发票,并承担场地使用费。就结算方式而言,百货商场在约定结算日将当期销售款扣除约定分成比例后的货款支付给集团,集团按实际收到金额向百货商场开具发票,并确认收入和结转成本。

直营店指集团在商场、购物广场、商业街购置或租赁场地,自行开设独立店面,由集团进行独立经营、独立核算,货款由集团自行收取,在商品交给顾客并收取货款时确认销售收入。以直营店为例说明流程如下:

(1)消费者挑选商品;

(2)消费者选择现金或POS机刷卡付款;

(3)商家为消费者开具购物发票;

(4)POS机刷卡形成待结算应收账款(采用现金结算的不构成应收账款,现金结算的占比约为2.3%);

(5)T+1日结算完成,资金到账。

基础的POS机结算流程是将消费者的发卡行和商家的结算行的系统通过银联连接。具体流程如下:

(1)持卡人在选定商品后用银行卡刷卡消费;

(2)POS机将卡片信息与支付金额信息提交至收单行;

(3)收单行将交易信息的申请传递给银联;

(4)银联将根据卡片的发卡行信息将申请传递给发卡行;

(5)发卡行对卡号、交易金额等交易信息进行鉴权,将结果反馈给银联;

(6)银联将鉴权结果反馈到收单行;

(7)收单行将鉴权结果信息反馈到POS机端;

(8)若交易信息通过鉴权,POS机打印签购单,持卡人签名,消费者交易完成;

(9)T+1日资金到商家账户(不同的收单行结算周期略有出入)。

四、保理产品设计

(1)产品类型:属于"国内+有追索+隐蔽型+POS还款保理"。

(2)该产品设计的核心思想是利用零售业务买方的高度分散的特点,实现应收账款买方资质的提升,为零售型企业提供新的融资手段。应收账款标的如下：

① POS机刷卡产生的应收款(发卡行通过银联与零售商之间产生的待结算款)；

② 商场统一代收产生的应收款(商场与零售商月结算销售收入款)。

(3) 不同于传统的应收账款保理项目，该保理项目的基础资产是以未来一年的销售收入为基础，由保理公司提供保理预付款，融资人以"等额本息方式"分12期用POS机资金回款账户的流入资金作为还款来源，在清偿本息后，解除账户监管。

(4) 此方案的优点为各门店珠宝首饰品存货的资金积压找到一个解决方案，其本质还是以信用贷款为基础，通过POS机回款账户的监管，来对企业的营收概况及现金流做一有效的分析，使经营性风险可以提前暴露及防范。因此，并不是所有零售企业都适合此案例的融资模式，企业准入的建议条件参考如下：

① 行业的前十大企业或市场知名度较高的龙头消费类品牌零售商；

② 全国门市网点之直营店至少在50家以上，且区域分散，暂不考虑加盟店；

③ 商品的单价高、用信用卡或银行卡结账的比率高于销售总额的70%以上；

④ 各网点所销售的商品有2年以上的POS机销售记录；

⑤ 对商场的市场定位是年零售额在1亿元以上的大型购物中心。

(5) 设计操作细则，如图5-6-2所示。

① 保理公司与融资人签订合同，开立监控账户；

② 融资人向保理公司支付保理费；

③ 保理公司发放保理预付款；

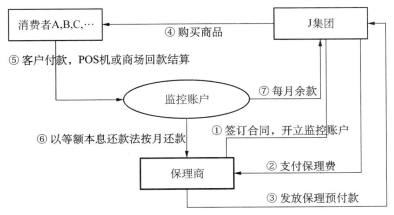

图5-6-2　POS机收款保理业务示意

④ 消费者购买商品；
⑤ 客户付款，通过 POS 机或商场收款后，向监控账户结算回款；
⑥ 从监控账户以等额本息还款法按月还款；
⑦ 每月余款划拨给融资人。

五、风险及管制点

（1）宏观经济波动的风险：珠宝首饰属高档类消费品，其消费程度与消费者收入水平直接相关。近年来，国内经济持续增长，居民人均收入水平稳步提高，居民消费结构升级，进而有效拉动了对珠宝首饰的消费。相反，若未来我国经济增长放缓，或因中央政策推动反腐简约时，人们势必会减少对珠宝首饰的消费，集团经营成果也将受到很大影响。

（2）市场竞争的风险：国内珠宝首饰行业属于完全竞争市场，竞争较为充分、激烈，主要体现在品牌管理、营销渠道、研发设计等方面。其中，品牌管理是核心。集团凭借多年经营，在消费者心目中树立了良好的品牌形象，认知度和影响力稳步提高。

（3）存货余额较大的风险：各门店需铺货而导致存货余额相应增加。如果玉器饰品、黄金饰品、镶嵌饰品等价格大幅下跌，集团存在因需计提大额存货跌价准备，从而导致公司经营业绩下滑的风险。

（4）原材料价格波动风险：集团的主要原材料具有稀缺性和不可再生性的特点，不排除因游资炒作而导致其价格持续上涨风险。届时，集团如果不能消化原材料价格上涨带来的成本上升影响，将会面临盈利水平下滑的风险。

（5）企业经营管理能力及控制措施：应严格按照要求管理每笔应收账款，包括各个流程环节的管理；定期收集、整理、分析债务人与回购方的财务数据和运营状况，对其履约能力进行持续监控，防范项目当事方的履约风险。

（6）运用 POS 机回款数据分析，建立有效的预警管理机制：加强项目过程管理，通过信息化平台有效掌控零售企业销售额是否严重偏离预期。若有异常警讯发生时可立即处置与预防。

第七节　以商场的未来商铺租金收入
　　　　为基础的应收账款案例

案例特性：许多大型商场的商铺承租时间长、家数多、每月有稳定的租金收入,如何将此类型应收账款形成的资产做好管理是本案例的核心重点。

一、企业基本情况

1. 卖方企业介绍

此案例中保理业务的买卖双方体现为商铺的出租方与承租方。出租方(应收账款债权人,以下简称出租方 C 公司)为一家从事商用物业租赁的公司,主营城市地铁、高铁、火车站内等商业店铺的租赁。

2. 买方企业介绍

承租方(应收账款债务人,以下简称承租方 D 公司)为其商铺租户,租户业态以大型的连锁餐饮企业为主。买卖双方合作时间达 2 年以上,租赁关系较为稳定。

二、行业上下游关系

本案例属于商用房屋租赁行业,买卖双方形成一种租赁关系,如图 5-7-1 所示。

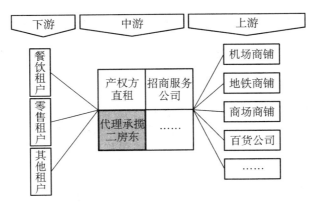

图 5-7-1 商铺租赁市场结构示意

卖方在商铺租赁中一般要求租户缴纳相应的履约保证金,应收账款主要为商铺租金,客户大多季度结账。卖方因前期建设投资较大,资金回笼愿望较强,存在客观的融资需求,因此所谓的代理承揽业者(二房东)业务就孕育而生。通过这类服务业者,与业主方签订合同承揽该商场或特定范围的所有商铺,一次性给付固定的租金给业主方,再开始招商、出租,到期收取租金。

这种模式对拥有商铺所有权的业主来讲，不但能快速回流现金，也省去招商、签约、收款等复杂的管理工作。但对这类代理公司而言，虽然因为一次性大批量地承租商铺，可以降低租金成本，但前期资金投入却是公司业务拓展的瓶颈，故为保理公司切入对未来应收租金收益权转让融资提供了机会与好的解决方案。

本案例中 C 公司一次性向某地铁站承租所有商铺，再开始招商，并分租给 30 余家商铺租户，与租户的租赁关系相对较为稳定。C 公司经营的商铺大部分业态都处于城市轨道交通重点发展的区域，如城市地铁、火车站内，商铺所处商圈较为成熟，这些客户本身对经营店铺的进入有自己相对严格的标准，一旦确定不会轻易变动，易形成稳定的合作关系。

在实际经营中，C 公司与其租户形成利益捆绑、互利共赢的关系。卖方同时作为管理方，注重维护与发展轨道交通内的商业运行，其业绩得到政府轨道交通运营企业的认可。卖方在把商铺租赁给商户的同时，会实时监管租户的营业状况，时刻了解商户的状态并给出经营意见。部分商户的营收也会与卖方挂钩做一个分配，最高不超过利润的 20%。对经营不佳的商户卖方有主动撤约的权利。

三、交易流程及单据

本案例中租赁双方交易结构相对简单、清晰，卖方与租户签订《商铺租赁合同》，按约收取保证金与租金，并开具发票给租户，交易单据主要为《商铺租赁合同》、租金发票。

交易流程分为租赁合同签订、租金款收取、开具发票、账款回收 4 个环节，主要的核查环节为租赁合同及租金款的支付，流程及相关单据如图 5-7-2 所示。

（1）签订合同：买卖双方签订《商铺租赁合同》，规范承租期间的对定金、押金、后续租金支付、免租修期、提前解约条款等规范，作为未来现金流入的测算依据。

（2）首期支付：依合同规范，此时承租方 D 公司应先行支付订金、押金及预付租金的金额。

（3）商铺交付：明确商铺交付的地点、交付的方式，作为起租行为发生的依据。

（4）租金请款：依合同规范，应每月（每季）定期支付未来约定月数的租金。

（5）账款回收：D 公司依合同规范应当于每年的 3 月、6 月、9 月、12 月的五日以前，提前支付未来 3 个月的租金，因此信审人员查核相关实际付款凭证，再结合合同约定，做此笔保理资产的现金流预测的调整依据。

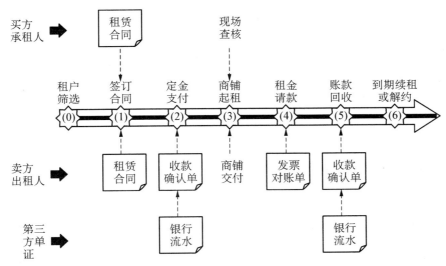

图 5-7-2　商铺租赁交易流程示意

四、保理产品设计

(1) 产品类型：属于"国内＋有追索＋公开型＋卖方还款保理"。

(2) 具体要素如下：

① 因本案例的下游租户共有 30 多家，且多为知名的品牌企业，承租人相对强势，所以租金的付款方式变化很多，有的按季付款、半年付款，有的先收、有的后收，且每次付款的日期皆不相同，造成单一个月内最多有 20 多笔付款。

② 因此将本产品设计为每月月初固定时间由卖方还款，还款金额为该月应收租金的总额再乘以融资比率及利息，简化操作。

③ 融资金额的确定：考虑到商铺实际运营中有一定的管理及维护成本支出，同时由于经营环境及租户变化因素，未来的租金收入可能与实际存在一定的出入，确定以合约租金额的 80% 作为融资金额，以使每期还款均能涵盖放款本金。

④ 融资期限的确定：融资期限确定为 1 年，每期放款期限与合同实际约定的付款周期相匹配，循环放款。

⑤ 租金回款的监控：要求卖方与商户变更原租金回款账户，将其变更到卖方与保理公司的共管账户，对此账户平时仅做现金流入比对与分析，若有异常发生时立即监管账户，开始结清还款。

（3）商铺租金应收款具有稳定性、周期性，不易受到其他因素影响。对于广义以现金流为基础的收益权转让的保理资产，这是一种创新及可行的方案。

（4）根据商铺经营及租赁双方交易特点，在租赁双方存在真实租赁背景的情况下，由卖方（出租方）作为融资方提出融资申请，将其下游优质租户的应收租金款转让给保理公司，租户对此笔应收账款转让签章确认。

（5）应收账款转让确权方式：每笔业务均由卖方与保理公司签订《应收账款转让协议》，并由租户签章确认《应收账款转让通知书》。

五、项目风险点及管控措施

（1）经营不确定性导致回款金额的不确定性。本案中商铺的租金收益水平短期主要受商户个体经营等因素的影响，易造成违约事件的发生，如商户变更经营地址、经营效益下降、压缩门店等，从而导致未来租金收益的变动，最后影响到应收租金回款及时性。

（2）商铺经营权变动等因素导致租金收益的不确定性。与一般的债权债务关系不同，本案中商铺出租经营建立在物权或经营权的基础之上，在出现极端不利因素导致经营权变动（如商铺产权所有人变动、查封）的情况下，未来的应收租金款具较大的不确定性，权益有受损的可能性。

（3）租赁合约成立后，租金款的最终确认与租赁合约后续的实际履行程度有关。举例来说，商铺租金如果为"按季先收"（也就是每季末提前支付下一个季度的租金），则此笔收入的租金款项属于预收款，而未到付款点的租金收入属于收益权性质。因此要详细查看合同中对提前解约、履约保证金、租金支付的规定条款，说明如下：

① 履约保证金问题。商户已预交出租方履约保证金，后续违约时履约保证金归出租方所有，保理方无相应权益保障。

② 部分租金款非固定。部分商户租金标准与其经营收入挂钩，存在一定的弹性。

③ 在确定应收账款融资金额时，应考虑到上述因素，在租金基础上，扣除相应的管理、维护费用，并考虑商户中存在的个别违约因素，合理确定融资金额。对非固定租金部分，合理确定商户的正常经营收入额，在此基础上保守确定融资金额。

（4）租赁关系的真实性、租金回款的安全性等因素都会导致租金回款的安全性风险，因此须对每笔业务核实租赁合约的真实性，应加强租赁备案合同的核实、现场核实等，确保租赁合约真实存在。

（5）要求卖方与租户签订账户变更协议，将租金回款账户变更为卖方与保理公司的共管账户，对租金回款实施监控。

（6）对每笔业务涉及的商圈、商户及卖方经营情况加强动态监管，以便根据情况作出相应处置措施，以保证资金的安全。

第六章
中国贸易应收账款证券化实务

我国是世界贸易大国之一,而信用赊销作为企业尤其中小企业销售主要手段之一,应收账款体量巨大。应收账款融资成为企业融资就渠道。应收账款证券化则在极大程度上降低了应收账款融资利率。本章节旨在介绍应收账款证券化的主要增体方法及中介机构的关注点,并结合具体案例予以说明。

第一节 整体市场情况

一、我国开展贸易应收账款证券化的需求

我国是全球第二大经济体和第一大货物贸易大国。中国是全球贸易发展的主要贡献者。从世界贸易组织最新公布的统计数据看,2015年全年,全球进出口贸易金额累计同比下降12.73%,而中国进出口贸易总额累计同比下降仅为8.01%,降幅低于全球平均水平。2015年,我国社会消费品零售总额达到30.09万亿元人民币,同比增长达10.6%,自2004年起,连续11年保持两位数的增长速度,国内贸易持续保持高速发展态势,如图6-1-1所示。另外,根据2016年经济发展目标及相关分析预测,预计2016年我国社会消费品零售总额预期增长11%左右,货物进出口总额将同比增长1.9%左右,服务贸易进出口总额的增速在10%以上,国内外贸易总量有望进一步增长。另一方面,随着近年来国内外贸易买方市场的普遍形成,赊销等信用交易比例已占到约70%以上,庞大的贸易规模和越来越高的信用交易比例,必然产生巨量的应收账款,进而形成我国开展贸易应收账款证券化最雄厚、最坚实的基础。可以看出,我国具有较高的开展应收账款证券化的需求,从而具备了开展应收账款证券化的基础。

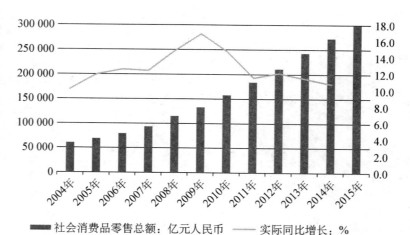

图6-1-1 2004—2015年我国社会消费品零售总额增长情况

(资料来源：wind资讯、恒泰证券整理)

二、我国开展贸易应收账款证券化的意义

随着市场竞争的日益加剧,信用赊销成为企业尤其是中小企业扩大销售来源、争取客户的重要手段之一,而且信用期限也在不断延长。应收账款在广义上泛指企业一切将在未来收到本金和利息的债权;在狭义上是指企业在正常的经营过程中因销售商品、提供劳务等,向购买单位应收取的款项,包括应由购买单位负担的税金和各种运杂费等,在确认收入的同时确认应收账款。实体企业在提供产品或劳务后形成的贸易应收账款,一般有具体的合同、发货单或发票。因此,企业在营业收入增加的同时,也积压了大量的应收账款,占用了大量的营运资金。这种资金的占用往往导致企业"有利润没现金"的尴尬局面:一方面企业营业资金投放过多,资金运用效率低;另一方面,企业资金短缺,融资困难,甚至可能导致企业因资金链断裂而破产。

我国企业对金融服务需求的不断扩大以及对需求层次的不断提高,资产证券化作为重要的金融创新产品,尤其作为一种优质的新型融资工具应该加以充分利用。应收账款资产证券化指由企业或者银行作为发起人,将其所拥有的应收账款按照一定的标准出售给专门为资产证券化交易设立的特殊目的载体(Special Purpose Vehicle,SPV),SPV将应收账款汇集成一个资产池,经过信用增级和评级后,在金融市场上发行具有固定收益特性的资产支持证券,用资产池中的应收账款的回收额来偿还资产支持证券的本金和利息。应收账款证券化融资能够满足企业不同期限的融资需求,具有很强的灵活性,在融资的风险与收益方面相对于股权和债权融资具有一定的优势。应收账款证券化是新型的融资模式,主要具有以下优势。

1. 拓宽融资渠道

在目前经济形势下,经济不景气,银根收紧,企业融资比较难,并且在各种融资方式下,投资者大多关注的是考察企业的整体资信能力和担保方式,而不以企业特定资产质量为融资的条件,导致很多企业融资困难。应收账款证券化融资方式不需要抵押物,是以企业应收账款的质量作为融资条件,只要入池应收账款是优质的,便可以证券化的方式获取投资者募集现金,而对企业整体资信能力的关注则居于第二位,不占用企业的其他融资资源。

2. 提高经济效益

如果企业存在大量的应收账款,与资产的比重相当大,那会直接影响企业的经济效益。应收账款占比越大,机会成本和持有成本就会越高。将应收账款证券化,能有效加快应收账款变现,及时投入运营,提高了资产的流动性和变现能

力,增加企业效益。

3. 降低资产风险

应收账款证券化后出售给投资者,企业提前收回债权,降低了企业的风险。同时,应收账款转让给了其他机构,即使企业破产清算,已出售的应收账款也不会被列入其清算资产的范围,这种"破产隔离"安排是资产证券化"风险隔离"机制的一种,也是资产证券化区别于其他融资方式的一个非常重要的方面。若实现了会计出表,则企业将实现应收账款回收上的风险转移。

4. 降低融资成本

应收账款证券化成本主要包括:一是折扣成本,即企业向特殊目的载体出售应收账款时,资产账面价值与售价的差额,用于支付利息、信用增级、证券发行等费用;二是中介机构的成本,即企业为实施证券化所发生的调查、研究以及支付给券商、会计师、律师等中介机构的成本;三是纳税成本,包括印花税、可能的预提税等。应收账款证券化融资成本的大小主要取决于证券化基础资产的质量、规模、期限、信用等级和市场条件等因素。通常来看,应收账款通过资产证券化的融资成本要低于保理方式、信托计划等非标模式。

5. 减少管理成本

应收账款的管理和催收需要大量的人员和精力,企业安排专业的人跟踪,办公场所和工资是个不小的数目,若将应收账款证券化则可以免去对应收账款的跟踪、追缴之苦,减少坏账损失,从而大大降低交易成本。此外,应收账款证券化有利于优化财务结构、降低资产负债率。

三、应收账款融资产品分类

从大的分类来看,目前应收账款融资产品主要分为两类,一是应收账款质押类,二是应收账款转让类。

质押类是指卖方将其持有的应收账款出质给银行等金融机构,以取得贷款,如果卖方无法按期归还贷款,则银行等金融机构有权以该应收账款的交换价值优先受偿。《物权法》第二百二十三条将应收账款直接规定为权利质押的标的,中国人民银行出台的《应收账款质押登记办法》第四条以列举的方式,明确了可以作为应收账款办理质押登记的具体权利,其中包括因销售货物产生的债权。

转让类是指卖方将其持有的应收账款转让给银行或商业保理公司(保理资产证券化将会单独讨论),以取得贴现款或保理融资款,银行或商业保理公司作为受让人享有直接向买方请求支付货款的权利,并以此作为第一还款来源。值得注意的是,《国际保理业务通用规则》第十二条规定:通过各种方式对与应收账款有关的各项权利和权益的让渡均被视为"转让",在应收账款上设定担保物权亦在此列。2014年5月22日,李克强总理在内蒙古赤峰市考察期间,其中鄂尔多斯集团董事局主席王林祥在会中说了许多融资难的问题。最后李总理总结说:"我听明白了,你的困难归根结底就两个:盖章难,融资难。你这样的大企业都有抱怨,小微企业一定比你们更难。"而保理正是这样一种解决企业融资难问题的融资方式。

此外,从理论上来说,应收账款证券化也属于转让类融资。证券化的实质是发起机构将被证券化的金融资产的未来现金流量收益权转让给投资者,而金融资产的所有权可以转让也可以不转让。对于相当一部分企业来说,应收账款的证券化对于其盘活存量资产、促进资金融通、调整财务结构具有非常重要的作用,因此应收账款证券化融资模式的市场前景被普遍看好,未来有望成为应收账款的主流融资方式。我国进一步开展应收账款证券化,可考虑严格控制入池应收账款质量,尝试多种增信措施。

第二节 业务操作流程

一、贸易应收账款的特点分析

一般地,贸易应收账款主要具有如下特点:

第一,贸易应收账款期限较短。对于贸易类企业,其应收账款期限往往较短,即便考虑给予一定的回款宽限期,但整体回款周期也一般在1年以内。

第二,贸易应收账款回款方式灵活。近年来贸易金融发展迅速,在应收账款的结算方式中使用银行承兑汇票及商业承兑汇票非常常见。

第三,贸易应收账款无利息收入。应收账款一般采用赊销形式,企业给予客户还款期的信用期,因此只要在约定的日期之前客户完成对卖方企业的支付即可,大部分无需支付利息。

第四,贸易应收账款可能存在价值摊薄。应收账款价值摊薄是指任何因非信用事件导致的应收账款的减少,主要包括对债务人出具的贷项通知单(因清单错误或者产品质量问题而对债务人开具的用于抵减应收账款的单据)、对客户提供的折扣等,会对应收账款的价值产生较大影响。

第五,贸易应收账款通常没有抵质押物担保。应收账款一般是销售企业基于客户的信誉、为促进经营活动而提供的赊销,因此一般不需要客户提供抵质押物担保。

贸易应收账款证券化可以从多个角度进行分类,主要包括:
(1) 对内应收账款和对外应收账款;
(2) 销售类应收账款和工程类应收账款;
(3) 与银行业务相关的应收账款和与银行业务不相关的应收账款;
(4) 分散型应收账款和集中型应收账款;
(5) 境内发行和镜外发行。

二、贸易应收账款证券化的一般操作流程

原始权益人对自己的贸易应收账款进行分析和筛选,选择合适的资产进行入池并打包出售给券商或基金子公司设立的资产支持专项计划,使原始权益人的破产风险与拟证券化贸易应收账款进行隔离。单个原始权益人可以把自己的贸易应收账款一次性销售给资产支持专项计划,也可以多个企业联合把贸易应收账款出售给资产支持专项计划。前者的优点是结构简单,而后者比较适合统一融资的集团企业架构,可以降低发行成本。

资产支持专项计划将贸易应收账款组成资产池之后,由设立资产支持专项计划的券商或基金子公司作为管理人,设计交易结构以及信用增级措施,同时聘请评级机构进行评级,聘请会计师事务所、律师事务所、资产评估机构(如需)等中介机构辅助资产支持证券的发行工作。若拟将发行后的资产支持证券在交易所或报价系统挂牌转让,应当在发行前取得交易所或报价系统的无异议函,之后由承销机构(销售机构)向投资者发行;发行完成并到基金业协会完成备案后,方可在交易所或报价系统挂牌转让。若发行后的资产支持证券不在交易所或报价系统挂牌转让,则可以直接发行后在基金业协会备案。

在交易结构方面,由于贸易应收账款的期限较短,一般采用循环购买结构。在循环期内,贸易应收账款回收的现金流不会先用于偿付资产支持证券的本金,而是去购买新的贸易应收账款,以维持资产池的规模、延长证券期限。

在信用增级方面,会采用内部增信与外部增信相结合的方式,内部增信一般包括优先/次级结构、超额抵押、储备金账户(资产池提供),外部增信包括设置储备金账户(非资产池提供)、差额支付承诺、外部担保等。

三、基于贸易应收账款特点的资产证券化难点

根据前述对贸易应收账款特点和一般操作流程的分析,可以总结、延伸出贸

易应收账款资产证券化的如下难点:

第一,贸易应收账款的回收不能与原始权益人完全隔离。由于应收账款的产生与回收和原始权益人的持续经营能力密切相关,如果原始权益人在证券存续期内破产,那么将无法持续产生新的应收账款,甚至造成已有应收账款回收的困难,进而直接导致循环购买提前结束,因此大多数交易中应收账款都不能与原始权益人完全隔离。

第二,票据支付方式带来的后续操作成本增加。若应收账款使用银行承兑汇票或商业承兑汇票结算,则相关票据真伪的确认、票据封存托收等需要依赖银行参与,增加了证券化的操作复杂度。

第三,贸易应收账款无利息收入与资产支持证券利息兑付之间存在不匹配情况。贸易应收账款无利息收入,而以贸易应收账款为基础资产发行的资产支持证券有票面利率,需要按一定的规律支付利息。

第四,贸易应收账款的转让对价难以合理确定。一方面,贸易应收账款可能存在由于对债务人出具贷项通知单、对客户提供折扣等造成的价值摊薄;另一方面,贸易应收账款的转让应当综合考虑原始权益人的资质、交易对手等方面的因素,乘以一定的折扣。因此,受以上两个方面影响,贸易应收账款的转让对价需仔细斟酌确定。

第五,目前企业间的应收账款存在普遍的非恶意逾期情形,这种情况对企业的商业往来来讲,虽有损企业信用,却实属正常情况;然而,应收账款的非恶意逾期对应收账款证券化现金流的预测和管理,以及产品设立后资产支持证券的按期本息兑付带来了一些不确定性。

第六,贸易应收账款的确认和管理存在一些操作难度。就目前大部分企业来讲,并不具有健全的应收账款信息管理系统,与应收账款形成相关的合同和凭证也存在不规范、不完整的问题,这些问题对于应收账款在法律层面上的确认,以及证券化产品设立后应收账款的管理都带来了困难。

四、业务流程重点关注问题

(一)如何在有效控制资金成本的条件下进行产品增信

目前,证券化产品使用较多的增信措施主要包括优先/次级分层、超额抵押、超额利差、差额支付承诺、第三方担保等。

优先/次级分层结构是指通过调整资产支持证券的内部结构,将其划分为优先级和次级证券或更多级别。目的是将原本支付给次级证券持有者的本息用来进行增信，使优先证券持有者的本息支付更有保证。

超额抵押是指建立一个比发行的资产支持证券规模更大的资产组合库，使资产组合库的实际价值大于资产支持证券价值，并将两者的差额作为超额抵押，以保证将来有充足的现金流向投资者支付证券本息。

超额利差是指当基础资产的收益超过融资总成本时可设立利差账户。

差额支付承诺是指原始权益人或第三方主体对优先级资产支持证券提供差额补足义务。

第三方担保是指证券化产品的增信可以由原始权益人之外的机构来担保。

其中，超额利差并不适用于贸易应收账款证券化产品的增信，超额抵押以及优先/次级分层中次级所占比例等都会影响到原始权益人的资金成本，在选择增信措施保证增信效果的同时，要尽量控制资金成本。

（二）如何设定合理的应收账款转让对价

如同前文贸易应收账款证券化难点的分析，贸易应收账款可能存在价值摊薄、出现应收账款的质量差异等，在确定转让对价时，应当充分考虑影响价值摊薄和贸易应收账款质量的各方面因素，同时借鉴历史数据，通过情景模拟和敏感性分析等方法，合理确定贸易应收账款转让对价。

（三）如何规避和化解非恶意逾期、贸易应收账款所具有的特有风险

对于非恶意逾期、贸易应收账款所具有的特有风险，应当在入池资产标准制定、产品结构设计、现金流划转机制等方面提前做好安排，也可借鉴历史逾期数据、违约数据对可能发生的情况进行合理预测，并提前做好相关缓冲安排。

第三节　主要法律问题

一、应收账款的有效性

应收账款的有效性是指产生应收账款的基础合同本身应真实、合法，不存在虚构交易或违反国家法律法规的情况，这是应收账款证券化开展的基础，也是基础资产债权实现的保证。如果基础合同本身存在违反国家禁止性规定、损害社会公众利益、虚构交易等合同无效的情形，将直接导致由此设立的应收账款不能成立，据此应收账款所设立的资产支持专项计划也将自始无效。

另一方面，如果基础合同是应收账款债权人以欺诈、胁迫的手段或乘人之危订立的，应收账款债务人是否可以依据《合同法》第五十四条规定行使变更权或撤销权，《物权法》中并未明确说明。如果应收账款债务人行使相关权利，就将面临应收账款不成立或价值降低的风险。因此，在进行证券化之前，应对基础合同等相关材料的背景真实性、合法性严格履行审查义务。

二、应收账款的可转让性

应收账款的可转让性是指基于基础合同确立的、用于证券化的应收账款必须是可以转让的。根据《合同法》七十九条规定："债权人可以将合同的权利全部或者部分转让给第三人，但有下列情形之一的除外：第一根据合同性质不得转让；第二按照当事人约定不得转让；第三依照法律规定不得转让。"因此，在专项计划设立前，应对应收账款基础合同的可转让性进行合理评估，确认合同条款中是否存在限制转让的或需经行政审批方可转让的内容。

三、应收账款的特定性

应收账款的特定性是指用于证券化的应收账款，其基础合同的要素内容应特定具体。应收账款作为一种付款请求权，没有物化的权利凭证也不具有票据无因性的特点。在产生应收账款的基础合同中，债务人名称、金额、数量、交货时间、结算方式等与债权相关的基本要素应尽可能特定具体。否则，在面临诉讼纠纷时，基于上述要素的权利主张就很可能得不到法院的支持。

在实际业务中，基础合同中债权要素的列示往往并不全面，无法将应收账款特定化。专项计划管理人也可以在《应收账款质押/转让通知书》及回执中将应收账款相关要素详细列示，并取得买方的付款承诺，以此保障资产支持专项计划权利的顺利实现。

四、应收账款的时效性

应收账款的时效性是指用于证券化的应收账款债权应受诉讼时效约束。根据《中华人民共和国民法通则》（以下简称《民法通则》）第一百三十五条、第一百三十七条规定："向人民法院请求保护民事权利的诉讼时效期间为两年，法律另有规定的除外"、"诉讼时效期间从知道或者应当知道权利被侵害时起计算，"如果用于证券化的应收账款债权如果超过诉讼时效，债权人将丧失对应收账款债务人的胜诉权。

这就要求在办理应收账款证券化时,首先应通过应收账款的还款期限判断其诉讼时效性。如果基础合同中还款期限约定不明,业务人员应通过基础合同、发票、验收单据等相关凭证对还款期限进行判断,并借助《应收账款质押/转让通知书》及相关回执对还款期限予以明确。

第四节　信用评级关注点

信用评级机构在对贸易应收账款证券化进行评级时主要关注如下因素。

一、贸易类应收账款特点

(1)一般的企业应收账款没有利息,需要通过折现的方式确定资产支持证券的本金,且缺乏利差对资产支持证券的保护;在逾期的情况下,企业会对债务人收取一定的罚金,但金额很小。

(2)企业应收账款为对债务人的无担保债权,但也不排除部分应收账款债权附带有抵质押、担保、保险等附属权利。

(3)企业应收账款易受原始权益人的财务状况、融资能力、营销标准、风控能力、战略发展等因素影响,其产生依附于原始权益人的持续经营。

(4)企业应收账款账期一般较短,回收形式多样化,部分会用票据(银票、商票)结算。

(5)受退换货、债务人与原始权益人由于其他商业往来造成应收账款冲销、产品保修和争议、质保金冲减等因素影响,应收账款回款金额会减少。

(6)债务人行业分布相对集中。

二、原始权益人持续经营能力

持续经营能力主要关注如下内容:股东背景、行业特征、政策性因素、市场竞争地位、经营管理效率及稳定性和应收账款持续产生的可能性。

三、应收账款管理能力

应收账款管理能力主要关注如下内容:应收账款的确认方式(法律角度、会计角度）、应收账款回收时间确认的准确性、应收账款内部管理机制（专人专款、奖惩机制）、逾期应收账款坏账准备计提和历史应收账款的回收情况（特别注意与回收时间的对应关系）。

四、资金账户管理能力

资金账户管理能力主要关注如下内容：公司账户体系、公司现金流管理机制、应收账款回收款项回流路程（是否有第三方），以及如何与其他应收款项区分。

五、交易结构分析

1. 真实转让

关注真实转让需要的相关批准、登记以及通知和附属担保权利的转让。

2. 现金流管理

避免资金混同风险。明确现金流从产生到进入专项计划托管账户所经过的账户环节以及在各种情形下的归集机制（包括归集金额比例以及时点）。在循环购买结构下，关注专项计划资金进行循环购买的划付机制与监管机制。在现金流分配中，关注现金流流入与支出的匹配与保障度。

3. 增信措施

内部分级：次级证券对优先级证券提供保护（保护比例、分配顺序）；外部增信：原始权益人/第三方机构提供差额支付承诺或者担保（担保范围、触发机制）。其他：保证金、流动性支持、保函等。

第五节 相关难点问题的措施建议

一、针对贸易应收账款的回收不能与原始权益人完全隔离的措施建议

在贸易应收账款证券化的交易中，原始权益人将贸易应收账款转让给资产支持专项计划，资产支持专项计划再以贸易应收账款产生的现金流发行证券。即使原始权益人已经将贸易应收账款转移给了资产支持专项计划，但投资者基于贸易应收账款的收益仍然依赖于原始权益人持续产生和回收贸易应收账款的能力，无法与原始权益人的信用风险和经营风险完全隔离。

贸易应收账款证券化的优先级产品级别以原始权益人的主体级别为基础,在对原始权益人的主体信息(如出售者的历史沿革、声誉、行业竞争程度、入池贸易应收账款占原始权益人资金比例等)、债务人的支付行为;对规定条款的遵从程度、交易结构特点等进行分析后,证券的优先级别上限可以适度上调,可超过原始权益人的主体级别。

为了保障贸易应收账款的回收,原始权益人一般会提供关于组织和服务政策的陈述与保证,说明它们在贸易应收账款到期之前的行为。例如,对贸易应收账款的归集和管理、违约贸易应收账款的处理等都会保持一致,在循环期内也只提供与初始入池资产相同的合格标准的贸易应收账款入池;当资产池累计违约率达到一定程度或资产服务机构主体情况发生不利变化时,通常会依次触发权利完善事件、加速清偿事件、违约事件、提前终止事件等信用触发机制,在原始权益人(资产服务机构)经营恶化或破产前实现优先级产品投资者的提前退出。

二、针对票据支付方式带来的后续操作成本增加的措施建议

目前来看,贸易结算中银行承兑汇票和商业承兑汇票使用很频繁,操作贸易应收账款证券化时,票据回款情况无法避免。考虑信用差异,建议制定严格的基础资产合格标准,优先考虑使用银行承兑汇票作为支付方式的基础资产入池。同时,聘请有经验的银行作为票据核验、封存、托收机构,保证循环购买时相关票据可以如期变现,或者用未到期票据直接作为对价进行新增资产的循环购买。

三、针对贸易应收账款无利息收入,容易产生流动性风险的措施建议

贸易应收账款是没有利息收入的基础资产,而证券化产品则在收款期间需要支付优先费用和利息支出,这部分利息及税费的支出需来自于贸易应收账款回收资金。同时,应收账款可能存在一定的逾期和损失情况,在证券化交易结构设计时也需要予以考虑。针对上述问题,贸易应收账款证券化产品一般采用超额抵押的方式发行,或者可以理解为按照一定的折现率计算的基础资产现值发行。贸易应收账款证券化可以考虑设立一个储备金账户,按照一定频率归集必要的费用、利息支出和风险储备。

四、针对贸易应收账款面临价值摊薄风险的措施建议

应收账款摊薄风险一般通过两种方式进行控制:一是来自第三方提供的流

动性保证;二是附加的信用增级方式,如超额抵押、现金抵押、准备金账户等。

在超额抵押结构中,任何损失都先由超额抵押部分承担。如果损失超过超额抵押的数量,则剩余部分由证券持有者和任何有必要的第三方承担。现金抵押与现金储备不同,现金储备是用来为证券费用和利息的支付提供保障,若贸易应收账款的损失并不会影响证券费用和利息的支付,则不会动用现金储备账户。现金抵押同超额抵押的做法基本相同,但由于现金流的信用质量和稳定性高于还没有变现的贸易应收账款,因此现金抵押提供相同信用增级量的所需金额低于支持同样组合的超额抵押资产的所需金额。一般通过历史违约水平来评估信用增级措施是否可以支持所要达到的信用等级。

五、针对普遍存在非恶意逾期及应收账款信息管理系统不健全的措施建议

由于企业间的应收账款普遍存在非恶意的逾期情形,因此,对应收账款资产证券化中"违约基础资产"的定义要与其他基础资产类型相区别。通过对"违约基础资产"进行合理的定义并设置相对较长期限的分配期,提供回收款到位的缓冲时间,从而解决普遍逾期但非恶意的情况。对于逾期时间较长的应收账款可以设置原始权益人回购的机制,将有利于应收账款证券化的顺利开展。此外,针对应收账款信息管理系统不健全的情况,应当鼓励企业建立健全应收账款管理系统,可以与应收账款信息系统专业管理公司合作,引入先进的管理技术,实现对应收账款的线上监控和适时管理。

除以上 5 点措施建议外,针对开展贸易应收账款证券化的风险防控,还有包括严格控制初始入池贸易应收账款的质量、建立严格的循环期入池资产合格标准、尽量尝试多种增信措施、采取原始权益人风险自留机制、将归集账户设在管理人名下或者设置混同风险准备金等在内的措施建议。

第六节 典型案例介绍

一、"五矿发展应收账款资产支持专项计划"

国内首单贸易应收账款证券化项目——"五矿发展应收账款资产支持专项计划"于 2014 年 12 月 24 日成功发行。本次资产支持证券发行规模为 29.41 亿

元人民币,其中优先级为 26.47 亿元人民币,次级档为 2.94 亿元人民币。以下介绍"五矿发展应收账款资产支持专项计划"的具体情况,资料主要来源于《五矿发展应收账款资产支持专项计划说明书》。

(一) 交易结构

如图 6-6-1 所示。

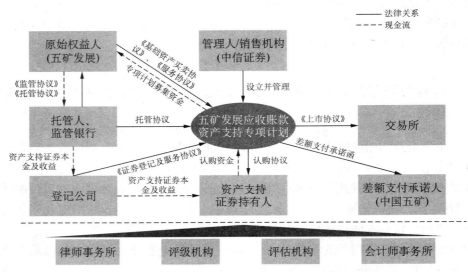

图 6-6-1 "五矿发展应收账款资产支持专项计划"交易结构示意

本专项计划的交易流程如下:

(1) 认购人通过与管理人签订《认购协议》,将认购资金以专项资产管理方式委托管理人管理,管理人设立并管理专项计划,认购人取得资产支持证券,成为资产支持证券持有人。

(2) 管理人根据与原始权益人签订的《基础资产买卖协议》的约定,将专项计划资金用于向原始权益人购买基础资产,即基础资产清单所列的由原始权益人在专项计划设立日、循环购买日转让给管理人的、原始权益人依据销售合同及应收账款转让合同对买受人享有的应收账款及其附属担保权益。

(3) 资产服务机构根据《服务协议》的约定,负责与基础资产及其回收有关的管理服务及其他服务。

(4) 监管银行根据《监管协议》的约定,监督资产服务机构在回收款转付日将基础资产产生的现金划入专项计划账户,由托管人根据《托管协议》对专项计划资产进行托管。

（5）当发生任一差额支付启动事件时，差额支付承诺人根据《差额支付承诺函》将差额资金划入专项计划账户。

（6）管理人根据《计划说明书》及相关文件的约定，向托管人发出分配指令，托管人根据分配指令，将相应资金划拨至登记托管机构的指定账户，用于支付资产支持证券本金和预期收益。

（二）循环购买安排

1. 循环购买的期限

在循环期内的每个循环购买日，买方有权向卖方循环购买基础资产。循环期届满后，买方不再向卖方购买新的基础资产。

首次循环购买基准日为2014年11月30日，第二次循环购买基准日为2015年2月28日，后续循环购买基准日为专项计划存续期间内每年的5月31日和11月30日，最后一次循环购买基准日为2015年5月31日。专项计划存续期为3年，共计发生循环购买7次。

2. 循环购买的流程

（1）在应收账款回收计算日后6个工作日前，卖方应向买方提供用于循环购买的基础资产信息表及相应的基础资产文件；

（2）在应收账款回收计算日后9个工作日前，买方根据基础资产回收款金额、基础资产审核情况提出初步选定的基础资产；

（3）在应收账款回收计算日后10个工作日前，买方与卖方协商确定此次循环购买的基础资产；

（4）在循环购买日当日，双方按照本协议附件五的约定签署《确认协议》，并由买方向卖方支付购买价款。

3. 循环购买基础资产的交割方式

就管理人向原始权益人循环购买的基础资产，双方于循环购买日当日签订《确认协议》。《确认协议》的签订视为双方就循环购买的基础资产买卖的交割确认，该《确认协议》于双方法定代表人或其授权代表人签字/签章并加盖单位公章后立即生效，对双方均具有法律约束力。

（三）主要参与机构

如表6-6-1所示。

表6-6-1 "五矿发展应收账款资产支持专项计划"主要参与机构

原始权益人	五矿发展股份有限公司
差额支付承诺人	中国五矿集团公司
管理人/销售机构	中信证券股份有限公司
托管人	兴业银行股份有限公司
监管银行	招商银行北京分行营业部
法律顾问	北京市海问律师事务所
信用评级机构	中诚信证券评估有限公司
评估机构	中和资产评估有限公司
会计师事务所	大华会计师事务所(特殊普通合伙)
登记托管机构	中国证券登记结算有限责任公司上海分公司

(四) 原始权益人简介

原始权益人五矿发展股份有限公司(以下简称"五矿发展")为上市公司,是中国五矿集团公司(以下简称"五矿集团")旗下主要业务板块的代表公司。2013年五矿发展实现营业收入2 032.59亿元人民币,同比增长36.06%。据中国物流采购联合会统计,五矿发展重点商品经营量稳居行业领先地位,钢材经营量蝉联流通企业第一,中诚信证券评估有限公司给予五矿发展AA+的主体长期信用评级。

钢铁贸易业务是五矿发展的传统优势业务,五矿发展钢贸业务绝大多数面向有真实用钢需求的终端企业用户(包括工地及工厂配送客户),且上、下游客户均面向以国企为主的客户,不涉及钢铁托盘业务和仓单质押融资,内部制度成熟,管理规范。

(五) 产品结构

如表6-6-2所示。

表6-6-2 "五矿发展应收账款资产支持专项计划"产品结构

"五矿发展应收账款资产支持专项计划"产品要素			
发行总额(亿元人民币)		29.41	
起息日		2014-12-24	
法定到期日		2019-12-21	
证券分档	优先级		次级
规模(万元人民币)	264 700		29 400
规模占比	90.00%		10.00%

(续表)

"五矿发展应收账款资产支持专项计划"产品要素		
预期到期日	2017-12-21	—
产品期限	约3年	—
信用评级	AAA	N/R
利率类型	固定利率	无票面利率
证券类型	到期一次还本	无期间收益,到期获得所有剩余收益
付息频率	每半年付息(每年6月及12月)	—
预期收益率	6.00%	—

(六) 合格标准与资产池情况

1. 基础资产合格标准

就每一笔基础资产而言,系指在基准日、专项计划设立日或循环购买日:

(1) 基础资产对应的全部销售合同和应收账款转让合同适用的法律为中国法律,且在中国法律项下均合法有效,并构成相关债务人合法、有效和有约束力的义务,原始权益人可根据其条款向债务人主张权利。

(2) 供货人已经履行并遵守了基础资产所对应的任一份销售合同项下其所应去履行的义务,且债务人未提出因供货人瑕疵履行而要求减少应收账款或者换货等主张。

(3) 原始权益人已经履行并遵守了基础资产所对应的任一份应收账款转让合同项下其所应当履行的义务。

(4) 基础资产不属于违约基础资产。

(5) 销售合同中的债务人系依据中国法律在中国境内设立且合法存续的企业法人、事业单位法人或其他纽织,不应为政府或事业单位。

(6) 销售合同中的债务人与五矿发展及供货人无正在进行的或将要进行的诉讼、仲裁或其他纠纷。

(7) 基础资产分布于单个省级行政区域的占比不应当超过20%,单个债务人占比不应当超过15%。

(8) 原始权益人合法拥有基础资产,且基础资产上未设定抵押权、质权或其他担保物权。

(9) 基础资产可以进行合法有效的转让,且在销售合同和应收账款转让合同对基础资产的转让有特别约定的情况下,应收账款转让已经满足了所约定的条件。

(10) 基础资产对应应收账款的预期付款日不得晚于循环期最后一个分配

基准日后的 90 个自然日。

(11) 基础资产不涉及国防、军工或其他国家机密。

(12) 基础资产不涉及诉讼、仲裁、执行或破产程序。

2. 资产池情况

初始资产池涉及原始权益人对 192 个买受人的 11 172 笔应收账款。截至基准日（2014 年 6 月 30 日），初始资产池的应收账款余额为 29.44 亿元人民币，初始资产池统计信息如表 6-6-3 所示。

表 6-6-3 "五矿发展应收账款资产支持专项计划"资产池情况

基本情况	数值
未偿应收账款余额（万元人民币）	294 370.31
应收账款笔数（笔）	11 172
债务人户数（户）	192
合同份数（份）	307
单个债务人平均未偿应收账款余额（万元人民币）	1 533.18
单个债务人最高未偿应收账款余额（万元人民币）	33 042.30
加权平均赊销期限（月）	3.36
加权平均剩余赊销期限（月）	1.09
前 5 大债务人未偿应收账款余额占比	31.42%
前 10 大债务人未偿应收账款余额占比	41.31%
有中国出口信用保险公司（以下简称"中信保"）保险的债务人数量占比	85.42%
中信保保险额度覆盖率	78.77%

（七）信用增级措施

原始权益人为大部分入池应收账款购买了中信保保险，此外本专项计划安排了五矿集团差额支付和优先/次级分层机制等信用增级措施。

(1) 中信保保险：五矿发展作为资产服务机构，负责应收账款的日常管理，在进行证券化之后，五矿发展将继续按照现有管理方式管理入池应收账款。一旦应收账款需要启动中信保赔偿，将按照相关规定执行。

(2) 五矿集团差额支付：截至任何一个管理人核算日，若发现专项计划账户内可供分配的资金不足以支付该分配基准日所对应的兑付日应付的优先级资产支持证券的预期收益，或截至任何一个预期到期日的前一个管理人核算日，若发现专项计划账户内可供分配的资金不足以支付预期到期日届至的优先级资产支持证券的本金，管理人有权代表全体资产支持证券持有人于差额支付启动日向差额支付承诺人发出启动差额支付指令，要求差额支付承诺人将等值于《标准条款》第 13.2.2 款第(1)至第(6)项以及第 13.2.3 款第(1)至第(5)项应付款项与该期专项计划账户中的可分配金额的差额支付至专项计划账户。

(3) 优先/次级分层：无论当期专项计划账户中资金总额为多少，均按照既定的顺序，亦即：专项计划税负、专项计划期间费用、当期优先级资产支持证券预期收益、当期优先级资产支持证券本金的先后顺序依次进行分配，如有剩余则才分配给次级资产支持证券投资者。

(八) 项目特色小结

(1) 原始权益人及差额支付承诺人信用评级高，违约风险低。原始权益人五矿发展为上市国企(600058)，拥有 AA＋主体信用评级，经营水平位于行业领先地位；五矿集团拥有 AAA 主体信用评级，为优先级资产支持证券本息的正常兑付提供差额支付承诺。

(2) 基础资产质量优良，信用增级措施完备。本专项计划应收账款债务人以国企为主，国企未偿应收账款规模占比达 79％，并且资产池中 78.77％的应收账款获得了中信保的保险，进一步提高了基础资产的安全性；本专项计划对资产支持证券进行优先/次级分层，次级资产支持证券占比达 10％，能够为优先级资产支持证券提供信用支持，同时设置了加速清偿事件与权利完善事件，上述触发事件安排将有效降低不利因素发生时优先级资产支持证券遭受损失的风险。

二、"民生银行安驰 1 号汇富资产支持专项计划"

2015 年 8 月 21 日，广发证券资产管理(广东)有限公司的"民生银行安驰 1 号汇富资产支持专项计划"设立。本次资产支持证券发行规模为 9.14 亿元人民币，全部为优先级，其中优先 A1 级、优先 A2 级和优先 A3 级 3 个品种的本金规模分别为 7.90 亿元人民币、0.14 亿元人民币和 1.10 亿元人民币。以下介绍民生银行安驰 1 号 ABS 项目的具体情况，资料主要来源于《广发资管-民生银行安驰 1 号汇富资产支持专项计划说明书》。

(一) 交易结构

如图 6-6-2 所示。

本专项计划的交易流程如下：

(1) 除国内信用证开证行付款确认的应收账款债权外，民生银行为不特定原始权益人(作为债权人)与债务人之间的基础交易价款结算提供国内付款保函或买方信用风险担保保理服务作为付款保障措施。

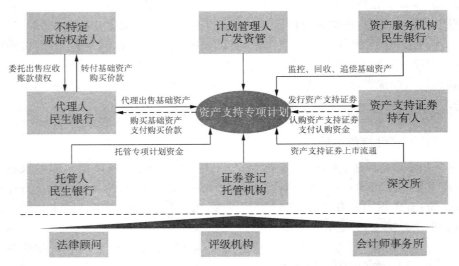

图 6-6-2 "民生银行安驰 1 号汇富资产支持专项计划"交易结构示意

(2) 民生银行根据不特定原始权益人的委托,代理原始权益人向计划管理人转让未到期的应收账款债权。

(3) 计划管理人通过设立专项计划向资产支持证券投资人募集资金,并运用专项计划募集资金购买民生银行代理转让的未到期应收账款债权,同时代表专项计划按照专项计划文件的约定对专项计划资产进行管理、运用和处分。

(4) 计划管理人委托民生银行作为资产服务机构,为专项计划提供基础资产管理服务,包括但不限于基础资产文件保管,以及敦促原始权益人自行或代表原始权益人向债务人履行债权转让通知义务、基础资产池监控、基础资产债权清收、基础资产回收资金归集等。

(5) 计划管理人聘请民生银行作为专项计划的托管银行,在托管银行开立专项计划账户,对专项计划资金进行保管。

(6) 计划管理人按照专项计划文件的约定将专项计划利益分配给专项计划资产支持证券持有人。

(7) 专项计划设立后,资产支持证券将在中证登深圳分公司登记和托管。专项计划存续期内,资产支持证券将在深交所综合协议交易平台进行转让和交易。

(二) 主要参与机构

如表 6-6-4 所示。

表6-6-4 "民生银行安驰1号汇富资产支持专项计划"主要参与机构

原始权益人代理人	中国民生银行股份有限公司
管理人/销售机构	广发证券资产管理(广东)有限公司
托管人	中国民生银行股份有限公司
会计师事务所	天健会计师事务所
法律顾问	北京市君泽君(广州)律师事务所
信用评级机构	大公国际资信评估有限公司
登记托管机构	中国证券登记结算有限责任公司深圳分公司

(三)原始权益人简介

本专项计划原始权益人为不特定的多个贸易应收账款、工程应收账款或租赁应收账款的债权人,根据其分别与民生银行签订的《业务合同》,不可撤销地授权民生银行作为代理人向专项计划出售未到期的应收账款债权,该等应收账款债权已获得民生银行的付款确认或提供的付款保障。

该等原始权益人向专项计划出售基础资产后,其财务状况和业务经营对专项计划及资产支持证券投资者的利益不会产生重大影响,不属于《管理规定》第十一条规定的"业务经营可能对专项计划以及资产支持证券投资者的利益产生重大影响"的特定原始权益人,因此称之为"不特定原始权益人"。

(四)产品结构

如表6-6-5所示。

表6-6-5 "民生银行安驰1号汇富资产支持专项计划"产品结构

"民生银行安驰1号汇富资产支持专项计划"产品要素			
发行总额(亿元人民币)	9.14		
起息日	2015-8-21		
证券分层	优先A1级	优先A2级	优先A3级
发行总额(亿元人民币)	7.90	0.14	1.10
规模占比	86.43%	1.53%	12.04%
信用等级	AAA		
预期到期日	2016-8-21	2017-8-21	2018-8-21
产品期限(年)	1	2	3
利率类型	固定利率		
预期收益率	4.00%	4.50%	5.00%
还本付息安排	按年付息,到期一次性还本		

(五) 合格标准与资产池情况

本专项计划项下的基础资产是指按《基础资产买卖协议》的约定，由代理人转让予专项计划的应收账款债权。该等"应收账款债权"是指原始权益人作为债权人持有的、符合《基础资产买卖协议》中约定的入池标准的合格应收账款债权，即原始权益人对债务人享有的，对于债务人履行相应的付款义务及支付滞纳金、违约金、损害赔偿金的请求权，以及基于该等请求权而享有的全部附属担保权益（如有），具体包括国内信用证开证行确认付款的应收账款债权、银行付款保函担保的应收账款债权及银行提供买方信用风险担保保理服务的应收账款债权。

1. 基础资产合格标准

合格债权必须在购买日满足以下入池标准，并在专项计划存续期间保持满足以下要求：

（1）债权人为中国境内法人或其他机构，并已依《人民币银行结算账户管理办法》（银发〔2005〕16号）的规定在民生银行开立基本存款账户或一般存款账户。

（2）原始权益人真实、合法、有效地拥有该笔未到期应收账款债权。

（3）该笔未到期应收账款债权的到期日早于专项计划到期日。

（4）该笔未到期应收账款债权未被列入《负面清单》。

（5）该笔未到期应收账款债权上未设定抵押、质押等担保权利，亦无其他权利负担。

（6）民生银行取得代理原始权益人向专项计划出售未到期应收账款债权的授权合法、充分。

2. 特殊入池标准

（1）适用于国内信用证开证行付款确认的应收账款债权：除符合以上通用入池标准以外，国内信用证开证行确认付款的应收账款债权还必须在购买日满足以下入池标准，并在专项计划存续期间保持满足以下要求：

① 债权人与开证申请人之间的交易具有真实的贸易背景，债权人和开证申请人双方签署的《基础交易合同》在适用法律下合法、有效。

② 根据开证申请人之申请，民生银行已依法就该《基础交易合同》的结算向债权人开立了不可撤销、可延期付款的国内信用证，并且该信用证已获得民生银行的到期付款确认。

③ 代理人和开证行为民生银行不同分支机构的，代理人已按《基础资产买卖协议》的约定将其受托向专项计划转让信用证项下银行确认付款的应收账款债权向开证行发出书面通知；如代理人和开证行为民生银行同一分支机构的，则

无需进行上述通知。

（2）适用于银行付款保函担保的应收账款债权：除符合以上通用入池标准以外，银行付款保函担保的应收账款债权还必须在购买日满足以下入池标准，并在专项计划存续期间保持满足以下要求：

① 债务人为中国境内的法人或其他机构，并已依《人民币银行结算账户管理办法》（银发〔2005〕16号）的规定在民生银行开立基本存款账户或一般存款账户，且符合民生银行开立付款保函业务的准入条件。

② 债权人与债务人之间具有真实的交易背景，债权人和债务人双方签署的《基础交易合同》在适用法律下合法、有效，并且原始权益人已经完全、适当履行《基础交易合同》项下的合同义务且已取得债务人的书面确认。

③ 民生银行已依法就债权人基于《基础交易合同》享有的该笔应收账款的到期足额支付向债权人开立不可撤销、见索即付的国内付款保函。

④ 债务人已向原始权益人及保函开立行确认其对基础交易合同价款负有支付义务并放弃商业纠纷抗辩权。

⑤《基础交易合同》未对债权人转让其银行付款保函担保的应收账款债权做出禁止性或限制性约定；或者，在《基础交易合同》对债权人转让该债权做出限制性约定的情况下，转让条件已经成就。

⑥ 债权人已按《基础资产买卖协议》约定就其向专项计划出售银行付款保函担保的应收账款债权向债务人发出书面通知，并已收到债务人的书面确认回执。

⑦ 债权人作为付款保函受益人，就付款保函随银行付款保函担保的应收账款债权一并转让予专项计划向保函开立行发出书面通知，并已收到保函开立行的书面确认回执。

（3）适用于银行提供买方信用风险担保保理服务的应收账款债权：除符合以上通用入池标准以外，银行提供买方信用风险担保保理服务的应收账款债权还必须在购买日满足以下入池标准，并在专项计划存续期间保持满足以下要求：

① 债务人为中国境内的法人或其他机构，并已依《人民币银行结算账户管理办法》（银发〔2005〕16号）规定在民生银行开立基本存款账户或一般存款账户，符合民生银行提供买方信用风险担保保理服务的准入条件。

② 债权人与债务人之间具有真实的交易背景，债权人和债务人双方签署的《基础交易合同》在适用法律下合法、有效，并且原始权益人已经完全、适当履行《基础交易合同》项下的合同义务且已取得债务人的书面确认。

③《基础交易合同》未对债权人转让其银行提供买方信用风险担保保理服务的应收账款债权做出禁止性或限制性约定；或者在《基础交易合同》对债权人

转让该债权做出限制性约定的情况下,转让条件已经成就。

④ 民生银行已向专项计划书面确认同意为债权人向专项计划转让的该笔应收账款债权提供应收账款管理、催收及买方信用风险担保保理服务。

⑤ 债务人已向原始权益人及保理商确认其对基础交易合同价款负有支付义务并放弃商业纠纷抗辩权。

⑥ 债权人已按《基础资产买卖协议》的约定就其基于《基础交易合同》而享有的应收账款债权最终转让予保理商向债务人发出书面通知,并已收到债务人的书面确认回执。

2. 资产池情况

本期专项计划基础资产池涉及 10 笔应收账款,入池应收账款债权本金余额为 93 610 万元人民币,资产池总体情况如表 6-6-6 所示。

表 6-6-6 "民生银行安驰 1 号汇富资产专项计划"资产池统计信息

资产池基本情况	
入池基础资产笔数(笔)	10
应收账款债权本金余额(万元人民币)	95 516.86
单笔应收收账款最高未偿余额(万元人民币)	15 000.00
单笔应收账款平均未偿余额(万元人民币)	9 551.69
加权平均应收账款期限(月)	15.2
加权平均应收账款剩余期限(月)	15.2
应收账款最短/最长剩余期限	11.84 个月/35.74 个月
付款保函-应收账款债权本金余额占比	16%
国内保理-应收账款债权本金余额占比	84%
应收账款行业分布	5 个行业
应收账款地区分布	贵阳、河南、云南、山东、陕西、浙江、四川
资产池加权平均信用等级	AAA

(六)信用增级措施

本期专项计划不设信用增级措施,但在增加专项计划安全性方面,本期专项计划采取了如下措施:

(1)权利完善机制:该专项计划设置了一系列的权利完善事件,当发生任一权利完善事件后,基础资产的卖方或买方可采取发出权利完善通知、改变基础资产回收款路径、移交基础资产文件原件、办理权利转移或变更登记手续等措施,缓释风险。

(2)制定了较为严格的基础资产合格标准,保障入池资产质量。

(3) 本期专项计划项下的贸易金融产品通过民生银行信用证、保理或保函的方式对基础资产提供了增信作用。

(七) 项目特色小结

(1) 引入了"一次申请、分期发行"的储架发行机制。本期专项计划为"广发资管-民生银行安驰1—10号汇富资产支持专项计划"的第一支产品。该系列产品一次性向深交所申请了200亿元人民币的总额度,分10期发行,申请时不确定初始资产池,每支专项计划根据基础资产准入标准及基础资产池创建流程,2~3周滚动发行,每期资产支持证券总规模不高于20亿元人民币,至少发行一档,但不超过六档。储架发行机制有效提高了发行的灵活性和运作效率。

(2) 民生银行作为原始权益人的代理人及基础资产层面的付款保障提供方。根据原始权益人分别与民生银行签订的《业务合同》,不可撤销地授权民生银行作为代理人向专项计划出售未到期的应收账款债权,该等应收账款债权已获得民生银行的付款确认或提供的付款保障。

(3) 原始权益人为不特定原始权益人。本专项计划原始权益人为不特定的多个贸易应收账款、工程应收账款或租赁应收账款的债权人,原始权益人向专项计划出售基础资产后,其财务状况和业务经营对专项计划及资产支持证券投资者的利益不会产生重大影响,不属于《管理规定》第十一条规定的"业务经营可能对专项计划以及资产支持证券投资者的利益产生重大影响"的特定原始权益人。

三、"金光一期资产支持专项计划"

"金光一期资产支持专项计划"以金光纸业(中国)投资有限公司贸易项下应收账款为基础资产,是国内首支外商投资企业发行的资产支持专项计划,同时也是实现资产出表的贸易应收账款资产支持专项计划。

本次资产支持证券发行规模12.10亿元人民币,其中优先级为10.53亿元人民币,分为优先A1级和优先A2级两个品种,发行规模分别为7.38亿元人民币和3.15亿元人民币;次级档为1.57亿元人民币。以下介绍国金-金光一期ABS项目的具体情况,资料主要来源于《金光一期资产支持专项计划说明书》。

(一) 交易结构

如图6-6-3所示,本专项计划的交易流程如下:

(1) 认购人通过与管理人签订《认购协议》,将认购资金以专项计划方式委托管理人管理,管理人设立并管理专项计划,认购人取得资产支持证券,成为资产支持证券持有人。

(2) 管理人根据与原始权益人签订的《基础资产买卖协议》的约定,将专项计划资金用于向原始权益人购买基础资产,即原始权益人在专项计划设立日转让给管理人的、原始权益人依据《销售合同》对买受人所形成的应收账款的请求权和其他权利及其附属担保权益。

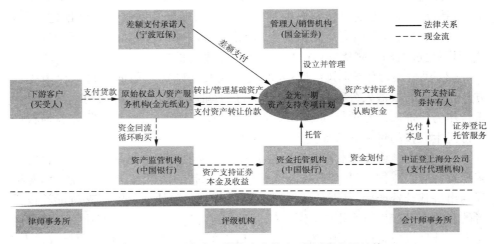

图6-6-3 "金光一期资产支持专项计划"交易结构

(3) 资产服务机构根据《服务协议》的约定,负责基础资产对应的应收账款的回收和催收,以及违约资产处置等基础资产管理工作。

(4) 监管银行根据《监管协议》的约定,在每个循环购买日依照资产服务机构的指令并经过管理人确认后,将循环购买价款划转至《基础资产买卖协议》约定的原始权益人账户。

(5) 监管银行根据《监管协议》的约定,在每个回收款转付日依照资产服务机构的指令将全部或部分留存收益、全部或部分应收账款回收款项(不包括该等回收款在监管账户内产生的利息,该等利息由原始权益人享有)在扣除执行费用后的余额划转至专项计划账户,由托管银行根据《托管协议》对专项计划资产进行托管。

(6) 当发生任一差额支付启动事件时,差额支付承诺人根据《差额支付承诺函》将差额资金划入专项计划账户。

(7) 管理人根据《计划说明书》及相关文件的约定,向托管银行发出分配指令,托管银行根据分配指令,将相应资金划拨至登记托管机构的指定账户,用于支付资产支持证券本金和预期收益。

(二) 循环购买安排

1. 循环购买的价款

在各循环购买期间每个循环购买日,根据《基础资产买卖协议》的相关约定向原始权益人支付购买价款。

2. 其他约定

在各循环期间内,买方向卖方循环购买的新增基础资产项下应收账款的账面价值与该日资产池内未偿应收账款余额之和应不高于专项计划设立日所购买的初始基础资产的账面价值之和。

3. 循环购买的流程及价款支付

(1) 循环购买的期限:在各循环期间的每个循环购买日,《基础资产买卖协议》项下的买方有权向卖方循环购买基础资产。买方循环购买基础资产的时间为每个收入归集日的当日。第一个循环期间为专项计划设立日至计划设立满32个月的当日;第二个循环期间为专项计划设立满33个月的第二个工作日至专项计划设立日至计划设立满35个月的当日。专项计划设立期满35个月后,管理人不再向卖方购买基础资产。

(2) 循环购买的流程:

① 在每个应收账款回收计算日前的20个工作日,买方以邮件形式通知卖方提供新增基础资产;

② 在每个应收账款回收计算日前的16个工作日,卖方应向会计师、管理人提供用于新增的基础资产清单及相应的基础资产文件;

③ 在每个应收账款回收计算日前的15个工作日,管理人根据基础资产清单的相关信息及《标准条款》内的合格标准内容,完成新增基础资产的准入审核及筛选,并将筛选后的基础资产信息反馈给卖方和会计;

④ 在每个应收账款回收款计算日前的3个工作日,会计师完成对筛选后的基础资产及其相关基础资产文件的审核,并向管理人出具专项报告。卖方与管理人最终确定循环购买的基础资产,并在基础资产清单及《基础资产买卖协议》附件四:《交割确认函》上盖章确认;

⑤ 在每个收入归集日的15:00前,资产服务机构、监管银行、管理人根据《服务协议》、《监管协议》的约定完成账户金额核实对账。在三方对账无误后,由资产服务机构根据《监管协议》的约定向监管银行发出指令,在经管理人确认后向卖方支付购买价款。

(3) 循环购买基础资产的交割方式：就管理人向原始权益人循环购买的基础资产，双方于循环购买日当日签订《交割确认函》（格式见《基础资产买卖协议》附件五）。《交割确认函》的签订视为双方就循环购买的基础资产买卖的交割确认，该《交割确认函》于双方法定代表人或其授权代表人签字/签章并加盖单位公章后立即生效，对双方均具有法律约束力。

（三）主要参与机构

如表 6-6-7 所示。

表 6-6-7 "金光一期资产支持专项计划"主要参与机构

原始权益人	金光纸业（中国）投资有限公司
差额支付承诺人	宁波冠保仓储有限公司
管理人/销售机构	国金证券股份有限公司
托管人	中国银行股份有限公司上海市分行
监管银行	中国银行股份有限公司上海市分行营业部
法律顾问	北京市金杜律师事务所
信用评级机构	联合信用评级有限公司
会计师事务所	中兴财光华会计师事务所（特殊普通合伙）
登记托管机构	中国证券登记结算有限责任公司上海分公司

（四）原始权益人及差额支付承诺人简介

（1）原始权益人金光纸业（中国）投资有限公司（以下简称"金光纸业"）成立于 1992 年 2 月 2 日，为外商独资公司，最新注册资本为 450 000 万美元。富龙投资集团有限公司（以下简称"富龙投资"）于 2007 年 8 月 28 日在香港成立，注册资本为 10 000 港元，持有金光纸业 100% 股权。

金光纸业主要从事林业营造、林业产品、各种纸张、纸产品的生产和销售业务。公司投资集中于造纸行业的各个领域，目前已形成了林、浆、纸一体化的可持续发展产业链，所属子公司多在行业内居领先地位，在规模、技术、品牌、管理等方面具有较强竞争力。金光纸业还是国内最大的综合性造纸企业，下辖林业营造、木浆制造和纸制品生产及深加工 3 大业务板块，其中纸浆制造和纸制品生产及深加工为核心产业。

（2）差额支付承诺人宁波冠保仓储有限公司成立于 1994 年 12 月 31 日，注册资本为 10 002.73 万美元，控股股东为香港金达太平洋有限公司。宁波冠保仓储有限公司的主要经营业务为：国际贸易，机械设备租赁，仓储，经营化工原料(除危险品)、木浆、木片、纸张、纸品、废纸及其他造纸原料的批发。该企业在宁波保税区西区拥有 59 145 平方米的土地使用权,是宁波保税区占地面积最大的仓储公司之一,已建成室外堆场近 57 000 平方米,室内仓库 1 300 平方米。

(五)产品结构

如表 6-6-8 所示。

表 6-6-8 "金光一期资产支持专项计划"产品结构

"金光一期资产支持专项计划"产品要素			
发行总额(亿元人民币)	12.10		
起息日	2015-07-29		
法定到期日	次级资产支持证券的预期到期日往后延长两年的对应日		
证券分档	优先级		次级档
	优先 A1 级	优先 A2 级	
规模(万元人民币)	73 800.00	31 500.00	15 680.10
规模占比	61.00%	26.04%	12.96%
预期到期日	2018-04-29	2018-07-29	2018-09-29
产品期限(年)	2.75	3.00	3.17
信用评级	AAA	AA	N/R
利率类型	固定利率		无票面利率
证券类型	到期一次还本		无期间收益,到期获得剩余收益
付息频率	每年付息一次		—
预期收益率	5.75%	6.75%	—

(六)合格标准与资产池情况

本专项计划的基础资产系指基础资产清单所列的由原始权益人在专项计划设立日、循环购买日转让给管理人的、原始权益人依据销售合同及应收账款转让合同对买受人享有的应收账款及其附属担保权益。

本专项计划基础资产是由金光纸业(成都)有限公司等 18 家子公司根据与买受人签订的销售合同等文件安排,在金光纸业(成都)有限公司等 18 家子公司作为供货人履行并遵守了相关合同项下其所应当履行的义务后产生的对买受人的应收债权。

金光纸业（成都）有限公司等18家公司作为初始债权人，将其享有的应收债权通过应收账款转让合同内部转让给金光纸业，金光纸业为本专项计划的原始权益人，已经履行并遵守了基础资产所对应的应收账款转让合同项下其所应当履行的义务。截至初始基准日（2015年4月30日），入池未偿应收账款余额约为12.21亿元人民币。

1. 基础资产合格标准

就每一笔基础资产而言，系指在基准日和专项计划设立日或循环购买日：

（1）基础资产对应的全部销售合同和应收账款转让合同适用法律为中国法律，且在中国法律项下均合法有效，并构成相关买受人合法、有效和有约束力的义务，原始权益人可根据其条款向买受人主张权利。

（2）供货人已经履行并遵守了基础资产所对应的任一份销售合同项下其所应当履行的义务，且买受人未提出因供货人瑕疵而要求减少应收账款或者换货等主张。

（3）原始权益人已经履行并遵守了基础资产所对应的任一份应收账款转让合同项下其所应当履行的义务。

（4）基础资产不属于违约基础资产。

（5）销售合同的买受人与金光纸业及供货人的合作期限超过5个月以上，在合同项下买受人未出现逾期支付或者违约的记录。

（6）销售合同中的买受人系依据中国法律在中国境内设立且合法存续的企业法人、事业单位法人或其他组织，不应为政府或事业单位。

（7）销售合同中的买受人与金光纸业及供货人无正在进行的或将要进行的诉讼、仲裁或其他纠纷。

（8）基础资产分布于单个省级行政区域的占基础资产池余额的比例不应当超过25％，前十大买受人占基础资产池余额的比例不应当超过40％，前七大买受人占基础资产池余额的比例不应当超过35％，单个买受人占基础资产池余额的比不应当超过15％。

（9）原始权益人合法拥有基础资产，且基础资产上未设定抵押权、质权或其他担保物权。

（10）基础资产可以进行合法有效的转让，且在销售合同和应收账款转让合同对基础资产的转让有特别约定的情况下，应收账款转让已经满足了所约定的条件。

（11）就每个循环期间，基础资产对应任意一笔应收账款的预期付款日不得晚于该循环期满日后的20个自然日。

（12）基础资产不涉及国防、军工或其他国家机密。

（13）基础资产项下的买受人不涉及地方政府或地方政府融资平台公司。

(14) 基础资产不涉及诉讼、仲裁、执行或破产程序。

2. 资产池情况

初始基础资产池涉及原始权益人与 320 个买受人的应收账款。截至 2015 年 4 月 30 日 24:00，资产池的未偿应收账款余额约为 12.21 亿元人民币，初始资产池统计信息如表 6-6-9 所示。表中加权平均值均采用基准日应收账款余额为权重对每笔应收账款的相应指标进行加权平均得到。

表 6-6-9 "金光一期资产支持专项计划"资产池情况

基本情况	数值
应收账款总额(元人民币)	1 220 621 044.56
买受人数量(个)	320
单个买受人应收账款最高金额(元人民币)	135 546 800.00
单笔应收账款最高金额(元人民币)	108 304 000.00
单笔应收账款平均金额(元人民币)	2 906 240.58
单个买受人应收账款平均金额(元人民币)	3 814 440.76
加权平均应收账款期限(天)	121

初始资产池的细分统计信息如表 6-6-10～表 6-6-14 所示。

表 6-6-10 "金光一期资产支持专项计划"买受人合作期限分布情况

买受人合作期限	应收账款金额(元人民币)	占比(%)
10 年以上	166 359 278.14	13.63
5 年以上	361 834 468.21	29.64
3 年以上	891 681 351.59	73.05
1 年以上	1 124 158 339.12	92.10
5 个月及以上	1 220 621 044.56	100

表 6-6-11 "金光一期资产支持专项计划"买受人所在地域分布情况

买受人所在地	应收账款数额(元人民币)	占比(%)
上海	288 785 398.16	23.66
江苏	200 567 135.80	16.43
广东	116 647 338.80	9.56
山东	100 594 605.87	8.24
浙江	92 678 561.77	7.59
海南	66 358 800.00	5.44
四川	54 009 170.91	4.42

(续表)

买受人所在地	应收账款数额(元人民币)	占 比(%)
北京	53 585 903.72	4.39
河南	31 366 064.07	2.57
福建	28 461 373.69	2.33
湖南	25 550 435.71	2.09
云南	23 535 625.66	1.93
重庆	21 335 889.78	1.75
安徽	17 254 758.99	1.41
河北	16 814 446.26	1.38
湖北	15 792 903.41	1.29
山西	13 127 303.47	1.08
吉林	11 190 570.84	0.92
天津	9 865 104.06	0.81
辽宁	8 211 787.04	0.67
黑龙	7 763 138.52	0.64
贵州	5 776 437.48	0.47
新疆	4 761 225.01	0.39
陕西	2 854 903.45	0.23
青海	1 395 549.61	0.11
甘肃	1 236 330.84	0.10
江西	1 100 281.64	0.09
总计	**1 220 621 044.56**	**100.00**

表6-6-12 "金光一期资产支持专项计划"应收账款剩余期限分布

应收账款剩余期限分布(天)	应收账款金额(元人民币)	占 比(%)
已到期	218 860 692.90	17.93
(0,30]	386 840 098.90	31.69
(30,60]	164 034 751.89	13.44
(60,90]	112 540 950.87	9.22
(120,180]	338 344 550.00	27.72
合计	1 220 621 044.56	100.00

表6-6-13 "金光一期资产支持专项计划"合同约定赊销期限分布

应收账款账龄分布(天)	应收账款金额(元人民币)	占 比(%)
(0,60]	169 944 341.32	13.92
(60,90]	357 769 067.03	29.31
(90,120]	66 549 686.26	5.45

(续表)

应收账款账龄分布(天)	应收账款金额(元人民币)	占 比(%)
>120	657 709 549.95	51.31
合计	1 220 621 044.56	100.00

表6-6-14 "金光一期资产支持专项计划"前10大买受人未偿应收账款余额分布情况

买受人	入池资本金额(元人民币)	占 比(%)
买受人1	135 546 800.00	11.11
买受人2	66 358 800.00	5.44
买受人3	50 081 500.00	4.10
买受人4	48 647 910.10	3.99
买受人5	47 667 000.00	3.91
买受人6	44 818 400.00	3.67
买受人7	28 846 650.00	2.36
买受人8	18 641 201.42	1.53
买受人9	16 916 890.94	1.39
买受人10	15 341 848.44	1.26
合计	472 867 000.90	38.76

(七) 信用增级措施

(1) 中国出口信用保险公司保险：金光纸业作为资产服务机构，负责应收账款的日常管理，在基础资产转让给专项计划后，金光纸业将继续按照现有管理方式管理入池的应收账款。一旦应收账款需要启动中国出口信用保险公司保险赔偿，将按照相关保险条款执行索赔。

(2) 循环购买动态折算：根据《基础资产购买协议》，在每个循环购买日对于应收账款的购买价款设定了动态的计算方式。该计算方式综合考虑当期应收账款的实际违约情况、应收账款循环购买延期情况等可能影响基础资产到期现金流的因素，通过动态计算的方式调整了应收账款循环购买时的实际折价率，在出现违约和延期等情况下有效保持了专项计划各计息期间的基础资产未来现金流的稳定性，同时提高了计息期间优先级资产支持证券投资者预期收益的覆盖比率。

(3) 内部分级结构：本计划通过设定优先级/次级受偿顺序的交易结构来实现内部信用提升。资产支持证券发行总规模约为12.10亿元人民币，其中优先级资产支持证券为10.53亿元人民币，次级资产支持证券约为1.57亿元人民币，次级资产支持证券占比约为12.96%；次级资产支持证券在分配完该期应付的相关税费和优先级资产支持证券预期支付额后,分配剩余余额。次级资产支持证券作为劣后受益人为优先级资产支持证券提供优先偿付保证。

（4）差额支付承诺：宁波冠保仓储有限公司（以下简称"宁波冠保"）作为差额支付承诺人不可撤销及无条件地向管理人（代表资产支持证券持有人）承诺对专项计划资产不足以支付优先级资产支持证券的各期预期收益和全部未偿本金的差额部分承担补足义务。

（八）项目特色小结

（1）"金光一期资产支持专项计划"采用集团资产管理模式,以实现资产出表为前提,以集团应收账款的统一管理为基础,设立动态资产池。同时,作为国内首支外商投资企业应收账款资产证券化产品,通过灵活的产品设计,有效突破了证券化资产只有依靠强担保才能获得较高评级的瓶颈。

（2）"金光一期资产支持专项计划"采用循环购买动态折算方法,即在每个循环购买日,对于应收账款的购买价款设定了动态的计算方式。该计算方式综合考虑当期应收账款的实际违约情况、应收账款循环购买延期情况等可能影响基础资产到期现金流的因素,通过动态计算的方式调整了应收账款循环购买时的实际折价率,在出现违约和延期等情况下有效保持了专项计划各计息期间的基础资产未来现金流的稳定性,同时提高了计息期间优先级资产支持证券投资者预期收益的覆盖比率。

第七章
中国租赁债权资产证券化实务

租赁债权是开展资产证券化较为成熟的一种基础资产,《证券公司及基金管理公司子公司资产证券化业务管理规定》中明确将租赁债权确定为可开展证券化业务的基础资产。备案制至2015年年末,以租赁债权为基础资产的资产证券化项目发行单数最多,不同的项目在资产池构建、交易结构安排和产品方案设计等方面都各具特色,不断有所突破。

本章首先介绍了中国租赁资产证券化市场的基本情况,在此基础上分析了未来发展方向。随后根据实际操作经验,梳理租赁资产证券化项目的操作流程,对项目执行的要点进行重点分析。然后分别对税务处理和信用评级方法进行详细分析。接着提出目前业务开展过程中遇到的主要问题,并提出相关政策建议。最后对可借鉴的经典案例进行了详细介绍,供市场机构参考。

第一节　整体市场情况

一、租赁资产证券化市场现状及最新动态

（一）市场现状

1. 交易所市场和报价系统

由于中国有别于欧美的会计、法律及政策环境，租赁资产证券化一直是市场迫切需要、潜在市场规模较大但又尚未全面展开的领域。2006年11月，远东国际租赁有限公司设立远东首期租赁资产支持收益专项资产管理计划，这是我国首单融资租赁资产证券化项目。之后，在较长时间内，租赁资产证券化陷入停滞状态，直到2011年8月，远东租赁发行远东二期专项资产管理计划后才有所恢复。

由于牌照审批机构的差异，我国的融资租赁公司分为银监会监管的金融租赁公司、商务部审批的内资试点融资租赁公司和外资投资的融资租赁公司。与之相对应，金融租赁公司发起的资产支持证券目前在银行间债券市场发行与交易，非金融租赁公司发起的资产支持证券目前在上海证券交易所、深圳证券交易所或机构间私募产品报价与服务系统发行与交易。

根据《金融租赁公司管理办法》（中国银监会令〔2014〕第3号）和《融资租赁企业监督管理办法》（商务部商流通发〔2013〕337号）的规定，金融租赁公司的租赁资产规模不得超过其注册资本的12.5倍，融资租赁企业的风险资产不得超过净资产总额的10倍。当租赁公司的业务发展到一定规模时，必须通过增加资本金或者盘活现有租赁债权的方式来解决资金瓶颈问题，而资产证券化正是其中一种比较有效的融资渠道。

2014年12月，证监会对企业资产证券化业务的审核方式进行了改革，首次采取了"事后备案＋负面清单"的产品管理模式，取消事前行政审批，同时将管理人范围扩展至基金子公司，并将租赁债权明确纳入基础资产范畴。随后，交易所推出相关业务指引，为正式挂牌交易做好了准备。租赁债权作为一种成熟的基础资产，发展成为资产证券化市场的一大主力。

据Wind资讯统计，2015年，在交易所和报价系统发行的企业资产证券化共计195单，规模总计1910.57亿元人民币，明显超过2014年全年400.83亿元人民币的发行规模。其中，以租赁债权为基础资产的企业资产证券化产品共发行61单（见表2-1-1），规模总计552.42亿元人民币，远超2014年全年的4单34.75亿元人民币，规模占比也从2014年的8.67%迅速上升至28.91%。共有

42家租赁公司相继发行企业资产证券化产品,包括宝信租赁、狮桥租赁、远东宏信、融信租赁、海通恒信、环球租赁、丰汇租赁、正奇租赁、东海租赁、福能租赁、聚信租赁、医学之星和文科租赁等。

表7-1-1 备案制至2015年年底交易所和报价系统市场发行的租赁资产证券化项目

项目名称	原始权益人	计息起始日	发行总额(万元人民币)	期限(年)	优先级产品最高评级
宝信租赁一期资产支持专项计划	宝信租赁	2014-12-16	40 500.00	1.35~1.85	AAA
狮桥一期资产支持专项计划	狮桥融资租赁(中国)	2015-01-23	48 200.00	0.24~2	AA+
南方骐元-远东宏信(天津)一号资产支持专项计划	远东宏信租赁	2015-02-27	62 900.00	0.82~2.75	AAA
宝信租赁二期资产支持专项计划	宝信租赁	2015-03-19	31 500.00	1.52~2.52	AAA
兴证资管-融信租赁一期资产支持专项计划	融信租赁	2015-03-27	20 700.00	0.81~2.9	AA+
海通恒信一期资产支持专项计划	恒信金融租赁	2015-05-07	136 200.00	0.21~4.21	AAA
远东2015年第二期租赁资产支持专项计划	远东宏信租赁	2015-05-08	96 060.00	0.85~3.85	AAA
民生加银资管先锋租赁一号汇富资产支持专项计划	先锋租赁	2015-05-19	43 000.00	0.92~3.68	AAA
华科租赁一期资产支持专项计划	华科租赁	2015-05-19	22 900.00	1.51~2	AAA
宝信租赁三期资产支持专项计划	宝信租赁	2015-05-19	68 100.00	1.5~2.25	AAA
华泰-金美-中联水泥一期租赁资产支持专项计划	金美融资	2015-05-19	100 000.00	3.00	AAA
汇通一期资产支持专项计划	汇通信诚	2015-05-26	115 201.53	0.12~2.79	AAA
环球租赁资产支持专项计划	环球租赁	2015-05-26	114 185.82	1.01~5	AAA
正奇租赁一期资产支持专项计划	正奇租赁	2015-06-09	50 000.00	2.89	AAA
兴证资管-东海租赁一期资产支持专项计划	东海租赁	2015-06-10	34 700.00	0.36~2.86	AAA
福能租赁资产支持专项计划	福能租赁	2015-06-18	67 000.00	0.5~3	AAA
远东宏信(天津)三期专项计划	远东宏信租赁	2015-06-18	341 065.78	3.19~3.66	AAA
港联租赁一期资产支持专项计划	港联融资租赁	2015-06-26	91 300.00	2.58~3.08	AAA

(续表)

项目名称	原始权益人	计息起始日	发行总额（万元人民币）	期限（年）	优先级产品最高评级
中电投融和租赁一期资产支持专项计划	中电投租赁	2015-06-29	181 180.60	0.14~2.56	AAA
第一创业聚信租赁一期资产支持专项计划	聚信租赁	2015-07-09	47 300.00	2.55~3.55	AAA
华泰-金美-中联水泥二期租赁资产支持专项计划	金美融资	2015-07-10	50 000.00	3.00	AAA
宝信租赁四期资产支持专项计划	宝信租赁	2015-07-22	87 400.00	1.43~2.92	AAA
丰汇租赁一期资产支持专项计划	丰汇租赁	2015-07-24	60 000.00	1.76~3.01	AAA
广发恒进-南方水泥租赁资产支持专项计划	量通租赁	2015-08-06	300 000.00	1.07~4.08	AAA
海晟租赁一期资产支持专项计划	海晟租赁	2015-08-07	18 700.00	1.51~1.75	AAA
中建投租赁一期资产支持专项计划	中建投租赁	2015-08-10	113 417.72	0.01~4.68	AAA
华泰-金美-中联水泥三期租赁资产支持专项计划	金美融资	2015-08-14	300 000.00	3.00	AAA
浙江海洋租赁一期资产支持专项计划	海洋租赁	2015-08-14	54 712.68	0.2~5.7	AAA
申万宏源证券渤钢租赁一期资产支持专项计划	渤钢租赁	2015-08-25	41 240.00	0.88~2.13	AAA
广发恒进-中关村科技租赁一期资产支持专项计划	中关村租赁	2015-08-26	55 300.00	0.82~2.82	AAA
汇通二期资产支持专项计划	汇通信诚	2015-08-26	124 100.00	0.21~2.79	AAA
畅通资产支持专项计划	运通租赁	2015-08-27	29 459.67	3.48~3.72	AA
南山租赁一期资产支持专项计划	南山租赁	2015-09-10	33 300.00	0.24~2.83	AA+
德润租赁资产支持专项计划	德润租赁	2015-09-15	81 800.00	0.82~4.59	AAA
远东四期资产支持专项计划	远东租赁	2015-09-15	196 583.76	0.95~4.2	AA
奥克斯租赁一期资产支持专项计划	奥克斯租赁	2015-09-22	33 228.35	0.85~4.85	AAA
汇通三期资产支持专项计划	汇通信诚	2015-09-25	109 400.00	0.12~2.87	AAA
德邦证券先锋租赁一期资产支持专项计划	先锋租赁	2015-09-29	14 900.00	1.07~4.82	AAA
海亮租赁一期资产支持专项计划	海亮租赁	2015-10-15	149 700.00	2.87~3.87	AAA

(续表)

项目名称	原始权益人	计息起始日	发行总额（万元人民币）	期限（年）	优先级产品最高评级
狮桥二期资产支持专项计划	狮桥融资租赁（中国）	2015-10-21	34 500.00	3.00	AAA
丰汇租赁二期资产支持专项计划	丰汇租赁	2015-10-22	60 000.00	0.76~4.26	AA
财通资管-齐鲁证券-聚信租赁资产支持专项计划	聚信租赁	2015-10-28	52 700.00	0.82~3.82	AAA
重庆西永微电子产业园区租赁债权资产支持专项计划	西永微电园	2015-10-28	167 800.00	0.17~5.18	AAA
国金-先锋太盟一期资产支持专项计划	先锋太盟租赁	2015-10-30	17 000.00	0.2~2.78	AA+
中民国际租赁一期资产支持专项计划	中民国际融资租赁	2015-11-11	120 000.00	0.21~3.78	AAA
申万宏源证券中铁租赁一期资产支持专项计划	中铁租赁	2015-11-17	67 998.50	0.17~4.58	AAA
平安国际租赁一期资产支持专项计划	平安租赁	2015-11-19	201 958.51	1.08~2.50	AAA
兴证资管-奥克斯租赁2015年第二期资产支持专项计划	奥克斯租赁	2015-11-19	30 000.00	0.93~4.94	AAA
齐鲁资管先锋租赁一期资产支持专项计划	先锋租赁	2015-11-20	19 236.58	3.00	AAA
鑫桥租赁2015年第一期租赁债权资产支持专项计划	鑫桥联合融资租赁	2015-11-25	210 000.00	1.08~8.09	AAA
远东五期资产支持专项计划	远东租赁	2015-11-27	385 080.00	0.25~5	AAA
宝信租赁五期资产支持专项计划	宝信租赁	2015-11-27	59 300.00	1.24~1.99	AAA
华泰聚信租赁三期资产支持专项计划	聚信租赁	2015-12-04	101 700.00	2.42~4.17	AAA
医学之星一期租赁资产支持专项计划	医学之星（上海）	2015-12-08	47 000.00	0.89~4.89	AAA
赢时通一期资产支持专项计划	赢时通汽车服务	2015-12-15	28 800.00	1.72	AA+
畅通二期资产支持专项计划	运通租赁	2015-12-23	32 900.00	3.95~4.2	AA
广发恒进-新皓租赁一期资产支持专项计划	新皓租赁	2015-12-28	100 000.00	0.98~2.98	AAA
华科租赁二期资产支持专项计划	华科租赁	2015-12-28	23 400.00	1.67~2.67	AAA

(续表)

项目名称	原始权益人	计息起始日	发行总额（万元人民币）	期限（年）	优先级产品最高评级
方正证券皖新租赁一期资产支持专项计划	安徽皖新融资租赁	2015-12-29	63 000.00	1.96～2.72	AAA
广发恒进-粤科租赁一期资产支持专项计划	粤科租赁	2015-12-29	60 000.00	0.98～2.98	AAA
文科租赁一期资产支持专项计划	文化科技租赁	2015-12-30	76 600.00	2.24～3.75	AAA

(资料来源：Wind 资讯，恒泰证券整理)

2. 银行间市场

2014 年 3 月，银监会修订《金融租赁公司管理办法》，首次提出允许经营状况良好、符合条件的金融租赁公司，经批准后可开展资产证券化业务。过去，通常是商业银行和汽车金融公司在银行间市场发行资产证券化产品。

2014 年 9 月，交银金融租赁有限责任公司发起交融 2014 年第一期租赁资产证券化项目，发行规模为 10.12 亿元人民币，这是国内第一单在银行间市场发行的租赁资产证券化项目。2014 年 12 月，华融金融租赁股份有限公司发起华融稳健租赁资产证券化项目，发行规模为 6.44 亿元人民币。

2015 年，银行间市场共发行了 4 单金融租赁资产证券化项目，规模共计为 61.91 亿元人民币，发起人分别为工银租赁、江苏金融租赁、招银金融租赁和华融租赁。截至 2015 年年底，银行间市场共发行 6 单金融租赁资产证券化项目，总发行规模为 78.47 亿元人民币，如表 7-1-2 所示。

表 7-1-2 截至 2015 年年底银行间市场发行的金融租赁资产证券化项目情况

项目名称	发起人	计息起始日	发行总额（万元人民币）	期限（年）	优先级评级
交融 2014 年第一期租赁资产证券化项目	交银金融租赁	2014-09-19	101 233.59	1.74～3.77	AAA
华租稳健租赁资产证券化项目	华融租赁	2014-12-24	64 355.03	1.09～1.59	AAA
工银海天 2015 年第一期租赁资产证券化项目	工银租赁	2015-01-20	103 234.98	1.27～2.89	AAA
苏租 2015 年第一期租赁资产证券化项目	江苏金融租赁	2015-04-17	104 146.00	1.39～2.99	AAA

(续表)

项目名称	发起人	计息起始日	发行总额(万元人民币)	期限(年)	优先级评级
招金2015年第一期租赁资产证券化项目	招银金融租赁	2015-07-10	126 145.60	0.04~3.55	AAA
融汇2015年第一期租赁资产支持证券	华融租赁	2015-10-16	285 549.87	2.78~4.78	AAA

(资料来源：Wind资讯，恒泰证券整理)

(二) 最新政策及市场动态

1. 政策支持力度不断加大

目前，在我国融资租赁业发展过程中，存在租赁企业融资渠道单一、缺乏完整产业链、监管制度不健全、专业人才匮乏、缺乏配套政策支持等诸多问题。为解决这些问题，中央和地方不断推出支持政策。

2014年6月，中国人民银行颁布《关于贯彻落实〈国务院办公厅关于支持外贸稳定增长的若干意见〉的指导意见》(以下简称《若干意见》)，提出积极发展融资租赁，通过发行金融债券、参与资产证券化试点等方式，扩大融资渠道。2014年8月，国务院颁布《国务院关于加快发展生产性服务业促进产业结构调整升级的指导意见》明确提出研究制定相关政策，支持融资租赁发展。

2015年8月，《国务院办公厅关于加快融资租赁业发展的指导意见》(国办发〔2015〕68号，以下简称《指导意见》)提出，将采取措施进一步加快融资租赁业发展，更好地发挥融资租赁服务实体经济发展，促进经济稳定增长和转型升级的作用。《指导意见》有以下几方面的重大影响：一是将取消融资租赁公司设置子公司时的资本限制，拓展融资租赁公司的业务经营范围；二是支持融资租赁公司与互联网融合发展，加强与银行、保险、信托、基金等金融机构合作，创新商业模式；三是积极推进融资租赁立法工作，提高立法层级；四是加强融资租赁的事中事后监管，落实省级政府属地监管职责，完善行业监管机制；五是拓宽融资租赁公司的融资渠道，加快重点领域融资租赁业务发展，并特别指出鼓励符合条件的融资租赁公司通过资产证券化的方式进行融资。

各地为鼓励租赁行业发展，均出台了相应支持政策和税收优惠政策。如《中国(上海)自由贸易试验区条例》明确鼓励融资租赁行业发展。2015年10月，浦东新区召开"融资租赁行业发展大会"，并正式发布促进融资租赁行业健康发展的《若干意见》。新出台的《若干意见》涉及4个方面15条内容，提出了一系列支持融资租赁企业在浦东集聚发展的政策措施，包括对新引进的融资租赁企业给予落户补贴;探索设立浦东新区融资租赁产业发展基金;建立浦东新区融资租赁行业发展领导小组等。

2015年10月,天津港保税区管委会下发《推动融资租赁服务高端制造业发展实施意见通知》,多项举措带动高端制造业做大做强,构建完善融资租赁服务保障体系。预计到2018年年底,区内融资租赁企业将超过300家(含SPV公司),其中厂商租赁企业超过50家,总资产超千亿元人民币的租赁企业3家以上,全区融资租赁在高端制造业的市场渗透率达到15%以上。

2015年12月,国务院总理李克强主持召开国务院常务会议,会议提出支持广东、天津、福建自由贸易实验区分别以深化粤港澳合作、发展融资租赁、推进两岸金融合作为重点,开放创新试点。融资租赁行业已成为自贸区重点推进的新兴产业,将伴随着改革措施的推进,步入专业化、国际化发展的关键阶段。

近几年来政策不断为资产证券化发展带来利好,未来蓝海无限广阔。

2. 基础资产所在行业和领域不断扩展

传统租赁公司所涉业务行业主要集中在工业制造业等领域,基础资产通常也集中在工业制造业行业。随着租赁资产证券化的普及,基础资产所涉及的行业和领域也不断扩展。

2015年5月,汇通信诚租赁有限公司发行"汇通一期资产支持专项计划",基础资产为应收汽车融资租赁租金,是基础资产最为分散的产品之一,资产池涉及原始权益人与承租人签署的15 786笔租赁合同,本次项目为个人消费者提供了有效资金支持。

2015年8月,中关村科技租赁有限公司发行"广发恒进-中关村科技租赁一期资产支持专项计划",为国内第一只以"科技租赁"为概念的资产证券化产品,基础资产为科技型中小企业应收债权。

2015年9月,国内首单全部以医疗租赁债权为基础资产的资产证券化产品"奥克斯租赁一期资产支持专项计划"设立。发行人奥克斯融资租赁有限公司为专门从事医疗设备租赁的融资租赁公司,承租人均为医院。

2015年12月,国内首单经营租赁资产证券化产品"医学之星一期租赁资产支持专项计划"成功发行。原始权益人医学之星(上海)租赁有限公司主要从事肿瘤诊断与放射治疗设备的经营租赁业务,入池资产为原始权益人与承租人签订的经营租赁合同。

3. 分期滚动发行成为趋势

分期滚动发行已成为一大趋势,首单发行成功后,后续各期发行所需时间大为缩短,发行效率显著提升。截至2015年年底,宝信租赁资产支持专项计划已发行5期,融资规模合计28.68亿元人民币,其中一至五期产品的发行时间分别为2014年12月16日、2015年3月19日、2015年5月19日、2015年7月22日和2015年11月27日。此外,远东宏信、汇通信诚租赁、丰汇租赁、狮桥租赁等租赁公司也发行了多期资产证券化产品。

由于资产证券化发行规模不受租赁公司净资产规模的限制,主要取决于符合标准的基础资产的规模,融资租赁公司可以根据企业业务情况,采取分期滚动发行的方式,进行灵活的融资安排。

二、银行间和交易所市场租赁资产证券化比较

(一)监管机构不同

金融租赁公司目前在银行间债券市场发行信贷资产证券化产品,监管机构为银监会和中国人民银行;非金融租赁公司目前在交易所市场和机构间报价系统发行企业资产证券化产品,证监会不对具体项目进行审批,挂牌管理机构为上海证券交易所、深圳证券交易所或机构间私募产品报价与服务系统(以下统称为"交易所市场"),备案机构为中国证券投资基金业协会(以下简称"基金业协会")。

(二)特殊目的载体不同

由于监管机构和发行市场的不同,银行间市场和交易所市场的租赁资产证券化特殊目的载体(SPV)有所不同,银行间市场的SPV为信托计划,通过特殊目的信托(SPT)实现了基础资产的真实出售与破产隔离。交易所市场的SPV为证券公司或基金子公司设立的资产支持专项计划,专项计划资产独立于原始权益人、管理人、托管人及其他业务参与人的固有财产。

此外,两类产品的登记托管机构也有所区别,银行间市场为中债登,交易所则为中国证券登记结算公司或报价系统。

(三)增信方式不同

在增信措施方面,银行间市场租赁资产证券化一般采用优先/次级分层、超额抵押、超额利差等内部增信方式,而交易所市场租赁资产证券化除采用以上内部增信方式外,一般还会引入差额支付承诺、第三方担保的外部增信措施,增信方式更加多元化,如图7-1-1和图7-1-2所示。

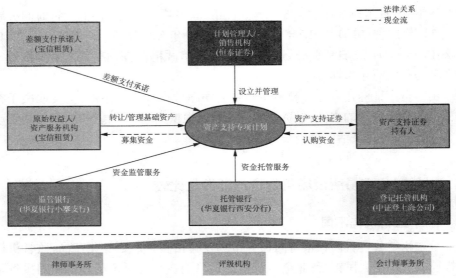

图7-1-1 企业资产证券化模式的租赁ABS交易结构示意(以宝信租赁一期为例)

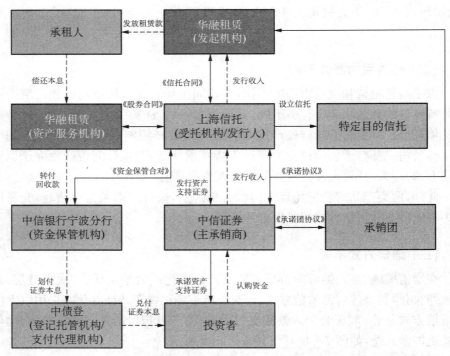

图7-1-2 信贷资产证券化模式的租赁ABS交易结构示意(以华融租赁一期为例)

（四）投资者群体不同

银行间债券市场的投资人主要是银行，在银行间发行资产证券化债券，相当于一家银行的信贷资产由另外一家银行购买，造成银行信贷资产的互持。这样，信贷风险还是积聚在银行内部，会带来比较大的系统性风险。而在交易所市场，由于债券的购买人为基金、保险和境外投资者，可以分散风险。

三、租赁资产证券化的基础资产类型

租赁资产证券化的基础资产为租赁合同债权及其相关的附属担保权益。不同租赁资产证券化项目的资产池差异较大，因此每个项目都各有特色。此外，租赁资产证券化的基础资产还包含附属担保权益，其系指为保证租金的按期足额回收，租赁合同自身设置保证担保、第三方保证金等担保措施。

（一）按租赁性质分类

租赁资产证券化的基础资产按租赁性质主要分为以下两种类型。

1. 融资租赁

融资租赁是指出租人根据承租人对租赁物和供货人的选择或认可，将其从供货人处取得的租赁物按合同约定出租给承租人占有、使用，向承租人收取租金的交易活动，在租赁期末承租人按照约定支付全部租金的情况下，承租人获得对租赁物所有权的选择权。

截至 2015 年 6 月月末，全国注册的融资租赁公司共有 2 951 家，包括 39 家金融租赁公司，191 家内资试点租赁公司和 2 721 家外资租赁公司，注册资本已达到 9 574.39 亿元人民币，注册地主要集中在北京、上海、广东、天津、江苏、浙江和山东等地。

2. 经营租赁

经营租赁是指为了满足经营使用上的临时或季节性需要而发生的资产租赁。经营租赁是一种短期租赁形式，它是指出租人不仅要向承租人提供设备的使用权，还要向承租人提供设备的保养、保险、维修和其他专门性技术服务的一种租赁形式。

截至 2015 年年末，已发行的租赁资产证券化产品绝大多数涉及融资租赁，只有医学之星发行了一单经营租赁资产证券化产品。

(二)按租赁方式分类

1. 直接租赁

直接租赁是指由承租人选择需要购买的租赁物件,出租人通过对租赁项目风险评估后出租租赁物件给承租人使用。在整个租赁期间承租人没有所有权但享有使用权,并负责维修和保养租赁物件。出租人对租赁物件的好坏不负任何责任,设备折旧在承租人一方。

2. 售后回租

售后回租是指设备的所有者先将设备按市场价格卖给出租人,然后又以租赁的方式租回原来设备的一种方式。我国目前整个融资租赁行业的租赁产品或形式以回租为主。

(三)按基础资产集中度特征分类

租赁资产证券化的基础资产按集中度特征可分为 3 类:

(1)租赁资产很分散,单笔资产规模很小,即承租人很多,多是小微企业或者个人。如汇通一期资产支持专项计划,资产池涉及原始权益人与承租人签署的 15 786 笔汽车融资租赁合同。

(2)租赁资产很集中,单笔资产规模很大,承租人很少。这里面还包括了单一租赁资产证券化,即基础资产只有一笔租赁合同,如南方水泥租赁资产支持专项计划、丰汇租赁二期资产支持专项计划等项目。

(3)介于上述两者之间的,即租赁资产有一定的分散度,单笔资产的规模比较大。如宝信租赁一期资产支持专项计划、中电投融和租赁一期资产支持专项计划等项目。

四、租赁资产证券化未来发展方向展望

(一)租赁资产证券化市场的规模将不断扩大

1. 融资需求不断增加

如今融资租赁行业发展迅速,行业资金需求量激增,可供证券化的资产也基本上同步增长。但融资租赁企业的资金来源仍然以股东出资和银行贷款为主,融资渠道比较单一,通过租赁资产证券化获取资金比例较低。

而对银行贷款的强烈依赖有着很高的成本以及壁垒。一方面,中小融资租赁企业一般很难获得银行信贷的支持。另一方面,这种融资结构必然造成融资

租赁公司资金成本高、盈利空间小,因为银行信贷的成本和融资租赁企业的租息之间的差额非常有限,这就在很大程度上制约了融资租赁业务的发展。

租赁资产证券化这种方式不受证券化发起机构净资产的约束,也不受融资公司资产负债比例的制约。因此,通过证券化把一部分租赁资产打包出售取得资金来源,是一种非常必要的途径。

2. 实现资产出表的需求越来越多

除融资这一个功能外,资产出表可能成为越来越多融资租赁公司参与资产证券化的目标。与以融资租赁公司的主体信用作为基础,余额不能超过净资产40%的债券发行不同,租赁资产证券化是以租赁债权未来产生的现金流为基础,因此租赁公司本身的资产负债情况并不会对其发行证券化产品产生制约。

通过资产出表可调整融资租赁公司债务结构,使得租赁公司能够充分利用杠杆倍数扩大业务规模。

因此,无论行业规模或者行业内部的优化要求,都预示着租赁行业通过发行资产证券化产品的需求在未来会有大幅增加。

(二)租赁资产证券化的融资成本有望不断降低

目前,资产证券化与股票、债券等证券相比,其标准化程度还比较低,而且真正参与资产证券化的融资租赁公司在整个行业中的占比还不高。作为租赁公司在银行贷款、股东负债之外的另一条融资渠道,租赁公司最为关心的是资产证券化的融资成本问题。目前,融资租赁资产证券化的成本优势还没有完全显现出来,发行利率再加上评级、律师、托管、承销商等中介机构的费用,综合成本相比还是有些偏高,与公募债券发行及优质租赁公司获得的低成本银行贷款利率相比,缺乏优势。而且有些地方的政策是允许融资租赁公司做同行保理业务,其成本和证券化相比也低一些。

随着租赁资产证券化的普及、资产支持证券流动性的提高、业务流程进一步标准化,发行利率和综合成本将逐渐降低。

(三)发行效率有望进一步提升

资产证券化可以使融资租赁公司灵活调整公司资金,使融资资金与租赁资金投放规模相匹配,以最大化资金利用效率。

对融资租赁公司来说,资产证券化采取"小步快跑"的策略最合适,利用项目积累,进行一次资产证券化,再形成项目,再继续进行资产证券化。这样,融资租赁公司可以通过滚动发行的方式优化资金配置。

未来,对于成熟的租赁公司,发行资产证券化产品的项目执行效率和备案审核效率有望进一步提升。在理想情况下,租赁公司一旦形成了租赁资产,能在一个月内或两三周内将其证券化,这样就可以实现滚动发行,进一步提升其资产周转率和净资产收益率(Rate of Return on Common Stockholders' Equity, ROE)水平。

第二节　业务操作流程

一、租赁资产证券化的具体操作流程

目前,企业资产证券化的监管政策由审批制变更为备案制。项目执行主要包括分析项目可行性、选定中介机构、尽职调查、文件制作、向挂牌管理机构报送项目材料、获得挂牌无异议函、产品发行、申请备案、申请上市挂牌、后续管理等流程。

(一)分析项目可行性

分析项目可行性主要从企业的融资需求出发,对原始权益人/资产服务机构资质、基础资产情况、信用增级方式等方面进行评估,若具备可行性则形成基本融资方案。

(二)选定中介机构

租赁资产证券化项目需要选聘管理人(类似于债券项目的主承销商)、律师、评级机构、审计师、托管人及监管银行(如有)。在确定中介机构后,通常需要与中介机构签署合作协议,明确工作范围和收费方式等关键要素。

(三)尽职调查

在确定资产池后,管理人与律师、评级机构、审计师等中介机构对原始权益人、信用增级机构(如有)、重要债务人(如有,资产池中占比超过15%的承租人)进行尽职调查和访谈(如需)。

(四)文件制作

根据交易所及报价系统的要求,全套申报文件主要包括以下几个部分:
(1)交易文件:由律师编写,用于确定交易结构和各个参与机构的权利

义务。

（2）评级报告：由评级机构编写，用于确定证券分层和证券级别等重要因素。

（3）法律意见书：由律师出具，用于对参与机构、基础资产、基础资产转让、是否属于负面清单范畴等出具法律意见。

（4）现金流预测报告：通常由审计师出具，用于确定基础资产未来现金流情况，以及在违约、提前还款等情形下的现金流情况。

（5）审计报告：由审计师出具，包括原始权益人主体审计报告、信用增级机构的审计报告（如有）和基础资产专项审计报告等。

（6）计划说明书、尽调报告：由管理人完成，对原始权益人、基础资产及项目其他情况进行综合分析。

（五）向挂牌管理机构报送项目材料

上海证券交易所、深圳证券交易所和中证机构间报价系统股份有限公司分别对申报材料有不同的要求，但大部分文件要求是相似的。

各项文件中的重中之重为计划说明书。证监会发布的《证券公司及基金管理公司子公司资产证券化业务信息披露指引》（证监会公告〔2014〕49号）、基金业协会发布的《资产支持专项计划说明书内容与格式指引》（中基协函〔2014〕459号）均对计划说明书所需包含的基本内容进行了指导要求。

根据上海证券交易所2015年8月13日在上证债券信息网发布的《上交所资产支持证券挂牌转让申请业务流程》，申报材料的基本清单如表7-2-1所示。

表7-2-1 上交所申报材料基本清单

1	挂牌转让申请书及附表
2	计划说明书
3	法律意见书
4	评级报告
5	主要交易合同文本：包括专项计划标准条款、资产支持证券认购协议与风险揭示书、专项计划买卖协议、专项计划托管协议、专项计划监管协议（如有）、担保协议或担保函及担保人就提供担保获得的授权文件（如有）、差额支付承诺函及差额支付承诺人就提供差额支付获得的授权文件（如有）、专项计划资产服务协议（如有）、其他补充合同（若有）
6	其他中介报告：包括特定原始权益人最近3年（未满3年的自成立之日起）经审计的财务报告、融资情况说明及最近一期财务报告或会计报表；担保人最近1年经审计的财务报告及最近一期财务报表（若有）；关于专项计划会计处理意见的说明（若有）；基础资产转让评估报告/现金流预测分析报告（若有）；专项计划尽职调查报告

(续表)

7	法律法规或原始权益人公司章程规定的有权机构关于开展资产证券化融资相关事宜的决议
8	原始权益人募集资金用途专项说明与承诺(若有)
9	原始权益人关于基础资产及其转让安排真实性、合法性的承诺函
10	管理人、托管人有关防范利益冲突的说明(无特殊利益冲突情况,可并入计划说明书)
11	基础资产未被列入负面清单的专项声明
12	合规负责人的合规审查意见
13	其他文件

根据深圳证券交易所2014年11月25日发布的《深圳证券交易所资产证券化业务指引》,申报材料的基本清单如表7-2-2所示。

表7-2-2 深圳证券交易所申报材料基本清单

1	关于确认"＊＊＊资产支持专项计划"是否符合深圳证券交易所挂牌条件的申请
2	计划说明书
3	主要交易合同文本
4	法律意见书
5	评级报告(如有)
6	特定原始权益人最近3年(未满3年的自成立之日起)的财务会计报告及融资情况说明
7	尽职调查报告
8	其他材料

根据中证机构间报价系统股份有限公司2015年5月发布的《机构间私募产品报价与服务系统资产支持证券材料报送指引》,申报材料的基本清单如表7-2-3所示。

表7-2-3 中证申报材料基本清单

1	转让注册表(成功备案后提供)
2	计划说明书
3	主要交易合同文本
4	法律意见书
5	特定原始权益人最近3年(未满3年的自成立之日起)经审计的财务会报告以及融资情况说明(如有)
6	现金流审核报告
7	投资者适当性说明文件(如有)
8	基础资产未被列入负面清单的专项声明
9	其他文件

(六) 获得挂牌无异议函

全套申报材料上报交易所或报价系统后,交易所或报价系统对申报材料提出反馈意见。管理人需要协调原始权益人、其他中介机构就前述反馈问题进行答复,并相应修改申报材料。

若交易所或报价系统对反馈答复和修改后的申报材料无异议,则可以获得挂牌无异议函,无异议函的有效期通常为 6 个月。

(七) 产品发行

获得无异议函后,专项计划可以设立发行。根据我国《证券法》(2014)和《基主法》(2015)的规定,投资者须为合格投资者,且合计不得超过 200 人,实务中发行方式通常采取簿记建档的方式。

销售机构及代理销售机构(如有)记录投资者的询价反馈情况,在考虑市场利率水平和资金充裕程度的基础上分析拟发行证券化产品定价区间,最终根据发行期内(簿记建档期间)实际的投标情况确定资产证券化产品的发行价格和配售额度。

簿记建档是指销售机构及代理销售机构(如有)与投资者通过不断了解发行价格的可能范围并逐步缩小价格区间,然后根据投资者投标(下单)时的报价情况确定最终发行价格。簿记定价发行的基本步骤是:第一步,销售机构及代理销售机构(如有)在对投资者询价的基础上确定投资者报单的利率区间;第二步,销售机构及代理销售机构(如有)向投资者发送该利率区间并邀请投资者在规定时间内报单;第三步,销售机构及代理销售机构(如有)整理全部订单;第四步,销售机构及代理销售机构(如有)商定超额认购倍数和相应的各档产品利率;第五步,以确定的利率和簿记情况按比例配售。

(八) 申请备案

专项计划设立日起 5 个工作日内,管理人应将专项计划的设立情况报基金业协会备案。目前,基金业协会已搭建在线备案平台,管理人可直接将备案材料上传。如中国基金业协会对备案材料无异议,管理人将获得专项计划的备案确认函。

(九) 申请上市挂牌

在完成基金业协会备案后,管理人可向交易所或报价系统申请上市挂牌,以便产品可以在二级市场上交易转让。在报价系统发行的项目,投资者通常采取协议转让的方式进行二级市场交易。

(十) 后续管理

在专项计划的存续期内,管理人需履行勤勉尽责的义务,对项目进行持续督导和及时的信息披露。

在日常管理方面,管理人需关注原始权益人、资产服务机构、信用增级机构及承租人的经营情况,判定是否会引起专项计划文件中约定的触发事件。管理人需督促资产服务机构按时归集基础资产回收款,履行资产服务职责。为降低原始权益人的资金沉淀,专项计划账户中的资金可在合理的事先约定的范围内进行合格投资。

在信息披露方面,管理人、托管人和资产服务机构需根据资产证券化相关法规的要求与专项计划文件的约定,定期履行信息披露义务,并需根据基础资产和参与机构的重要变化及时履行临时信息披露义务。管理人还需聘请审计机构和评级机构进行专项计划年度审计和跟踪评级。由于租赁资产证券化项目中次优级资产支持证券的评级可能会随着优先级资产支持证券的偿付而上调,管理人需要与评级机构及时沟通。

在产品兑付方面,管理人需按时与登记托管机构及交易场所确认资产支持证券各期应付本息,配合登记托管机构及交易场所进行产品兑付。

二、租赁资产证券化项目执行阶段关键要点

(一) 分析项目可行性

分析项目可行性是资产证券化业务的首要工作。分析项目可行性主要从企业的融资需求出发,对原始权益人/资产服务机构的资质、基础资产情况、信用增级方式等方面进行评估。

企业的融资需求主要包括规模、期限、成本等方面。其中,规模和期限与基础资产情况挂钩,成本与原始权益人/资产服务机构资质、基础资产情况及信用增级方式等方面挂钩。

由于目前国内资产证券化实现破产隔离的难度较大,原始权益人/资产服务机构的信用水平直接影响证券的偿付能力,也与很多交易条款的设置直接相关。

基础资产的情况将直接影响融资的期限、规模和成本。由于债权类资产证券化项目对覆盖倍数的要求相对较低,资产证券化项目的最大融资本金规模即

为资产池的未偿本金余额。同时,基础资产的还本情况将影响资产支持证券的分层、还本方式和期限。

(二) 选择基础资产

管理人和中介机构根据企业的实际情况,确定基础资产的筛选标准。通常由管理人牵头,和中介机构一起挑选基础资产。

为了获得比较好的分层结果,可从以下几个维度提高基础资产选择的整体效果:

(1) 提高分散性:单一占比分散性、行业分散性、地区分散性;

(2) 提高资产池现金流瀑布的均匀性和平稳性(避免"长尾效应");

(3) 提高容易处置的租赁物件(比如车辆、医疗设备、教育设备等)对应的租赁合同入池比例。

(三) 产品结构设计

(1) 期限结构:若未设计"循环购买结构",则租赁债权资产证券化产品的期限结构通常与资产池的现金流期限结构相匹配,为降低资金沉淀,每季度还本付息的情况比较多;若设计了"循环购买结构",则可以设计为每年(半年/季度)付息、到期一次性还本。

(2) 分层设计:租赁债权资产证券化项目通常分为优先级、中间级和次级3档产品。优先级产品还可以进行细分,优先级产品的评级通常为 AAA 或 AA+,中间级产品的评级通常为 AA 到 A+,对次级产品不做评级。

(3) 循环购买结构:为了将产品期限做成整年,则可以设计"循环购买结构",即在循环购买期内,资产池中有租赁债权到期时,到期本金并不立即分配给投资者,而是继续购买新的符合标准的基础资产,循环购买周期包括:每个月、每季度或每半年;循环购买期结束后,则进入本金摊还期,到期本金按季或按月分配给投资者。

(4) 租赁资产证券化关注问题:租赁资产证券化同信贷资产证券化所涉及的法律问题有一些不同。租赁资产证券化须考虑设备及其所有权、物权方面的问题。另外,租赁资产的标准化程度不高,还需要注意合同多样化、业务多样化、风控多样化的问题。

三、基础资产选择和资产池构建技巧

关于租赁资产证券化的基础资产选择和资产池构建通常从以下几个方面进

行考量。

（一）不属于负面清单

对于资产支持专项计划来说，根据基金业协会颁布的《资产证券化业务基础资产负面清单指引》，承租人不能为地方政府或地方融资平台公司。地方融资平台公司是指根据国务院相关文件规定，由地方政府及其部门和机构等通过财政拨款或注入土地、股权等资产设立，承担政府投资项目融资功能，并拥有独立法人资格的经济实体。

（二）基础资产的合格标准

资产证券化项目的交易文件中通常会对基础资产的合格标准进行约定，如存在循环购买操作，后续入池的基础资产也需要符合相同的合格标准。

合格标准通常包括：基础资产为5级分类下的正常类；基础资产对应的租赁合同符合法律法规；基础资产所对应的任一份租赁合同项下的到期租金均已按时足额支付，并且不存在其他实质性的重大违约情况；除以原始权益人为权利人设立的担保物权外，租赁物件上未被设定抵押权、质权或其他担保物权等条款。

（三）基础资产的信用质量

基础资产的信用质量主要取决于如下两个方面。

1. 承租人信用水平

一般体现为影子评级，影子评级通常从企业的股东背景、净资产规模、盈利能力考虑，也会考虑行业、地区和成立时间等因素，一笔资产的影子评级需综合考量承租人和担保人（如有的信用资质）。根据合格标准，入池资产涉及的承租人需无历史违约记录。

2. 基础资产的集中度

包括承租人的本金余额集中度、行业集中度、地区集中度等。其中承租人本金余额集中度对证券的分层和级别影响最大，建议尽量降低单一承租人的集中度。

（四）基础资产的收益率

较高的基础资产收益率可以形成较厚的超额利差，提供信用增级，为产品设计提供空间。

(五) 基础资产的剩余期限

为降低销售难度,通常建议基础资产的剩余期限不超过 5 年,并避免尾端期限过长。

(六) 基础资产回收率

资产池中尽量选择市场认可度高、处置便利的租赁物件,以提高回收率,进而提升资产证券化产品的评级水平。

四、循环购买的基本思路及应用

(一) 循环购买结构

根据支持资产发起方式的不同,资产证券化的交易结构可以分为单一交易结构和循环购买结构两种模式。单一交易结构是指发起人一次性将基础资产转让给 SPV 以供发行资产支持证券的交易结构;循环交易结构是指发起人除在证券化交易开始时向 SPV 提供交易所需的初始基础资产外,还在交易过程中陆续发起转让新的基础资产。对于合同期限较短的基础资产,诸如车辆融资租赁合同等,若不设置循环购买结构,则通常需每月还本付息,不利于原始权益人的融资效率。针对该类基础资产,可设置循环购买结构,以延长证券期限。

(二) 合格标准

新增循环购买基础资产的合格标准通常与初始基础资产的合格标准保持一致,或者更为严格。

(三) 循环购买频率

循环购买的频率具体根据基础资产特点(如新增资产的形成速度等)、操作的便利性(如资产服务机构信息系统自动化水平等)、原始权益人资质等因素综合考虑而定,可以设置为每日/每周/每月/每季度/每半年。老资产服务机构拥有比较发达的信息系统,则可以尝试每日循环购买。

(四) 提前结束循环购买机制

若发生加速清偿事件、违约事件等信用触发机制,则不再进行循环购买,提前进入分配期。

五、适应循环购买的信息系统改造要点及后续资产管理要点

循环购买过程中涉及大量新增资产及资产的循环交易,搭建成熟的信息系统对循环购买进行管理能有效提升循环购买效率。

(一)信息系统改造要点

(1)权限管理:建立审批平台,对管理人有限授权。
① 开放入池资产的审批平台;
② 授权管理人查询、筛选全部入池资产和其他存量资产的有限字段信息;
③ 对商业机密等敏感字段信息,根据具体情况对管理人有限授权。
(2)信息管理:录入全部存量资产字段信息。
① 在专项计划发行前及存续期内,持续在系统内录入全部存量资产字段信息;
② 字段信息主要包括:融资租赁合同编号、承租人基本信息、租赁物信息、承租人的授信额度和可用授信余额、融资租赁款发放日、结息日、利率、到期日、相关责任人(如有)、《融资租赁合同》及担保文件(如有)的扫描版等。
(3)筛选标准:录入指标化的资产合格标准。
① 录入循环购买资产的合格标准;
② 设置模块实现量化或程序化判断。

(二)后续资产管理要点

租赁资产证券化发行后的循环购买管理涉及账务管理、资产管理,以及报告和信息披露等工作。

1. 统计资产池回收款信息

(1)统计上一个回收期间基础资产回收款金额。
(2)自动生成邮件将回收款金额与明细通知管理人。
(3)管理人可以通过系统统计入池资产的逾期率、违约率、早偿率等信息。

2. 管理人或者系统自动筛选资产

(1)管理人可以在系统内筛选资产,生成备选资产清单供资产服务机构选择。
(2)系统根据录入的合格标准自动筛选出符合标准的资产清单并列示相

关字段信息。

3. 执行循环购买指令

(1) 管理人可以通过系统发送循环购买指令。

(2) 设置循环购买的默认金额及触发时点。

(3) 如果管理人不发送指令,则系统自动执行循环购买,并向管理人发送循环购买结果报告。

第三节 税 务 处 理

租赁债权资产证券化的会计处理方式和基本流程与保理债权、贸易应收账款等债权资产基本相同。由于融资租赁业务的税收处理有一定特征性,此外增值税发票问题是出表型租赁资产证券化业务的一大难点问题,因此以下重点介绍租赁资产证券化的税务处理问题。

一、融资租赁"营改增"推行时点的政策梳理

自 2011 年 11 月财政部、国家税务局联合印发《营业税改增值税试点方案》,将租赁行业纳入"营改增"试点以来,财政部和国税总局根据试点推进情况及租赁公司的反馈,多次补充和修订相关制度,旨在顺利推进"营改增"的同时,将租赁公司税负控制在合理范围内。融资租赁行业相关税务政策主要如表 7-3-1 所示。

表 7-3-1 融资租凭行业相关税务政策

文件	政策要点	备注
《国家水务总局关于融资性售后回租业务中承租人出售资产行为有关税收问题的公告》(国税〔2010〕13 号)	融资租赁售后回租业务中承租人出售资产的行为,不属于增值税和营业税征收范围,不征收增值税和营业税	
《营业税改征增值税试点方案》(财税〔2011〕110 号)	将融资租赁纳入"营改增",自 2012 年 1 月 1 日开始,税率为 17%	
《关于在上海市开展交通运输业和现代服务业营业税改征增值税试点的通知》(财税〔2012〕111 号)	经中国人民银行、银监会、商务部批准,经营融资租赁业务的试点纳税人中的一般纳税人提供有形动产融资租赁服务,对其增值税实际税负超过 3% 的部分实行增值税即征即退政策	依财税〔2013〕37 号废止

(续表)

文件	政策要点	备注
《关于交通运输业和部分现代化服务业营业税改征增值税试点应税服务范围等若干税收政策的补充通知》(财税〔2012〕86号)	增值税实际税负是指,纳税人当期实际缴纳的增值税税额占纳税人当期提供应税服务取得的全部价款和价外费用的比例	依财税〔2013〕37号废止
《关于在全国开展交通运输业和部分现代化服务业营业税改征增值税试点税收政策的通知》(财税〔2013〕37号)	自2013年8月1日起,经中国人民银行、商务部、银监会批准,从事融资租赁业务的试点纳税人提供有形动产融资租赁服务,以取得的全部价款和价外费用(包括残值)扣除由出租方承担的有形动产的利息(包括外汇借款和人民币借款利息)、关税、进口环节消费税、安装费、保险费的余额为销售额	依财税〔2013〕106号废止
《关于将铁路运输和邮政业纳入营业税改征增值税试点的通知》(财税〔2013〕106号)	(1)经中国人民银行、银监会或者商务部批准,从事融资租赁业务的试点纳税人中的一般纳税人,提供有形动产融资租赁服务,在2015年12月31日前,对其增值税实际税负超过3%的部分实行增值税即征即退政策。商务部授权的省级商务主管部门和国家经济技术开发区批准的从事融资租赁业务的试点纳税人中的一般纳税人,在2013年12月31日前注册资本达到1.7亿元人民币的,自2013年8月1日起,按照上述规定执行;在2014年1月1日以后注册资本达到1.7亿元人民币的,从达到该标准的次月起,按照上述规定执行。(2)本规定所称增值税实际税负,是指纳税人当期提供应税服务实际缴纳的增值税额占纳税人当期提供应税服务取得的全部价款和价外费用的比例	
《财政部、国家税务总局关于将铁路运输和邮政业纳入营业税改征增值税试点有关政策的补充通知》(财税〔2013〕121号)	经中国人民银行、银监会或者商务部批准,从事融资租赁业务的试点纳税人适用106号文的注册资本金达标期延长3个月,至2014年3月31日	

(资料来源:恒泰证券整理)

二、增值税发票开具问题

融资租赁公司通过资产证券化可以实现资产出表。在资产证券化交易中,融资租赁公司将租赁合同债权及附属担保权益转让给证券公司或基金子公司，以资产支持专项计划作为载体发行资产支持证券。同时，在证券存续期间内，承租人将每期租金划入融资租赁公司的收款账户，融资租赁公司作为资产服务机构将该款项按照约定转到专项计划账户（即托管账户），通过登记托管机构向投资者支付本息。

在此过程中，证券公司或基金子公司无法开具增值税发票，合理的方式是由融资租赁公司继续给承租人开具增值税发票，主要理由如下：

（1）在本次交易中，即使已实现会计出表，融资租赁公司与承租人之间的租赁关系仍然存在，融资租赁公司作为资产服务机构仍承担后续租赁服务工作，只是将融资租赁债权转让给了作为专项计划管理人的证券公司或基金子公司。

（2）融资租赁公司在替承租人购买租赁设备时已经获得了"增值税进项金额"，若由证券公司或基金子公司开具增值税专用发票，由于没有相应的进项金额进行抵扣，对于证券公司或基金子公司来说也很不公平。

在实践中，基于"实质重于形式"的考虑，有些地区认可资产证券化出表模式下租赁公司继续开具增值税发票，以降低交易成本。目前市场上已经发行的租赁资产证券化项目，比如"远东宏信（天津）一号资产支持专项计划"、"南方水泥租赁资产支持专项计划"等，出表后融资租赁公司仍然可以继续开具增值税发票。

第四节 信 用 评 级

本节主要介绍中诚信证券评估公司关于融资租赁债权资产证券化相关分析内容。

一、租赁资产证券化评级方法

融资租赁资产证券化是租赁公司以可预期的现金流为支持发行证券，提高租赁资产流动性的过程。在此过程中，收益权分离、风险隔离和信用增级措施成为租赁资产证券化业务的操作核心。根据融资租赁业务的特点，评级过程贯穿定性及定量两方面因素，主要包括租赁合同特征分析、交易结构分析、法律要素分析、定性分析、资产池分析、现金流分析和增信措施分析等方面。

（一）租赁合同特征分析

在目前市场上发行的租赁资产证券化项目中，常见的租赁合同包括直租和售后回租两种。直租是由融资租赁公司出资购买租赁物件,并将其租赁给承租人使用;售后回租是承租人将其自有的动产资产出售给租赁公司,再由租赁公司将其租赁给承租人使用。因此,售后回租对应的租赁物件的残值通常较低,在出现承租人违约时处置租赁物件所能获得的回收款也通常较少。

除了融资租赁种类的不同,各个租赁合同的区别还体现在首付比率、保证金、租息、期限、还款方式等方面。对于首付比率较高的租赁资产而言,承租人的违约成本相对较大;保证金规模通常为最后一期租息,也在一定程度上缓释了承租人的违约风险;租息、期限和还款方式等合同条款一方面体现了承租人的信用水平,另一方面也是确定资产证券化交易结构的重要因素。由于在融资租赁交易结构中涉及多个参与机构,租赁合同文本不是一个单一文本,而是一个体系,因此租赁合同中涉及的租赁条款会存在一定差异。

同时,根据融资租赁公司业务特征的不同(承租人为企业或个人),租赁合同也会有较大区别。如果承租人为工商企业,则租赁合同更像是银行贷款;如果承租人为个人,则根据租赁物件的不同再有所区别。例如,"港联租赁一期资产支持专项计划"中的基础资产均为针对个人的重卡租赁债权,其租赁合同更像是汽车贷款。

(二)交易结构分析

交易结构分析是融资租赁资产证券化评级过程中的重要构成部分,包括证券分层、摊还方式、账户设计等方面。

(三)定性分析

定性分析主要包括国家政策、宏观经济、行业特征、各参与主体分析。在不同的国家政策及经济景况下,基础资产面临的系统性风险也不同,另外,针对存续期较长的证券来说,还需要考虑经济周期因素。随着国家政策和经济情况的变化,融资租赁行业的表现也会随之变化,因此分析融资租赁行业的历史表现、目前状况和未来发展前景也十分重要。最后,各参与主体的业务能力、风控措施和履约能力也是专项计划能否按协议安排存续的重要考量因素,具体分析详见本节第二部分"主体分析"。

(四)资产池分析

针对融资租赁类资产证券化产品的资产池分析主要包括集中度分析、信用分析、期限分析、利率分析等。集中度分析包括承租人的集中度、地区集中度、行业集中度等,通常情况下集中度越低越有利于分散风险,提高评级水平;信用分析包括基础资产的信用质量分析和原始权益人整体业务的信用质量分析；期限分析包括基础资产的剩余期限和账龄；利率分析则主要针对租息和证券的发行成本之间是否存在超额利差。

在对资产池进行分析后，将通过数理模型获得各个级别的目标评级违约率。对于分散度极高的资产池（单户占比不超过 0.5%）可使用压力倍数的方法，即根据原始权益人资产的历史表现的静态池和动态池数据获得基准违约率，再根据国家政策、宏观经济情况、行业情况等对基准违约率进行调整，然后用合适的目标评级的压力倍数对基准进行施压，获得目标评级违约率；对于分散度不那么高的资产池则可使用蒙特卡洛模拟的方法获得目标评级违约率，即对每一笔基础资产进行评级，根据承租人、担保人、抵质押物等情况对每一笔资产给出一个影子评级，再根据相关性等因素进行蒙特卡洛模拟，获得每一个级别对应的目标评级违约率。

（五）现金流分析

现金流分析主要是看基础资产的现金流入和证券端的现金流出的匹配程度，根据现金流的实际情况和交易结构特征构建现金流模型，再进行现金流分析和现金流压力测试。现金流分析详见本节第五部分"现金流测试"。

（六）增信措施分析

增信措施包括超额抵押、优先/劣后的证券分层、原始权益人差额支付、第三方连带责任保证担保、抵质押等。详见本节第 4 部分"增信措施安排"。

二、主体分析

融资租赁类资产证券化中的主体分析包括对原始权益人、担保人、资产服务机构、管理人、监管银行、托管人的分析。

（一）原始权益人分析

原始权益人的业务政策和业务能力将直接影响基础资产的信用水平。良好的尽职调查能力、风险控制能力、贷后跟踪能力、法律保全能力将有利于提高基础资产的信用水平和违约后的回收水平。同时，原始权益人如果拥有强大的股东背景和股东支持，也会有利于其开展业务的市场能力。

同时，融资租赁类资产证券化业务中原始权益人通常也是优先级资产支持证券的差额支付承诺人，需要对其进行详细的主体信用分析，要素包括股东实力、行业地位、财务水平、盈利能力、历史债务偿还表现等方面。

（二）担保人分析

对担保人的分析主要是其信用水平方面，其分析要素和原始权益人类似。

（三）其他机构分析

在资产支持专项计划的存续期内，其他各个参与机构的履约能力也对专项计划的存续有着直接影响，该等机构包括资产服务机构、管理人、监管银行和托管人。对该等机构的考量因素包括业务制度是否完善、业务经验是否充足等，还会对其财务水平进行深入分析，确保专项计划资金在划转过程中不会发生因参与机构的信用事件而引发抵销风险和混同风险。

三、交易结构分析

交易结构分析是融资租赁资产证券化评级过程中的重要构成部分，包括证券分层、摊还方式、账户设计等方面。

（一）证券分层

和银行信贷资产证券化相似，融资租赁资产证券化产品通常通过证券分层来进行内部增信。理论上说，可以将一个基础资产池的现金流切割成无数个层级的证券，但在实际操作中，通常仅有优先级、中间级和次级3部分，劣后部分为优先部分提供增信，而增信的额度也在很大程度上决定了优先级证券的信用等级。池内资产产生的现金流按优先、劣后的顺序进行支付，劣后端为优先端提供一定的保护。

（二）摊还方式

1. 循环结构

由于基础资产期限的不同，融资租赁资产证券化产品会设计循环结构。例如，"远东三期专项资产管理计划"初始基础资产池的加权平均剩余期限不足3年，为了使原始权益人获得更长期限（最长发行期限为5年左右）的融资，该专项计划设计了循环购买结构，即在循环购买期内将基础资产的回收款在支付完证券利息和其他费用后，不用于摊还证券本金，而是用于购买其他同质基础资产，以延长证券期限。由于循环结构面临基础资产信用风险、无法获得足额循环购买等多种风险，循环结构也会相应设计提前终止循环购买的机制，以保证资产支持证券投资者的资金安全。

2. 还本方式

根据基础资产现金流的特征,证券的还本方式通常包括按计划摊还和过手摊还两种类型。按计划摊还的还本方式更乐于被投资者所接受,因此发行成本也相对较低。但是,按计划摊还的还本方式面临基础资产早偿或拖欠的风险,若到期不能按计划兑付,将面临违约的风险。因此,为缓释该等风险,目前发行的资产证券化产品中均有将计划摊还型证券在某些条件下转变为过手摊还型证券的条款。

3. 账户设计

融资租赁类资产支持专项计划通常涉及到收款账户、监管账户、专项计划账户3项。收款账户为原始权益人的一般性账户,用于接收承租人的还款;监管账户为原始权益人于监管银行处开立的资金账户,用于存放由基础资产产生的资金;专项计划账户为管理人于托管人处开立的资金专户,用于专项计划资金的核算、证券的还本付息等。通常,在融资租赁类资产证券化项目中,专项计划账户项下会设置保证金子账,在某些情况下,将要求原始权益人把基础资产的保证金划转至保证金子账中,用于保障投资者的资金安全。

四、增信措施安排

增信措施主要包括超额抵押、优先/劣后的证券分层、原始权益人差额支付、第三方连带责任保证担保、抵质押等。

超额抵押和优先/劣后的证券分层为内部增信措施,其中超额抵押相当于是将基础资产所对应的本金进行折价发行,差额部分即超额抵押。超额抵押的存在既可减轻原始权益人在购买次级资产支持证券时的资金压力,也可使分层显得更加好看;优先/劣后的证券分层是通过劣后受偿的分档证券为优先受偿的分档证券提供增信,使得优先受偿的分档证券获得更高的信用评级。

原始权益人的差额支付、第三方连带责任保证担保和抵质押为外部增信措施。差额支付和保证担保主要需要考量增信提供方的信用水平,而抵质押的增信措施主要需要考量抵质押物的市场价值、抵押率和变现能力。

五、现金流测试

现金流测试主要是看基础资产的现金流入和证券端的现金流出的匹配程度,根据现金流的实际情况和交易结构特征构建现金流模型,再进行现金流分析和现金流压力测试。

在构建现金流模型时,确定的要素包括证券分层、基础资产的现金流情况、各参与机构费率、税率、分配顺序等,而在支出端需要假设证券的发行利率。同时,对于基础资产的违约率、早偿率、回收率、回收时间和违约时间分布均需要做出假设。因此,在进行现金流压力测试时,需要对上述假设条件设置压力条件,进行不同情景的压力测试,并根据是否可以通过所有的压力测试来确定证券评级。

第五节 目前存在的主要问题及措施建议

一、增值税发票开具问题

(一)主要问题

在融资租赁交易过程中,设备出售方向租赁公司开具增值税发票,然后租赁公司向承租人开具增值税发票。资产证券化交易后,租赁公司向 SPV 转让租赁债权,相当于 SPV 与承租人之间建立了租金收付关系,然而 SPV 不具备开出增值税发票的资格。如前所述,出表模式下增值税发票的开具问题目前存在较大争议,虽然融资租赁公司愿意继续开具增值税发票,但目前没有明确增值税发票问题的政策作为基础,很多地方的国税局对此不认可或不予表态。为避免税收风险,融资租赁公司通常被迫放弃出表模式的资产证券化方案,转而采取不出表方案,开展资产证券化的动力也大打折扣。

(二)解决措施建议

由融资租赁公司继续开具增值税发票不存在实质障碍。融资租赁债权是最适合开展资产证券化的基础资产类型之一,为吸引更多的融资租赁公司发行资产证券化产品,建议国家税务总局对开展证券化业务的融资租赁公司继续开具增值税发票的问题出具指导性意见,统一各地税务局的规定,认可融资租赁公司针对已转让债权的租赁合同继续开具增值税发票。

由融资租赁公司继续开具增值税发票对于各地国税局和融资租赁公司来说不会产生负面影响,符合"税收中性"原则,主要理由如下:

(1)融资租赁公司在开展资产证券化之前也需要向承租人开具相同金额的增值税发票,如果继续开具不会带来额外税收负担。另外,融资租赁公司无需向承租人解释发票开具主体变更问题,降低了沟通成本。

(2) 对于各地国税局来说,由融资租赁公司继续开具增值税发票不会带来税收减少,和开展资产证券化之前收取的税收金额相同。

二、抵税凭证认可问题

(一) 主要问题

租赁公司开展非出表模式的资产证券化,实质上相对于表内债务融资,支付给投资者的利息和专项计划期间费用(比如登记托管费、银行托管费、跟踪评级费、专项计划审计费、兑付兑息费等)属于资产证券化融资费用,按道理可以用来抵扣租赁公司的所得税。但像投资者利息支出没法开具发票一样,对登记托管费、银行托管费、跟踪评级费、专项计划审计费、兑付兑息费等专项计划期间的费用,相关机构有时倾向于将发票开给代表专项计划的管理人而非原始权益人。由于原始权益人没有获得相应的发票,有些地方的税务局可能不太认可这些融资费用抵扣所得税,会大大增加资产证券化的融资成本。而在债券发行时这些融资费用可以被认可抵扣所得税。

(二) 解决措施建议

建议由财政部出具关于企业资产证券化的税收处理规定,明确企业资产证券化过程中营业税、增值税、所得税和印花税的处理规定,遵循"税收中性"原则,对原始权益人承担的融资成本分摊计入利息支出的,在不超过按照金融企业同期同类贷款利率计算的数额,并且取得的凭证(不局限于发票)符合现行企业所得税税前扣除凭证管理规定的前提下,允许给予税前扣除。

三、基础资产破产隔离问题

(一) 主要问题

进入资产证券化结构的租赁资产一般不是实物资产,而是租赁公司未来的租金收入,即租赁债权。租赁公司将租赁债权转让给计划管理人后,仍拥有租赁物的所有权,若租赁公司破产,则租赁物有可能被法院查封并处置,这会影响到专项计划投资者的利益。

(二) 解决措施建议

针对这一问题,建议通过出台相关法规保证专项计划存续期间租赁合同的继续履行,并明确开展资产证券化后租赁物件属于管理人所有,保证租赁债权的存在价值,实现破产隔离。

四、产品流动性问题

(一)主要问题

国内资产支持证券的二级市场交易不活跃,产品流动性较弱,虽然目前交易所和报价系统允许资产支持证券进行质押式协议回购,但由于其没有标准券质押式回购操作便捷,尚未得到大规模推广,使得企业资产证券化产品相比同评级的债券产品的流动性溢价较高,发行成本相比其他债务产品优势不明显,对优质主体缺乏吸引力。

(二)解决措施建议

一方面,建议尽快推出标准券质押式回购交易机制。相比协议质押式回购,标准券质押式回购对于投资者的吸引力要大很多,并且交易风险更小。目前,在交易所上市的国债、符合一定标准的公司债和企业债均可以开展标准券质押式回购,对于提升这些产品的流动性起到了极大作用。资产证券化产品与这些债券品种从属性上均属于固定收益产品,开展标准券质押式回购不存在实质障碍(多家律师事务所已论证不存在法律问题),建议尽快推出。

另一方面,建议引入做市商机制,实行双边报价。美国资产证券化市场已开通电子报价交易系统,市场参与者除投资者外主要由做市商组成。做市商是具备足够资金的货币经纪人,它将担负起为债券买卖寻找下家并维持成交公平的责任。目前,我国上海证券交易所已引入了做市商制度,大大提升了市场流动性。建议在我国企业资产证券化业务中引入和推广做市商制度,提供市场的双向报价服务功能,提升产品流动性,形成合理的价格发现机制和产品流通机制。

五、次级产品销售问题

(一)主要问题

目前,在资产支持证券化业务中,作为一种增信措施,通过设置次级产品为优先级产品提供信用支持,以提高优先级产品的评级,可以有效降低融资成本。但设置的次级产品通常都由原始权益人自持,对外销售难度较大,这降低了融资效率,也使得原始权益人资产出表的难度增大。

（二）解决措施建议

建议大力培育有较强风险识别和风险定价能力的市场投资人（如美国的对冲基金等专业机构），来购买资产证券化产品中的次级档，比如应收账款等资产循环出表问题的关键在于能否实现风险的卖断和期限匹配，就在于能否找到购买次级档的投资人。交易型机构投资者（私募基金、信托计划、对冲基金等）和私募股权投资基金（Private Equity，PE）公司能够承受较高的风险，对高收益产品比较有兴趣，下一步是次级投资人的重点范围。这类机构没有硬性的资本约束，如果能进入证券化领域，作为次级投资人，乃至成为资产证券化产品的资产管理人，对于整个市场的发展意义重大。

第六节　典型案例介绍

一、"宝信租赁一期资产支持专项计划"

作为资产证券化备案制新规发布以来首支挂牌转让的资产支持证券，由恒泰证券股份有限公司担任计划管理人的"宝信租赁一期资产支持专项计划"于2014年12月16日成功发行，并于2015年1月14日在上海证券交易所挂牌转让。

本期资产支持证券发行规模为4.05亿元人民币，其中优先级为3.61亿元人民币，分为优先A-1级、优先A-2级和优先B级三档产品；次级档为0.44亿元人民币，由宝信国际融资租赁有限公司（以下简称"宝信租赁"）全额认购。以下介绍宝信租赁一期ABS项目的具体情况，资料主要来源于《宝信租赁一期资产支持专项计划说明书》。

（一）交易结构

如图7-6-1所示。

本专项计划的交易流程如下：

（1）认购人通过与计划管理人签订《认购协议》，将认购资金以专项资产管理方式委托计划管理人管理，计划管理人设立并管理专项计划，认购人取得资产支持证券，成为资产支持证券持有人。

（2）计划管理人根据与原始权益人签订的《资产买卖协议》的约定，将专项计划资金用于向原始权益人购买基础资产，即基础资产清单所列的由原始权益

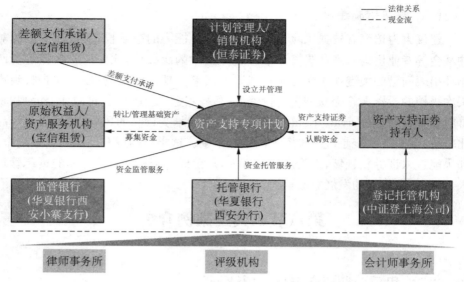

图 7-6-1 "宝信租赁一期资产支持专项计划"交易结构示意

人在专项计划设立日转让给计划管理人的、原始权益人依据租赁合同自基准日（含该日）起对承租人享有的租金请求权和其他权利及其附属担保权益。

（3）资产服务机构根据《服务协议》的约定，负责基础资产对应的应收租金的回收和催收，以及违约资产处置等基础资产管理工作。资产服务机构在收入归集日将基础资产产生的现金流划入监管账户。

（4）监管银行根据《监管协议》的约定，在回收款转付日依照资产服务机构的指令将基础资产产生的现金流划入专项计划账户，由托管银行根据《托管协议》对专项计划资产进行托管。

（5）当发生任一差额支付启动事件时，差额支付承诺人根据《差额支付承诺函》将差额资金划入专项计划账户。

（6）计划管理人根据《计划说明书》及相关文件的约定，向托管银行发出分配指令，托管银行根据分配指令，将相应资金划拨至登记托管机构的指定账户，用于支付资产支持证券本金和预期收益。

（二）主要参与机构

如表 7-6-1 所示。

表7-6-1 "宝信租赁一期资产支持专项计划"主要参与机构

原始权益人/资产服务机构/差额支付承诺人	宝信国际融资租赁有限公司
管理人/销售机构	恒泰证券股份有限公司
托管银行/监管银行	华夏银行股份有限公司
法律顾问	北京市金杜律师事务所
信用评级机构	大公国际资信评估有限公司
会计师事务所	立信会计师事务所(特殊普通合伙)
登记托管机构	中国证券登记结算有限责任公司(以下简称"中证登")上海分公司

(三) 原始权益人简介

宝信租赁成立于2011年,是西北第一家规模化运营的中外合资融资租赁公司,目前已成长为陕西省资产规模最大的融资租赁公司,在西北地区处于龙头地位。宝信租赁有多元化的股东背景,第一大股东西安投资控股有限公司是西安市政府金融和财政扶持产业的投资主体和出资人代表,第二大股东西安陕鼓动力股份有限公司是国内同行业内最优秀的工业装备制造和服务提供商,其他股东分别具有境外专业投资公司、优秀民营企业和管理层持股的背景。管理层持股安排降低了"代理人成本",使职业经理人和公司的利益约束紧密结合在一起。

宝信租赁在成立之初便独辟蹊径,采取了以供应商模式为主导、直接客户模式为有效补充的混合型业务模式,和供应商形成"风险共担"和"渠道共享"的战略合作伙伴关系。"风险共担"指供应商通过若干方式同担风险,如强回购、再销售、软回收、风险保证金、有交叉违约的风险池等,以降低宝信租赁作为出租人所承担的风险;"渠道共享"为供应商根据宝信租赁的风险偏好要求推荐符合宝信租赁准入标准的承租人,同时宝信租赁对承租人提供金融服务确保供应商利益。供应商模式能够为宝信租赁带来较为稳定的客户基础。

在客户定位上,宝信租赁瞄准有刚性需求的传统制造业和契合经济发展特征的现代服务业,扎根实体经济,服务以民营经济为主导的客户群体。目前宝信的客户端超过95%为民营企业,各承租人业务发展前景较好。宝信租赁的客户地域分布较广,以渤海经济圈、珠三角经济圈、长三角经济圈的客户为主导,并有部分具有西部地域优势的本地客户。

(四) 产品结构

如表7-6-2所示。

表7-6-2 "宝信租赁一期资产支持专项计划"产品结构

证券分档	优先级			次级
	优先A-1级	优先A-2级	优先B级	
规模(亿元人民币)	1.06	2.39	0.16	0.44
规模占比	26.18%	59.03%	3.95%	10.83%
信用等级	AAA	AAA	AA	—
预期到期日	2016-4-23	2016-7-23	2016-10-23	2016-10-23
加权平均期限(年)	0.88	0.95	1.81	2.06
利率类型	固定利率			
设立日	2015-12-16			
预期收益率	6.15%	6.20%	7.80%	—
证券类型	固定还本型	过手还本型	过手还本型	—
还本付息安排		按季还本付息		期间收益不超过5%/年,到期获得所有剩余收益

(五)合格标准与资产池情况

1. 基础资产合格标准

本专项计划基础资产的选择遵循一定的筛选标准。在筛选基础资产时,未使用任何会对计划管理人受让基础资产产生重大不利影响的筛选程序,基础资产的质量在重大方面不低于宝信租赁在其一般融资租赁业务过程中同类资产的平均水平,且在基准日和专项计划设立日:

(1)基础资产对应的全部租赁合同适用的法律为中国法律,且在中国法律项下均合法有效,并构成相关承租人合法、有效和有约束力的义务,宝信租赁可根据其条款向承租人主张权利。

(2)宝信租赁已经履行并遵守了基础资产所对应的任一份租赁合同。

(3)同一租赁合同项下承租人尚未支付的所有租金(包括未偿本金部分以及利息部分)及其他应付款项须全部入池。

(4)基础资产为根据宝信租赁内部标准分类的正常、关注、次级、可疑、损失5级分类体系中的正常类。

(5)租赁合同中的承租人系依据中国法律在中国境内设立且合法存续的企业法人、事业单位法人或其他组织,且未发生申请停业整顿、申请解散、申请破产、停产、歇业、注销登记、被吊销营业执照或涉及重大诉讼或仲裁。

(6)宝信租赁合法拥有基础资产,且基础资产上未设定抵押权、质权或其他担保物权。

(7) 基础资产可以进行合法有效的转让，且无需取得承租人或其他主体的同意。

(8) 基础资产所对应的任一份租赁合同项下的到期租金均已按时(含 7 天宽限期)足额支付，并且不存在其他实质性的重大违约情况。

(9) 宝信租赁对租赁物件享有合法的所有权，是租赁物件的唯一合法所有权人。

(10) 宝信租赁已按照租赁合同约定的条件和方式支付了租赁合同项下的租赁物件购买价款(但宝信租赁有权保留的保证金、应由承租人承担的购买价款以及购买价款支付义务未到期或付款条件未满足的除外)。

(11) 除以宝信租赁为权利人设立的担保物权外，租赁物件上未被设定抵押权、质权或其他担保物权。

(12) 除以保证金冲抵租赁合同项下应付租金外，承租人在租赁合同项下不享有任何主张扣减或减免应付款项的权利。

(13) 基础资产或租赁物件不涉及国防、军工或其他国家机密。

(14) 基础资产对应的承租人不包括地方政府或其融资平台。

(15) 基础资产或租赁物件不涉及诉讼、仲裁、执行或破产程序。

(16) 租赁合同的担保人系为年满 18 周岁的自然人或依据中国法律在中国境内设立且合法存续的企业法人，且未发生申请停业整顿、申请解散、申请破产、停产、歇业、注销登记、被吊销营业执照或涉及重大诉讼或仲裁。

(17) 根据租赁合同，相关租赁物件均已按照租赁合同的约定交付给承租人且宝信租赁已有权向承租人收取租金(包括预付租金)。

2. 资产池基本情况

如表 7 - 6 - 3 所示。

表 7 - 6 - 3　"宝信租赁一期资产支持专项计划"资产池基本情况

资产池本金余额(万元人民币)	47 348.06
承租人数量	33
租赁合同笔数	41
单笔租赁合同最高本金余额(万元人民币)	13 724.32
单笔租赁合同平均本金余额(万元人民币)	1 154.83
合同本金总额(万元人民币)	55 394.54
单笔租赁合同最高本金总额(万元人民币)	14 875.00
单笔租赁合同平均本金总额(万元人民币)	1 351.09
本金余额最高的前 5 名承租人集中度	52.28%
本金余额最高的前 3 个行业集中度	70.09%

(续表)

信用状况——正常类	100.00%
加权平均租赁合同期限(月)	37.42
加权平均租赁合同剩余期限(月)	33.76
单笔租赁合同最长剩余期限(月)	47
单笔租赁合同最短剩余期限(月)	5

(六)信用增级措施

1. 初始超额抵押

本专项计划的基础资产整体转让给了计划管理人,所对应租赁合同剩余期限内回收款均归属于专项计划。截至基准日(2014年9月17日),资产池剩余本金余额为47 348万元,相比资产支持证券票面金额(即优先级和次级产品本金之和)多出6 862万元,初始超额抵押覆盖倍数为116.95%,有较强的信用增级作用。

2. 超额利差

资产池现行加权平均利率与优先级资产支持证券预计平均票面利率之间存在一定的超额利差,为优先级资产支持证券提供了一定的信用支持。

3. 优先/次级分层

本专项计划对资产支持证券进行了优先/次级分层,次级产品占资产池本金余额的比例为9.26%。次级产品将全部由宝信租赁认购,从而可以有效防范原始权益人的道德风险。初始超额抵押与次级产品一起,为优先级产品提供了资产池的23.76%的信用支持。

4. 宝信租赁差额支付承诺

在每个托管银行报告日(T-8日),托管银行对专项计划账户进行核算,若专项计划账户当期收到的款项不足以支付该期优先级产品本息,则计划管理人将在差额支付启动日(T-8日)向宝信租赁发出差额支付指令,宝信租赁应按约定在差额支付划款日(T-6日)予以补足。

5. 现金流转付机制

(1)回收款转付机制。当评级机构给予资产服务机构的长期主体信用评级高于或等于A+级时,回收款于每个租金回收计算日后的第3个工作日向专项计划账户进行转付;当评级机构给予资产服务机构的长期主体信用评级等于A级时,回收款于每个自然月结束后的第3个工作日向专项计划账户进行转付;当评级机构给予资产服务机构的长期主体信用评级低于A级时,资产服务机构(或后备资产服务机构(如有))或计划管理人(视情况而定)将通知承租人、担保人将其应支付的款项直接支付至专项计划账户。

(2) 保证金转付机制。当评级机构给予宝信租赁的主体长期信用等级低于 A 级时,宝信租赁应将其届时持有的承租人或第三方交付的全部保证金转付至专项计划账户,并由托管银行记入保证金科目。

6. 信用触发机制

本期产品设置了两类信用触发机制:同参与机构履约能力、资产池违约率相关的加速清偿事件,以及同资产支持证券兑付相关的违约事件。信用事件一旦触发将引致基础资产现金流支付机制的重新安排,对优先级资产支持证券形成信用保护。在两类信用触发机制中,加速清偿事件会先触发。

如果加速清偿事件被触发,则收入科目的资金将不再用于限额以外的其他专项计划费用及次级资产支持证券期间收益的支付,而是将剩余资金全部转入本金科目,用于优先级资产支持证券本金的兑付。

如果违约事件被触发,则专项计划账户内资金不再区分收入回收款和本金回收款,而是将两者混同并在支付有关的税费、报酬以后用于顺序偿付优先 A 级资产支持证券的预期收益和本金、优先 B 级资产支持证券的预期收益和本金,剩余资金及其他专项计划剩余资产原状分配给次级资产支持证券持有人。

(七) 项目特色小结

(1) 优选基础资产,信用基础较好。宝信租赁与恒泰证券协商建立了一套严格的资产筛选标准,精选了信用水平较高、无历史违约记录的承租人的租赁资产,所有的租赁资产均为正常类。资产池的分散性较好,租赁合同共计 41 份,涉及承租人 33 个,单笔租赁合同平均本金余额为 1 154.83 万元人民币。承租人主要分布在广东、山东和江苏等经济发达省市,行业分布上主要包括有色金属冶炼加工、纺织业和陶瓷制品。

(2) 设计了多重增信措施,为备案制后首个采用初始超额抵押方式的租赁资产证券化项目。本专项计划的信用增级措施包括:初始超额抵押、优先/次级分层、超额利差、差额支付承诺、信用触发机制和现金流转付机制。其中初始超额抵押是指资产支持证券发行金额比资产池剩余本金余额少 14.49%,这部分差额将优先吸收资产池的损失,为优先级产品提供信用支持。

二、"医学之星一期资产支持专项计划"

作为国内首单经营租赁资产证券化项目,由恒泰证券担任计划管理人的"医学之星一期资产支持专项计划"于 2015 年 12 月 8 日成功发行。

本期资产支持证券发行规模为 4.70 亿元人民币,其中优先级为 4.17 亿元人民币,分为优先01~05共5档产品;次级档为0.53亿元人民币,由医学之星全额认购。以下介绍医学之星一期ABS项目的具体情况,资料主要来源于《医学之星一期资产支持专项计划说明书》。

(一)交易结构

如图7-6-2所示。

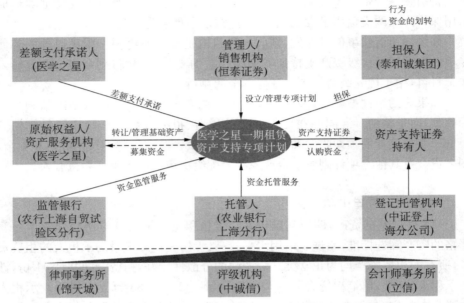

图7-6-2 "医学之星一期租赁资产支持专项计划"交易结构示意

本专项计划的交易流程如下:

(1)认购人通过与管理人签订《认购协议》,将认购资金以专项资产管理方式委托管理人管理,管理人设立并管理专项计划,认购人取得资产支持证券,成为资产支持证券持有人。

(2)管理人根据与原始权益人签订的《资产买卖协议》的约定,将专项计划募集资金在扣除首期专项计划保证金后向原始权益人购买基础资产,即基础资产清单所列的由原始权益人在专项计划设立日或《新增基础资产交割确认函》签署日转让给管理人的、原始权益人依据租赁合同自基准日(含该日)起未来特定期间内应收的对承租人的租金请求权和其他权利及其附属担保权益(原始权益人在特定期间内收到的基础资产清单对应的承租人所有基准日之前欠付的租金也属于基础资产范围)。

(3)资产服务机构根据《服务协议》的约定,负责基础资产对应的应收租金的回收和催收,以及违约资产处置等基础资产管理工作。资产服务机构在收入归集日将基础资产回收款和其他储备资金回收款划入资金归集账户。

(4) 监管银行根据《监管协议》的约定,在回收款转付日依照资产服务机构的指令将基础资产回收款和其他储备资金回收款划入专项计划账户,由托管人根据《托管协议》对专项计划资产进行托管。

(5) 当发生任一差额支付启动事件时,差额支付承诺人根据《差额支付承诺函》将差额资金划入专项计划账户。

(6) 当发生任一担保启动事件时,担保人根据管理人的履行担保的通知将相应款项划付至专项计划账户。

(7) 管理人根据《计划说明书》及相关文件的约定,向托管人发出划款指令,托管人根据划款指令,进行专项计划费用的提取和资金划付,并将相应资金划拨至登记托管机构的指定账户,用于支付资产支持证券本金和预期收益。

(二) 主要参与机构

如表 7-6-4 所示。

表 7-6-4 "医学之星一期资产支持专项计划"主要参与机构

原始权益人/资产服务机构/差额支付承诺人	医学之星(上海)租赁有限公司
管理人/销售机构	恒泰证券股份有限公司
担保人	泰和医疗控股有限公司
托管人	中国农业银行股份有限公司上海市分行
监管银行	中国农业银行股份有限公司上海自贸试验区分行
法律顾问	上海市锦天城律师事务所
信用评级机构	中诚信证券评估有限公司
会计师事务所	立信会计师事务所(特殊普通合伙)
登记托管机构	中证机构间报价系统股份有限公司

(三) 原始权益人简介

医学之星(上海)租赁有限公司(以下简称"医学之星")于 2003 年 3 月成立,现注册资本为 1.30 亿美元,唯一的股东为 Ascendium Group Limited,是泰和医疗控股有限公司(以下简称"泰和诚集团")旗下的重要投资平台。

医学之星股东背景强大,其实际控制人泰和诚集团成立于 2007 年,截至 2015 年 6 月末总资产达 31.27 亿元人民币,注册地为开曼群岛,2009 年在美国纽约证券交易所上市,是目前亚洲规模最大、专业能力最强、从业时间最长的医疗投资服务商及相关医疗中心的运营商,旗下拥有医学之星、北京美中嘉和医院管理股份有限公司、深圳傲华医疗科技发展有限公司等多家医疗服务业子公司。

自成立以来,医学之星租赁业务发展迅速。业务模式以分成式经营租赁模式为主,承租人主要集中在军区医院以及各地区排名前列的综合性大型医院。2014年,经营租赁收入占医学之星业务总收入的83.48%。分成式经营租赁模式是指医学之星以医院为客户,以肿瘤检测或治疗设备为标的资产,以经营分成为主要收入的业务模式。在确立合作关系后,通常情况下医院就设备进行招标,公司根据招标结果进行设备的采购。在业务存续期,公司负责设备的日常管理及运营,并负责相关自支费用的管理和支出。在规定日期,公司获得标的设备收入或者利润的一定百分比。

经营租赁的租金支付完全匹配了医院的现金流,甚至在一定程度上承担了项目经营的风险。医学之星也参与医院管理,为医院提供给了许多增值服务,与承租人建立了长期合作伙伴关系,实现双赢,未来发展潜力较大。

(四)产品结构

如表7-6-5所示。

表7-6-5 "医学之星一期资产支持专项计划"产品结构

证券分档	优先级					次级
	优先01	优先02	优先03	优先04	优先05	
规模(亿元人民币)	0.86	0.81	0.86	0.82	0.82	0.53
规模占比	18.30%	17.23%	18.30%	17.45%	17.45%	11.27%
信用等级	AAA	AAA	AAA	AAA	AAA	—
预期到期日	2016-10-28	2017-10-30	2018-10-29	2019-10-28	2020-10-28	2020-10-28
加权平均期限(年)	0.89	1.90	2.89	3.89	4.89	4.89
期间还本日	2016-4-28	2017-4-28	2018-4-30	2019-4-29	2020-4-28	—
利率类型	固定利率					
设立日	2015-12-8					
预期收益率	5.00%	5.30%	5.50%	5.80%	6.00%	—
还本付息安排	各档产品均为每半年付息,最后一年分两次还本					当期剩余资金全部分配给次级产品

(五)合格标准与资产池情况

1. 基础资产合格标准

本期专项计划基础资产的选择遵循一定的遴选标准。在遴选基础资产时,未使用任何会对管理人受让基础资产产生重大不利影响的遴选程序,基础资产的质量在重大方面不低于医学之星在其一般经营租赁业务过程中同类资产的平均水平,且在基准日和专项计划设立日:

(1) 基础资产对应的全部租赁合同的适用法律为中国法律,且在中国法律项下均合法有效,并构成相关承租人合法、有效和有约束力的义务,医学之星可根据其条款向承租人主张权利。

(2) 原始权益人已经履行并遵守了基础资产所对应的任一份租赁合同。

(3) 同一租赁合同项下特定期间内所有租金及其他应付款项须全部入池。

(4) 租赁合同中的承租人系依据中国法律在中国境内设立且合法存续的企业法人、事业单位法人或其他组织,且未发生申请停业整顿、申请解散、申请破产、停产、歇业、注销登记、被吊销营业执照或涉及重大诉讼或仲裁。

(5) 原始权益人合法拥有基础资产,且基础资产上未设定抵押权、质权或其他担保物权。

(6) 基础资产可以进行合法有效的转让,且无需取得承租人或其他主体的同意(承租人或其他主体愿意出具同意函的情况除外)。

(7) 原始权益人对租赁物件享有合法的所有权,是租赁物件的唯一合法所有权人。

(8) 原始权益人已按照租赁合同约定的条件和方式支付了租赁合同项下的租赁物件购买价款(但原始权益人有权保留的基础资产保证金、应由承租人承担的购买价款以及购买价款支付义务未到期或付款条件未满足的除外)。

(9) 除以原始权益人为权利人设立的担保物权外,租赁物件上未被设定抵押权、质权或其他担保物权。

(10) 除以基础资产保证金冲抵租赁合同项下应付租金外,承租人在租赁合同项下不享有任何主张扣减或减免应付款项的权利。

(11) 基础资产或租赁物件不涉及国防、军工或其他国家机密。

(12) 基础资产对应的承租人不包括地方政府或其融资平台。

(13) 基础资产或租赁物件不涉及诉讼、仲裁、执行或破产程序。

(14) 根据租赁合同,相关租赁物件均已按照租赁合同的约定交付给承租人且医学之星已有权向承租人收取租金(包括预付租金)。

2. 资产池情况

资产池涉及原始权益人与13个承租人签署的14笔租赁合同,基准日资产池预期租金收益为6.35亿元人民币。资产池统计信息如表7-6-6所示。

表 7-6-6 "医学之星一期资产支持专项计划"资产池基本情况

基准日资产池预期租金收益(万元人民币)	63 518.79
承租人数量	13
租赁合同笔数	14
单笔租赁合同最高基准日预期租金收益(万元人民币)	22 041.98
单笔租赁合同最低基准日预期租金收益(万元人民币)	126.91
单笔租赁合同平均基准日预期租金收益(万元人民币)	4 537.06
本金余额最高的前5名承租人集中度	82.36%
本金余额最高的前3个地区集中度	67.50%
加权平均租赁合同期限(月)	156.76
加权平均租赁合同剩余期限(月)	114.19
单笔租赁合同最长剩余期限(月)	139.00
单笔租赁合同最短剩余期限(月)	33.96

(六)信用增级措施

1. 现金流超额覆盖

本期专项计划基准日资产池预期租金收益合计为6.35亿元人民币,优先级资产支持证券本金规模为4.17亿元人民币,经测算,本期专项计划每个特定期间的基础资产现金流(未考虑储备资金机制)对于各期优先级资产支持证券的本息超额覆盖倍数平均为1.31倍,对优先级资产支持证券形成了一定的超额保障。

2. 优先/次级分层

本期专项计划对资产支持证券进行了优先/次级分层,次级资产支持证券占所有资产支持证券本金总额的比例为11%。次级产品将全部由医学之星认购,从而可以有效防范原始权益人的道德风险。

3. 医学之星差额支付承诺

在每个初始核算日(T-12日),托管人对专项计划账户进行核算,当专项计划账户内可供分配的资金(包括储备科目项下的储备资金)不足以支付该兑付日应付的优先级资产支持证券的预期收益和本金,则管理人将在差额支付启动日(T-11日)向医学之星发出差额支付指令,医学之星应按约定在差额支付承诺人划款日(T-9日)予以补足。同时,医学之星对专项计划保证金不足下一兑付日应付的优先级资产支持证券的预期收益的差额部分亦承担补足义务。

4. 泰和诚集团担保

托管人于差额支付承诺人划款日(T-8日)以电话、传真或双方认可的其他方式通知管理人资金到账情况。若专项计划账户当期收到的款项仍不足以支付当期优先级资产支持证券应付本息,则管理人将在担保启动日(T-7日)向泰和诚集团发出指令,泰和诚集团应按约定在担保人划款日(T-5日)予以补足。

5. 储备资金机制

本期专项计划设置了储备资金机制,包括专项计划保证金和其他储备资金回收款,用于支持专项计划分配。其中专项计划保证金系指原始权益人在专项计划账户中留存的、相当于下一个兑付日应分配的优先级资产支持证券预期收益的资金(计入专项计划保证金科目);其他储备资金回收款系指承租人根据 4 笔租赁合同(非基础资产)向原始权益人支付的租金(计入其他储备资金科目)。在考虑专项计划保证金和其他储备资金回收款的情况下,本期专项计划不同特定期间的综合本息超额覆盖倍数平均为 1.55 倍。

在专项计划存续期间,若每个初始核算日专项计划账户内可供分配的资金(不包括储备科目项下的储备资金)不足以支付相应兑付日应付的优先级资产支持证券的预期收益及本金,则托管人有权直接扣划相应的储备资金予以补足。扣划储备资金时,应先行扣划其他储备资金科目,其他储备资金科目余额不足以补足时,托管人可进一步扣划专项计划保证金。

6. 医疗设备抵押

本专项计划安排了部分医疗设备抵押的增信措施,即由恒泰证券作为抵押权人与医学之星作为抵押人签署《医疗设备抵押协议》,约定抵押人以这些医疗设备为专项计划优先级资产支持证券持有人的本金和预期收益,以及为实现主债权而产生的违约金、损害赔偿金、实现主债权的费用(包括但不限于诉讼费用、律师费用、公证费用、执行费用)和抵押人应支付的任何其他费用提供抵押担保。

7. 现金流转付机制

(1) 回收款转付机制。当评级机构给予优先级资产支持证券评级不低于 AAA 时,回收款于每个租金回收计算日后的第 2 个工作日向专项计划账户进行转付;当评级机构给予优先级资产支持证券评级等于或低于 AA+时,资产服务机构(或后备资产服务机构(如有))或管理人(视情况而定)将通知承租人将其应支付的款项直接支付至专项计划账户,不再经过资金归集账户。

(2) 基础资产保证金转付机制。当评级机构给予优先级资产支持证券评级等于或低于 AA+后 5 个工作日内,医学之星应按《资产买卖协议》的约定将其届时持有的承租人依据租赁合同交付的全部基础资产保证金转付至专项计划账户。托管人应将医学之星转付的基础资产保证金记入基础资产保证金科目。

(七) 项目特色小结

(1) 国内首单经营租赁资产证券化项目。本期专项计划的底层资产为原始权益人与承租人签订的经营租赁合同。原始权益人医学之星(上海)租赁有限公司主要从事肿瘤治疗设备的经营租赁,合作医院以三甲医院或部队医院为主。

(2) 基础资产资质优异。资产池涉及原始权益人与13个承租人签署的14笔租赁合同,中诚信证券评估有限公司给予的资产池加权平均信用等级为AA/AA+级。3个重要承租人上海长海医院、重庆大坪医院、济南军区总医院的影子评级分别为AAA、AAA和AA+。

(3) 设置多重增信措施。本期专项计划的信用增级措施包括:现金流超额覆盖、优先/次级分层、医学之星差额支付承诺、泰和诚集团担保、储备资金机制、医疗设备抵押和现金流转付机制。增信措施比较完备,为本期专项计划的平稳运行提供了多重保障。

三、"远东租赁三期专项资产管理计划"

2014年7月,远东宏信有限公司(以下简称"远东宏信")旗下核心金融服务企业远东国际租赁有限公司(以下简称"远东租赁")成功发行第三期资产证券化产品"远东租赁三期专项资产管理计划",规模为20.40亿元人民币。作为行业内一家多次发行资产证券化产品的融资租赁公司,远东租赁不断刷新记录,与此同时,也为公司融资多元化、扩大直接融资比例,以及树立良好的资本市场形象夯实了基础。

本期资产支持证券发行规模为20.40亿元人民币,其中优先级为16.61亿元人民币,分为优先01级、优先02级和优先03级3个品种;次级档为3.79亿元人民币,由远东租赁全额认购。以下介绍"远东租赁三期专项资产管理计划"的具体情况,资料主要来源于《远东三期专项资产管理计划说明书》。

(一) 交易结构

如图7-6-3所示。

本专项计划的交易流程如下:

(1) 认购人通过与计划管理人签订《认购协议》,将认购资金以专项资产管理方式委托计划管理人管理,计划管理人设立并管理专项计划,认购人取得资产支持证券,成为资产支持证券持有人。

(2) 计划管理人根据与原始权益人签订的《资产买卖协议》约定,将专项计

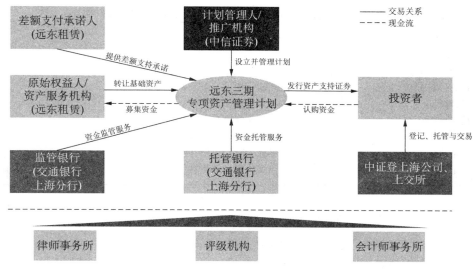

图 7-6-3 "远东租赁三期专项资产管理计划"交易结构示意

划资金用于向原始权益人购买基础资产,即原始权益人在专项计划设立日转让给计划管理人的、原始权益人依据租赁合同对承租人享有的租金请求权和其他权利及其附属担保权益。

(3) 资产服务机构根据《服务协议》的约定,负责基础资产对应的应收租金的回收和催收,以及违约资产处置等基础资产管理工作。

(4) 监管银行根据《监管协议》的约定,在回收款转付日依照资产服务机构的指令将基础资产产生的现金划入专项计划账户,由托管银行根据《托管协议》对专项计划资产进行托管。

(5) 当发生任一差额支付启动事件时,差额支付承诺人根据《差额支付承诺函》将差额资金划入专项计划账户。

(6) 在循环期内,计划管理人根据《资产买卖协议》的约定向托管银行发出付款指令,指示托管银行将专项计划账户内资金划拨至原始权益人指定的账户,用于购买基础资产。

(7) 计划管理人根据《计划说明书》及相关文件的约定,向托管银行发出分配指令,托管银行根据分配指令,将相应资金划拨至登记托管机构的指定账户,用于支付资产支持证券本金和预期收益。

(二) 主要参与机构

如表 7-6-7 所示。

表7-6-7 "远东租赁三期专项资产管理计划"主要参与机构

原始权益人/资产服务机构/差额支付承诺人	远东国际租赁有限公司
管理人/销售机构	中信证券股份有限公司
托管银行/监管银行	交通银行股份有限公司上海市分行
法律顾问	北京市中伦律师事务所
信用评级机构	联合信用评级有限公司
会计师事务所	瑞华会计师事务所(特殊普通合伙)
评估机构	天健兴业资产评估有限公司
登记托管机构	中国证券登记结算有限责任公司上海分公司

(三) 原始权益人简介

远东租赁成立于1991年,2001年南迁上海陆家嘴,现注册资本10.12亿美元,是远东宏信有限公司(简称"远东宏信")的全资子公司。

远东租赁是商务部监管的规模最大的融资租赁公司,净利润全行业第一,超过了银监会监管的金融系租赁公司。截至2014年末,远东租赁(远东宏信口径)注册资本为1 342 710 922美元(折合约人民币88.44亿元),资产规模达到1 107.26亿元人民币。远东租赁的主营业务为融资租赁,目前形成了以"医疗、印刷、航运、建机、教育、工业设备、纺织、电子"为代表的8大业务版块,客户基础超过10 000家,2014年净利润达到22.96亿元人民币,在包括金融租赁公司在内的全行业中排名首位。远东租赁获得中诚信国际信用评级有限责任公司的AAA评级,于2014年和2015年发行了两期中期票据和一期短期融资券。

远东租赁着重发展资产证券化业务,是国内首个发行资产证券化产品的租赁公司,2005年至2015年已成功发行了5期资产证券化产品,获得了投资者的充分认可。

2011年3月,远东租赁的母公司远东宏信在香港联交所上市。截至2015年6月末,远东宏信总资产超过1 193亿元人民币,净利润超过13.33亿元人民币。

(四) 产品结构

如表7-6-8所示。

表 7-6-8 "远东租赁三期专项资产管理计划"产品结构

证券分档	优先级			次级
	优先01	优先02	优先03	
规模(亿元人民币)	2.30	11.30	6.80	3.79
规模占比	9.51%	46.71%	28.11%	15.67%
信用评级	AAA	AAA	AAA	—
预期到期日	2014-11-27	2016-11-29	2018-11-29	2018-11-29
加权平均期限(年)	0.36	2.37	4.37	4.37
预期收益率	5.30%	6.40%	7.00%	无预期收益率
起息日		2014-07-23		
利率类型		固定利率		—
还本付息安排		按年付息、到期一次还本		期间不分配,最后一次获得剩余收益

(五) 合格标准与资产池情况

1. 基础资产合格标准

本专项计划基础资产的选择遵循一定的筛选标准。在筛选基础资产时,未使用任何会对计划管理人受让基础资产产生重大不利影响的筛选程序,基础资产的质量在重大方面不低于远东租赁在其一般融资租赁业务过程中同类资产的平均水平,且在基准日、专项计划设立日和循环购买日:

(1) 基础资产对应的全部租赁合同适用的法律为中国法律,且在中国法律项下均合法有效,并构成相关承租人合法、有效和有约束力的义务,原始权益人可根据其条款向承租人主张权利。

(2) 原始权益人已经履行并遵守了基础资产所对应的任一份租赁合同。

(3) 同一租赁合同项下剩余未偿的租赁本金、利息及其他款项全部入池。

(4) 基础资产为原始权益人正常、关注、次级、可疑、损失5级分类体系中的正常类。

(5) 租赁合同中的承租人系依据中国法律在中国境内设立且合法存续的企业法人、事业单位法人或其他组织。

(6) 原始权益人合法拥有基础资产,且基础资产上未设定抵押权、质权或其他担保物权。

(7) 基础资产可以进行合法有效的转让,且无需取得承租人或其他主体的同意。

(8) 基础资产所对应的任一份租赁合同项下的到期租金均已按时(含7天

宽限期)足额支付,无违约情况。

(9) 原始权益人对租赁物件享有合法的所有权,是租赁物件的唯一合法所有权人。

(10) 原始权益人已按照租赁合同约定的条件和方式支付了租赁合同项下的租赁物件购买价款(原始权益人有权保留的保证金、应由承租人承担的部分、购买价款支付义务未到期或付款条件未满足的除外)。

(11) 租赁物件上未被设定抵押权、质权或其他担保物权。

(12) 除以保证金冲抵租赁合同项下应付租金外,承租人在租赁合同项下不享有任何主张扣减或减免应付款项的权利。

(13) 基础资产或租赁物件不涉及国防、军工或其他国家机密。

(14) 基础资产或租赁物件不涉及诉讼、仲裁、执行或破产程序。

(15) 担保人均系依据中国法律在中国境内设立且合法存续的企业法人。

(16) 根据租赁合同,相关租赁物件均已按照租赁合同的约定交付给承租人并已起租。

2. 资产池情况

初始资产池涉及原始权益人与 199 个承租人签署的 263 笔租赁合同。截至基准日(2013 年 12 月 24 日),初始资产池的未收租金总额约为 27.86 亿元人民币,其中未收本金总额约为 25.03 亿元人民币,初始资产池统计信息如表 7-6-9 所示。

表 7-6-9 "远东租赁三期专项资产管理计划"资产池基本情况

租金余额(元人民币)	2 785 983 673.75
承租人数量	199
租赁合同笔数	263
单笔租赁合同最高租金余额(元人民币)	133 928 437.50
单笔租赁合同平均租金余额(元人民币)	10 593 093.82
合同租金总额(元人民币)	4 792 820 980.12
单笔租赁合同最高租金总额(元人民币)	217 016 562.50
单笔租赁合同平均租金总额(元人民币)	18 223 653.92
租金余额最高的前五名承租人集中度	19.10%
租金余额最高的前三个行业集中度	66.52%
正常类资产占比	100.00%
加权平均租赁合同期限(月)	53.32
加权平均租赁合同剩余期限(月)	34.53
单笔租赁合同最长剩余期限(月)	64.40
单笔租赁合同最短剩余期限(月)	2.33

（六）信用增级措施

1. 优先/次级分层

本专项计划对资产支持证券进行了优先/次级分层，优先级资产支持证券享有优先受偿权，待其预期收益、本金全部清偿完毕后，剩余专项计划资产再分配给次级资产支持证券持有人即远东租赁。

本期资产支持证券通过优先级/次级的偿付次序安排实现了资产池现金流对优先级资产支持证券本金和预期收益的超额覆盖，从而降低了优先级资产支持证券的信用风险。

2. 现金流超额覆盖

本期初始入池基础资产未偿本金共计 250 285.43 万元人民币，本期资产支持证券（优先级资产支持证券及次级资产支持证券）发行规模共计 241 891.50 万元人民币。

基础资产计划回收现金流本金合计是本期发行证券规模的 1.03 倍，超出的 8 393.93 万元人民币本金对本期资产支持证券的偿付形成一定超额覆盖，从而进一步降低了优先级资产支持证券的信用风险。

3. 差额支付承诺

远东租赁作为差额支付承诺人，将按照《差额支付承诺函》的条款与条件，对优先级资产支持证券的各期预期收益和全部未偿本金余额的差额部分承担不可撤销及无条件的补足义务。

远东租赁资产规模较大，营利能力较强，主体信用状况（AAA）良好，其提供的差额支付承诺形成了较强的信用支持。

4. 保证金支持

远东租赁与承租人签署租赁合同时一般会要求承租人交付一定的保证金。本期资产池内入池资产剩余保证金共计 40 315.89 万元人民币，占入池资产未偿本金余额的 16.11%。

当评级机构给予远东租赁的主体长期信用等级低于 AA＋级时，远东租赁应将其届时持有的承租人或第三方交付的全部保证金转付至专项计划账户，并由托管银行记入保证金科目。保证金可用于抵扣租赁合同项下承租人的应付款项，从而对优先级资产支持证券形成了一定的信用支持，且随着入池资产本金的偿还，保证金的支持程度将逐步提高。

（七）项目特色小结

（1）国内首个设置循环购买结构的租赁资产证券化项目。在循环期内，计划管理人以专项计划资金向原始权益人循环购买新的基础资产。循环购买结构解决了期限错配的问题,有效防范承租人提前退租或基础资产产生的现金流增加带来的再投资风险,提高资金使用效率。

(2) 国内首个设置了产品期限回拨选择权条款的资产证券化项目。计划管理人有权在优先级资产支持证券01、优先级资产支持证券02和优先级资产支持证券03的初始发售规模之间进行全额回拨,即减少其中一个或两个优先级资产支持证券品种的发行规模,同时对其他优先级资产支持证券品种的发行规模增加相同金额。回拨选择权可以降低发行时点的不确定性。

第八章
中国保理债权资产证券化实务

我国有着规模庞大的应收账款市场,如何盘活应收账款、提高流动性一直是各市场主体面临的重要问题,而保理业务提供了一条解决这一问题的有效途径,目前,保理业务发展极为迅速。保理是资本消耗性业务,对资金实力较弱的商业保理公司来说,拓宽融资渠道成为业务发展的当务之急,而资产证券化能够通过结构化设计,打通资本市场向保理行业的输血之路。本章首先介绍了国内保理资产证券化的市场概况,并就有关的法律问题、信用评级方法和目前存在的发展瓶颈进行了重点介绍,最后从实务角度提出了相关政策和市场建议。

第一节 保理资产证券化概况

一、保理资产证券化的基本含义

保理资产证券化，是指将保理商手中从各个卖方手中收购的应收账款集中起来，形成一个应收账款的资产池，然后对这些资产进行信用增级，将它们转变成可在金融市场上流通和出售的证券。

保理业务的核心是保理公司受让企业（债权人）的应收账款，而为原债权人提供应收账款融资、应收账款管理、应收账款催收、信用风险担保的其中一项或以上服务。保理业务的核心标的物即为企业应收账款，保理融资债权实为应收账款。而根据资产证券化的管理办法，企业应收款属于可以做资产证券化的一种基础资产类型。因此，保理融资债权开展资产证券化具有较强的可行性。

二、国内保理资产证券化的现状

2015年5月，"摩山保理一期资产支持专项计划"的成功发行成为国内首单以保理融资债权为基础资产的资产证券化项目，其成功募集的4.38亿元人民币资金为商业保理与资产证券化的"双剑合璧"拉开了序幕。摩山保理资产证券化的首次成功募集引起了行业的广泛关注。随后，"摩山保理二期资产支持专项计划"和"方正保理一期资产支持专项计划"相继推出，为保理行业开展资产证券化提供了典型范本。

纵观近年来国内的商业保理实践，保理公司的主要资金来源有：①自有资金，包括注册资本金和自身盈利；②银行融资；③股东借款或股东委托贷款；④与其他保理公司合作再保理融资；⑤P2P（Peer to Peer）等互联网金融平台；⑥资产证券化资产支持（专项计划模式）；⑦券商资管计划、私募基金、信托计划等非标模式。目前除了一些大型国有、上市公司背景的保理公司能够从银行获得授信取得较低资金成本外，其他渠道面临的资金成本并不低，而保理资产证券化可以较好地解决这一问题。

三、保理资产证券化的意义

一直以来，商业保理公司的资金大多来自股东借款、非标融资、互联网平台，效率低且资金成本高,因此资金瓶颈一直是制约商业保理公司发展的重要问题。保理资产的证券化不但破解了商业保理行业的资金瓶颈,有效打通了直接融资渠道,也有利于满足商业保理公司中长期的资金需求,同时更好地让资本市场了解商业保理业务。

未来通过交易所市场发行资产证券化产品,将成为商业保理公司高效、常规的融资途径。基础资产与保理公司信用的叠加,使得证券化产品的信用水平超越了保理公司自身,从而获得期限、成本均优于传统银行信贷的融资条件。将来若能成功销售证券化产品的次级部分,还可以实现保理资产出表,释放保理公司资本占用,更好地发挥优质商业保理公司的信用定价和风险控制能力。

第二节 保理基础资产分析

经济下行会导致我国保理业务风险上升。在当前内需不旺、出口受限的大背景下,我国经济结构与产业结构正在经历剧烈调整,应收账款质量整体呈下降态势,坏账风险不断显现,欺诈风险也频频发生,因此保理商经营日趋谨慎。

近年来,保理产业正逐渐从传统行业转向违约风险较低、关系国计民生的基础行业和服务行业。据国家统计局发布的数据,各主要行业、各经济类型企业财务指标状况有着显著差异。从行业结构来看,石油加工、煤炭、钢铁、采矿类行业利润大幅下降,制造业利润小幅增长,水、电、热、燃气生产供应行业利润则有较大幅度上升。不同类型企业的财务状况推动着保理业务投入方向发生结构性变化。

因行业特点的差异,保理业务在各行业的运用有所不同,下面举例加以分析。

1. 差旅行业

在差旅行业中,差旅管理涉及的资产是较为合适的债权类资产。差旅管理是指企业将自己的差旅费用和管理全部交给差旅管理公司,由专业差旅管理公司整合资源,提供包括预订酒店、机票、会务、租车等全方位的服务,并有效地执行差旅政策,利用先进的管理信息系统,规范员工差旅行为,降低公司差旅成本。从事这种差旅业务的公司称为差旅管理公司。差旅管理的核心包括两点:一是达到客户要求的服务品质,二是帮助客户控制差旅成本。差旅管理公司根据自身业务规模的大小和担保费的金额多少,也分一级代理和二级代理。

中国企业在商务旅行方面的近年平均消费总额高达 100 亿美元,且以每年 10%的速度递增,差旅费用已成为企业财务报表上排名前两位的可控支出。自加入世贸组织以来,中国已经成为世界第四大企业差旅市场。与差旅市场高速发展的情况不相称的是,专业的差旅管理服务在中国遭受冷遇,多数企业仍沿用自行管理差旅的原始模式。

差旅管理对应的应收账款作为基础资产特性有如下几点:
(1) 金额较小;
(2) 分散度高;
(3) 结算周期短;
(4) 历史数据清晰;
(5) 违约率低。

在开展保理业务时,主要关注点包括:基础资产的业务类型,原始债权人的行业地位、经营年限、对上游的历史付款情况,法律属性的明确性,可转让情况,未来现金流预测稳定情况,债权人的(从事行业、所在地区)的分散性。

2. 文化影视行业

文化影视行业已经是生活中的重要部分,根据文化行业的属性,适合做债权类基础资产的类别分为电视剧应收账款、影视应收账款、娱乐门票应收账款。对于应收账款资产更看重现金流的均衡性和稳定性。

根据产业链的特性,保理商通常以播放媒介为原点,对应选择基础资产:
(1) 制片方对发行方的应收账款作为基础资产;
(2) 发行方对播放媒介方的应收账款作为基础资产。

大型的播放媒介通常分为 3 类:电视台、电影结算中心和新媒体。根据播放媒介的 3 种途径,如何确定影视应收账款的真实性和回款的可靠性是选定优质基础资产的重要环节。

需要注意的是,文化影视作为基础资产时,选择在产业链中的融资方和付款方是关键,资质优良的付款方多数属于事业单位、国有企业、上市公司、大型门户网站,对于还款时间的确定性掌握难度较大,所以,保理商在开展文化行业的保理业务时,要根据融资方与付款方的历史合作年限和历史交易情况进行测算,确保到期还款的有效性。

在开展保理业务时,需要主要关注点包括:基础资产对应的应收账款(收视率、价格固定)稳定、应收账款信息透明、无禁播和敏感题材、历史的逾期情况、现金流的平稳性和均匀性、企业的优质项目储备和高管的背景、企业行业地位等。

3. 消费行业

在消费细分行业开展保理业务时,大数据和消费端要从技术和空间进行把控,从维度、厚度分析消费习惯,根据大数据模型分析,选择合规的基础资产。目前,国内比较成功的消费类证券化项目代表是蚂蚁小贷和京东白条:在自身优质的平台下,运用发挥平台优势,完美结合大数据分析和消费金融概念,为今后消费行业资产证券化起到了借鉴意义。

主要关注点包括:基础资产对应债务人自身的偿债能力和收益来源、消费终端、真实交易情况、对应的应收账款的法律属性界定是否清晰,债务人的类型、资质、分散性(行业、地区)、历史交易的逾期情况、早偿情况现金流的均匀性和平稳性。

4. 环保行业

环保行业是国家重点支持行业,国家通过发放牌照进行管理。该行业普遍的回款周期相对于传统行业较长,毛利润较低,在某些领域,国家财政需进行补贴。在环保细分行业开展保理业务时,主要关注点包括:科研成果,专利证明,当地财政补贴情况,基础资产对应的应收账款的客观实现、对应的应收账款的法律属性界定清晰、债务人的类型、资质、分散性(行业、地区),历史交易的逾期情况、早偿情况,现金流的均匀性和平稳性。

5. 医疗行业

在医疗细分行业开展保理业务时,主要包括两种医疗品类:医药和医疗器械。医药的毛利润低,规模大;医疗器械方面单价高,规模相对较小。主要关注点包括:基础资产对应的应收账款的客观实现,该笔应收款对应的交易双方属于产业链中的核心企业,对应的应收账款法律属性界定清晰,系统健全,税控系统完善,产业链透明。

6. 教育行业

教育行业是我国较早进行产业化取向改革的行业之一,具有前景良好、但前期投入大、投资回报慢、抵(质)押担保融资受限的特点。教育机构特别是民办教育机构普遍存在资金周转困难的现象,融资需求较强。

保理产品则可针对教育机构与学生之间形成的应收账款,以及后勤采购企业、采购执行企业与教育机构之间形成的应收采购款而设计,更加看重现金流而不是抵质押担保,因此能够突破抵质押担保的限制,做到与教育行业的资金需求规律相适应。主要业务类型有:应收学生账款保理服务,设备与设施采购执行保理服务,应收采购款保理服务。在规模上,融资额度不高于应收账款(应收采购款)的70%~80%;在期限上,鉴于教育机构每年12月份和次年3~5月份流动资金最为紧张,3~9个月的保理产品最受教育机构欢迎。保理商可根据教育机构、后勤采购企业、采购执行企业的行业属性和特性,提供灵活的融资方案。

在开展保理业务时,主要关注点包括融资方资信、学生规模、生源稳定性、企业信用记录、应收账款债权的法律权属界定是否清晰等问题。

7. 公用事业收费行业

市政公用事业包括城市供水、供气、供热、污水处理、垃圾处理、发电及公共交通事业,是城市经济和社会发展的载体,关系到城市经济和社会的可持续发展。但市政公用事业前期投入大、投资回报周期时间长、抵(质)押担保融资受限。公用企业特别是民营公用企业普遍存在资金周转困难的现象,融资需求较强。

保理产品针对公用企业与用户之间形成的应收公用事业费,以及采购执行企业与公用企业之间形成的应收采购款而设计,与公用行业的资金需求规律相适应。保理产品的风险考量对象为用户、公用企业(应付账款人),融资规模与应收公用事业费的规模相关,突破了公用企业抵(质)押担保的限制。主要业务围绕公用事业企业,以采购执行企业作为应收账款人展开。在规模上,可按不高于应收公用事业费80%的额度为公用企业提供融资,按应收采购款100%的额度为采购执行企业提供信用风险担保或融资;在期限上,保理期限细分为1~60个月,且可循环使用。

在开展保理业务时,主要关注点包括企业运营资格、资信水平、发展前景及可持续性、客户履约能力、项目收益性、公用服务关系是否合法有效、应收账款的法律权属界定是否清晰、服务合同中是否有禁止转让条款等。

8. 航空行业保理融资

航空运输是发展速度最快、最舒适、最安全的运输方式。由于购买飞机的费用、培训飞行人员的费用、燃油的费用高昂等原因,航空运输方式的单位运输成本偏高。航空企业特别是民营航空企业普遍存在资金周转困难的现象,融资需求较强。

保理产品针对航空企业与国际航空运输协会之间形成的航空代理人分销收入,以及航空企业与包机客户之间形成的应收包机收入而设计,与航空行业的资金需求规律相适应,可以加快航空企业发展速度,解决资金周转困难。保理业务风险考量对象为航空代理人及国际航空运输协会、包机客户(应付账款人),融资规模与应收账款的规模相关,更关注航空企业现金流特点,突破了航空企业抵(质)押担保的限制。主要业务类型有针对航空企业(应收账款人)在线推出应收航空客运代理人分销收入保理服务、应收航空货运代理人分销(CASS)收入保理服务和应收包机收入保理服务等。在规模上,可按不高于应收航空代理人分销收入80%的额度为航空企业提供融资;在期限上,保理产品的期限细分为2周、3周、4周和6周等,且可循环使用。

在开展保理业务时,主要关注点包括企业运营资格、资信水平、发展前景及可持续性、客户的履约能力、航空服务关系是否合法有效、应收账款的法律权属界定是否清晰、服务合同中是否有禁止转让条款等。

9. 物流行业

物流行业是是物流资源产业化而形成的一种复合型或聚合型产业,包括运输业、仓储业、装卸业、包装业、加工配送业、物流信息业等。目前,我国的物流行业处于快速发展阶段,未来发展空间巨大,但物流市场产业集中度低,应收账款账期长,占用资金较多,抵(质)押担保融资受限。物流企业也普遍存在资金周转困难的现象,融资需求较强。

保理产品则可针对物流企业与客户之间形成的应收账款,以及采购执行企业与物流企业之间形成的应收采购款而设计,更加看重现金流而不是抵质押担保,与物流行业的资金需求规律相适应,且可循环使用,有助于加快物流企业发展速度,解决资金周转困难。主要业务围绕物流企业或者采购执行企业作为应收账款人展开。在规模上,一般按不高于应收账款80%的额度为物流企业提供融资,按应收采购款100%的额度为采购执行企业提供信用风险担保或融资;在期限上,保理期限细分为1个月、2个月和3个月,且可循环使用,匹配物流企业的资金需求规律。

在开展保理业务时,主要关注点包括企业运营资格、资信水平、发展前景及可持续性、客户履约能力、项目收益性、物流服务真实性、关系是否合法有效、应收账款的法律权属界定是否清晰、服务合同中是否有禁止转让条款等。

第三节 信用评级

因基础资产的相似性,保理资产证券化产品的信用评级方法与其他以既有债权组成资产池的证券化产品相似,并表现出一些细节上的差别。由于目前国内保理资产证券化产品的样本比较有限(仅发行了3单),因此以下观点主要基于已有案例,并结合常见的债权类评级方法进行探讨,资料主要来源于中诚信证券评估有限公司关于保理资产证券化的相关分析内容。

一、保理资产证券化产品的特点

(1) 基础资产为保理融资债权,入池资产笔数较少,单笔资产本金余额占比经常超过10%,资产收益率较高,期限较短(不超过3年,1年以内居多),资产担保方式多样(信用、保证、抵押、质押等),一般含回购条款(有追索权保理),资产的主要偿还来源是应收账款涉及买方的回款。

（2）基础资产在融资人或买方、行业、地区等方面具有的分散性,能在一定程度上降低个别风险。

（3）一般设置循环购买结构,循环购买的具体机制直接影响产品分配。

（4）资产基础为应收账款的二次转让,合格标准对资产选择较为重要。

特别地,由于循环购买结构较为复杂,下面在论述时将涉及循环购买结构的资产证券化产品。

二、评级思路

资产支持证券的信用等级指示的评级机构对受评证券违约风险的评价,即为受评证券本金和预期收益获得及时、足额偿付的可能性。评价综合了定量分析和定性分析结果,定量分析是以基础资产整体信用风险水平为基础,结合一定的交易结构,通过压力测试评价现金流保障程度,考虑主体增信后得到初始评级结果;定性分析则考虑交易蕴含的各类风险因素、参与机构尽职能力等,决定对初始评级结果是否进行调整,如图 8-3-1 所示。

首先,基础资产的整体信用风险水平由单笔资产的信用资质、集中度、相关性、回收率、宏观经济假设等决定。一般需要首先评估单笔资产的信用质量,构建基础资产信用风险量化分析模型,运用蒙特卡罗模拟方法模拟违约事件,通过百万次模拟后输出基础资产违约分布和损失分布,得到受评证券达到不同的信用等级需要承受的违约比率以及损失比率,确定受评证券的信用等级上限。

其次,需根据交易约定的交易结构和特定压力条件进行现金流分析及压力测试,以反映超额利差、信用触发事件、现金流支付机制等交易结构特点,计算压力情景下基础资产产生的现金流在每个兑付时点对优先级证券本金和预期收益的覆盖程度。现金流分析包括正常景况分析和压力景况分析,主要是依据目标信用等级对受评证券进行现金流覆盖测试,得到由现金流覆盖测试决定的受评证券等级上限。

第三,如果同一债务人的入池资产集中度过高,可能会对整体资产池产生较大的负面影响,所以还需要考虑大额债务人的集中违约风险,这可通过设定受评证券的信用增级量不小于资产池中低于该等级的资产组合所占比例来实现。

取上述上限级别中的最低级别即为量化模型指示的信用级别,此时考虑差额支付或第三方担保带来的主体增信的影响(如有),主体增信因素将至少维持量化模型指示的结果。

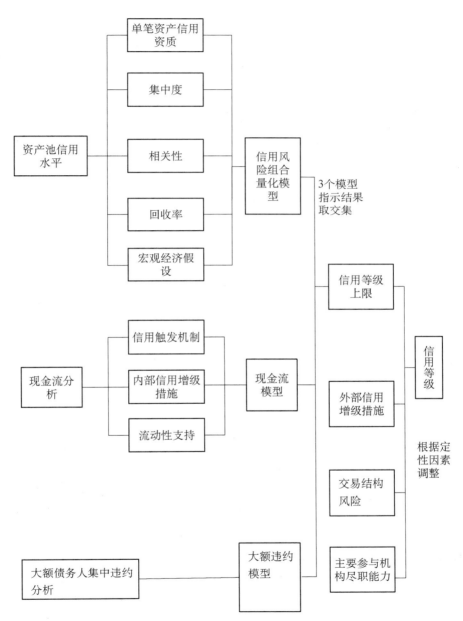

图 8-3-1 保理资产证券化产品评级逻辑

最后，评级机构会结合交易结构风险、参与机构尽职能力等要素的定性分析，决定对上述结果是否进行调整，最终公司信用评审委员会经过综合考量会得到最终的评级结论。

三、评级要素

（一）基础资产信用水平

基础资产未来产生的现金流是资产支持证券本金和预期收益的主要偿还来源，若应收账款未能及时回款，则会导致基础资产现金流量不足，影响证券还本付息的能力。因此，基础资产的信用分析是资产支持证券评级的基础。资产池的分析主要涉及资产的信用资质、资产之间的相关性、集中度和回收率等方面。

1. 单笔资产的信用资质

单笔资产的信用资质由应收账款的买方信用资质和资产剩余期限决定。因应收账款的买方是保理资产的首要付款方，所以买方的信用资质在很大程度上决定了该笔资产及时回款的可能性。评级机构一般根据保理公司提供的资产池档案，根据分行业评级方法和评级标准，逐一得出买方的影子评级，再根据资产剩余期限，结合信用等级与累计违约率表得到该笔资产的违约概率。影子评级结果需保持一致性和可比性。需指出的是，即使对于含卖方回购义务的保理债权，考虑到回购行为一般发生在应收账款到期之后，严格来说，彼时已经影响到基础资产现金流的及时性，因此卖方的信用资质也不应作为单笔资产信用资质的主要考虑因素。

2. 基础资产相关性

入池保理资产之间的相关性对资产池整体的违约风险有着重要影响，如果资产分散性好、相关性低，则资产集中违约的可能性就较低，那么优先档证券本息受到基础资产大规模违约冲击的可能性就较低，非系统性风险得以分散，则相对较少金额的次级证券就可以支撑优先级证券获得较高的信用等级。如果相关性水平高，非系统性风险难以分散，则因集中违约导致优先级证券损失的可能性较高，因此需要更细分层的次级证券。

资产相关性的主要影响因素有行业、地区、产权从属关系和上下游业务关系等。同行业企业往往受到相同市场需求、原材料和产品价格等影响，同一地区的企业也容易因区域性经济风险受到相似的影响。母子公司或兄弟公司往往被看作是关联体，联合违约可能性较高。处于同一产业链的上下游企业容易受到相互影响。

评级机构会假设行业、地区和其他维度的相关系数,由相关系数矩阵加以体现,作为组合信用风险量化分析模型的输入参数,进而影响受评证券的违约风险。

3. 集中度

如果少数金额占比较高资产,以及单一行业、单一地区的入池资产发生集中违约,资产池的整体损失可能导致优先级证券违约。评级机构在组合信用风险分析时,会调整金额集中度较高的买方的违约概率、集中度较高的行业和地区对应的违约概率来体现集中违约风险。

4. 回收率

资产的回收率由买方信用资质、买方所属行业、卖方信用资质(如回购)、资产担保方式、回收时间、资产服务机构尽职能力等因素决定。

买方自身回收率的确定由其所属行业决定,不同行业的资产负债率水平、资产类型差异较大,使得买方违约后其资产变现价值差异较大,对债务的覆盖程度不同。评级机构根据各行业的基准回收率,结合买方信用等级,确定买方自身的回收率。

对于有追索权的保理来说,如果买方企业到期未付款或未足额付款,卖方企业(即融资人)需无条件按双方约定的价格回购应收账款,则融资人起到了兜底的作用,与保证人对基础资产的担保作用类似。保证人对基础资产损失降低的程度取决于担保力度、买方和保证人各自的信用风险、关联程度等。因此,融资人和保证人自身的信用水平越高,则说明其回购履约能力或担保能力、偿债意愿越强,基础资产损失降低的效果就越明显。所以评级机构会在评价买方企业影子评级的同时,给出融资人和保证人的影子评级,计算基础资产的预期损失。

含抵质押的基础资产回收率主要取决于买方的信用水平,抵质押物的有效性、抵质押物清收价值对债务本息和的覆盖程度、回收时间等,其中回收时间主要受抵质押物种类、法律环境等影响。

(二)交易结构

交易结构设置是资产证券化的重要环节,最终体现为对资产支持证券本金和预期收益偿付的影响。评级机构一般通过现金流模型,体现交易结构的特征,通过压力测试,检验交易结构的稳健性,最终得到目标信用等级下现金流对受评证券进行现金流覆盖测试的结果,以确定受评证券的信用等级。交易结构的设置一般包括信用触发机制、流动性安排、信用增级措施、交易结构风险、参与机构尽职能力等。

1. 信用触发机制

一般ABS交易结构中会设置信用触发机制,其设置原则是在恶化信用事件发生时,通过改变资产池的现金流支付顺序,来保证优先级证券优先受偿,从而对风险因素快速做出反应。

信用触发机制包括权利完善事件、加速清偿事件、违约事件、提前终止循环购买事件(如有循环结构)、提前终止事件等。触发条件主要分为与交易相关的触发条件、与重要参与机构相关的触发条件和与基础资产相关的触发条件。与交易相关的触发条件主要包括:优先级证券预期收益延后支付、法定到期日后证券本金尚未清偿等;与重要参与机构相关的触发条件包括原始权益人丧失清偿能力、资产服务机构解任、托管人和监管银行解任、资产服务机构未能履约、后备资产服务机构缺位、重要参与机构在专项计划文件中提供的陈述有重大不实或误导成分;与基础资产相关的触发条件主要是累计违约率达到一定阈值、基础资产数量不足导致循环购买不充分等。

因信用触发机制直接影响现金流的支付顺序,所以评级机构会关注信用触发条件的设置、现金流支付的改变,并在现金流模型中体现信用触发机制,以衡量信用增级量。特别地,对于含循环购买结构的交易设置,各类触发机制会通过缩短循环期发挥作用。

(1) 权利完善事件。权利完善事件是针对资产支持专项计划设立时存在的权利瑕疵的一种补救措施。当发生比较严重的信用事件时,会触发权利完善事件,原始权益人或管理人会向融资人、债务人、基础资产担保人(如有)和其他相关方(如需)发送权利完善通知,将基础资产转让的情况通知前述各方,并在权利完善通知中指示各方将其在保理合同、担保合同、业务合同项下应支付的款项及其他应属于专项计划资产的款项直接支付至专项计划账户。

对于保理债权资产证券化项目来说,典型的权利完善事件设置如下:

① 发生任何一起资产服务机构解任事件,导致资产服务机构被解任;

② 仅就相关保理融资债权而言,

(i) 融资人、债务人未履行其在保理合同、基础合同项下的任何义务,以致须针对其提起法律诉讼或仲裁;或者

(ii) 基础资产担保人未履行担保义务,以致须针对其提起法律诉讼或仲裁;

③ 原始权益人或担保人长期主体信用等级下调。

(2) 加速清偿事件。加速清偿事件是指通过改变回收款的转付频率和分配顺序,加速偿还优先级资产支持证券本金。一般说来,加速清偿事件有两种生效方式:自动生效的加速清偿事件和需经宣布生效的加速清偿事件,典型设置如下:

① 自动生效的加速清偿事件:
(ⅰ)原始权益人发生任何丧失清偿能力的事件;
(ⅱ)发生任何资产服务机构解任事件,且在 90 个自然日内仍无法找到合格的继任资产服务机构;
(ⅲ)根据专项计划文件的约定,需要更换管理人或托管人,且在 90 个自然日内仍无法找到合格的继任或后备机构;
(ⅳ)在专项计划循环期内,资产池的未偿本金余额累计 120 个自然日未达到资产支持证券未偿本金余额的 100%;
(ⅴ)担保人的长期主体信用等级下调至某一阈值。

② 需经宣布生效的加速清偿事件:
(ⅰ)在专项计划存续期间内连续 14 个自然日基础资产违约率超过 10%;
(ⅱ)原始权益人在专项计划文件中提供的任何陈述、保证(资产保证除外)在提供时便有重大不实或误导成分;
(ⅲ)发生对资产服务机构、原始权益人、管理人或者基础资产有重大不利影响的事件;
(ⅳ)专项计划文件全部或部分被终止,成为或将成为无效、违法或不可根据其条款主张的权利,并由此产生重大不利影响;
(ⅴ)在任一托管人划款日,专项计划现金资产无法支付当期优先级预期收益;
(ⅵ)原始权益人、管理人、资产服务机构、托管人、监管银行的主要相关义务未能履行或实现,导致对资产支持证券持有人权益产生重大不利影响,该重大不利影响情形在出现后 30 个自然日内未能得到补正或改善。

在发生加速清偿事件情况下,除管理人通知各参与机构外,基础科目资金不再用于购买原始权益人符合合格标准的资产,资产服务账户现有全部资金划转至专项计划账户;资产服务机构需加快回收款转付频率,在分配时,专项计划账户中的资金不再用于次级资产支持证券期间收益的支付,而是将剩余资金全部优先用于优先级资产支持证券预期收益与本金的兑付。

(3)违约事件。在差额支付义务和担保责任(如有)无法履行的情况下,专项计划账户内可供分配的资金不足以支付相应的兑付日应付的优先级资产支持证券的预期收益和/或本金,就会触发违约事件。违约事件通过改变专项计划的分配顺序,优先偿付优先级资产支持证券的利息和本金。此外,专项计划还可引入交叉违约机制,即原始权益人发生金融债务违约的情况,金融债务包括但不限于银行借款、在其他任何金融机构(含信托公司、证券公司、基金子公司、融资租赁公司等)的融资、发行的债券及资产证券化产品、发行的私募基金产品等,专项计划将提前终止,及时反应,以保护专项计划的安全。

(4)提前终止事件。若发生提前终止事件,则全部未清偿资产支持证券将在有控制权的资产支持证券持有人大会决议通过后 30 日内起全部到期;资产服务账户中剩余全部基础资产回收款将划转至专项计划账户,在支付专项计划费用后提前兑付优先级资产支持证券的本息。典型的提前终止事件设置如下(任一种情况均可触发):

① 优先级资产支持证券的评级低于一定阈值;
② 原始权益人正常运营连续中断超过 1 个月;
③ 原始权益人发生金融债务违约事件,可能对本期资产证券化产品本息偿付产生重大影响;
④ 原始权益人或担保人进入破产程序;
⑤ 担保人长期主体信用等级低于一定阈值;
⑥ 发生需征求管理人事先同意的事项时,但原始权益人未事先征求管理人意见。

(5)提前终止循环购买事件。如前所述,在出现恶化信用事件时,循环期将提前结束进入分配期,缩短偿付投资者本金和收益的时间跨度。典型的提前终止循环购买事件设置如下(任一种情况均可触发):

① 在每个循环购买日后紧邻的第一个工作日本金科目项下的可支配资金已累计达到一定金额(占资产池本金约 10%);
② 发生管理人解任事件、资产服务机构解任事件、托管人解任事件、监管银行解任事件,且在 15 个自然日内,未能根据专项计划文件的规定任命继任者;
③ 发生任何一起加速清偿事件;
④ 发生差额支付启动事件或/和担保启动事件;
⑤ 发生任何一起权利完善事件;
⑥ 有控制权的资产支持证券持有人大会合理认为已经发生或可能发生重大不利变化,决定提前结束循环购买期的;
⑦ 发生任何一起提前终止事件。

2. 流动性支持

流动性支持是指为保障交易按时偿付投资者本息和费用而设置的内外部资金来源方面的支持。受早偿、逾期、利率调整、循环购买不足等因素的影响,基础资产在某一收款期间的现金流入,可能无法覆盖当期需支出的证券利息和(或)预期收益、各项税费等,造成基础资产现金流入和证券各项支出在时点上的错配,给投资者带来无法按时还本付息的风险。因此,流动性支持也是证券偿付的保障之一。

流动性支持分为内部流动性支持和外部流动性支持。内部流动性支持来源于基础资产现金流,外部流动性支持由原始权益人或其他机构出资,在专项计划设立时划入独立的储备账户。流动性支持的一种表现形式是保证金。

评级机构通过现金流模型来考察特定流动性支持机制下,资产池现金流对受评证券本息的覆盖程度。

3. 信用增级措施

信用增级措施可以降低受评证券的违约风险,提升优先级证券的信用水平。主要增级方式包括内部信用增级和外部信用增级,证券可同时采用多种增级方式。信用增级措施对证券的信用等级有着直接影响。

内部信用增级措施所需资金来源于基础资产组合,包括超额抵押、优先/次级结构、超额利差等;外部信用增级措施由独立的第三方提供,可以采取差额支付承诺、保证人担保等形式。

4. 交易结构风险

(1) 循环交易风险。对于设置循环购买结构的专项计划来说,因初始资产池基础资产到期而需置换新增基础资产,将导致循环交易风险,主要体现为:

① 因循环购买结构需设置循环期和分配期两个阶段,专项计划的资金归集、分配种类和分配流程不同,账户和科目设置较多,各类日期安排紧凑,且会因信用触发机制的变化而变化,频繁的循环购买又要求资产服务机构有较完善的IT系统,因此,循环购买结构的安排较为复杂,某一环节出现差错都会对专项计划的运行造成影响。

② 基础资产风险。与初始资产池相比,新增基础资产在应收账款付款方的信用资质、资产收益率、资产期限、回购条款、保证方式等要素上均会出现差异,资产服务机构可能在循环购买时点缺少足够的保理债权可供购买,可能会导致新增基础资产的信用质量下滑,资产池中保理融资债权的利息收入将减少,导致原有的超额利差等信用增级量减少,可能会影响优先级资产支持证券本息的兑付。

评级机构会关注循环购买安排的合理性、对基础资产合格标准的设定、信用触发机制与资产池违约率、循环期内资产池和证券各自未偿本金余额的相对比例的勾稽情形,并在组合信用风险量化分析模型和现金流模型中进行加压测试,以反映上述风险。

(2) 混同风险。混同风险是指资产服务机构将基础资产回收款账户的资金与其持有的其他资金混同在一起,在资产服务机构发生信用危机甚至破产时,被混用的资金权属难以区分,可能导致证券持有人本息发生损失的风险。在目前的实践中,应收账款的回款首先划入资产服务机构的账户,在资金归集日再转入监管账户,在回收款转付日再转入专项计划账户。回收款在资产服务机构账户停留的时间越短,混同风险越小。

评级机构会关注账户和科目设置、回收款转付机制和相关信用触发机制的安排。比如,是否另行开立了资产服务账户(监管账户),与资产服务机构之前的自有账户和非基础资产的收入相区分;是否设置了本金科目、收入科目、费用储备科目、收益储备科目和基础科目等,实行独立核算;对于循环购买结构,回收款转付因循环期和分配期而不同,循环期内回收款转付随循环购买而设定,需经过资产服务账户,分配期内,回收款则视兑付日而定,且不再经过资产服务账户而直接划入专项计划账户。

(3)早偿风险。早偿是债权类基础资产较难规避的一个问题。早偿会扰乱初始的现金流流入和证券的本金摊还计划,导致超额利差减少,可能引发之后的流动性风险。

评级机构会关注专项计划对于早偿风险的控制措施,比如原始权益人是否承担对于融资人提前偿还的保理融资款项与预计产生的回收款之间差额部分的补足义务,比如循环购买频率能否缓解早偿风险等。在现金流模型中,评级机构会设置提前偿还率的压力条件,综合考虑提前偿还率的变化对优先级资产支持证券本息偿付的影响。

(4)流动性风险。如前所述,在专项计划运行的某一兑付时点,可能因为早偿、逾期、利率调整、循环购买不足等因素的影响,基础资产在某一收款期间的现金流入,可能无法覆盖当期需支出的证券利息和(或)预期收益、各项税费等,导致流动性风险的产生。

从交易的内部结构来看,评级机构会在现金流模型中考察流动性支持措施(如保证金)、基础资产违约比率、早偿率的影响。另外,差额支付承诺和外部担保机制会将流动性风险转化为自身的信用风险。

(5)法律风险。保理业务的实质是应收账款的二次转让,应收账款自身的合法性、转让过程的合法性、转让的方式、相关登记手续的变更等均会对保理债权的合法性产生影响。比如,对于包括抵押、应收账款质押等担保方式的保理债权,如未及时办理变更转移登记,则会带来潜在的风险;对于涉及最高额保证的保理债权,也会因入池的保理融资债权与未入池的且在最高额担保范围内的保理融资债权的未偿本金之和超过担保约定的保理融资款项金额带来潜在的脱保风险。

评级机构会审慎评价基础资产的合格标准,关注原始权益人、管理人、律师对应收账款转让的尽调调查结论[①],以及交易文件对抵质押变更登记、最高额保

[①] 加强对合同、发票真实性问题进行审查,规避基础合同买卖双方串通起来虚构贸易、虚假做账问题。

证等问题的处理方式。

（三）主要参与机构尽职能力

专项计划成立后，主要参与后续管理的机构涉及资产服务机构、管理人、托管人、监管银行等，它们的尽职能力直接影响着专项计划的正常运行。

资产服务机构一般由作为原始权益人的保理公司担任，负责提供与基础资产及其回收有关的管理服务和其他服务，包括监控基础资产质量、购买新增基础资产、催收基础资产、回收款划转、承担相应税费、资产赎回和置换、进行信息披露等。资产服务机构尽职能力直接影响着资产的信用表现和回收情况，进而对基础资产的现金流水平和证券的信用等级产生影响。对于资产服务机构尽职能力，评级机构需考察其经营状况、财务状况、风险控制水平、违约资产管理能力等。

对于管理人，评级机构一般考察其业务资质、管理制度、业务经验、风控体系、经营稳健性、财务风险等。对于托管人和监管银行，评级机构主要考察其经验稳健性、财务风险、业务体系、风险体系、管理经验等。

四、保理资产支持证券信用评级举例

中诚信证券评估有限公司（以下简称"中诚信"）对"摩山保理二期资产支持专项计划"（以下简称"摩山二期"或"本专项计划"）资产支持证券进行了信用评级，认定优先 A 级资产支持证券和优先 B 级资产支持证券的信用等级分别为 AAA 和 AA，下面从上一节建立的评级分析框架，具体论述一下评级过程。如无特别说明，以下表格数据均来自《"摩山保理二期资产支持专项计划"资产支持证券信用评级报告》。

（一）本期产品和基础资产概况

如表 8-3-1 所示。

表 8-3-1 "摩山二期"资产支持证券概况

资产支持证券	发行额度（亿元人民币）	期限（年）	预期收益率（％）	信用级别
优先 A 级资产支持证券	2.42	3	6.0	AAA
优先 B 级资产支持证券	0.69	3	6.9	AA
次级资产支持证券	0.34	3	—	NR

(续表)

资产支持证券	发行额度 (亿元人民币)	期限(年)	预期收益率 (%)	信用级别
合计	3.45	—	—	—
基础资产	指初始基础资产清单及新增基础资产清单所列的由原始权益人于专项计划设立日或循环购买日转让给管理人的原始权益人对融资人①、债务人②享有的保理融资债权及其附属担保权益。基础资产包括初始基础资产及新增基础资产			
应收保理款本金余额	3.46 亿元人民币			
初始起算日	2015 年 8 月 12 日			
专项计划终止日	专项计划设立日起满 3 年的对应日 (有可能在第三年内提前结束)			
原始权益人/资产服务机构/差额支付承诺人	上海摩山商业保理有限公司(以下简称"摩山保理")			
管理人	恒泰证券股份有限公司			
托管人	招商银行股份有限公司上海分行			
监管银行	招商银行股份有限公司上海民生支行			
担保人	江苏法尔胜泓昇集团有限公司(以下简称"法尔胜")			
登记机构	中国证券登记结算有限责任公司上海分公司			

表 8-3-2　初始入池基础资产概况

资产池应收保理款本金余额(万元人民币)	34 629
保理合同笔数	7
单笔保理合同平均应收本金余额(万元人民币)	4 947
单笔保理合同最大应收本金余额(万元人民币)	15 000
加权平均利率	10.12%
加权平均保理合同剩余期限(月)	8.89
单笔保理合同最长剩余期限(月)	22.90
单笔保理合同最短剩余期限(月)	1.47

初始入池基础资产(见表 8-3-2)具有以下特点：
(1) 均无本息逾期支付的情形；
(2) 均为明保理(公开型保理)业务,且均设置有回购条款或担保机制；
(3) 均为固定利率,收益基本锁定。

---

① 系指与原始权益人签订保理合同并将其在基础合同项下的应收账款转让予原始权益人办理保理业务的法人或其他组织。
② 系指基础合同项下负有清偿应收账款义务的法人或其他组织。

(二) 评级要素

1. 基础资产的信用水平

在单笔资产的信用资质方面,中诚信对每一笔入池资产对应的买方、融资人、担保方均予以影子评级,重点考察买方的信用水平(见表8-3-3和表8-3-4),并根据剩余期限计算违约率。

表8-3-3 初始入池基础资产对应债务人信用等级分布[1]

信用等级	债务人个数	金额占比
AAA	2	36.67%
AA⁻	2	38.12%
A⁺	1	12.79%
A	1	7.22%
A⁻	1	2.89%
BBB⁻	1	2.31%
合计	8	100.00%

表8-3-4 初始入池基础资产对应债务人信用等级分布[2]

保理款剩余期限(月)	保理合同笔数	金额占比
(0,3]	1	2.31%
(3,6]	3	63.33%
(6,12]	2	12.99%
(12,24]	1	21.37%
合计	7	100.00%

在集中度方面,中诚信从金额、行业和地区等维度评价了本期基础资产的集中度。因基础资产均包含回购条款,所以中诚信在每个维度上均对债务人和融资人进行了比较。在金额方面,初始入池资产对应的融资人及债务人数量较少,其中应收单一融资人最高保理款额度占比达到43.32%,单一债务人对应的最大保理款额度占比达到26.57%,且单一回购方对应的最大应收保理款余额占比为21.37%,中诚信认为资产集中度偏高,如表8-3-5~表8-3-7、图8-3-2和图8-3-3所示。

表8-3-5 初始入池基础资产应收保理款本金余额分布

应收保理款本金余额	保理合同笔数	金额占比
小于等于2 000万元人民币	2	5.20%
2 000万元~4 000万元人民币(含)	2	17.33%
4 000万元~8 000万元人民币(含)	2	34.15%
大于8 000万元人民币	1	43.32%
合计	7	100.00%

---

[1] 该结果同时考虑了入池资产所对应的融资人、债务人以及回购方或担保方的总体信用状况。
[2] 该结果同时考虑了入池资产所对应的融资人、债务人以及回购方或担保方的总体信用状况。

表 8-3-6 融资人区域分布情况

所在区域	保理合同笔数	金额占比
广州	1	43.32%
上海	3	22.32%
北京	1	21.36%
天津	1	10.11%
深圳	1	2.89%
合计	7	100.00%

表 8-3-7 债务人区域分布情况

所在区域	债务人个数	金额占比
南京	2	29.46%
北京	2	26.86%
乌海（内蒙古）	1	21.37%
富阳（浙江）	1	12.78%
上海	2	9.53%
合计	8	100.00%

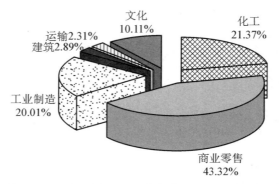

图 8-3-2 初始入池基础资产对应融资人行业分布

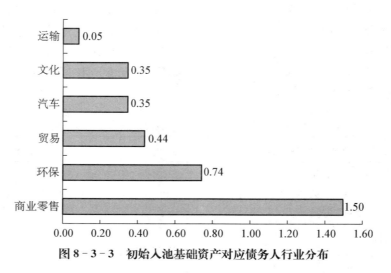

图 8-3-3 初始入池基础资产对应债务人行业分布

经过以上分析，中诚信对资产池信用质量判断如下：基于对债务人所在行业、地区、债务人的经营情况、保理业务的类型、保理合同的追索权及回购或担保条款设置情况等因素的分析,并结合与摩山保理相关部门访谈所获得的数据信息,对每个保理合同发生违约后可能的回收情况和回收时间也做出了相应的判断。根据基础资产的信用分析结果并结合其未收本金余额占资产池本金余额的比例,中诚信认为,初始基础资产池加权信用等级为 AA/AA＋级,整体资产质量较高。

在外部信用支持上,摩山保理向管理人出具了《差额支付承诺函》,在发生差额支付启动事件时,对专项计划分配资金不足以支付优先级资产支持证券的各期预期收益和应付本金的差额部分承担补足义务;法尔胜集团向管理人出具《担保协议》,承诺为摩山保理于《差额支付承诺函》项下所承担的差额支付义务提供不可撤销的连带责任保证担保。中诚信认为以上措施可为优先级资产支持证券本息的偿付提供进一步支持。

在交易结构风险方面,中诚信分别从以下方面进行了具体分析:

（1）循环交易风险:本专项计划对循环购买的基础资产设定了相应的准入标准,并对资产池违约率进行了限制,若循环购买后相关指标超过设定值,将采取相应的风险监控和防范措施,或启动加速清偿机制。此外,根据原始权益人的保理业务运营记录,进行了压力测试;同时,在现金流分析模型中充分考虑了可供循环购买的新增基础资产不足可能对优先级资产支持证券本息兑付产生的影响。

（2）提前偿还风险:本专项计划设置循环购买结构,在循环期内,管理人在循环购买日将利用专项计划资产进行循环购买(且在满足循环购买条件的情况下循环购买频率为每个工作日),此安排在一定程度上缓解了保理款提前偿还的不利影响,有助于专项计划获得预期收益。此外,中诚信证评在现金流分析模型中已将此风险加以考虑,设置了提前偿还率的压力条件,综合考察提前偿还率的变化对优先级资产支持证券本息偿付的影响。

（3）资金混同风险:目前资产服务机构摩山保理业务运营良好,财务状况较为稳健。同时,原始权益人将在保理系统中对已转让给管理人的基础资产予以标识,并与其管理服务和/或持有的其他《借款合同》项下的资产信息相区别。此外,根据《服务协议》安排,自专项计划设立日起资产服务机构在摩山保理收款账户收到每一笔基础资产回收款后的第 2 个工作日或之前将该笔款项转付到资产服务账户,并作相应的账务记录。在摩山保理担任资产服务机构期间,基于此种安排,中诚信证评认为目前本交易的混同风险可控,但也会持续关注摩山保理的财务状况。一旦发生摩山保理财务状况恶化等情形,中诚信证评将对资金混同风险进行分析,以判断其对优先级资产支持证券信用状况的影响。

(4)流动性风险：在评级过程中，中诚信证评主要通过考察基础资产违约的可能性来考量流动性风险。根据测算，基础资产违约的可能性在优先级资产支持证券评级等级所要求的范围内。同时，考虑到差额支付承诺以及担保机制的设置，中诚信证评认为本交易因当期基础资产回收款不足引发流动性风险的可能性很低。

(5)资产集中风险：中诚信证评对大额融资人及回购方等进行了现场尽职调查，并已在现金流模型中考虑了本次入池资产较高的集中度、债务人之间的相关性及区域集中度等因素可能导致本专项计划在资产层面信用风险加大等情况。

2. 参与机构尽职能力分析

在得到初步的定量结果之后，中诚信分析了各主要参与主体的尽职能力。

对于作为资产服务机构、原始权益人和差额支付承诺人的摩山保理，中诚信分析了其业务运营、风险管理，并从资本充足性、资产质量、盈利能力、偿债能力等方面进行了财务分析，结论为：摩山保理管理架构和风控体系逐步完善，业务展开快速，整体经营状况较好，能够满足履行本交易要求的基础资产服务职责；其资信状况亦符合本专项计划对原始权益人/资产服务机构的要求。同时，摩山保理提供的差额支付承诺能够为优先级资产支持证券本息的偿付提供一定的信用支持。

对于担保方江苏法尔胜泓昇集团有限公司，中诚信重点分析了其业务运营和财务状况，结论为：尽管其收入规模下降，盈利能力有所弱化，但法尔胜集团在钢丝及钢丝绳制品行业地位显著，金属制品研发能力仍处于国内领先地位，且具有较强的综合竞争力，其提供的连带责任保证担保，可为原始权益人的差额支付义务形成较好保障。法尔胜集团的影子评级为AA。

对于管理人恒泰证券，中诚信从业务规模、风险管理方面分析后认为：恒泰证券经营状况良好，资产管理业务不断开展，加之具备一定的风险管理能力，符合本专项计划管理人的要求。

对于托管人招商银行上海分行，中诚信从财务指标、托管经验、风控体系、信息化体系建设进行了分析，结论为招商银行拥有较强的财务实力，监管、托管经验丰富，符合作为本交易托管人的要求。

(三) 模型测算结果

1. 组合信用风险量化分析模型

基于基础资产的影子评级，结合基础资产的预期违约回收率、行业分布、行业相关性以及宏观经济等假设性参数，中诚信证评应用蒙特卡洛模拟方法建立基础资产信用风险量化分析模型对基础资产的违约分布进行模拟分析。通过百万次的模拟,模型计算出基础资产违约分布,再结合中诚信证评的信用级别违约概率表,得到了受评证券达到不同的信用等级需要承受的违约比率以及损失比率,如表8-3-8所示。

表8-3-8 受评证券目标信用等级与需承受违约比率对应表

目标信用等级	需承受违约比率	需承受损失比率
AAA	29.08%	16.76%
AA+	23.83%	13.73%
AA	21.25%	12.25%
AA-	18.58%	10.71%
A+	13.64%	7.86%
A	5.79%	3.34%

在模型分析中,基础资产的预期违约加权回收率为42.37%。得到了违约分布如图8-3-4所示,优先A级和优先B级的信用等级上限分别为AAA和A+。

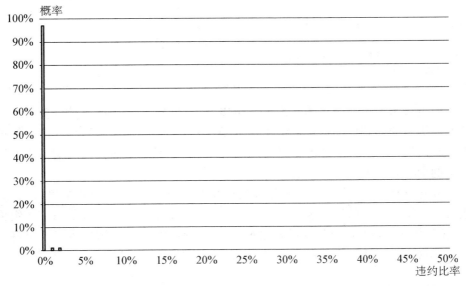

图8-3-4 基础资产违约分布图示意

2. 现金流分析模型结果

中诚信证评基于本专项计划的账户设置、现金流支付机制以及基础资产信用风险特征构建了本专项计划的现金流分析模型,对本专项计划的现金流流入流出情况进行分析。现金流分析包括正常景况分析和压力景况分析,主要是依据目标信用等级对受评证券进行现金流覆盖测试。如表 8-3-9 所示,首先,设置需要进行压力测试的压力指标;然后,分别设置压力指标的基准条件以及压力条件;最后,依据压力指标的基准条件和压力条件分别进行正常景况分析和压力景况分析。本专项计划的现金流入全部为专项计划受让于原始权益人拥有的保理融资债权回收款;本专项计划的现金流出为税费、参与机构服务费以及资产支持证券的本息。

表 8-3-9 压力指标的基准条件

压力指标	基准条件
预期违约回收率	42.37%
优先 A 级证券预期发行利率	5.80%

根据压力指标,设置相应的压力条件,对优先 A 级资产支持证券的覆盖情况进行分析,如表 8-3-10 所示。

表 8-3-10 压力景况分析

测试条件	信用等级为 AAA 所需承受的违约率	优先 A 级证券能承受的违约率
预期违约回收率降低 80%,其余为基准条件	29.08%	31.09%
预期违约回收率降低 80%,优先 A 级证券预期发行利率提高至 6.80%	29.08%	29.69%

通过正常景况以及压力景况分析可以看出,优先 A 级资产支持证券通过内部增信措施能够获得的信用等级上限为 AAA 级;而对于优先 B 级资产支持证券,通过设置压力指标(此处不再赘述)进行现金流分析,通过内部增信措施能够获得的信用等级上限为 A+级。

因此,根据组合信用风险量化分析模型和现金流分析模型的结果,优先 A 级资产支持证券的信用等级上限为 AAA,优先 B 级资产支持证券的信用等级为 A+;在考虑摩山保理差额支付和法尔胜集团担保的条件下,因信用资质更好的法尔胜集团影子评级为 AA,故优先 B 级资产支持证券的信用等级上调到 AA。

(四)评级结论

综合考虑了定量和定性因素之后,中诚信对"摩山保理二期资产支持专项计划"的评级结论为:基于评级初始日(2015 年 10 月 19 日)的入池基础资产数据、信息,以及产品的预期损失测算结果,结合考虑差额支付承诺、担保承诺等因素对信用水平的提升,参照中诚信证评资产证券化评级标准,授予本专项计划优先A级资产支持证券的信用等级为AAA级,优先B级资产支持证券的信用等级为AA级。

第四节 目前存在问题

一、合格基础资产不足

随着政策支持力度的不断加大,实质性开展试点的地区不断扩大,我国商业保理呈现出爆发式增长的态势,由2011年的18家飙升至2015年的2514家(见图8-4-1),但是大多数保理公司并未开展业务,或者开展业务的规模有限,主要问题即是融资难。而商业保理是消耗资本金的行业,必须不断地补充资本金才能扩大业务发展规模。如果不能解决保理公司自身"再融资"问题,将会使整个保理行业的发展碰到极大的瓶颈。从近几年国内商业保理实践来看,保理公司主要资金来源包括:

(1) 自有资金,包括注册资本金和自身盈利;
(2) 银行融资;
(3) 股东借款或股东委托资产;
(4) 与其他保理公司合作再保理融资;
(5) P2P等互联网金融平台;

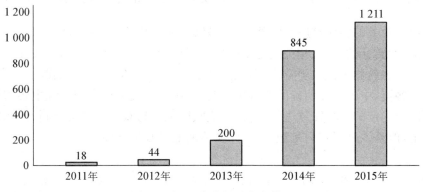

图8-4-1 商业保理企业数量

(资料来源:《2014年中国商业保理行业发展报告》)

(6) 资产证券化；

(7) 资管计划、私募基金、信托计划等非标融资。

商业保理公司现阶段主要依赖其股东进行融资。除了一些大型国有、上市公司背景的保理公司能够从银行获得授信、取得较低资金成本外，其他渠道面临的资金成本并不低。缺乏运营资金的保理公司难以做大业务规模，因此难以持续产生大规模的可证券化的基础资产。我国 2014 年保理业务量（4 061 亿欧元，按照同期汇率约合 30 277 亿人民币）占 GDP 的比例为 5%，而根据中国银行业协会保理专业委员会的统计，截至 2015 年 9 月底，委员会成员单位保理业务量[①]合计达到 1.94 万亿元人民币，占同期国内 GDP[②] 的比例仅为 3.98%。

二、主体资质整体不强，对外部担保的依赖度过高

保理公司多为轻资产公司，自身经营实力和财务实力不强，在保理资产证券化中，仅依靠结构化分层和原始权益人对优先级产品的差额支付承诺，难以有效提升产品的信用等级。因此，在实践中，往往会追加主体评级在 AA 级或以上的外部担保，担保方为股东方、关联方或者专业担保公司等。但这会产生两个问题，一是外部担保的加入会涉及担保方的内部决议流程，可能拖慢项目进度，专业担保公司一般会收取 1%～2%/年的担保费，拉高融资成本；二是外部担保机制也会使终端的投资者将产品投资价值集中到担保方的资质而不是产品本身，无法积累对保理公司及其产品的价值评价，不利于其后续融资。

三、基础资产涉及的法律关系较为复杂，可能带来一定的法律风险

保理业务的实质是应收账款的二次转让，应收账款自身的合法性、转让过程的合法性、转让的方式、相关登记手续的变更等均会对保理债权的合法性产生影响。应收账款作为债权类资产，多数是基于卖方、买方信用、卖方回购、买方还款的信用融资，中国并无明确的监管机构监管，中国人民银行登记系统主要依靠标的合同中约定的应收账款进行受让，对应收账款交易双方的基础合同、发票做转让登记，但是该种形式只是记录，并无实质的监管和独立性。

---

① 中国银行业协会保理专业委员会的会员单位主要为商业银行。根据中国服务贸易协会商业保理专业委员会发布的《2014 年中国商业保理行业发展报告》，我国商业保理规模约为银行保理的 2.5%，故以此推断，2015 年前 3 季度我国保理业务量约为 1.98 万亿元人民币。

② 国家统计局数据显示，2015 年前 3 季度国内生产总值累计为 487 773.5 亿元人民币。

在这种条件下,对作为基础资产的保理债权类型的选择较为重要。如果应收账款的贸易背景的真实性和合法性存在问题,或因应收账款被设定限制条件(例如,基础交易合同中存在"约定禁止"转让条款)或基础交易合同存在争议、瑕疵等因素,导致专项计划受让的基础资产存在天然缺陷,则会影响专项计划的运行。另外,对于最高额抵押、最高额保证的保理债权,也需格外注意债权脱保风险。

四、投资者接受度需要提升

1. 投资者群体不够丰富

目前,市场上企业资产证券化产品投资者以配置型机构为主,包括商业银行自营及理财、券商资管、公募基金、私募基金等,其中,以邮储银行、股份制银行、大型城市商业银行为代表的银行理财和自营是高等级优先级产品主要的投资者;券商资管和私募基金对产品收益要求较高,多参与夹层产品;公募基金对流动性要求较高,多参与 1 年期以内的产品;保险资金、企业年金和社保资金目前仍无法参与投资。整体来说,投资者群体不够丰富,且受到诸多政策和法规限制。

2. 投资者对保理行业不太熟悉

保理行业的诞生较晚,2012 年 7 月商务部才正式在天津滨海新区和上海浦东新区试点开展商业保理业务。因此,投资者对年轻的保理行业认识不足,对于保理行业的证券化产品也需有一个从无到有的认识和熟悉的过程。

第五节 相 关 建 议

一、制定严格的资产合格标准,注重底层资产应收账款的合法有效性

保理公司作为资产证券化业务的原始权益人,必须对应收账款的真实性、合法性负责,管理人必须加强对合同、发票真实性问题的审查,规避基础合同买卖双方串通起来虚构贸易、虚假做账等问题,为保理资产证券化服务的律师事务所必须对应收账款的合法有效性进行详细的尽职调查并出具独立的法律意见。专项计划在受让应收账款之前,应该做好行业选择,找到真正适合开展证券化的基础资产。为预防商业纠纷风险的发生,专项计划应主要从以下几

个方面进行防控：保理公司必须确保转让给专项计划的应收账款均是正当、合法、有效的，买方不会对此提出任何争议、抗辩或反索，原始权益人需做出相应的资产保证；要做好买方的资信调查，确保买方的资信和财务状况良好；审核买卖双方关系，尽可能避免关联公司叙做业务；对发货单、收货单、质检报告、发票等能证明交易真实性的单据严加核查；对具体保理业务双方的历史交易记录进行调查等。

二、建立商业保理行业的良好生态圈

突破中国商业保理行业的发展瓶颈，必须建立商业保理行业的良好生态圈，即以中国庞大的应收账款资产为主要标的，运用投资银行的经营手段和工具，从融资业务向管理业务转变，从利差收入向中间业务收入转变，从单一的风险评估收入向基于大数据分析的征信服务转变；建立中国应收账款管理、应收账款资产证券化服务、企业应收账款信用评级和征信、应收账款做市商基金的商业保理生态圈。在这方面，同样新生的融资租赁公司或许可作为保理公司的发展样本。现阶段，中国保理行业可依靠产业空间（大产业）、资金渠道（低成本资金）、核心企业控制力（强控制力）和上下游关系（弱上下游）不断发展，出现部分行业或区域龙头，则良好的商业保理行业的生态圈指日可待。

三、加强保理资产的专业信息管理系统建设

当保理资产进入资本市场后，保理资产证券化从表象上看它作为融资工具为保理商对接外部资金，但其核心作用是作为市场重要的信用风险和利率风险定价的传导工具，为保理商提供有效的资产负债表管理工具，为各种投资需求切分久期和信用风险并提供合适的投资品种。

目前，发行的保理债权资产证券化产品均采用动态资产池模式，循环期内需不断循环购买，当资产数量增加，类型变得更加复杂，则后续管理就变成了关键。动态资产池的初始状况和设计循环购买需要严格的建模定义，因而需要闭合的第三方系统（循环购买系统），有这样的开放平台在各个环节进行计算时也更为灵活。同时，这个源模型又要能配合管理人对早偿、违约和曲线变化的预期随时估算出动态预测现金流，并进行定价和风险计算，配合证券化后续管理。

展望未来，不管是资产提供者、管理人对保理债权资产的管理，还是投资人对保理资产支持证券的阶段性估值，都需要不断强化信息管理系统建设。国际市场有经过多年发展的发达的应收账款信息管理系统，值得国内机构引入和借鉴。

四、丰富投资者群体,提高市场深度

我国资产证券化市场无论是银行间还是交易所,其实质都类似于美国 144A 规则下的机构间私募,虽然风险没有扩大,但资本形成效率相对较低,再考虑到高利率的同业与非标资产盛行,风险实际上并没有降低,要提高市场效率,就要为未来资产证券化走向公募准备条件,让市场真正走向成熟。

资产支持证券市场成功的关键在于,不同风险层级的结构化产品是否能获得不同风险偏好的投资者的认可,壮大非银行机构投资者,能够有效降低非系统性风险。对于当前以余额宝为典型的货币基金,随着其规模迅速扩大,应出台政策扶持货币基金与债券基金的发展,引导它们投资债券、资产证券化类产品,形成业务发展相互促进的良性循环。公募基金产品结构化在支持中小企业筹资的同时,能满足投资者的不同投资偏好;鼓励证券公司从事符合自身风险偏好特征的投行业务;进行投资者教育,投资人熟悉资产证券化产品,引导保险资金投资。

建议出台配套措施,培育广泛的机构投资者与合格投资者,鼓励包含社保基金在内的各类基金、保险资金、养老金、住房公积金、境外投资者(含 QFII、RQFII)等机构投资者,降低其投资门槛。

第六节　典型案例介绍

一、"摩山保理一期资产支持专项计划"

作为国内首单以保理融资债权为基础资产的资产证券化项目,由恒泰证券担任计划管理人的"摩山保理一期资产支持专项计划"于 2015 年 5 月 20 日成功发行。

本次资产支持证券发行规模为 4.38 亿元人民币,其中优先 A 级规模为 1.31 亿元人民币,优先 B 级规模为 2.63 亿元人民币;次级规模为 0.44 亿元人民币,由摩山保理全额认购。以下介绍摩山保理一期 ABS 项目的具体情况,资料主要来源于《摩山保理一期资产支持专项计划说明书》。

(一) 交易结构

如图 8-6-1 所示。

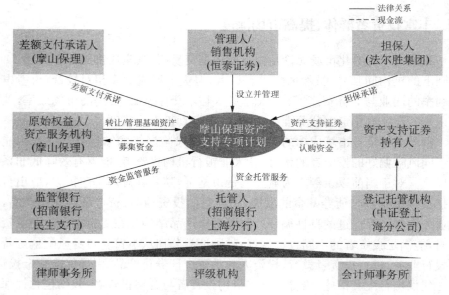

图 8-6-1 "摩山保理一期资产支持专项计划"交易结构示意

本专项计划的交易流程如下:

(1) 认购人通过与管理人签订《认购协议》,将认购资金委托给管理人管理,管理人设立并管理资产支持专项计划,认购人取得资产支持证券,成为资产支持证券持有人。

(2) 管理人根据与原始权益人签订的《资产买卖协议》的约定,将专项计划资金用于向原始权益人购买基础资产,即初始基础资产清单及新增基础资产清单所列的由原始权益人于专项计划设立日或循环购买日转让给管理人的原始权益人对融资人、债务人有的保理融资债权及其附属担保权益。基础资产包括初始基础资产及新增基础资产。

(3) 资产服务机构根据《服务协议》的约定,为专项计划提供与基础资产及其回收有关的管理服务及其他服务。摩山保理担任资产服务机构期间,应于资金归集日将各融资人、债务人及基础资产担保人(如有)在保理合同项下偿付的款项全部划入资产服务账户,并通知管理人及监管银行汇划资金中分属于本金回收款及收入回收款的金额。

(4) 监管银行根据《监管协议》的约定,根据资产服务机构的通知将相应金额分别计入资产服务账户项下的本金科目及收入科目。在回收款转付日依照资产服务机构的指令将基础科目中的超额资金(如有)、上一储备期间内费用储备科目内的储备资金及收益储备科目内的储备资金划转至专项计划账户,由托管人根据《托管协议》对专项计划资产进行托管。

(5)当发生任一差额支付启动事件时,差额支付承诺人根据《差额支付承诺函》将差额资金划入专项计划账户。

(6)当发生任一担保责任启动事件时,担保人根据《担保协议》将担保资金划入专项计划账户。

(7)管理人根据《计划说明书》及相关文件的约定,向托管人发出分配指令,托管人根据分配指令,进行专项计划费用的提取和资金划付,并将相应资金划拨至登记托管机构的指定账户,用于支付资产支持证券本金和预期收益。

(二)主要参与机构

如表 8-6-1 所示。

表 8-6-1 "摩山保理一期资产支持专项计划"主要参与机构

原始权益人/资产服务机构/差额支付承诺人	上海摩山商业保理有限公司
担保人	江苏法尔胜泓昇集团有限公司
管理人/销售机构	恒泰证券股份有限公司
托管银行/监管银行	招商银行股份有限公司
法律顾问	北京大成律师事务所
信用评级机构	中诚信证券评估有限公司
会计师事务所	华普天健会计师事务所(特殊普通合伙)
登记托管机构	中国证券登记结算有限责任公司上海分公司

(三)原始权益人简介

上海摩山商业保理有限公司于 2014 年 4 月 30 日在上海自贸区成立,是上海自贸区内首批成立的商业保理公司,公司实收注册资本金为人民币 3 亿元人民币,借助于强大的股东背景、创新的业务模式、准确的行业定位、出色的管理团队和专业的风险管理能力,公司资产规模快速增长。

摩山保理以专业的业务能力为基础,创新的产品设计为导向,核心的技术支持为引领,高效的执行操作为保障,借助产业龙头强大的营销能力与保理行业专业的信息化及风险管理能力这两大核心能力,致力于为客户提供基础的保理融资服务和综合的供应链金融服务。

首先,摩山保理在实际业务开展当中,专注于一个产业中的龙头企业,为其上下游企业提供保理融资服务,以核心企业为出发点,为供应链节点企业提供集贸易融资、销售分户账管理、应收账款管理与催收、客户资信调查与评估、信用风险担保为一体的保理服务。通过供应链与商业保理相结合的创新模式，结合产业中的龙头企业，协助上下游企业盘活资金，以实现整条供应链的紧密结合和链条资金的盘活，帮助客户达到上中下游企业捆绑的竞争优势，同时形成摩山保理的核心竞争力。

其次，摩山保理通过产业链信用共享、扶持链条中小企业融资，保理服务流程电子化、创造差异化竞争优势，创新同业合作，提高客户财务杠杆，充分利用自贸区优势，突围资金渠道的发展战略，为核心企业客户提供应收账款证券化、双/再保理、通道服务、单证打包等整体综合的创新金融服务。

此外，摩山保理还作为银行的服务外包商，为其提供单证确认及收集、提供客户营销及前期筛查、提供银行再保理/双保理等服务。

（四）产品结构

如表8-6-2所示。

表8-6-2 "摩山保理一期资产支持专项计划"产品结构

发行总额（亿元人民币）	4.38		
起息日	2015-5-20		
法定到期日	2020-5-20		
证券分档	优先级		次级
	优先A级	优先B级	
规模（亿元人民币）	1.31	2.63	0.44
规模占比	30%	60%	10%
信用评级	AAA	AA	—
产品期限	最长3年，若某档产品本息兑付完毕，则该档产品在第3年内有可能提前结束		
预计加权平均期限（年）	2.8~3.0	2.8~3.0	2.8~3.0
利率类型	固定利率		—
预期收益率	6.20%	7.80%	—
证券类型	过手支付型		—
还本付息安排	前两年为循环期，每年付息一次；最后一年为分配期，每月还本付息		期间收益不超过5%/年，到期获得所有剩余收益

(五) 合格标准与资产池情况

1. 基础资产合格标准

本期专项计划基础资产的选择遵循一定的遴选标准。在遴选基础资产时，未使用任何会对管理人受让基础资产产生重大不利影响的遴选程序，基础资产的质量在重大方面不低于摩山保理在其一般融资保理业务过程中同类资产的平均水平，且在封包日、专项计划设立日和循环购买日：

（1）基础资产对应的全部保理合同、基础合同适用法律为中国法律，且在中国法律项下均合法有效。

（2）同一保理合同项下在授信额度内已批准发放的保理融资款均已全部支付予融资人。

（3）基础资产均来源于原始权益人自行为融资人办理的保理业务，不存在再保理的情形。

（4）同一保理合同项下尚未清偿的保理融资债权全部入池。

（5）基础资产项下各笔保理融资债权的保证人（如有）、质押人（如有）的担保责任、回购人（如有）的回购责任不会因基础资产转让而被全部或部分免除。

（6）基础资产项下各笔保理融资债权的担保方式（如有）为保证（包括最高额保证）、质押（包括最高额质押）担保方式，不包含抵押的担保方式。

（7）初始基础资产清单、新增基础资产清单列明的各笔保理融资债权所对应的保证合同（如有）、质押担保合同（如有）适用法律为中国法律，且在中国法律项下均合法有效，保理融资债权对应的质押权利均已依法生效。

（8）融资人、债务人、基础资产担保人（如有）如为法人或其他组织，均系依据中国法律在中国成立，且合法有效存续；保证人（如有）如为自然人，均具有民事权利能力和完全民事行为能力。

（9）融资人在保理合同项下不享有任何主张扣减或减免应付款项的权利（法定抵销权除外）。

（10）基础资产不涉及国防、军工或其他国家机密。

（11）基础资产项下的融资人、债务人不涉及地方政府或地方政府融资平台公司。

（12）基础资产所包含的全部保理融资债权的到期款项已按时足额偿还，无逾期偿还情形（逾期未超过7个自然日除外），且无其他违约情形；基础资产项下的融资人、债务人、回购人（如有）在原始权益人处均不存在不良保理记录。

（13）基础资产不涉及诉讼、仲裁、执行或破产程序。

（14）原始权益人已经履行并遵守了基础资产所对应的任一份保理合同。

(15) 基础资产可以进行合法有效的转让,且无需取得融资人、债务人、基础资产担保人(如有)或其他主体的同意。

(16) 基础资产对应的任一笔保理融资债权的到期日均不晚于专项计划设立日起满 35 个月的对应日。

(17) 循环期内,自专项计划设立日起每 3 个月内所有新增基础资产的加权平均利率不低于 9.5%。

(18) 新增基础资产须符合《标准条款》附件一《循环购买新增基础资产客户范围》的要求。

(19) 性质为隐蔽型保理业务的基础资产本金余额之和占资产池未偿本金余额之和的比例小于 10%。

2. 初始资产池情况

初始资产池涉及原始权益人与 7 个融资人(卖方)签署的 9 笔保理合同。截至封包日(2015 年 3 月 28 日),资产池的保理融资债权总额约为 5.45 亿元人民币,其中保理融资债权本金余额约为 4.39 亿元人民币。初始资产池统计信息如表 8-6-3 所示。

表 8-6-3 "摩山保理一期资产支持专项计划"初始资产池统计信息

基本情况	
资产池本金余额(元人民币)	438 963 800.00
融资人(卖方)数量	7
保理合同笔数	9
单笔保理合同最高本金总额(元人民币)	100 000 000.00
单笔保理合同平均本金总额(元人民币)	48 773 755.56
单笔保理合同最高本金余额(元人民币)	100 000 000.00
单笔保理合同平均本金余额(元人民币)	48 773 755.56
集中度	
本金余额最高的前五名融资人集中度	94.36%
本金余额最高的前 3 个行业融资人集中度	89.81%
信用状况	
正常类	100.00%
保理合同期限	
加权平均保理合同期限(月)	24.98
加权平均保理合同剩余期限(月)	24.29
单笔保理合同最长剩余期限(月)	35.78
单笔保理合同最短剩余期限(月)	2.24
加权平均利率	10.05%

(六)信用增级措施

1. 超额抵押

本期专项计划的基础资产转让给了管理人,所对应保理合同剩余期限内回收款均归属于专项计划。初始入池的基础资产所对应的原始应收账款余额超额覆盖资产池未偿本金的125%以上,且每次循环购买价款不高于入池保理债权本金余额,即综合超额覆盖倍数维持在1.25倍以上,对优先级资产支持证券的本息支付提供了较强保障。

2. 超额利差

本期专项计划初始入池基础资产加权平均利率为10.05%,与优先级资产支持证券预计平均票面利率之间存在一定的超额利差,这可在一定程度上吸收入池基础资产的损失,为优先级资产支持证券提供一定的信用支持。

3. 优先/次级分层

本期专项计划对资产支持证券进行了优先/次级分层,次级产品占资产池本金余额的比例为10%。次级产品将全部由原始权益人认购,从而可以有效防范原始权益人的道德风险。

4. 摩山保理差额支付承诺

在每个托管人报告日,托管人对专项计划账户进行核算,若专项计划账户当期收到的款项不足以支付当期优先级资产支持证券应付本息,则管理人将在差额支付启动日向摩山保理发出差额支付通知书,摩山保理应按约定在差额支付划款日予以补足。

5. 法尔胜集团担保

托管人在差额支付划款日再次进行核算,并向管理人提交核算报告。根据该报告,若专项计划账户当期收到的款项仍不足以支付当期优先级资产支持证券应付本息,则管理人将于担保责任启动日向担保人发出履行担保责任指令,担保人应于担保人划款日根据要求将相应款项划入专项计划账户。

6. 信用触发机制

本专项计划设置了信用触发机制,包括加速清偿时间和提前终止事件。

(1)加速清偿事件。加速清偿事件有两种生效方式:自动生效的加速清偿事件和需经宣布生效的加速清偿事件。

当发生"自动生效的加速清偿事件"所列的任何一起自动生效的加速清偿事件时,加速清偿事件应视为在该等事件发生之日发生。当发生"需经宣布生效的加速清偿事件"所列的任何一起需经宣布生效的加速清偿事件时,管理人应通知所有的资产支持证券持有人。资产支持证券持有人会议决议宣布发生加速清偿事件的,管理人应向资产服务机构、监管银行、托管人、登记托管机构和评级机构发送书面通知,宣布加速清偿事件已经发生,宣布之日应视为该等加速清偿事件的发生之日。

在发生加速清偿事件情况下,基础科目资金不再用于购买原始权益人符合合格标准的资产,资产服务账户现有全部资金划转至专项计划账户;资产服务机构需按天将后续收到的回收款划转至专项计划账户,在加速清偿事件发生时或之后的每个管理人分配日,专项计划账户中的资金不再用于次级资产支持证券期间收益的支付,而是将剩余资金全部优先用于优先级资产支持证券本金的兑付。

(2) 提前终止事件。当发生以下任一事件,则专项计划进入提前终止程序,全部未偿资产支持证券于上述事件发生之 30 日内起全部到期。

① 优先 A 级资产支持证券的评级降至 AA(含)或以下时,或优先 B 级资产支持证券的评级降至 A+(含)或以下时;

② 摩山保理正常运营连续中断超过 3 个月时;

③ 摩山保理发生金融债务违约事件,并且管理人认为可能对资产证券化产品本息偿付产生重大影响;

④ 摩山保理或及担保人法尔胜集团进入破产程序;

⑤ 发生需征求管理人事先同意的事项时,但摩山保理未事先征求管理人意见。

(七) 项目特色小结

(1) 基础资产比较优质,行业前景较好。摩山保理与恒泰证券协商建立了一套严格的资产筛选标准,精选了优质买方的应收账款保理融资债权,应收账款买方主要分布于港务、电信、文化产业(电视台)、差旅、环保、零售等比较景气的行业。

(2) 信用增级措施比较完备。本期专项计划的信用增级措施包括:超额抵押、优先/次级分层、超额利差、差额支付承诺、法尔胜集团担保和信用触发机制。其中法尔胜集团的担保及海淀科技对最大占比基础资产的回购承诺为优先级产品的本息兑付提供了较强的保障。

二、"摩山保理二期资产支持专项计划"

继 2015 年 5 月 20 日成功发行"摩山保理一期资产支持专项计划"后,由上海摩山商业保理有限公司作为原始权益人,恒泰证券股份有限公司作为计划管理人的"摩山保理二期资产支持专项计划"于 2015 年 10 月 29 日成功发行,摩山保理成为国内首个连续发行行业前两期资产证券化产品的企业。

本次资产支持证券发行规模为 3.45 亿元人民币,其中优先 A 级规模为 2.42 亿元人民币,优先 B 级规模为 0.69 亿元人民币;次级规模为 0.34 亿元人民币,由摩山保理全额认购。以下介绍摩山保理二期 ABS 项目的具体情况,资料主要来源于《摩山保理二期资产支持专项计划说明书》。

(一) 交易结构

如图 8-6-2 所示。

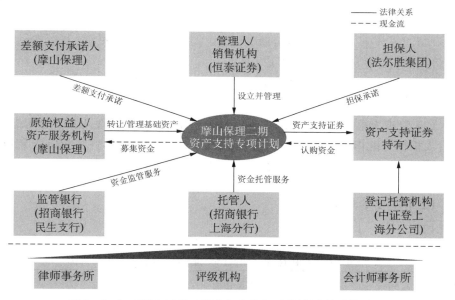

图 8-6-2 "摩山保理二期资产支持专项计划"交易结构示意

本专项计划的交易流程如下:

(1) 认购人通过与管理人签订《认购协议》,将认购资金委托给管理人管理,管理人设立并管理资产支持专项计划,认购人取得资产支持证券,成为资产支持证券持有人。

(2) 管理人根据与原始权益人签订的《资产买卖协议》的约定,将专项计划资金用于向原始权益人购买基础资产,即初始基础资产清单及新增基础资产清单所列的由原始权益人于专项计划设立日或循环购买日转让给管理人的原始权益人对融资人、债务人有的保理融资债权及其附属担保权益。基础资产包括初始基础资产及新增基础资产。

（3）资产服务机构根据《服务协议》的约定，为专项计划提供与基础资产及其回收有关的管理服务及其他服务。摩山保理担任资产服务机构期间，应于资金归集日将各融资人、债务人及基础资产担保人（如有）在保理合同项下偿付的款项全部划入资产服务账户，并通知管理人及监管银行汇划资金中分属于本金回收款及收入回收款的金额。

（4）监管银行根据《监管协议》的约定，根据资产服务机构的通知将相应金额分别计入资产服务账户项下的本金科目及收入科目。在回收款转付日依照资产服务机构的指令将基础科目中的超额资金（如有）、上一储备期间内费用储备科目内的储备资金及收益储备科目内的储备资金划转至专项计划账户，由托管人根据《托管协议》对专项计划资产进行托管。

（5）当发生任一差额支付启动事件时，差额支付承诺人根据《差额支付承诺函》将差额资金划入专项计划账户。

（6）当发生任一担保责任启动事件时，担保人根据《担保协议》将担保资金划入专项计划账户。

（7）管理人根据《计划说明书》及相关文件的约定，向托管人发出分配指令，托管人根据分配指令，进行专项计划费用的提取和资金划付，并将相应资金划拨至登记托管机构的指定账户，用于支付资产支持证券本金和预期收益。

（二）主要参与机构

如表 8-6-4 所示。

表 8-6-4 "摩山保理二期资产支持专项计划"主要参与机构

原始权益人/资产服务机构/差额支付承诺人	上海摩山商业保理有限公司
担保人	江苏法尔胜泓昇集团有限公司
管理人/销售机构	恒泰证券股份有限公司
托管银行/监管银行	招商银行股份有限公司
法律顾问	北京大成律师事务所
信用评级机构	中诚信证券评估有限公司
会计师事务所	华普天健会计师事务所（特殊普通合伙）
登记托管机构	中国证券登记结算有限责任公司上海分公司

（三）产品结构

如表 8-6-5 所示。

表 8-6-5 "摩山保理二期资产支持专项计划"产品结构

发行总额(亿元人民币)	3.45		
起息日	2015-10-29		
法定到期日	2020-10-29		
证券分档	优先级		次级
	优先A级	优先B级	
规模(亿元人民币)	2.42	0.69	0.34
规模占比	70%	20%	10%
信用评级	AAA	AA	—
产品期限	最长3年,若某档产品本息兑付完毕,则该档产品在第3年内有可能提前结束		
预计加权平均期限(年)	2.8～3.0	2.8～3.0	2.8～3.0
利率类型	固定利率		—
预期收益率	6.00%	6.90%	
证券类型	过手支付型		—
还本付息安排	前两年为循环期,每年付息一次;最后一年为分配期,每季还本付息		期间收益不超过5%/年,到期获得所有剩余收益

(四) 合格标准与资产池情况

1. 基础资产合格标准

本期专项计划的基础资产合格标准同"摩山保理一期资产支持专项计划"。

2. 初始资产池情况

初始资产池涉及原始权益人与7个融资人(卖方)签署的7笔保理合同。截至封包日(2015年8月12日),资产池的保理融资债权总额约为3.72亿元人民币,其中保理融资债权本金余额约为3.46亿元人民币。初始资产池统计信息如表8-6-6所示。

表 8-6-6 "摩山保理二期资产支持专项计划"初始资产池统计信息

基本情况	
资产池本金余额(元人民币)	346 290 000.00
融资人(卖方)数量	7
债务人(买方)数量	8
保理合同笔数	7

(续表)

单笔保理合同最高本金总额(元人民币)	150 000 000.00
单笔保理合同平均本金总额(元人民币)	49 470 000.00
单笔保理合同最高本金余额(元人民币)	150 000 000.00
单笔保理合同平均本金余额(元人民币)	49 470 000.00
集中度	
本金余额最高的前5名融资人集中度	94.80%
本金余额最高的前3个行业融资人集中度	77.48%
信用状况	
正常类	100.00%
保理合同期限	
加权平均保理合同期限(天)	296.11
加权平均保理合同剩余期限(天)	266.81
单笔保理合同最长剩余期限(天)	687
单笔保理合同最短剩余期限(天)	44
加权平均利率	10.12%

（五）信用增级措施

本期专项计划的信用增级措施同"摩山保理一期资产支持专项计划"。

（六）项目特色小结

（1）基础资产比较优质，行业前景较好。初始入池基础资产对应债务人信用等级较高，入池资产影子评级在AA－和AAA的金额占比超过70%，其中入池资产对应的融资人的信用评级在AAA级的资产有2家，金额占比为36.67%；基础资产对应的融资人的信用评级在AA－的资产有2家，占比为38.12%。此外，应收账款买方所在行业主要为传媒、海运、环保、零售、餐饮等稳定行业或新兴行业。

（2）信用增级措施比较完备。本专项计划的信用增级措施包括：超额抵押、优先/次级分层、超额利差、差额支付承诺、法尔胜集团担保和信用触发机制。其中法尔胜集团的担保为优先级产品的本息兑付提供了较强的保障。

三、"方正保理一期资产支持专项计划"

由恒泰证券股份有限公司作为计划管理人、方正国际商业保理有限公司作为原始权益人的"方正保理一期资产支持专项计划"于2015年11月19日成功发行，为天津自贸区首单以保理融资债权为基础资产的资产证券化项目。

本次资产支持证券发行规模为 5.57 亿元人民币,其中优先级规模为 5.29 亿元人民币,次级产品规模为 0.28 亿元人民币,次级产品由方正保理全额认购。以下介绍方正保理一期 ABS 项目的具体情况,资料主要来源于《方正保理一期资产支持专项计划说明书》。

(一) 交易结构

如图 8-6-3 所示。

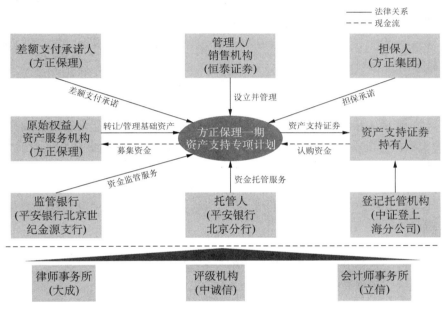

图 8-6-3 "方正保理一期资产支持专项计划"交易结构示意

本专项计划的交易流程如下:

(1) 认购人通过与管理人签订《认购协议》,将认购资金委托给管理人管理,管理人设立并管理资产支持专项计划,认购人取得资产支持证券,成为资产支持证券持有人。

(2) 管理人根据与原始权益人签订的《资产买卖协议》的约定,将专项计划资金用于向原始权益人购买基础资产,即初始基础资产清单及新增基础资产清单所列的由原始权益人于专项计划设立日或循环购买日转让给管理人的原始权益人对融资人、债务人有的保理融资债权及其附属担保权益。基础资产包括初始基础资产及新增基础资产。

(3) 资产服务机构根据《服务协议》的约定,为专项计划提供与基础资产及其回收有关的管理服务及其他服务。方正保理担任资产服务机构期间，应于资金归集日将各融资人、债务人及基础资产担保人（如有）在保理合同项下偿付的款项全部划入资产服务账户，并通知管理人及监管银行汇划资金中分属于本金回收款及收入回收款的金额。

（4）监管银行根据《监管协议》的约定，根据资产服务机构的通知将相应金额分别计入资产服务账户项下的本金科目及收入科目。在回收款转付日依照资产服务机构的指令将基础科目中的超额资金（如有）、上一储备期间内费用储备科目内的储备资金及收益储备科目内的储备资金划转至专项计划账户，由托管人根据《托管协议》对专项计划资产进行托管。

（5）当发生任一差额支付启动事件时，差额支付承诺人根据《差额支付承诺函》将差额资金划入专项计划账户。

（6）当发生任一担保责任启动事件时，担保人根据《担保协议》将担保资金划入专项计划账户。

（7）管理人根据《计划说明书》及相关文件的约定，向托管人发出分配指令，托管人根据分配指令，进行专项计划费用的提取和资金划付，并将相应资金划拨至登记托管机构的指定账户，用于支付资产支持证券本金和预期收益。

（二）主要参与机构

如表 8-6-7 所示。

表 8-6-7 "方正保理一期资产支持专项计划"主要参与机构

原始权益人/资产服务机构/差额支付承诺人	方正国际商业保理有限公司
担保人	北大方正集团有限公司
管理人/销售机构	恒泰证券股份有限公司
托管银行/监管银行	平安银行股份有限公司
法律顾问	北京大成律师事务所
信用评级机构	中诚信证券评估有限公司
会计师事务所	立信会计师事务所（特殊普通合伙）
登记托管机构	中国证券登记结算有限责任公司上海分公司

（三）原始权益人简介

方正保理于 2014 年 6 月 16 日在天津自贸区成立，系一家注册资本为 50 000 万元人民币的中外合资有限公司。方正保理以专业的业务能力为基础，核心的技术支持为引领，高效的执行操作为保障，借助强大的集团网络优势与保理行业专业的信息化及风险管理能力两大核心能力,致力于为客户提供基础的保理融资服务和综合的供应链金融服务。

方正保理业务涵盖IT、医疗医药、工程和大宗贸易等领域,目前以大宗贸易为主要业务领域,未来医疗医药和工程保理领域将成为新的业务增长点。

方正保理业务紧密围绕集团现有产业板块布局开展:围绕IT信息板块开展IT产品分销应收账款的保理;围绕医疗医药板块下游医院、医保中心的药品采购、耗材采购等具有稳定、频繁特点的应收账款;围绕大宗贸易板块开展保理业务,大宗贸易业务有采购金额大、业务发生频繁、账期一般较长等特点;围绕房地产板块开展工程保理业务等。方正保理以以上几个板块为基础,并延伸到各条产业链的上下游,业务版图清晰,前景较好。

方正保理管理团队的成员多数来自银行、保理、检察院等金融与法律机构,积累了多年的保理及贸易金融相关实务工作经验,能够准确把握国际、国内保理业务的整体发展情况和发展趋势。

(四) 产品结构

如图8-6-8所示。

表8-6-8 "方正保理一期资产支持专项计划"产品结构

发行总额(亿元人民币)	5.57	
起息日	2015-11-19	
法定到期日	2020-11-19	
证券分档	优先档	次级档
规模(亿元人民币)	5.29	0.28
规模占比	94.97%	5.03%
信用评级	AAA	—
产品期限	最长3年,若产品本息兑付完毕,则在第3年内有可能提前结束	
预计加权平均期限(年)	2.5~3.0	2.5~3.0
利率类型	固定利率	—
预期收益率	5.30%	—
证券类型	过手支付型	—
还本付息安排	前两年为循环期,每年付息一次;最后一年为分配期,每季还本付息	期间收益不超过3%/年,到期获得所有剩余收益

(五)合格标准与资产池情况

1. 基础资产合格标准

本期专项计划基础资产的选择遵循一定的遴选标准。在遴选基础资产时,未使用任何会对管理人受让基础资产产生重大不利影响的遴选程序,基础资产的质量在重大方面不低于方正保理在其一般融资保理业务过程中同类资产的平均水平,且在封包日、专项计划设立日和循环购买日:

(1)基础资产对应的全部保理合同、担保合同、基础合同适用法律为中国法律,且在中国法律项下均合法有效。

(2)同一保理合同项下在授信额度内已批准发放的保理融资款均已全部支付予融资人。

(3)基础资产均来源于原始权益人自行为融资人办理的保理业务,不存在再保理的情形。

(4)同一保理合同项下尚未清偿的保理融资债权全部入池。

(5)基础资产项下各笔保理融资债权的保证人(如有)、质押人(如有)、抵押人(如有)的担保责任不会因基础资产转让而被全部或部分免除。

(6)基础资产项下各笔保理融资债权的担保方式(如有)为保证(包括最高额保证)、质押(包括最高额质押)、抵押(包括最高额抵押)担保方式。

(7)初始基础资产清单、新增基础资产清单列明的各笔保理融资债权所对应的保证合同(如有)、质押/抵押担保合同(如有)适用法律为中国法律,且在中国法律项下均合法有效,保理融资债权对应的质押/抵押权利均已依法生效。

(8)融资人、债务人、基础资产担保人(如有)如为法人或其他组织,均系依据中国法律在中国成立,且合法有效存续;保证人(如有)如为自然人,均具有民事权利能力和完全民事行为能力。

(9)融资人在保理合同项下不享有任何主张扣减或减免应付款项的权利(法定抵销权除外)。

(10)基础资产不涉及国防、军工或其他国家机密。

(11)基础资产项下的融资人、债务人不涉及地方政府或地方政府融资平台公司。

(12)基础资产所包含的全部保理融资债权的到期款项已按时足额偿还,无逾期偿还情形(逾期未超过7个自然日除外),且无其他违约情形;基础资产项下的融资人、债务人在原始权益人处均不存在不良保理记录。

(13)基础资产不涉及诉讼、仲裁、执行或破产程序。

(14) 原始权益人已经履行并遵守了基础资产所对应的任一份保理合同。

(15) 基础资产可以进行合法有效的转让,且无需取得融资人、债务人、基础资产担保人(如有)或其他主体的同意。

(16) 基础资产均为比例预付方式保理。

(17) 基础资产对应的任一笔保理融资债权的到期日均不晚于专项计划设立日起满 35 个月的对应日。

(18) 基础资产对应的保理合同、担保合同、基础合同涉及的融资人(无追索权保理时不适用)、债务人或基础资产担保人中的任何一方为方正二级产业集团,且该笔基础资产的加权平均费息率不低于年化 5.5%。

2. 初始资产池情况

初始资产池涉及原始权益人与 7 个融资人(卖方)签署的 7 笔保理合同。截至封包日(2015 年 9 月 10 日),资产池的保理融资债权总额约为 5.64 亿元人民币,其中保理融资债权本金余额约为 5.59 亿元人民币。初始资产池统计信息如表 8-6-9 所示。

表 8-6-9 "方正保理一期资产支持专项计划"初始资产池统计信息

基本情况	
资产池本金余额(元人民币)	558 680 398.66
保理合同笔数	7
融资人(卖方)数量	7
债务人(买方)数量	14
单笔保理合同最高本金总额(元人民币)	284 000 000.00
单笔保理合同平均本金总额(元人民币)	80 525 771.24
单笔保理合同最高本金余额(元人民币)	284 000 000.00
单笔保理合同平均本金余额(元人民币)	79 811 485.52
集中度	
本金余额最高的前五名融资人集中度	95.45%
本金余额最高的前三个行业融资人集中度	83.81%
信用状况	
正常类	100.00%
保理合同期限	
加权平均保理合同期限(天)	271.97
加权平均保理合同剩余期限(天)	168.59
单笔保理合同最长剩余期限(天)	509.00
单笔保理合同最短剩余期限(天)	55.00
加权平均利率	5.45%
加权平均费息率	5.95%

(六)信用增级措施

1. 超额抵押

本期专项计划的基础资产转让给了管理人,所对应的保理融资债权剩余期限内的回收款均归属于专项计划。初始入池时标的应收账款(融资人对债务人的债权)相对于保理融资债权(保理公司对融资人的债权)的超额覆盖率为1.17倍。初始入池时购买价款略小于保理融资债权的本金余额之和,每次循环购买时购买价款不高于保理融资债权的本金余额之和。这对优先级资产支持证券的本息支付提供了一定保障。

2. 超额利差

本期专项计划初始入池基础资产加权平均费息率为5.95%,与优先级资产支持证券预计票面利率之间存在一定的超额利差,这可在一定程度上吸收入池基础资产的损失,为优先级资产支持证券提供了一定的信用支持。

3. 优先/次级分层

本期专项计划对资产支持证券进行了优先/次级分层,优先级资产支持证券和次级资产支持证券占初始资产池本金余额的比例分别为94.97%和5.03%,次级资产支持证券为优先级资产支持证券提供了信用支持。次级资产支持证券将全部由原始权益人认购,从而可以有效防范原始权益人的道德风险。

4. 方正保理差额支付承诺

在每个托管人报告日,托管人对专项计划账户进行核算,若专项计划账户当期收到的款项不足以支付当期优先级资产支持证券应付本息,则管理人将在差额支付启动日向方正保理发出差额支付通知书,方正保理应按约定在差额支付划款日予以补足。

5. 方正集团担保

托管人在差额支付划款日再次进行核算,并向管理人提交核算报告。根据该报告,若专项计划账户当期收到的款项仍不足以支付当期优先级资产支持证券应付本息,则管理人将于担保责任启动日向担保人发出履行担保责任指令,担保人应于担保人划款日根据要求将相应款项划入专项计划账户。

6. 信用触发机制

本专项计划设置了信用触发机制,包括加速清偿时间和提前终止事件。

(1)加速清偿事件。加速清偿事件有两种生效方式:自动生效的加速清偿事件和需经宣布生效的加速清偿事件,具体定义请见本《计划说明书》"释义"。

当发生"自动生效的加速清偿事件"所列的任何一起自动生效的加速清偿事件时,加速清偿事件应视为在该等事件发生之日发生;发生"需经宣布生效的加速清偿事件"所列的任何一起需经宣布生效的加速清偿事件时,管理人应通知所有的资产支持证券持有人。资产支持证券持有人会议决议宣布发生加速清偿事件的,管理人应向资产服务机构、监管银行、托管人、登记托管机构和评级机构发送书面通知,宣布加速清偿事件已经发生,宣布之日应视为该等加速清偿事件的发生之日。

在发生加速清偿事件情况下,基础科目资金不再用于购买原始权益人符合合格标准的资产,资产服务账户现有全部资金划转至专项计划账户;资产服务机构需按天将后续收到的回收款划转至专项计划账户,在加速清偿事件发生时或之后的每个管理人分配日,专项计划账户中的资金不再用于次级资产支持证券期间收益的支付,而是将剩余资金全部优先用于优先级资产支持证券预期收益与本金的兑付。

(2) 提前终止事件。专项计划存续期间发生以下任一事件时,则管理人将召开有控制权的资产支持证券持有人大会,对是否提前终止专项计划进行表决,若持有人大会决定提前终止专项计划的,则全部未清偿资产支持证券于有控制权的资产支持证券持有人大会决议通过后30日内起全部到期:

① 优先级资产支持证券的评级降至AA(含)或以下时;
② 方正保理正常运营连续中断超过1个月时;
③ 方正保理发生金融债务违约事件,可能对本期资产证券化产品本息偿付产生重大影响时;
④ 方正保理或方正集团进入破产程序时;
⑤ 方正集团长期主体信用等级等于或低于AA时;
⑥ 发生需征求管理人事先同意的事项时,但方正保理未事先征求管理人意见。

(七) 项目特色小结

(1) 入池资产比较优质,加权信用等级较高。入池资产影子评级为AA至AAA,其中入池资产对应的融资人的信用评级在AAA级的资产有1家,占比为16.51%;基础资产对应的融资人的信用评级在AA+的资产有2家,占比为4.83%;基础资产对应的融资人的信用评级在AA的资产有4家,占比为78.66%。入池资产以明保理业务为主,且明保理均设置有追索权,入池资产均为固定利率,收益基本锁定,入池资产均无本息逾期支付的情形。

(2) 信用增级措施比较完备,担保人为AAA级国有企业。本专项计划的信用增级措施包括:超额抵押、优先/次级分层、超额利差、差额支付承诺、方正集团担保和信用触发机制。其中方正集团的担保为优先级产品的本息兑付提供了较强的保障。

第九章
Fin–Tech 在应收账款管理中的应用

在如今的全球市场,竞争压力迫使产品服务趋向于赊销,使得应收账款逐渐成为企业资产负债表上最大的资产之一。然而,在被广大企业所广泛采用的同时,企业的资产负债表上"应收账款"余额的不断增大,坏账风险也越发显现出来。因此,加强应收账款风险管理已成为眼下现代企业营运资金管理的重要一步。而 Fin-Tech 的出现,直接带来了应收账款管理成本的降低和效率的提高。

第一节 Fin-Tech 发展概述

Fin-Tech 顾名思义就是金融(Financial)与科技(Technology)的结合,指的是金融和信息技术的融合型产业。自 2008 年爆发金融危机以后,Fin-Tech 一词频繁出现在西方财经新闻中。详细地说,Fin-Tech 主要指互联网公司或者高科技公司利用云计算、大数据、移动互联等新兴技术开展的低门槛金融服务。这些服务和银行所提供的金融产品和服务,不是颠覆的关系,而是互为补充。

全球 Fin-Tech 金融科技投资热潮持续,融资金额创新高。金融科技公司的崛起有着天时地利的因素。一方面,风险投资看中了金融科技公司的潜力,纷纷投资。另一方面,全球经济长期低迷,各国政策都在鼓励并支持金融新范式,金融科技公司适时破土而出。金融科技公司地域分布集中在美国、中国和英国也是金融科技的投资热土。金融科技公司行业分布集中在借贷和财富管理,其他覆盖领域包括保险、支付、众筹、外汇和货币、房屋中介、零售银行和征信等。

Fin-Tech 对金融创新体现在以下 5 个领域。

一、存贷去中介

新一代金融模式通过分享经济与数字化的结合,直接将资金需求方与供给方撮合在一起,这其中最大的入侵者是众筹和市场化贷款平台。系统通过数据的采集分析,直接将借款人与贷款人配对,并实时监控借款人资信和经营方面的动态变化,解决信用风险难题。贷款人则根据自己对某个行业和项目的认知,在成百上千笔贷款中做出符合自身风险与回报需求的选择。由于不受监管资本和流动性等方面的限制,市场化贷款平台在融资成本方面有很大优势。

二、支付革命

经济活动中的每笔交易都要经过资金的支付和结算。几十年来,信用卡和借记卡一直占据着支付的绝对优势。进入互联网时代,第三方支付公司应运而生,美国的 Paypal 和中国的支付宝等运用网络和数字化技术,凭借强大的数据解析能力和安全保障技术,通过一系列应用接口程序,绕开传统的信用卡公司和银行,形成独立的支付平台。同时,支付宝、财付通、Apple Pay 等均已紧锣密鼓地展开市场大战。三星、谷歌、微软和美国一些大型零售公司也在构建自己的移动支付系统,争夺对客户体验的控制,一场硝烟弥漫的大战拉开序幕。

三、区块链

数字化革命同样也降临到金融业的核心——货币。在当今这个系统时代，货币即将成为在大容量服务器分布式网络上的计算机编码，彻底颠覆了我们对传统货币的定义。曾经一度被媒体热炒的比特币在政府的干预下暂时告一段落，而藏在比特币背后的分享账本技术——区块链（Blockchain）却受到各大金融机构与科技公司的格外关注。重点区块链很有可能成为技术的爆破点，对现有金融基础设施产生颠覆性改变。

简单地说，区块链是一种以数字化形式在分类账本里完整记录公共交易的机制，并且这些记录是被所有网络共享，一旦交易被确认，不能修改，每位参与者都可以查询到每笔交易历史。它同现有金融机构清算体系最大的不同在于去中心化，不需要任何一个中心服务器或中心机构就能完成工作。由于区块链信息透明，解决了金融业最令人头疼的信用问题，让交易活动更加通畅、高效。

已有20多家大型银行之间签署了合作协议，旨在共同制定金融服务的区块链标准，打造一个全行业的新平台。另外，纳斯达克开始对区块链技术做试验，希望交易所的业务不被吞噬。尽管在监管方面还存在着未知，但欧盟最高法院已承认比特币作为货币，英格兰银行也对区块链技术的潜力持肯定态度。同其他技术相比，区块链技术是系统重塑金融业的最具颠覆性的创新，意味着重新开创一个金融资产交易清算体系。

四、智能化交易与理财

金融市场交易成功的关键在于智慧与速度的结合，系统收到信息输入后，通过特定算法就会输出结果，自动执行何时买何种股票的交易策略，最大的优势是不受心理干扰，可以排除一切噪音，纪律性超强，能比人类更出色地完成交易。

系统在投资理财方面也开始步入金融专业人士的神秘地带，特别是在市场表现不好时，指数基金和交易型开放式指数基金（Exchange Traded Funds，ETF）都是试图降低手续费的创新，缺少专家的指导，投资者心里仍然不踏实，而自动理财软件的登场取代了理财师和财务顾问的角色，在降低手续费的同时，又借用了理财专家的智慧，解决了投资者的困惑。

五、应收账款管理创新

应收账款管理(Account Receivable Management，AR 管理)同金融科技的结合也不断紧密。从最初的财务系统管理应收账款，到应收账款信息化管理，到应收账款交易平台。Fin-Tech 之所以能在应收账款管理领域风靡，是因为其对交易双方都有显著的利益。对于应收账款的买方而言，一个标准化的平台能实现高效的管理；对于卖方而言，应收账款信息化管理有利于降低法律和构建成本。金融科技的发展已促使应收账款管理更加多样化。

如今，一些金融技术公司早已过了试验期，正朝着金融业的主流进军，撼动着传统金融业的根基。根据《美国银行家》杂志对 2015 年金融科技公司展望时所做的分类，前 100 家金融科技公司所涵盖的业务范围包括借贷、支付、数字化货币、交易、投资和资产管理等全部传统金融机构的业务领地。金融科技公司同传统金融机构一起在重新定义着现代金融。

六、应收账款风险管理

若应收账款的金额过高，甚至增幅超过营业收入，则表明企业的现金流入量受到严重影响，企业面临资金短缺风险，甚至是财务危机。所以，应收账款的安全及质量直接影响到企业的可用资源、损益情况、现金流量，甚至影响着企业的发展。而当企业遇到新的项目时，又由于流动资金不足，项目无法启动，会使得企业错失良机，给企业的发展带来极其不利的影响。然而，在现代企业管理制度中，企业并没有充分重视应收账款的风险管理。

应收账款是指企业因提供劳务过程中形成的应向客户收取但尚未收取的款项，即赊销，包括应向客户收取的全部款项和价外费用，以及应向购货单位收取的增值税等。应收账款是企业重要的流动资产，也是一项风险较大的资产，它的安全性及质量会影响到企业的资源、损益情况、现金流量，所以加快货款回购、防范财务风险，对提高企业的经营能力有重要的意义。

企业应收账款风险主要有两个方面，资金回收风险和账期的不确定性风险。应收账款账期的不确定性主要是指在应收账款回收时，付款方未按约定的付款日期付款，导致赊销企业面临损失。在回收的过程中，回收金额同样存在风险，存在潜在坏账损失，也就是指企业无法收回全部的应收账款，而使部分或全部的应收账款成为坏账的风险。坏账风险的存在会减慢应收账款的流转速度，虚高了经营成果和资产，给企业造成大量的损失。

目前,在现代企业管理制度中,应收账款管理存在一些风险及问题,本部分将针对这些问题,从金融科技角度出发提出相应的风险管理的措施建议。建立完善健全的应收账款管理制度,同时加强应收账款管理,是应收账款管理制度中最重要的一步。

第二节 应收账款信息化管理介绍

一、应收账款管理系统背景

应收账款管理系统分为两类,一类是偏财务层面的以发票、费用单、其他应收单等原始单据为依据,记录销售业务及其他业务所形成的往来款项,处理应收账款的收回、坏账、转账等情况,同时提供票据处理功能;另一类是针对保理业务而开发的应收账款管理系统,俗称保理系统,用于支持保理相关业务操作(包括应收账款转让、融资业务发放、应收账款回款、融资业务偿还等)的线上处理。

本文所介绍的应收账款管理系统是在保理系统的基础上进行了升华。中国起初是商业银行开展银行保理业务,最早接触的应收账款管理系统有新加坡的KPMG、台湾地区的天逸,以及台湾地区的网际威信等。银行保理系统通常是请系统厂商客制化开发的,这种客制化的系统专属性太强,开发时间冗长,用户需要投入很多的时间协助厂商设计规格,进行测试,所以风险很高。一旦开发出来只能适用于特定银行,系统的移植性与通用性差,而厂商一旦停止服务,银行的科技部就必须自己接手开发维护,无形中垫高了保理业务的运营成本。

随着国内商业保理业务的快速发展,商业保理公司对保理系统的需求逐渐增加,出于运营成本考虑,商业保理公司通常希望购置一套完整稳定的系统。随着这种需求的逐步增加,保理系统市场的竞争也日渐激烈。除了几大新加坡和台湾地区的开发商,本土软件开发商逐渐加入到保理系统的开发行列中,并且部分商业保理公司也开始自建团队,自主研发系统。

尽管保理系统开发商越来越多,但保理系统同质化问题也浮上水面,部分开发商通过平台化发展来力求突破。

二、应收账款管理系统介绍

下面详细介绍应收账款管理系统,主要分为客户筛选管理引擎、风险及信用管理引擎、阶段融资引擎(平台服务)、供应链服务管理引擎4大引擎,如图9-2-1所示。

图9-2-1 应收账款管理系统示意

(一)客户筛选管理引擎

客户是企业发展的基础,只有在客户基础之上企业才能实现盈利。通过与顾客的交流和互动,企业能更好地了解客户的综合情况,建立一套完善的数据库和客户管理引擎能更有效地评估客户,从而建立完善的客户评估体系。随着客户信息化管理的发展和更新,客户管理数据库逐渐受到企业的关注,而客户筛选管理引擎是实现获得优质资产的重要方式。可以说,客户筛选引擎已经成为应收账款管理信息化的重要组成部分,如图9-2-2所示。

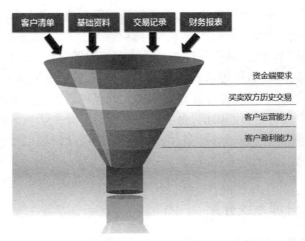

图9-2-2 客户筛选管理引擎架构

通过客户管理筛选引擎,客户可以单独提交或由核心企业上传客户清单,并将企业基础资料、交易记录和财务报表等上传,通过市场标准、历史交易情况、信用记录、客户运营能力、客户盈利能力进行层层筛选,最后过滤出优质客户。

1. 基于资金端需求

在日趋激烈的竞争环境下,伴随着业务压力的增大,如何在把风险控制在一定范围内,实现利润最大化的经营目的已成为企业主要的经营目标。客户融资渠道主要包括债券、资产证券化、信托、契约式基金和P2P等融资渠道。根据资金端筛选客户是启动引擎的第一步。

2. 应收账款分析

应收账款分析的核心是对应收账款流动性的分析。通过结构分析和趋势分析,找出应收账款的变动规律,然后对有异常变化的应收账款的经济实质进行分析,从而能对企业资产真实风险状况进行评价。通过应收账款分析,去除应收账款不稳定的客户。应收账款分析分为横向分析和纵向分析两种模式。

(1) 横向分析(趋势分析)。应收账款横向分析是指对连续期间的应收账款金额和账龄等进行横向分析。当应收账款的不断增加超过了营业收入的增幅,这往往是个危险的信号。这个信号表明销售业绩是由企业不断提供信用来支撑的。从企业上传的历史交易记录中获取企业每年或每月的应收账款规模,通过引擎进行对照分析,可以反映出企业营销策略和营业业绩的变化。

(2) 纵向分析。应收账款纵向分析是指通过应收账款相关的财务比率来进行分析。通过对应收账款的结构分析,可以发现企业外部环境及内部管理、经营策略方面的变化。从企业上传的财务报表中获取数值,通过引擎生成应收账款占收入的比重和应收账款占企业流动资产的比重来进行测度。

3. 基于客户日常运营

通过营运能力指标分析可以判断企业财务状况的安全性。企业流动性指标越高,则企业资产的变现能力强,其财务安全性就较高,良好的资产结构和资产管理效果预示着企业未来的收益能力。资产结构和资产管理效果分析有助于判明企业债权的物质保证程度或其安全性,可用于辅助客户筛选的信用决策。通过企业营运能力筛选,可过滤掉偿债能力不足的客户。运营能力指标详见附录A中的附件2。

4. 基于客户盈利能力

企业经营业绩的好坏最终可通过企业的盈利能力来反映,定期的利息支付以及到期还本都必须以企业经营获得利润来保障。所以通过盈利能力筛选,能最终筛选出优质客户。企业盈利能力不仅仅通过利润的多少来判断,还受到企业规模、行业水平等要素的影响,所以应该用盈利能力指标来衡量,详见附录A

中的附件2。

（二）风险及信用管理引擎

风险及信用管理引擎通常由数据库、中间数据处理器和数据分析层组成。数据库储存各种交易信息；中间数据处理器主要将原始数据信息进行分类识别和处理；数据分析层是数据处理的最高阶段，它根据风险管理的不同需求从数据库中抽取信息进行分析。如果基础数据不统一和准确性比较差，则分析结果往往缺乏可信度，而且无法展开高层次的风险分析。风险及信用管理引擎需要在传统商业银行风控系统比率分析和静态资料分析的基础上，考虑应收账款的集中度风险以及动态风险管理。

1. 动态风险管理

从客户筛选管理引擎中所需获取的资料主要有两方面：一是客户的静态及动态信息，包括客户的3大会计报表及进一步的财务指标信息；二是与客户相关的信息，包括企业与关联企业的关系和法律地位、企业所处行业的发展趋势、市场经济周期等外部因素。通过系统跟踪企业资本结构变化和负债资金使用情况等，实时掌握企业动态变化。所以，客户筛选管理引擎是风险管理的基础，基于完善的客户信息积累，系统才能更准确地预测资产组合的潜在风险。

2. 应收账款组合管理

应收账款组合管理的重要原则是应尽量减少应收账款之间的相关性，最大限度地降低单一风险的传染效应。不同应收账款间的负相关关系可以避免风险在资产之间的传播，起到相互抵销风险的作用，这是防范信用风险的保证。通过风险及信用管理引擎，定期对应收账款进行行业分析和组合管理，可以及时发现应收账款风险集中的行业，并且尽早防范风险。

3. 早期预警信号

风险管理成功的关键在于早期发现隐患，并及时采取防范措施。风险及信用管理引擎可以根据以下几点来配合跟踪相关客户的风险度，为风险预警乃至整个风险管理活动提供风险依据（见表9-2-1）。

当发现上述不良信号时，应及时预警，从而防范风险。

4. 企业信用评级

信用风险及信用管理引擎可加入企业信用评级模型，以对企业主体信用进行评估。

企业信用评级体系由外部因素分析和内部因素分析组成。图9-2-3所示将内部要素和外部要素的关系简单地勾勒出来，其中宏观环境包括宏观经济政

表9-2-1　早期预警信号

	预 警 信 号
	不能及时报送财务报表
	应收账款收回拖延
	存货突然增加
	长期债务大量增加
	资产负债表结构发生重大变化
	公司大额收费
	存在从未实现的计划
	不能提供所需的信息资料
	成本上升和利润下降
0	过分依赖于短期借款来满足于长期资金需要
1	拖延支付利息和费用
2	销售和盈利增长低于通胀率
3	销售集中于一些客户
4	主要管理人员和所有权发生变化
5	厂房和设备未得到很好的维修
6	存款余额不断下降

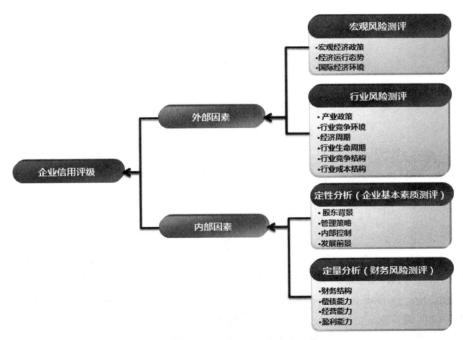

图9-2-3　企业信用评级体系框架

策、经济运行态势和国际经济环境等因素；行业状况包括产业政策、行业竞争环境、经济周期、行业生命周期、行业竞争结构和行业成本结构等因素；企业状况包括经营能力、盈利能力、偿债能力、信用状况等。

在系统中对评级数据来源和评级结果应建立统计数据库，并动态地及时更新评数据库，将大大提升风险及信用管理的科学性。

5. 风险评估引擎

风险管理的核心是在一定的风险承受度下实现利益最大化。如图9-2-4所示，通过将风险分解，针对性地通过系统引擎评估各项风险。应收账款管理风险主要分为信用风险、市场风险和操作风险。其中，信用风险分为客户风险和债项风险，市场风险分为交易风险、利率风险和流动性风险，操作风险分为经营风险和事件风险。其中部分风险是可以通过分析度量的。

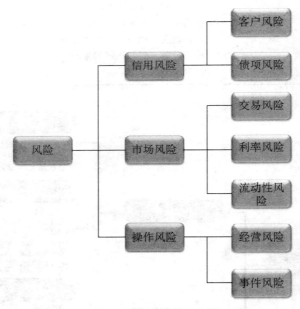

图9-2-4 风险分解

信用风险可以通过一系列不同事件上的预期损失率进行度量，主要方法包括 Credit VAR 和 EAR 等。市场风险可以通过预期回报进行度量，主要方法包括 Holding period adjusted VAR。操作风险可以通过收益波动进行度量，主要方法包括资产波动、成本波动和交易量波动。

信用风险的两个核心概念是预期损失及非预期损失。预期损失的测量方法包括平均预期损失、在资产负债表上进行反映以及实际的经济收益应剔除预期损失。非预期损失包括最差情况下的损失、基于损失期望值的风险变动范围,以及测量相应的经济资本。

VAR 已经成为衡量市场风险的行业标准。VAR 是 Value at Risk 的缩写,一般被称为风险价值,指某一金融资产或证券组合在未来特定的一段时间内的最大可能损失。

按照风险的来源,操作风险大致可以分为两类:经营风险和事件风险。经营风险是指公司总体经营环境中由某些不确定因素导致的风险,可分为内部因素和外部因素。内部因素包括市场营销、流程成本以及新产品研发。外部因素包括新的竞争、税务法规,以及经营活动管制条例。事件风险是指由于非经济事件引起的风险,也分为内部事件和外部事件。内部事件包括因失误、偷窃或欺诈引起的人员事件、控制失败或由失误引起的过程事件,以及系统崩溃或瘫痪引起的系统事件。外部事件包括供应商倒闭、外部法律诉讼、社会政治动荡以及自然灾害等。

(三) 阶段融资引擎(平台服务)

1. 中小企业应收账款管理引擎

中小企业经营范围主要集中于劳动密集型产业,经营灵活性强,资本盈利能力强,但资金流创造能力差,所以经营风险较大。首先,中小企业由于经营规模小,还未建立起自我发展的战略规划机制。其次,中小企业的经营规模小,资产少,其投资行为往往缺乏对风险的评估和分担,为了保证资本的最大收益,往往投资结构单一,因而其投资的风险系数较大。针对中小企业融资"小"、"急"、"频"的特点,中小企业服务平台的应收账款监控功能尤为重要。

应收账款监控平台包含应收账款明细监管、真伪查核、客户对账监管、回款资金监管、大数据分析法等功能。中小企业主要遍布在纺织、零售和物流等行业,其应收账款的基础合同和兑付凭证主要为合同、订货单、运货单和发票等。中小企业客户通过客户管理引擎上传历史交易记录、基础资料和财务报表等,客户筛选和风险控制引擎进入中小企业应收账款管理引擎(见图 9-2-5)。通过引擎进行基础合同的在线真伪查核、客户对账监管和回款资金监管,搜集中小企业客户应收账款的账龄、规模、违约、逾期等信息,对其进行大数据分析,并根据评估结果对中小企业客户提供有针对性的融资服务。

2. 大型企业(核心企业)

供应链金融是围绕核心企业,给它的上游和下游中小企业提供的一种金融服务,如图 9-2-6 所示。对上游,供货商向核心企业供货,产生应收账款,想要

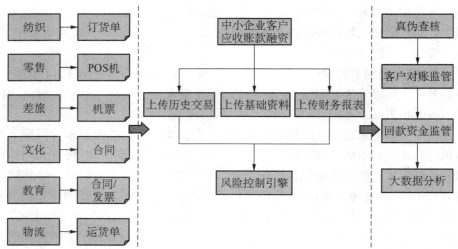

图 9-2-5 中小企业应收账款管理引擎

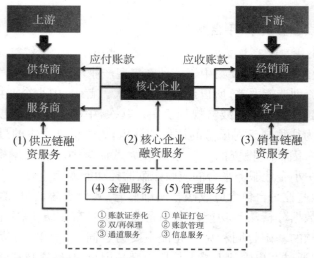

图 9-2-6 对上下游企业的金融服务

快速回笼资金;对下游,采购商向核心企业采购,存在资金短缺。对应的解决方案(融资模式)分别是应收账款质押融资和订单融资,具体来说:

(1) 对上游,核心企业向上游企业采购货物,一般要先货后款,有很长的结算期。上游企业供完货后可以开出发票,质押给供应链金融服务商,一般能回笼80%的资金(上游企业还款可以是核心企业到期支付的货款或者其他资金)。

(2) 对下游,核心企业卖货给下游企业,一般要先款后货,下游企业自筹

20%的货款,供应链金融服务商垫付 80%,然后货款以下游企业的户头一起支付给核心企业。但是,核心企业收到货款后,发出的货物要在供应链金融服务商指定的仓库进行质押监管(下游企业还款可以是货物销售回款或者其他资金)。

供应链金融(见图 9-2-7)就是以核心企业为担保与资金方进行融资业务:

(1) 在"1+N"的运作模式中,1 是核心企业,N 是上游企业,核心企业作为买方,进行应付账款融资。

(2) 在"M+1"的运作模式中,1 是核心企业,M 是下游企业,核心企业作为卖方,进行应收账款融资。

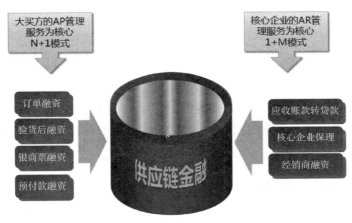

图 9-2-7 供应链金融

(四)供应链服务管理引擎

根据《2014 年中国商业保理行业发展报告》,2014 年全国规模以上工业企业应收账款总额较大的十大行业依次为计算机、通信和其他电子设备制造业、电器机械和器材制造业、汽车制造业、通用设备制造业、专用设备制造业、化学原料和化学制品制造业、非金属矿物制造业、金属制品业、煤炭开采和洗选业、黑色金属冶炼和压延加工业。应收账款的高速增长预示着产业竞争的加剧,见表 9-2-2。

表 9-2-2 2015 年应收账款总额较大的十大行业

指标	应收账款(亿元人民币)					
年份	2012 年	2013 年	2014 年	2015 年	增速	占比
总计	82 189.90	95 693.44	105 168.00	114 546.9	7.9%	100%
计算机、通信和其他电子设备制造业	11 947.12	12 457.51	14 876.00	16 796.3	12.4%	14.66%

(续表)

指标	应收账款(亿元人民币)					
电器机械和器材制造业	9 216.71	10 239.77	11 121.50	12 387.1	10.3%	10.81%
汽车制造业	5 338.22	7 028.40	7 396.30	9 075.3	21.2%	7.92%
通用设备制造业	5 968.45	6 852.69	7 390.30	7 989.4	4.8%	6.97%
专用设备制造业	5 276.27	6 241.68	6 847.70	6 836.00	1.3%	5.97%
化学原料和化学制品制造业	4 677.59	5 443.13	5 979.10	6 302.9	4.8%	5.5%
非金属矿物制造业	4 248.13	5 105.46	5 877.90	6 590.5	9.4%	5.75%
金属制品业	3 053.92	3 492.52	3 690.90	3 917.3	3.3%	3.42%
煤炭开采和洗选业	2 931.90	3 256.71	3 594.20	3 849.7	8.5%	3.36%
橡胶和塑料制品业	2 386.68	2 987.48	2 988.8	3 187.5	5.4%	2.78%
其他行业	28 635.75	32 588.07	35 405.2	37 614.8	6.2%	32.84%

(数据来源：国家统计局)

供应链之间的竞争加剧了供应链上中小企业融资需求的增长，供应链服务引擎除了为供应链上的核心企业提供金融服务，还可促进供应链上中小企业的融资服务。

(五) 供应链服务引擎

如图9-2-8所示，供应链服务引擎主要由4大模块组成，即系统模块、渠道扩展、内部系统集成和安全控制。系统模块为业务模块，通过从供应链管理(Supply Chain Management，SCM)和企业资源计划(Enterprise Resource

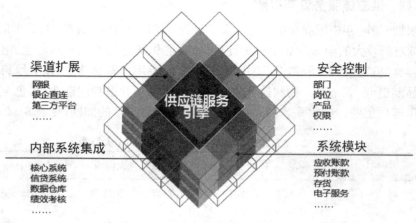

图9-2-8 供应链服务引擎示意

Planning，ERP)等供应链管理系统中获取应收账款、预付账款和存货等数据，通过内部系统进行数据的储存、分析和输出。通过渠道扩展模块对接网银、银企直连或第三方支付等。

通过供应链服务引擎，将对供应链"点对点"的单一客户传统服务，转化为"点对链"的面向供应链企业群的服务。不同于供应链系统侧重订单信息流、仓储配送流和企业现金流，供应链服务引擎更加侧重于企业现金流的动态变化和跟踪。

1. 系统对接

(1) SCM 与 ERP。SCM(核心企业与销售商及用户之间)与 ERP(资源充分调配和平衡)属于两个不同的范畴。ERP 系统的主要目的在于解决特定企业的内部管理需求，而 SCM 系统需要解决的则是与特定生产供应和销售流通领域相关的一群企业的共性及个性化需求，以满足上下游企业之间、物流服务委托和承包方之间的信息共享与交流需求。因此，上 SCM 系统需要多种不同系统的搭配和协同(见图 9-2-9)，与上 ERP 系统相比问题要复杂得多。

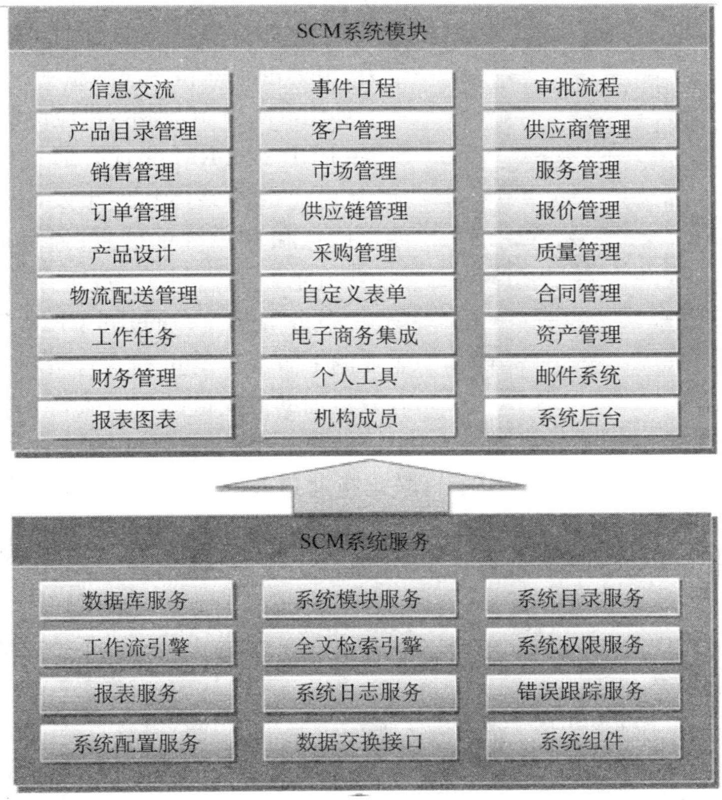

图 9-2-9 SCM 系统示意

（2）CRM。客户关系管理（Customer Relationship Management，CRM），客户与公司联系的所有信息主要关注企业外部利益相关者之一——客户。通过先进的IT技术收集客户的信息并分析和挖掘出客户潜在的需求，为企业留住客户并在日益激烈的竞争中赢得主动权。

ERP、CRM和SCM 3种系统是相辅相成的。ERP需要访问到更详细的客户信息和加强与供应商的合作，才能以更低的成本生产出客户真正需要的产品；CRM则需要企业为它提供更适合的产品或服务，才能真正做到满足客户的需求；而SCM不仅需要了解客户的信息，同时还要了解ERP所管理的库存信息。事实上，ERP、CRM、SCM在功能上是互补的。

ERP的主要功能模块包括生产控制、物流管理、财务管理和人力资源管理；CRM则关注客户管理，努力减少销售环节、发现新市场和渠道，实现最终业绩的提高。它的主要功能模块包括业务操作管理、客户合作管理、数据分析管理和信息技术管理4大部分。SCM是以客户需求为导向，以核心企业为中心，通过运用现代企业管理技术、信息技术和集成技术实现协同商务商业运作的模式，达到对整个供应链上的信息流、物流、资金流的有效规划和控制，有利于提高企业竞争力、市场占有率和客户满意度。

如图9-2-10所示，供应链服务引擎同SCM、ERP或CRM集成。通过同SCM集成，从供应链的整体角度出发，获取企业的库存信息和客户订单信息；通过同ERP集成，获得企业的物料采购、库存管理、生产、物流、财务等信息；通过同CRM集成，获取企业的下游客户清单和客户资料信息，从而有效地辅助供应链的所有资源，充分体现出供应链服务引擎的竞争优势。

图9-2-10　供应链引擎各系统集成

（3）网银与银企直联。银企直联是指通过互联网或其他方式，使企业的内部系统与银行系统对接。企业无需专门登录银行系统，就可以利用自身系统自主享受到银行提供的各种业务和服务，如表9-2-3所示。

表9-2-3　网银与银企直联的比较

比较项目	银企直联	普通网银
服务对象	大型集团、政府、事业、电子商务平台	中小型企业为主
业务范围	一般网银业务、集团现金管理、电子商务等	一般网银业务

(续表)

比较项目	银企直联	普通网银
企业管理特点	企业内部有较复杂的管理流程	企业内部管理相对简单
系统构架	CS(Client-Server)模式	BS(Browser-Server)和 CS 模式
网络环境	专线较多,互联网为辅	互联网为主,少量专线
证书类型	文件证书和 USBKey 证书,代表企业身份的企业证书	USBKey 证书,代表企业员工身份的个人证书
特点	(1) 可以将银行数据保存并直接导入企业 ERP 和财务系统中,减少录入工作量,提升信息和数据价值; (2) 付款、收款等业务处理可以在企业财务软件和 ERP 系统中自动发起和处理,借助互联网与工行系统直联,收付款信息自动入账,减少大量手工输入; (3) 可以根据客户自己要求定制开发,提供个性化的管理功能和服务平台,功能更加灵活,更符合习惯	(1) 企业业务信息和数据保存在银行系统中,不能直接自动转入企业 ERP 和财务软件中,需要重新录入,信息价值难以利用; (2) 付款和收款等业务需要登录网银进行操作,同时因记账和管理需要,还需在财务系统和 ERP 进行重复录入; (3) 网银提供的功能是标准化的统一功能和业务处理方式,个性化差

(4) 第三方支付。第三方在线支付平台是指基于互联网,提供线上和线下支付渠道,完成从用户到商户的在线货币支付、资金清算、查询统计等过程的非银行金融机构。第三方支付是指第三方在线支付平台在集合多个银行提供的基础支付层统一平台和接口的基础上,为用户和商户提供统一的线上(互联网)支付接口,实现从用户到商户的在线货币支付的服务。

如图 9-2-11 所示,供应链服务引擎可以同网银、银企直联或第三方支付对接,从支付端跟踪现金流,并对供应链进行账户管理,更有效地提升供应链服务引擎的功能性。

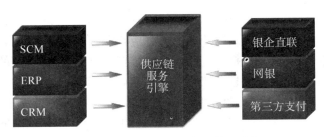

图 9-2-11 供应链服务引擎的对接

(5) EDIfactoring.com。保理电子数据交换系统 Electronic Data Interchange factoring)Edifactoring.com 是 FCI 最新的通信系统。它是基于 EDI 系统的在

线集中处理、报告和收发邮件的网站。整体用途是用来支持FCI会员的双边贸易,达到交换信息的作用。该系统可以提供如下功能:每个使用者私人化的使用环境;支持所使用者收发信息;使用户可以在线通过网络浏览器处理信息;自动检验跟踪和处理信息;用户可提出或系统自动出升级报告;保持系统实时更新。

在www.edifactoring.net申请保理商代码,将EDIfactoring嵌入供应链服务引擎中,接受每日信息跟踪报告,并根据EDIfactoring的信息格式和交易规则与其他保理商进行信息交流。

2. 未来系统展望

自2000年以来,国内信息系统发展迅速。其中,各家银行以核心系统为基础,开发出一系列围绕核心系统、支撑各类业务发展的业务管理及风险管理的系统。其他金融机构也针对不同的业务需要,开发出各种业务管理系统。金融大数据方面也是百家争艳。不过在内部控制领域,国内金融机构大多仍停留在传统的线下风险管理阶段,例如,大多前、中、后台的检查大多仍通过手工方式进行,尽职调查也多以手工核对、现场检查方式为主。风险控制效果不佳、尽职调查难度大等问题一直存在,而完善的信息化系统以及充分的自动化控制体系有助于改善这些情况。

所谓"应收账款信息化管理"主要包含两个层面:一是基于应收账款业务流程中控制活动的梳理,提炼和设计出可在系统中线上操作的流程,将提出的应收账款管理需求注入到正在开发的系统中,并且对开发完成的系统进行测试以及上线后的再评估,最终在系统中实现相关应用系统的自动化控制的过程;二是通过信息系统将庞大、繁杂的应收账款管理工作通过系统流程进行管理。

应收账款信息化管理与业务流程紧密结合,信息化为业务发展、内部运营和风险管理等方面带来了便利和优势,主要体现在以下几个方面。

(1)提升管理效率。应收账款信息化是一项跨部门、跨业务的系统管理工程。信息开发需要把跨部门、跨业务的各项应收账款业务,以风险管理为纽带放在企业的整体运营平台上,把握企业面临的重要风险,从整体协调的角度优化业务流程,最大限度地提高信息系统与企业实际业务需求的契合性,并促使企业及时识别、评估、掌握和控制信息系统自身的风险,制定相应的控制措施。

(2)优化业务流程。应收账款管理是一个覆盖全部业务范围的全过程管理方式。这要求在各个业务流程和环节上分析确定出重要风险,并有针对性地制定控制应收账款坏账的措施。在应收账款管理信息化的实施过程中,不仅需要梳理应收账款管理业务操作的程序和步骤,还包括针对重要风险的明确的控制措施和标准,从而满足以风险管理为核心的应收账款管理要求,将应收账款管理的理念融入到信息系统的建设过程中,从而优化业务流程。

(3) 改善数据分析。应收账款的数据积累可以使企业在交叉营销、产品创新、市场细分以及客户挖掘方面大有作为。在零散无序的历史应收账款数据中挖掘业务规律,预测未来发展,根据对客户需求变化的敏感度开展业务产品的创新,充分利用数据分析的结果,从而提升企业的竞争力。

(4) 挑战及展望。毫无疑问,信息化对于应收账款管理是非常有益的尝试,未来应收账款管理的发展方向是大幅提升企业业务流程的整体内控信息化比率,实现所有主要应收账款管理工作围绕信息系统来开展,使信息系统在服务于业务支撑的同时,也能够起到应收账款管理的职能,从而全面提升企业的应收账款管理水平。

第三节　应收账款与互联网金融和大数据

一、应收账款与互联网金融

"互联网金融"是时下相当流行的概念,主要是以互联网为资源,以大数据、云计算为基础,采用新金融模式运作的一种新兴行业。互联网金融是互联网因素对传统金融的渗入:一方面是互联网技术的渗入,主要包括移动支付和第三方支付、大数据、社交网络、搜索引擎、云计算等;另一方面是互联网精神的渗入,相关理念核心是开放、共享、去中心化、平等、自由选择、普惠、民主。互联网金融反映了平台模式在金融业的兴起,将增强金融的普惠性。

2015年1月21日,中国人民银行对外公布了《应收账款质押登记办法(修订征求意见稿)》。该办法有望缓解中小微企业融资难的问题。

应收账款是伴随企业的销售行为发生而形成的一项债权。因此,应收账款融资被视为中小企业融资良好的融资方式之一,但此前因政策限制、金融机构对此抱有谨慎态度等原因,一直未被充分利用。如今新《应收账款质押登记办法》的公布在政策上有一定的松绑,可以进一步满足互联网金融企业业务拓展需求。互联网的迅猛发展,使得"互联网+"越发渗入传统行业,互联网对金融业务的渗透也越发深入。

互联网金融与应收账款的融合在国外风靡已久。因为对应收账款的买方和卖方都有显著的利益。从资产负债表层面,卖方可以由此货币化非生产性资产,消除信贷成本及持仓成本,而对于买方来讲,互联网应收账款金融平台的好处也是显而易见的。从短期收益率角度，买方可以获得有竞争力的收益率，这是因为应收账款通常在90天之内到期，风险低，而收益往往超过商业票据50个基点以上。

就目前国内而言，已经有专注于应收账款领域的互联网金融平台，但数量不多。而且基于综合国情，也无法完全照搬国外平台的模式。国内平台的做法多是优选好的应收账款项目，然后将其打包拆分成一般的互联网理财项目，供投资者选择。

按这种做法，最重要的则是关于风险的控制。所以平台少不了跟大型保理公司合作，做相关的担保服务，从而减少违约的风险。要严格筛选合作的项目，比如调查应收账款的贸易背景是否真实存在，审查借款人（卖方）的综合偿债能力，针对付款方（买方）延迟付款或者付款不及时需要借款人利用自有资金进行还款，这时候需要通过银行账户流水、财务报表、纳税数据、水电费支出凭证等第三方信息来验证借款人的短期偿债能力，结合企业法人和股东的经营实力进行综合判断。

与传统金融业相比，互联网金融企业掌握的核心优势在于支付渠道和海量的数据积累，能够对借款人的资本信用做及时的评估，并进入应收账款操作流程。应收账款管理流程则需要对实体资产、债务、流动性情况做严密分析从而做出评估，对数据的依赖程度相对不高。所以说，"互联网＋应收账款"的一大优势在于基于互联网的线上征信技术。

这种线上的数据征信区别于传统金融的主要特点是成本低、效率高、信息透明。但在目前阶段，由于国内的数据资源还不尽完善，数据征信只能在少数几个比较完好的生态圈内实现，其他的平台要么需要传统金融的信用记录做支撑，要么需要从其他生态圈内进行数据的引流，所以互联网征信还不是很成熟。但就长远发展而言，以数据征信为代表的"互联网＋应收账款"在运作效率和成本上更胜一筹。

互联网金融将引起传统的应收账款管理方式的变革。互联网金融是指借助互联网思维和技术实现资金融通等职能的新金融模式，主要以大数据、云计算、移动互联网或搜索引擎等作为基础。互联网金融也通过引入风控、上市等实现价值变现。互联网金融已形成信息到账户的全产业链平台。

随着互联网金融产品不断衍生，互联网银行、供应链金融以及其他金融中介服务方式也正在不断出现，应收账款融资也不断渗透到互联网金融平台。在目前社会分工以及市场经济进程中，处于产业链末端的小企业普遍持有大量的应收账款。如果这些账款可以通过互联网金融平台进行顺利融资就可以实践李克强总理提出的"普惠金融"思想。从这点看，政策利好是必然趋势，也是短期投资者将来值得关注的方向。数据征信是内核，有利于提升核心的竞争能力，大数据征信是促进"互联网＋应收账款"发展的航母。

二、应收账款与大数据

大数据是什么？这个术语目前很流行，并且有时候会被用来定义呈指数趋势的数据开发量及可用量，包括结构化和非结构化数据。互联网同企业和融资平台密不可分，这是因为企业如果拥有更多的数据，可能会决定更多的精准分析过程；更多的精准分析过程，可能会决定更多更好的决策。有好的选择和决策将意味着运营效率的提高、风险最小化以及成本降低。而融资平台如果拥有更多的数据，则可能会更多详尽地对融资企业进行资质调查，可能减少坏账风险。大数据的价值可见一斑，企业能利用数据并从中挖掘出有价值的信息，从而促进企业的良好运行。在应收账款管理上，大数据分析具有极大的帮助。如果拥有更多的数据，应收账款管理者可能会更密切地跟踪基础交易情况，从而尽早地发现风险，提前做好防范措施。

大数据是一个广义的术语，经常被用来描述非常复杂而且庞大的数据集，传统的数据处理应用是远远不够的。大数据面临的挑战包括数据捕获、分析、数据管理、共享、搜索、存储、可视化、传输及数据隐私等，通常属于预测分析及其他方法的应用，可以从数据中提取有价值的信息。大数据的准确性可能会导致更好的决策；更好的决策就意味着可以提高运营效率、降低风险以及降低成本。

在应收账款管理的过程中，大数据已经成为一个重要的需要，而不是一个替代。企业正在使用数据方法去评估和比对数据价值，以获得竞争性的优势，但是仅仅当数据被成功地、智能地处理并且结果被快速呈现时，大数据才能被公司更好地理解。所以智能并敏捷的处理数据是大数据内在的巨大价值，值得好好对待。利用大数据服务于应收账款管理，在很多时候为公司带来了可观的收益。

第四节　美国应收账款管理技术介绍

在成熟的国际金融市场中，信用类产品要获取短期的低风险收益比较困难。贸易类应收账款交易买卖平台既可以规避不必要的信用风险，又可以大幅度提高短期投资组合的收益。保理交易平台具有传统购买应收账款的优势，还具有电子交易的高效性。它具有3大交易优势。

1. 投资收益比较高

获取超额风险调整收益的短期资产。应收账款的形成时间一般不超过90天,投资级公司提供的应收账款收益比商业票据收益高50个基准点,同时,买方可以预留保证金,以防止逾期带来的风险。

2. 客制化的资产组合

根据不同项目的独特性和灵活性,建立客制化的资产组合。不论买家购买总资产池的1%还是100%,保理交易平台均会对其风险敞口进行管理,对购买无硬性条件限制。买家可以依据自身购买能力和需求选择购买应收账款。保理交易平台上的应收账款账期在15~360天间,其中包含大量不同风险和收益的应收账款,投资者可以根据风险偏好和风险承受能力选择资产。

3. 交易高效

以最小的成本得到预期的资产。只需在交易成功后支付手续费,无会员费、担保费等其他费用。由卖方负责投标和提供应收账款,保理交易平台负责收集应收账款并提供给各类投资者。在平台上竞价只需短短几分钟,竞价成功第二天进行资产转让。

一、保理交易平台

美国保理交易平台通过使用电子商务使应收账款融资更高效。通过与纽约证券交易所(New York Stock Exchange,NYSE以下简称纽交所)对接,获得多样化的流动性资金来源,使保理平台能够与大型应收账款卖方对接,其中包括银行、私人机构和基金管理公司等。

在保理平台上的销售构成应收账款的"真实销售",进而可以优化卖方资产负债表和对买方产生有吸引力的风险调整回报。

纽交所和保理平台的合作已有多年,共同致力于将保理平台定位为服务私营企业和国营企业的平台。迄今为止,纽交所已经通过保理平台交易超过40亿美元的应收账款。

二、保理交易平台销售应收账款的优势

(一)有效地销售应收账款

保理平台不仅具有传统应收账款销售的优势,而且具有电子交易的高效性。保理平台的卖方具有如下优势:

(1) 通过标准化的平台减少法律和组织成本。
(2) 设置定价参数和拍卖期限。
(3) 根据需求灵活交易,且无会员费和手续费。

(二) 流动性管理

以有竞争力的价格降低运营成本:
(1) 通过竞争拍卖降低资金成本。
(2) 通过银行和其他融资机构的融资分销渠道,使资金来源多样化。
(3) 将应收账款周转天数减少到两天,缩短资金的周转周期。

(三) 资产负债表管理

强化资产负债表中的资产组合:
(1) 基于应收账款"真实出售",实现非杠杆性的表外融资。
(2) 非生产性资产货币化,消除信贷成本和执行成本。
(3) 改进财务业绩指标(例如,资产收益率、净资产收益率等)和整体现金头寸。

(四) 风险管理

(1) 通过对应收账款进行"真实销售",减少应收账款债权人的信用风险敞口。
(2) 在不损失销售量的前提下,实现内部或外部强加的集中度限制。
(3) 通过买家池来降低单一买家的风险。

三、保理交易平台与其他资金来源流动性比较

与其他资金来源相比,保理交易平台募集资金的启动成本最小,对交易量没有要求,保理交易平台能与企业自身流动性工具兼容,并按需求使用,如表 9-4-1 所示。

表 9-4-1 保理平台与企业流动性工具兼容

各项要素	保理平台	应收账款的证券化	直接的应收账款销售	商业票据	银行循环授信
复杂度和组织成本	低	高	中等	中等	低
拍卖基础定价	能	不能	不能	不能	不能
出表/真实销售	可以	不大可能	不可以	不可以	不可以

(续表)

各项要素	保理平台	应收账款的证券化	直接的应收账款销售	商业票据	银行循环授信
追索权	有限	有限	有限	有	有
账期小于90天	是	是	是	是	是
交易债务或闲置费	没有	有	没有	有	有

四、保理交易平台应收账款销售

美国保理交易平台中拥有大量公开的私人贸易类应收账款,大量受市场协议监管的机构买家通过保理交易平台进行应收账款的交易,如图9-4-1所示。

保理交易平台自动匹配买卖双方,在遵守市场规则下,集中对现金和交易清算进行管理;平台中交易的应收账款涵盖多种信用等级,且无对资产集中度的限制;现金交割一般在发票寄出的2天后进行,交割价值为票面价值减去折扣和费用。

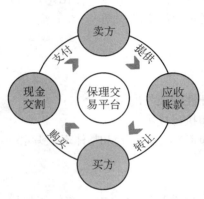

图9-4-1 保理交易平台应收账款销售

保理交易平台上的资产卖家要么公开发行股票,年收入超过10亿美元;要么有过债项评级。保理交易平台上的资产买家有银行、财富管理公司和其他金融机构等。

五、保理交易平台应收账款汇款

保理交易平台作为出售应收账款的管理方,收到债务人支付应收账款的付款,并将款项分配给买方。

保理交易平台负责收集、分配应收账款款项,对银行的托管账户中的现金进行管理,并提供客制化的报表。由图9-4-2可见:

(1)卖方负责对销售的应收账款的账户和账单进行管理。

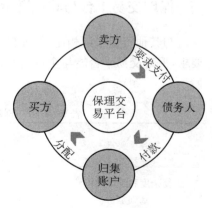

图9-4-2 保理交易平台应收账款汇款

(2) 在应收账款转让时,应收账款转让的事实不需通知债务人;在支付应收账款时,债务人按照票面价值支付账款。

(3) 债务人支付的应收账款汇款至保理交易平台的匿名归集账户。

(4) 买方在应收账款清偿日当天收到资金。

六、保理交易平台注册流程

保理交易平台的安装与注册都是一次性的。卖方注册仅需3个步骤,通常审批完成时间不超过1个月,如图9-4-3所示。

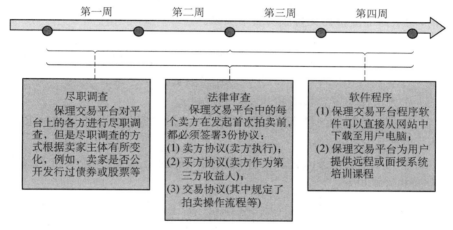

图9-4-3 保理交易平台注册流程

七、美国保理交易平台拍卖条款

(一) 平台中应收账款拍卖准入要求

(1) 每次拍卖的应收账款总额需超过 50 000 美元。

(2) 不同债务人的应收账款有可能会被拆分到不同批次拍卖。

(3) 买家可以按需求购买被拍卖的应收账款。

1. 拍卖定价策略

(1) 应收账款的销售是折价销售,即买家并非平价购买应收账款。

(2) 平台采用利率招标模式,买方通过年化利率进行投标。

2. 拍卖期限

(1) 拍卖通常在报价结束后的 24~28 小时,若卖方接受中标者的年化利率,拍卖结束。

(2) 当发生以下触发事件,拍卖提前结束:卖方提前设置的"立刻购买"的价格,买方出价(Bid)时价格刚好在此价格上;或,卖方选择接受最高的竞拍价格,拍卖立刻结束。

3. 预付款计算方法

出售的应收账款价值等于票面价格减去买方折扣、保证金和保理交易平台手续费。

(1) 买方折扣取决于应收账款购买账期,其计算方法为拍卖结束时间到加权平均后的计划应收账款付款日。

(2) 如果应收账款的付款延迟,保证金价值应满足支付给买家最高20天的贴现值;剩余保证金将在支付成功后给卖家。

4. 应收账款后期管理

(1) 拍卖结束后,竞标成功的买方需将资金转入保理交易平台的归集账户,保理交易平台将在第二个工作日(T+1)划拨给卖方。

(2) 卖方可保留资金募集和开发票的权利。

(3) 应收账款转让的事实不需通知债务人,拍卖应收账款的买方无需联系债务人。

(4) 应收账款的债务人付款至保理交易平台的归集账户(或卖方与保理交易平台的共管账户)。

5. 财务报表

(1) 保理交易平台签署《美国商保理交易平台法典》(*Uniform Commercial Code-1*,UCC-1协议),完善应收账款拍卖。

(2) 保理交易平台拍卖流程为保证应收账款的销售真实发生。

6. 有限追索权

若发生以下触发事件,卖方必须回购应收账款:

(1) 应收账款出现争议,即卖方没有在规定付款日后的60天内付款(债务人破产和保理交易平台定义的信用事件除外)。

(2) 卖方违反签署协议的声明与保证。

(3) 贷记调整。

(二) 美国保理交易平台拍卖实务

拍卖所需要的时间安排及明细可简要概括至表9-4-2中。拍卖过程包括销售过程,至少需要2天时间。

表 9 - 4 - 2　美国保理交易平台拍卖情况

时间	拍卖	参数设置
1 天	卖方发布应收账款，将其细节输入交易平台软件	总额：$1 000 000　　　发行日：今天 债务人：不限　　　　到期日：T+30 预期支付日：T+45
	卖方设定拍卖限制，包括价格。价格应该以票面价值的年化折扣率来表示	竞标的最后日期：明天 最低价格：L+150 bps "马上就买"的价格：L+100 bps
	卖方发起拍卖和开始招标。竞价内容包括：(1)折扣率；(2)竞标者将会购买的票面金额的比例	Bid 1：以 1.45% 的折扣率购买 100% 的票面； Bid 2：以 1.40% 的折扣率购买 100% 的票面； Bid 3：以 1.20% 的折扣率购买 50% 的票面
2 天	竞标结束，应收账款被分配到竞标成功的竞标者手中	Bid 3：以 1.30% 的折扣率购买 $500 000； Bid 2：以 1.40% 的折扣率购买 $500 000。 加权折扣率是 1.35%，相当于日折扣率是 0.003 75%。提前付款 44 天（从今天起到预期支付日）的总折现为 $1 650
3 天	卖方收到的资金等于票面金额减去：(1)买方折扣；(2)保证金，用来保护买方抵御有限的风险	票面金额：$1 000 000； 买方折扣：($1 650)； 保证金*：(20 天的折扣费)($750)； 卖方所得(2)**：$997 600

* 具体时间根据卖方选择有所变化；** 不包括平台手续费。

第五节　中美应收账款管理系统的差异

我们从 3 个层面来分析中国应收账款管理系统和美国应收账款交易平台的差异，分别是系统本身、系统功能、以及所管理的资产。

首先，中美应收账款管理系统本身的体系结构、开发背景、所涉及的法律条款，以及系统用户是不同的。

在结构方面，中国应收账款管理系统目前更偏重于内部管理系统，目前市场上已存在的保理云实质上是通过云平台给保理商使用的内部管理系统，通常使用浏览器/服务器（Browser/Server，B/S）结构。而美国应收账款管理系统更偏重于交易平台，其更类似于资产交易平台，用户须下载客户端使用。

美国应收账款交易平台作为一个电子交易平台，应收账款的债权人（简称卖方）可以进入平台来出售应收账款的收益权，潜在的应收账款买方（简称买方）也进入该平台,从而在平台上实现应收账款的买卖。

中国应收账款管理系统则更专业化地将对应收账款的管理转变为线上系统管理。

在开发背景方面,目前,专业的软件开发商根据自身对保理业务的需求分析,研发应收账款管理系统,银行或保理商根据自身需求进行采购或自主研发。开发方式根据不同需求而异,开发成本也不同。美国应收账款交易平台是由应收账款交易市场 TRE(The Receivables Exchange, LLC 的简称)开发的,并且通过与业界公司进行合作来降低平台交易风险。例如,通过 Ariba(是一家提供支出管理解决方案的 IT 服务公司)网络进入 TRE 平台的卖家就能保证财务报告可靠(经核查或审计)和账单的真实性。TRE 是美国最大的 P2P 应收账款交易市场,其在路易斯安那州注册经营,总部位于新奥尔良,用户在平台上的行为受该州法律监管,其他地区的用户参与平台交易则需符合自身所在地的法律。

在所涉及的法律条款方面,我国的应收账款管理系统可以参考保理业务相关法律。与国际间保理法律规范相对照,目前我国仅有《民法通则》及《合同法》在法律层面对债权转让有为数不多的原则性条款。在法律适用上,应依照合同法第一百二十四条关于无名合同的规定,首先适用《中华人民共和国合同法》(简称《合同法》)总则的规定,对债权转让、合同效力、合同履约及违约进行判断。美国的应收账款交易平台除了上述提到的,用户除受到所在地法律的约束外,还参照《统一商法典》(Uniform Commercial Code,简称 UCC)。

在系统用户方面,我国应收账款管理系统目标用户为企业、资产管理方(保理商、应收账款基础交易的买卖双方等)、资金方等。美国应收账款管理系统的目标用户主要为应收账款的买卖双方。

美国应收账款交易平台一般使用会员制,对进入平台的潜在卖方有资格要求,资格要求包括卖方具有公开发行股票、债券、年收入超过 10 亿美元等。应收账款的卖方要申请才能进入平台。该申请过程通常分为 3 步:

(1) 首先,平台要对潜在的卖方进行一定的尽职调查,调查形式因不同行业、不同性质的公司而异;

(2) 每一个应收账款的卖方在登记注册的过程中要签署 3 个法律协议:①公司卖方协议;②公司买方协议;③交易规则和章程;

(3) 通过审核后的卖方需要在平台的网页下下载相关的操作软件,卖方提交的申请通过审核后,平台会给卖方提供关于软件的系统培训,该培训可能是远程的,也可能是上门的培训。

另外,中美应收账款管理系统功能的产品设计思路、功能需求、系统流程、系统开放性,以及服务方式上也有很大差异。

在产品设计思路上,中国应收账款管理系统聚焦应收账款的管理,包括客户筛选基础交易、风险控制、供应链融资等,以及应收账款融资所涉及的业务流程和融资还款等。美国应收账款交易平台则侧重于应收账款交易。

在功能需求方面,中国应收账款管理系统更偏向于操作集中、管理集中的架构,模块划分清晰完整。中国应收账款管理系统大体上分为资产管理模块、系统管理模块和接口模块。资产管理模块包含客户筛选管理、风险及信用管理、融资管理,以及供应链服务管理等功能。系统管理模块包含用户管理、权限管理、日期管理,以及安全管理等功能。接口模块则是指同网银系统、EDI系统、风险控制系统、其他业务核心系统对接。美国应收账款交易平台作为互联网平台,除了前台客户端,还需要后台管理系统。在功能上,美国应收账款交易平台还须具备债权匹配、拍卖竞价等功能。

在系统开放性上,中国应收账款管理系统通常和财务系统、ERP系统、CRM系统等对接。美国应收账款交易平台可以和纽交所对接。中国应收账款管理系统开放性更高。

在服务方式上,中国应收账款管理系统大多为本地化服务,美国应收账款交易平台为互联网平台。

最后,对于平台的资产管理上的资产定价机制和所适用的应收账款同样也有差异。

在资产定价机制上,中国应收账款管理系统的资产定价更侧重于对资产资质的评估,从客户财务面和经营面、信用风险评估等角度。美国应收账款交易平台的资产定价机制则是通过买方竞价确定的。

对于所使用的应收账款,中国应收账款管理系统所适用的应收账款范围更广,基本上可以覆盖所有种类的应收账款,包括贸易类应收账款、未来应收账款等。美国应收账款交易平台主要为贸易类应收账款。中国应收账款管理系统可适用于短期或长期应收账款。美国应收账款交易平台上所交易的应收账款大多账期小于90天。

第六节 类金融资产管理系统介绍

目前,许多中小企业由于其自身特征,具有偿债能力弱、融资规模较小、财务规范性差、缺乏完善的公司治理机制等问题,向银行获取发展资金是比较困难的,因为银行要控制风险。所以,中小企业融资一般通过类金融机构来获取资金以求发展。类金融机构包括商业保理公司、融资租赁公司、小额贷款公司、融资担保公司、典当行,以及各类互联网金融企业。

近年来,随着类金融服务业务的不断发展,类金融机构对资产管理系统的需求也不断增加,下面将对类金融资产管理系统的功能需求和设计方案进行了分析。

一、类金融服务功能需求对比

如表9-6-1所示。

表9-6-1 类金融服务功能需求对比

模块	商业保理	融资租赁	小额贷款	融资担保	企业典当
贷前管理	客户申请	租赁申请	客户申请	客户申请	客户申请
	授信申请	授信申请	授信申请	担保申请	当物风险检查
	授信调查	授信调查	授信调查	担保调查	当物评估
	信用评级	承租人信用评级	信用评级	信用评级	信用评级
	额度申请	额度申请	额度申请		
基础资料	客户管理(卖方/买方/担保方)	客户管理	客户管理	客户管理(企业/个人)	客户管理(企业/个人)
	客户财务信息	客户财务信息	客户财务信息	客户财务信息	客户财务信息
	额度核准	供货方管理	额度核准		当物管理
	交易关系	生产商管理			
		额度核准			
		交易关系			
业务管理	业务方案	业务方案	业务方案	业务方案	业务方案
	合同管理	合同管理	资信评估	担保合同管理	合同管理
	应收账款池管理	资产评估	风险评估	担保业务管理	典当业务管理
	额度管理	保证金管理	征信信息管理	反担保措施管理	赎当管理
	单证管理		担保措施控制	资信评估	续当管理
	中国人民银行登记		额度管理		在当管理
			保证金管理		
			中国人民银行登记		

(续表)

模块	商业保理	融资租赁	小额贷款	融资担保	企业典当
贷中管理	账款管理	放款管理	账款管理	担保费管理	账款管理
	放款管理	还款计划表	放款管理	还款计划表	放款管理
	还款计划表	回款冲销	还款计划表		还款计划表
	回款冲销	费用管理	回款冲销		回款冲销
	费用管理		费用管理		费用管理
贷后管理	台账	台账	台账	台账	台账
	贷后管理	租后管理	抵质押物管理	保后管理	报表管理
	报表管理	报表管理	报表管理	报表管理	当票挂失管理
	抵质押物管理	租赁物管理	合同变更	合同变更	当物管理
	合同变更	抵质押物管理	费用调整	费用调整	抵质押物管理
	费用调整	合同变更	预警管理	预警管理	合同变更
	预警管理	费用调整			费用调整
		预警管理			预警管理
权限管理	权限管理、个人信息、运行环境、产品配置等				

二、类金融服务功能方案分析

保理业务是一项以债权人转让其应收账款为前提，集融资、应收账款催收、管理及坏账担保于一体的综合性金融服务。因此，其贷前审查中除了对融资申请的资质会进行审核外，更多会关注买卖双方交易的真实性。在系统架构中需要加入单证管理，包括发票、出库单、入库单、合同等交易单证。与其他融资形式不同的是，保理放款需要基于已受让的应收账款金额乘以融资比例，所以放款金额除了受限于额度外，还受限于应收账款。

融资租赁的违约风险主要是承租人违约以及租赁物风险。所以，融资租赁贷前管理除了对承租人进行资信评估外，还需对租赁标的物的取回时的法律风险，以及出售时的变现风险进行分析。通常，在开展实际业务过程中，如果面临租赁物无法取回的现状，租赁公司通常会采取增加抵质押担保来降低风险。所以，在系统架构中需要加入租赁物管理、抵质押物管理等内容。目前，市场上大部分的融资租赁形式为售后回租，交易关系中主要涉及承租企业和租赁公司。

对于一些设备供应商体系下设置的融资租赁公司,在融资租赁的过程中是由供应商直接交付租赁物给承租人,所以交易关系中除了承租人和租赁公司之外,还有供应商。

小额贷款的目标客户分为个人客户和企业客户,分别有不同的资料要求和查核要点。在客户管理时需设置个人客户管理和企业客户管理。针对抵押贷款业务,系统需要抵押品管理功能。

典当业务的运作模式是当户把自己具有一定价值的财产交付典当机构作为债权担保,从而换取一定数额的资金使用。当期届满,典当公司通常有两种盈利渠道,一是当户赎当,收取当金利息和其他费用盈利;二是当户死当后处置当物用于弥补损失并盈利。除了融资服务功能外,当物保管和商品交易也是典当公司的职能,此外,还具有当物鉴定、评估等服务功能。针对典当业务,系统需具有当物管理等功能。

融资担保业务同以上4种业务模式不同,其主要收入来源是担保手续费,在贷中管理模块的功能方面同其他几种业务模式有很大区别。

总体来说,系统需具备贷前管理、基础资料、业务管理、贷中管理、贷后管理以及权限管理6个模块,以兼容上述5种类金融服务业务。

(1) 贷前管理模块主要为客户申请、授信申请、信用评级以及额度申请等,授信调查要点根据各个不同业务设置,针对典当业务还须设置相应的当物评估等功能。

(2) 基础资料模块主要是各类基础信息管理,包括客户管理、财务信息、交易关系、额度核准等,针对不同业务可以设置不同的参与方管理。对于融资租赁业务来说,所涉及的参与方较多,可分别设置供货方、生产商等管理。对于小额贷款业务和典当业务来说,须设置个人客户管理。

(3) 业务管理模块的功能设置是根据各类金融业务客制化而定,并不统一。例如,针对保理,需要有单证管理和应收账款池管理等;针对融资担保,需要有担保业务管理和反担保措施管理等;针对典当业务,需要有赎当、续当、在当等管理。

(4) 贷中管理模块的功能设置除了融资担保主要收入来源是担保费管理外,其他业务均涉及放款和回款流程。

(5) 贷后管理模块的功能对于各业务模式大致相同,可根据特定业务模式增加特定的功能。

(6) 权限管理主要为权限管理、个人信息、运行环境、产品配置等。

第十章
应收账款管理和资产证券化的创新趋势

第一节 应收账款管理的创新趋势

1. 应收账款信息化管理技术将更加全面

自 2000 年以来,国内信息系统发展迅速。其中,各家银行以核心系统为基础,开发出一系列围绕核心系统、支撑各类业务发展的业务管理及风险管理系统。其他金融机构也针对不同的业务需要,开发出各种业务管理系统,金融大数据方面也是百家争艳。不过在内部控制领域,国内金融机构大多仍停留在传统的线下风险管理阶段,例如前、中、后台的检查大多仍通过手工方式进行,尽职调查也多以手工核对、现场检查方式为主。因此,风险控制效果不佳、尽职调查难度大等问题一直存在。完善的信息化系统及充分的自动化控制体系将有助于改善这些情况。

所谓"应收账款信息化管理"主要包含两个层面:一是基于应收账款业务流程中控制活动的梳理,提炼和设计出可在系统中线上操作的流程,将提出的应收账款管理需求注入到正在开发的系统中,并且对开发完成的系统进行测试及上线后的再评估,最终在系统中实现相关应用系统的自动化控制过程。二是通过信息系统将庞大、繁杂的应收账款管理工作通过系统流程进行管理。未来应收账款管理的发展方向是大幅提升企业业务流程的整体内控信息化比率,实现主要应收账款管理工作围绕信息系统来开展,让信息系统在服务于业务支撑的同时也能够起到应收账款管理的作用,从而全面提升企业的应收账款管理水平。

2. 应收账款资产交易平台将得到推广

在海外,便捷高效的电子商务已经对接了应收账款资产交易平台。例如,在美国,应收账款电子化交易平台已通过纽约证券交易所(New York Stock Exchange,NYSE)与众多的应收账款卖方公司相联系,获得大量多样化的流动性资金的来源,包括银行、家族基金和基金管理公司。通过应收账款交易平台形成应收账款的"真实销售",既可以让卖方实现流动性管理、资产负债管理和风险管理,又可以形成对买方有吸引力的风险回报率。美国应收账款管理系统更偏重于交易平台,其更类似于资产交易平台。

中国应收账款管理系统则更多是将应收账款管理转化为线上系统管理。在功能需求方面,中国应收账款管理系统更偏向于操作集中、管理集中的架构,模块划分清晰完整。未来,国内应收账款管理系统的交易功能将会得到更多开发和应用。

3. 互联网金融将引起传统应收账款管理方式的变革

互联网金融是指借助互联网思维和技术实现资金融通等职能的新金融模

式,主要以大数据、云计算、移动互联网或搜索引擎等作为基础。互联网金融也通过引入风控、上市等实现价值变现,已形成信息到账户的全产业链平台。随着互联网金融产品不断衍生,互联网银行、供应链金融以及其他金融中介服务方式也在不断出现,应收账款融资也不断渗透到互联网金融平台。

在目前社会分工以及市场经济进程中,处于产业链末端的中小企业很多持有大量的应收账款。如果这些账款可以通过互联网金融平台进行顺利融资,就可以实践李克强总理提出的"普惠金融"思想。数据征信是内核,有利于提升核心竞争力,大数据征信是促进"互联网+应收账款"发展的航母。就国内目前而言,已经有专注于应收账款领域的互联网金融平台,但数量不多,而且基于综合国情,也无法完全照搬国外平台的模式。国内平台做法多是优选好的应收账款项目,然后打包拆分成一般的互联网理财项目,供投资者选择。预计未来随着互联网金融的进一步发展,应收账款管理也将借助大数据征信等实现颠覆式的变革。

4. 应收账款管理能力的分化将导致行业整合

以应收账款作为基础资产的商业保理资产债权在 2015 年首次受到了公开市场的认可,但市场的普遍接受度还不高。究其原因,主要是商业保理行业发展时间较短,大股东背景整体较弱,应收账款资产的买方(核心企业)资质整体也不高,行业内存在大量的非保理性质的融资方式。因此,市场机构投资者对保理资产证券化产品的出现普遍持观望的态度。

从信用风险角度出发,应收账款管理应穿透基础资产背后的交易和贸易背景,但有的基础资产法律关系不是很清晰,买方确权有些也不是很清晰,增信措施不是很强,这对应收账款管理能力提出了很高要求。目前在行业内,商业保理公司的应收账款管理能力参差不齐,影响到整个行业的均衡发展。

未来保理行业要得到金融市场和机构投资者的高度认可,必须要从行业监管、税收制度、行业生态圈建设和投资者内部评价体系等方面进行提升,以提高商业保理行业的整体运营和管理能力。而有效方式就是让有能力的优秀商业保理公司,通过并购重组或行业联盟等方式,对行业进行有效整合。

第二节 资产证券化的创新趋势

1. 资产证券化产品呈现批量模式化发展之势

批量模式化 ABS 业务的基本模式为:对于同质化程度较高的基础资产,银行等金融机构可以作为原始权益人代理人和资产服务机构,批量化形成债权资产并通过资产证券化实现退出。典型案例为"民生银行安驰 1~10 号汇富资产支持专项计划",发行总规模不超过200亿元,为全国首例可批量交易的模式化、标准化证券化产品。本项目在后续发行中,基本上可以做到在1周内完成资产的组织和证券的销售、发行,可以组织全国范围内的不确定多数原始权益人的基础资产发行证券化产品,基础资产涵盖了国内信用证开证行确认付款的应收账款、银行付款保函担保的应收账款、银行提供买方信用风险担保保理服务的应收账款3种类型。

批量模式化交易将成为中国资产证券化市场的下一步重要发展趋势,有利于形成规模化、可复制的大类基础资产类型。一方面,资产证券化管理人(承销商)可以与商业银行加大合作力度,将银行体系比较优质的大类基础资产(如表内消费贷款、信托受益权,表外应收账款、票据、保理债权等)通过资产证券化进行盘活,开拓"交易银行"轻资产模式;另一方面,"互联网银行"模式也可以得到推广应用,这种模式是指将互联网大数据与资产证券化有机结合的创新借贷模式,即母公司以数据驱动,下设消费金融公司,通过出售ABS提高消费金融公司的资产周转率,并且持续获得利差。

2. 动态资产池、动态产品结构将成为下一步重要创新方向

从国外应收账款证券化市场发展情况来看,动态资产池、动态产品结构已成为重要特征。中国应收账款证券化市场目前呈现出静态资产池、单一维度产品结构、主动管理不是太强的特点,因此,一方面难以满足原始权益人或投资者多样化的投融资需求,另一方面在被动管理情况下很难成为规模化大类基础资产。动态资产池、动态产品结构将成为中国应收账款证券化市场下一步重要创新方向。

动态资产池是指循环资产或循环结构。"循环资产"是指进入资产池的资产是循环的资产(即允许借款人循环使用贷款额度,在额度内多次偿还贷款和重新提款的债务,典型例子如信用卡、浮动抵押等);"循环结构"是指资产证券化的架构方式是循环的方式(即允许将新资产持续地出售给SPV),循环结构可用于循环资产和非循环资产的证券化。

动态产品结构是指开放期设置、主信托结构等。开放期设置是指在产品存续期间设置一些开放时点,对基础资产和投资者的退出与加入进行动态化管理;主信托结构是指产品发行时只设置一个信托,之下可以支持不同批次、不同性质的证券,投资人/受益人随着证券的发行是分批次加进去的,能够提高发行效率并降低交易成本。

3. 非银机构投资者参与深度将进一步提升

根据中央国债登记结算公司证券化研究组发布的《2015年资产证券化发展报告》,截至2015年末,在中央结算公司托管的信贷资产证券化产品中,银行类

投资者持有其中58.49%的份额,非银金融机构投资者持有41.44%,非金融机构及境外机构投资者合计持有0.07%。非银机构投资者持有比例在逐步提高,这是一个可喜现象。券商资管计划、信托计划、基金资管产品的增持不仅仅是由于市场上高收益产品的短缺,更是ABS产品愈来愈受到投资者青睐的表现。但另一方面,在基金类投资者中,商业银行理财产品占近44%的比例,当前银行理财尚未打破刚兑,若发生信用事件难免会由银行进行兜底,这样看来若ABS产品出现兑付问题,则银行系统整体面临的风险仍不低。下一步应继续鼓励更多类型的非银机构投资者参与进来,并注重培育和提高投资者的风险管理能力,同时继续开展产品创新,促使供给侧和需求端的有效匹配,带动一二级市场共同发展。

4. 证券化产品的二级市场将得到发展

资产证券化二级市场的发展尤其是产品流动性的提升,对于一级市场的发展至关重要,直接影响到一级市场的发行成本和参与机构的热情。目前,我国资产证券化二级市场的交易活跃度不高,需要采取完善质押回购交易机制、引入和推动做市商制度、让银行间与交易所互联互通、建立科学有效的收益率曲线等措施以提升市场流动性。

据中债登统计,2014年和2015年,我国信贷资产证券化产品的现券成交量分别为20.93亿元人民币和394.29亿元人民币,质押式回购交易量分别为156.27亿元人民币和769.31亿元人民币,2015年成交量(现券交易+质押式回购)相比2014年同比增长557%,占期初和期末平均存量规模的比例为29.14%(2014年这一比例为12.39%),二级市场的交易活跃度同比有较大提升。据Wind资讯统计,2014年和2015年,我国企业资产证券化产品的现券成交分别为85.29亿元人民币和360.52亿元人民币,成交量占期初和期末平均存量规模的比例分别为31.52%和28.47%。随着我国资产证券化市场容量的持续扩大、交易机制的不断完善,资产证券化二级市场将得到进一步发展,证券化产品的流动性也有望获得进一步提升。

5. 跨境ABS产品有望出现

自2013年成立以来,上海自贸区出台了一系列改革开放措施,建立了以负面清单管理为核心的投资管理制度,并确立了以资本项目可兑换和金融服务业开放为目标的金融创新制度,这为跨境资产证券化的探索发行提供了政策条件。2015年6月,在"清华五道口金融家大讲堂:中国资产证券化论坛"上,资产证券化业务的监管部门中国人民银行、银监会、证监会的相关人员均对在上海自贸区试点进行跨境ABS业务持支持态度。

在上海自贸区发行ABS产品能够拓宽离岸人民币的投资渠道,深化人民币国际化,也能够通过丰富金融产品类型吸引更多的投资者进入自贸区。跨境ABS产品是以自贸区内外的境内资产作为基础资产,采用境内日渐成熟的产品设计结构,在自贸区内发行的以人民币计价的证券化产品,区内的境内外投资者通过在自贸区开立的自贸账户(Free Trade Account,FTA)账户进行投资交易。

但是,由于跨境业务本身存在制度不对称的问题,目前在自贸区发行ABS产品面临一些障碍,比如,境外投资者不易对境内基础资产进行定价,发生违约时抵押物如何处置,自贸区内二级市场尚未建立,以及境内市场现存的产品标准化程度低、信息披露格式和平台不统一等问题,都会影响跨境ABS的发行和投资者的参与积极性。

因此,跨境ABS产品在上海自贸区进行试点有重要意义,但需要解决一些制度性问题,相信随着跨境业务制度的进一步完善,跨境ABS产品不久将完成试点发行。

附件 A 相关文件

附件 1 《应收账款质押登记管理办法》

(中国人民银行令,〔2007〕第 4 号)

第一条 为规范应收账款质押登记,保护质押当事人和利害关系人的合法权益,根据《中华人民共和国物权法》,制定本办法。

第二条 中国人民银行征信中心(以下简称征信中心)是应收账款质押的登记机构。

征信中心建立应收账款质押登记公示系统(以下简称登记公示系统),办理应收账款质押登记,并为社会公众提供查询服务。

第三条 中国人民银行对征信中心办理应收账款质押登记有关活动进行管理。

第四条 本办法所称的应收账款是指权利人因提供一定的货物、服务或设施而获得的要求义务人付款的权利,包括现有的和未来的金钱债权及其产生的收益,但不包括因票据或其他有价证券而产生的付款请求权。

本办法所称的应收账款包括下列权利:

(一)销售产生的债权,包括销售货物,供应水、电、气、暖,知识产权的许可使用等;

(二)出租产生的债权,包括出租动产或不动产;

(三)提供服务产生的债权;

(四)公路、桥梁、隧道、渡口等不动产收费权;

(五)提供贷款或其他信用产生的债权。

第五条 在同一应收账款上设立多个质权的,质权人按照登记的先后顺序行使质权。

第六条 应收账款质押登记通过登记公示系统办理。

第七条 应收账款质押登记由质权人办理。

质权人也可以委托他人办理登记。委托他人办理登记的,适用本办法关于质权人办理登记的规定。

第八条 质权人办理质押登记前应与出质人签订协议。协议应载明如下内容：

（一）质权人与出质人已签订质押合同；

（二）由质权人办理质押登记。

第九条 质权人办理应收账款质押登记时，应注册为登记公示系统的用户。

第十条 登记内容包括质权人和出质人的基本信息、应收账款的描述、登记期限。质权人应将本办法第八条规定的协议作为登记附件提交登记公示系统。

出质人或质权人为单位的，应填写单位的法定注册名称、注册地址、法定代表人或负责人姓名、组织机构代码或金融机构代码、工商注册码等。

出质人或质权人为个人的，应填写有效身份证件号码、有效身份证件载明的地址等信息。

质权人可以与出质人约定将主债权金额等项目作为登记内容。

第十一条 质权人应将填写完毕的登记内容提交登记公示系统。登记公示系统记录提交时间并分配登记编号，生成应收账款质押登记初始登记证明和修改码提供给质权人。

第十二条 质权人自行确定登记期限，登记期限以年计算，最长不得超过5年。登记期限届满，质押登记失效。

第十三条 在登记期限届满前90日内，质权人可以申请展期。

质权人可以多次展期，每次展期期限不得超过5年。

第十四条 登记内容存在遗漏、错误等情形或登记内容发生变化的，质权人应当办理变更登记。

质权人在原质押登记中增加新的应收账款出质的，新增加的部分视为新的质押登记，登记时间为质权人填写新的应收账款并提交登记公示系统的时间。

第十五条 质权人办理登记时所填写的出质人法定注册名称或有效身份证件号码变更的，质权人应当在变更之日起4个月内办理变更登记。未办理变更登记的，质押登记失效。

第十六条 质权人办理展期、变更登记的，应当提交与出质人就展期、变更事项达成的协议。

第十七条 有下列情形之一的，质权人应自该情形产生之日起10个工作日内办理注销登记：

（一）主债权消灭；

（二）质权实现；

（三）质权人放弃登记载明的应收账款之上的全部质权；

（四）其他导致所登记质权消灭的情形。

第十八条　质权人凭修改码办理展期、变更登记、注销登记。

第十九条　出质人或其他利害关系人认为登记内容错误的,可以要求质权人变更登记或注销登记。质权人不同意变更或注销的,出质人或其他利害关系人可以办理异议登记。

办理异议登记的出质人或其他利害关系人可以自行注销异议登记。

第二十条　出质人或其他利害关系人应在异议登记办理完毕的同时通知质权人。

第二十一条　出质人或其他利害关系人自异议登记之日起 15 日内不起诉的,征信中心撤销异议登记。

第二十二条　征信中心应按照出质人或其他利害关系人、质权人的要求,根据生效的法院判决或裁定撤销应收账款质押登记或异议登记。

第二十三条　质权人办理变更登记和注销登记、出质人或其他利害关系人办理异议登记后,登记公示系统记录登记时间、分配登记编号,并生成变更登记、注销登记或异议登记证明。

第二十四条　质权人、出质人和其他利害关系人应当按照登记公示系统提示项目如实登记。

质权人、出质人提供虚假材料办理登记,给他人造成损害的,应当承担相应的法律责任。

第二十五条　任何单位和个人均可以在注册为登记公示系统的用户后,查询应收账款质押登记信息。

第二十六条　出质人为单位的,查询人以出质人完整、准确的法定注册名称进行查询。

出质人为个人的,查询人以出质人的身份证件号码进行查询。

第二十七条　征信中心根据查询人的申请,提供查询证明。

第二十八条　质权人、出质人或其他利害关系人、查询人可以通过证明编号在登记公示系统对登记证明和查询证明进行验证。

第二十九条　征信中心应当采取必要的措施,维护登记公示系统安全、正常运行。

征信中心因不可抗力不能办理登记或提供查询服务的,不承担法律责任。

第三十条　征信中心应当制定质押登记操作规则和内部管理制度,并报中国人民银行备案。

第三十一条　登记注销或登记期限届满后,征信中心应当对登记记录进行保存,保存期限为 15 年。

附件2 财务分析的基本指标和计算公式

一、盈利能力分析

1. 销售净利率＝（净利润÷销售收入）×100%；该比率越大，企业的盈利能力越强。

2. 资产净利率＝（净利润÷总资产）×100%；该比率越大，企业的盈利能力越强。

3. 权益净利率＝（净利润÷股东权益）×100%；该比率越大，企业的盈利能力越强。

4. 总资产报酬率＝（利润总额＋利息支出）/平均资产总额×100%；该比率越大，企业的盈利能力越强。

5. 营业利润率＝（营业利润÷营业收入）×100%；该比率越大，企业的盈利能力越强。

6. 成本费用利润率＝（利润总额÷成本费用总额）×100%；该比率越大，企业的经营效益越高。

二、盈利质量分析

1. 资产现金回收率＝（经营活动现金净流量÷平均资产总额）×100%；与行业平均水平相比进行分析。

2. 盈利现金比率＝（经营现金净流量÷净利润）×100%；该比率越大，企业盈利质量越强，其值一般应大于1。

3. 销售收现比率＝（销售商品或提供劳务收到的现金÷主营业务收入净额）×100%；数值越大表明销售收现能力越强，销售质量越高。

三、偿债能力分析

1. 净运营资本＝流动资产－流动负债＝长期资本－长期资产；对比企业连续多期的值，进行比较分析。

2. 流动比率＝流动资产÷流动负债；与行业平均水平相比进行分析。

3. 速动比率＝速动资产÷流动负债；与行业平均水平相比进行分析。

4. 现金比率＝（货币资金＋交易性金融资产）÷流动负债；与行业平均水平

相比进行分析。

5. 现金流量比率＝经营活动现金流量÷流动负债；与行业平均水平相比进行分析。

6. 资产负债率＝（总负债÷总资产）×100％；该比值越低，企业偿债越有保证，贷款越安全。

7. 产权比率与权益乘数：产权比率＝总负债÷股东权益，权益乘数＝总资产÷股东权益；产权比率越低，企业偿债越有保证，贷款越安全。

8. 利息保障倍数＝息税前利润÷利息费用＝（净利润＋利息费用＋所得税费用）÷利息费用；利息保障倍数越大，利息支付越有保障。

9. 现金流量利息保障倍数＝经营活动现金流量÷利息费用；现金流量利息保障倍数越大，利息支付越有保障。

10. 经营现金流量债务比＝（经营活动现金流量÷债务总额）×100％；比率越高，偿还债务总额的能力越强。

四、营运能力分析

1. 账款周转率：应收账款周转次数＝销售收入÷应收账款；应收账款周转天数＝365÷（销售收入÷应收账款）；应收账款与收入比＝应收账款÷销售收入；与行业平均水平相比进行分析。

2. 存货周转率：存货周转次数＝销售收入÷存货；存货周转天数＝365÷（销售收入÷存货）；存货与收入比＝存货÷销售收入；与行业平均水平相比进行分析。

3. 流动资产周转率：流动资产周转次数＝销售收入÷流动资产；流动资产周转天数＝365÷（销售收入÷流动资产）；流动资产与收入比＝流动资产÷销售收入；与行业平均水平相比进行分析。

4. 净营运资本周转率：净营运资本周转次数＝销售收入÷净营运资本；净营运资本周转天数＝365÷（销售收入÷净营运资本）；净营运资本与收入比＝净营运资本÷销售收入；与行业平均水平相比进行分析。

5. 非流动资产周转率：非流动资产周转次数＝销售收入÷非流动资产；非流动资产周转天数＝365÷（销售收入÷非流动资产）；非流动资产与收入比＝非流动资产÷销售收入；与行业平均水平相比进行分析。

6. 总资产周转率：总资产周转次数＝销售收入÷总资产；总资产周转天数＝365÷（销售收入÷总资产）；总资产与收入比＝总资产÷销售收入；与行业平均水平相比进行分析。

五、发展能力分析

1. 股东权益增长率＝(本期股东权益增加额÷股东权益期初余额)×100％；对比企业连续多期的值，分析发展趋势。

2. 资产增长率＝(本期资产增加额÷资产期初余额)×100％；对比企业连续多期的值，分析发展趋势。

3. 销售增长率＝(本期营业收入增加额÷上期营业收入)×100％；对比企业连续多期的值，分析发展趋势。

4. 净利润增长率＝(本期净利润增加额÷上期净利润)×100％；对比企业连续多期的值，分析发展趋势。

5. 营业利润增长率＝(本期营业利润增加额÷上期营业利润)×100％；对比企业连续多期的值，分析发展趋势。

附件3 企业运营指标标准值

(2015年企业绩效评价标准值由国务院国资委财务监督与考核评价局制定)

附表3-1 2015年全国国有企业存货周转率(次)标准值

全国国有企业	优秀值	良好值	平均值	较低值	较差值
全国国有企业	17.7	11.2	4.5	1.9	0.5
工业	17	9.6	4.8	2.5	1.1
建筑业	6.3	4.6	3	1	0.3
交通运输仓储及邮政业	13.2	9	3.2	2.1	1.7
信息技术服务业	27.5	21.1	15	7.1	2.7
批发和零售贸易业	12.5	9.3	8	1.8	0.9
住宿和餐饮业	26.9	15.7	5	2.3	0.8
房地产业	5.1	1.5	0.6	0.4	0.3
社会服务业	21	12.4	2.5	0.9	0.5
传播与文化业	18.2	8.8	2	0.8	0.6
农林牧渔业	14.6	7.1	3.2	2.2	1.5

(来源:国务院国资委发布《2015年企业绩效评价标准值》)

附表3-2 2015年全国国有企业流动资产周转率(次)标准值

全国国有企业	优秀值	良好值	平均值	较低值	较差值
全国国有企业	2.8	1.7	1.3	0.8	0.4
工业	4.1	2.8	1.8	1	0.5
建筑业	2.3	1.1	0.8	0.7	0.2
交通运输仓储及邮政业	2.8	1.6	1.2	0.4	0.3
信息技术服务业	4.7	3.5	2.5	2	1.4
批发和零售贸易业	4.4	2.3	1.3	1.1	0.6
住宿和餐饮业	4	2.8	1.2	0.4	0.2
房地产业	0.8	0.6	0.4	0.3	0.2
社会服务业	4.9	2.6	1.1	0.5	0.3
传播与文化业	2.9	1.7	0.7	0.5	0.3
农林牧渔业	2.3	1.8	1	0.8	0.6

(来源:国务院国资委发布《2015年企业绩效评价标准值》)

附表 3-3　2015 年全国国有企业总资产周转率（次）标准值

全国国有企业	优秀值	良好值	平均值	较低值	较差值
全国国有企业	1.6	1	0.5	0.3	0.1
工业	1.6	1.1	0.6	0.4	0.2
建筑业	0.8	0.6	0.5	0.3	0.1
交通运输仓储及邮政业	1	0.7	0.4	0.2	0.1
信息技术服务业	1.8	1.3	1	0.7	0.5
批发和零售贸易业	2.2	1.1	0.8	0.5	0.2
住宿和餐饮业	0.9	0.5	0.4	0.2	0.1
房地产业	0.6	0.4	0.3	0.2	0.1
社会服务业	2.4	1.4	0.8	0.4	0.2
传播与文化业	1.2	0.6	0.4	0.2	0.1
农林牧渔业	1.9	1.3	0.8	0.4	0.2

（来源：国务院国资委发布《2015 年企业绩效评价标准值》）

附件4 企业盈利指标标准值

(2015年企业绩效评价标准值由国务院国资委财务监督与考核评价局制定)

附表4-1 2015年全国国有企业资本收益率(%)标准值

全国国有企业	优秀值	良好值	平均值	较低值	较差值
全国国有企业	11.6	8.3	5.5	0.7	−6.5
工业	13	9.5	6	1.3	−7.8
建筑业	24.5	16	8.5	−1.4	−5.3
交通运输仓储及邮政业	9.7	5.6	2.2	−4.6	−10.8
信息技术服务业	13.3	9	5.6	1.3	−10.9
批发和零售贸易业	14.9	10.3	6.2	2	−3.7
住宿和餐饮业	10.9	5.9	2.1	−6.1	−14
房地产业	15.8	10.3	6.5	2	−3.4
社会服务业	16	11.2	6.9	4.5	−5.2
传播与文化业	15.8	11.9	7.5	−4.5	−10.7
农林牧渔业	12.9	8	2.9	−4.6	−12.5

附表4-2 2015年全国国有企业净资产收益率(%)标准值

全国国有企业	优秀值	良好值	平均值	较低值	较差值
全国国有企业	10.4	8	5	0.5	−10.2
工业	11.7	8.4	5.7	−0.6	−9.2
建筑业	21.2	15.2	7.1	−2.3	−10
交通运输仓储及邮政业	8.7	5.1	1.6	−4.6	−10
信息技术服务业	9.9	6.5	4.5	−1.5	−9.5
批发和零售贸易业	13	8.2	4	−1.1	−8.3
住宿和餐饮业	9.6	5.3	2	−3.1	−8.7
房地产业	14.8	10	6	1.6	−3.1
社会服务业	11.8	8.5	5.8	3.2	−3
传播与文化业	14.5	10.4	6.6	−3.4	−10.3
农林牧渔业	12.8	7.4	2.6	−3.4	−9.9

附表4-3　2015年全国国有企业销售(营业)利润率(%)标准值

全国国有企业	优秀值	良好值	平均值	较低值	较差值
全国国有企业	20.7	13.7	8.5	1.3	－6
工业	20.4	14	9	1.2	－5
建筑业	8.7	7.4	5.2	3	0.6
交通运输仓储及邮政业	13.9	9	3.2	－2.3	－8
信息技术服务业	28.5	22.9	15	8.1	1.7
批发和零售贸易业	9	6.1	2.2	0.8	－3
住宿和餐饮业	50.5	40.4	28	14.7	6.1
房地产业	26.6	20.1	15	8.7	2.7
社会服务业	20.5	15.4	9.8	－2.5	－10.5
传播与文化业	52.7	34.7	23.7	11.6	－17
农林牧渔业	19.1	13.5	7.6	2.4	－4.5

附件5　中小企业划分标准

（取自国家统计局相关资料）

附表5-1　中小企业划型标准（营业收入单位为元，人民币）

行业	认定范围	类型	营业收入	从业人员	资产总额
1. 农林牧渔业	营业收入小于2亿	中型	2亿＞营业收入≥500万		
		小型	500万＞营业收入≥50万		
		微型	营业收入＜50万		
2. 工业	营业收入小于4亿或从业人员小于1 000人	中型	4亿＞营业收入≥2 000万	1 000人＞从业人员≥300人	
		小型	2 000万＞营业收入≥300万	300人＞从业人员≥20人	
		微型	营业收入＜300万	从业人员＜20人	
3. 建筑业	营业收入小于8亿或资产总额小于8亿	中型	8亿＞营业收入≥6 000万		8亿＞资产总额≥5 000万
		小型	6 000万＞营业收入≥300万		5 000万＞资产总额≥300万
		微型	营业收入＜300万		资产总额＜300万
4. 批发业	营业收入小于4亿或从业人员小于200人	中型	4亿＞营业收入≥5 000万	200人＞从业人员≥20人	
		小型	5 000万＞营业收入≥1 000万	20人＞从业人员≥5人	
		微型	营业收入＜1 000万	从业人员＜5人	
5. 零售业	营业收入小于2亿或从业人员小于300人	中型	2亿＞营业收入≥500万	300人＞从业人员≥50人	
		小型	500万＞营业收入≥100万	50人＞从业人员≥10人	
		微型	营业收入＜100万	从业人员＜10人	

(续表)

行业	认定范围	类型	营业收入	从业人员	资产总额
6. 交通运输业	营业收入小于3亿或从业人员小于1 000人	中型	3亿＞营业收入≥3 000万	1 000人＞从业人员≥300人	
		小型	3 000万＞营业收入≥200万	300人＞从业人员≥20人	
		微型	营业收入＜200万	从业人员＜20人	
7. 仓储业	营业收入小于3亿或从业人员小于200人	中型	3亿＞营业收入≥1 000万	200人＞从业人员≥100人	
		小型	1 000万＞营业收入≥100万	100人＞从业人员≥20人	
		微型	营业收入＜100万	从业人员＜20人	
8. 邮政业	营业收入小于3亿或从业人员小于1 000人	中型	3亿＞营业收入≥2 000万	1 000人＞从业人员≥300人	
		小型	2 000万＞营业收入≥100万	300人＞从业人员≥20人	
		微型	营业收入＜100万	从业人员＜20人	
9. 住宿业	营业收入小于1亿或从业人员小于300人	中型	1亿＞营业收入≥2 000万	300人＞从业人员≥100人	
		小型	2 000万＞营业收入≥100万	100人＞从业人员≥10人	
		微型	营业收入＜100万	从业人员＜10人	
10. 餐饮业	营业收入小于1亿或从业人员小于300人	中型	1亿＞营业收入≥2 000万	300人＞从业人员≥100人	
		小型	2 000万＞营业收入≥100万	100人＞从业人员≥10人	
		微型	营业收入＜100万	从业人员＜10人	
11. 信息传输业	营业收入小于10亿或从业人员小于2 000人	中型	10亿＞营业收入≥1 000万	2 000人＞从业人员≥100人	
		小型	1 000万＞营业收入≥100万	100人＞从业人员≥10人	
		微型	营业收入＜100万	从业人员＜10人	

(续表)

行业	认定范围	类型	营业收入	从业人员	资产总额
12. 软件和信息服务业	营业收入小于1亿或从业人员小于300人	中型	1亿＞营业收入≥1 000万	300人＞从业人员≥100人	
		小型	1 000万＞营业收入≥50万	100人＞从业人员≥10人	
		微型	营业收入＜50万	从业人员＜10人	
13. 房地产开发经营	营业收入小于20亿或资产总额小于1亿	中型	20亿＞营业收入≥1 000万		1亿＞资产总额≥5 000万
		小型	1 000万＞营业收入≥100万		5 000万＞资产总额≥2 000万
		微型	营业收入＜100万		资产总额＜2 000万
14. 物业管理	营业收入小于5 000万元或从业人员小于1 000人	中型	5 000万＞营业收入≥1 000万	1 000人＞从业人员≥300人	
		小型	1 000万＞营业收入≥500万	300人＞从业人员≥100人	
		微型	营业收入＜500万	从业人员＜100人	
15. 租赁和商务服务业	资产总额小于12亿或从业人员小于300人	中型		300人＞从业人员≥100人	12亿＞资产总额≥8 000万
		微型		100人＞从业人员≥10人	8 000万＞资产总额≥100万
		小型		从业人员＜10人	资产总额＜100万
16. 其他未列明行业	从业人员小于300人	中型		300人＞从业人员≥100人	
		微型		100人＞从业人员≥10人	
		小型		从业人员＜10人	

附件 B 有关文章

附件 1 透视中国商业保理行业这块金融蛋糕

严骏伟

2012年7月商务部正式在天津滨海新区和上海浦东新区试点开展商业保理业务。在中国金融深化和金融开放的大背景下,商业保理野蛮生长。民间资本纷纷追逐这块新金融蛋糕,让这个有着悠久历史的传统金融工具一夜间在中国走红。在井喷式增长后,中国的保理行业怎么走,保理行业的市值管理和价值管理怎么达到和谐统一,值得我们认真思考。

一、大圣归来

天津滨海、上海浦东、深圳前海一直是中国改革开放和创新的发祥地。2013年5月,当我们最早拿着一箱沉甸甸的商业保理可行性研究报告,进入浦东合欢路2号商委评审会场,面对26位评委,慷慨陈词后,意外地被否决了。否决的理由是团队的金融属性太强。我们又转战当时号称中国商业保理之都的天津,没有评审会的流程,但迟迟没有下文,最后也放弃在天津注册。也许是和上海外高桥自由贸易区天然的缘分,最终成为上海自贸区第一批注册成立的商业保理公司。大圣归来,引爆了传统金融工具在中国的大发展。

二、煎饼侠式的逆袭

商业保理作为草根金融要想在金融竞争激烈的市场上异军突起,简直是一部屌丝逆袭大片。大浪淘沙后,目前中国商业保理出现了6种生存业态:

第一类:企业集团项下的商业保理公司。其主要目的是为集团主营业务提供商业保理服务。这类保理公司业务范围严格限制,但业务和资金比较充裕。

第二类:通道型的商业保理公司。通道型的商业保理公司依附金融机构的通道业务,只做金融机构资产业务出表,解除资本约束以及通过保理业务形态进行技术处理。这类保理公司靠金融机构吃饭,时好时坏,总体走下坡路。

第三类：休眠状态的保理公司。这是一类只想先拿到商业保理牌照，业务处于睡眠状态的保理公司。这类公司是当今商业保理行业的大多数，没有团队，没有业务，也没有风险管理机制。

第四类：国际贸易项下的国际保理公司。这类公司专门进行国际贸易项下的国际保理业务。其业务范围狭窄，团队从业经验集中在国际贸易领域，业务做不大。

第五类：以科技基因做商业保理的公司。这类公司的股东原来做财务管理系统、供应链金融系统的销售，是一类理想主义的IT做金融的商业保理公司。

第六类：资本意志主导的商业保理公司。这种类型的公司具有强大的市场生存能力，并能够在市场的大风大浪中脱颖而出。但面临着市值管理和价值管理的矛盾。

三、商业保理内在逻辑和现实的冲突

传统的商业保理行业只看买方企业，只看应收账款资产的资质，在现代金融工具和风险文化的竞争中，靠什么胜出？归纳起来，主要靠4大独门绝技。这是其他金融机构无法复制和仿效的生存文化。

1. 泥浆当中找珍珠

资质好的买方核心企业是银行和其他金融机构的追逐对象，根本没有商业保理的机会。而从业务量是最"脏"最"累"的小企业入手，从中看到的是资质较好的买方企业，仿佛从泥浆中找到了大珍珠。这种农村包围城市的营销模式，可以找到了一批围绕像中移动、中国电信、中石化等大型核心企业开展业务的客户，应收账款资产相对比较安全。真正为实体经济服务，真正和真实的贸易紧密结合。这是商业保理公司市场营销管理比较有效的办法之一。

2. 跳出保理做保理

商业保理行业自身靠资本金经营，同时可以按照资本金的10倍来向市场融资。商业保理公司现在还没有进入银行和金融机构的法眼，要拿到银行的授信难上加难。尽管有些银行开始关注商业保理公司，但要突破银行的授信评审难度很大。商业保理行业要做好负债管理，只有用投行的思维方式和工具来做保理，探索资金来源的渠道多元化。通过发行契约式基金、ABS、ABN等工具来扩大负债规模。商业保理资产也成为P2P市场的新宠儿，但信息披露不充分，风险评估不到位，对投资者是一个很大的风险陷阱。

3. 行业研究和分析

行业研究和分析是保理资产管理的重中之重。保理资产管理其核心是风险管理。经过一年多来的商业保理实践，才真正体会到浦东商委对商业保理团队

金融属性太重的担忧。其实，商业保理应该是一群行业专家组成的团队，在做差旅行业、商超行业、医疗设备行业的保理融资业务中，如果没有差旅行业的专家，没有商超行业的专家，没有医疗设备行业的专家，要开展商业保理业务、控制信用风险，是一句空话。所以，建立行业专家团队，根据行业特点和规律，设计商业保理产品，设计行业营销方案和贷后管理体系，是商业保理公司资产管理的基本流程。

4. 保理资产管理信息系统

保理资产管理信息系统是商业保理公司立足之本。应收账款资产的分散性、短期性、周转性的特点决定了必须建立信息系统平台来管理保理资产。通过资产筛选、计量、评估、报告、监控、交易的系统功能，实时管理和监控。同时，通过企业物联网、互联网、企业ERP系统，对接保理资产管理信息系统，实现信息流、资金流和资产流的同步管理。

四、中国商业保理行业的未来趋势

商业保理行业这一传统的商业模式，要在未来要做大做强，是非常困难的。20多年前的台湾地区，商业保理行业风生水起，今天已经销声匿迹。其主要问题是：一是商业保理是消耗资本金的行业，必须不断地补充资本金才能扩大业务发展规模；二是商业保理是一种传统金融工具，被替代性很强，传统的信用证、商业票据、福费廷、金融保理都可以替代商业保理；三是商业保理的高融资利率难以为继，市场整体融资成本呈下行趋势。要突破中国商业保理行业的瓶颈，必须建立商业保理行业的生态圈，即以中国庞大的应收账款资产为主要目标，运用投资银行的经营手段和工具，从融资业务向管理业务转变，从利差收入向中间业务收入转变，从单一的风险评估收入向基于大数据分析的征信服务转变；建立中国应收账款管理、应收账款资产证券化服务、企业应收账款信用评级和征信、应收账款做市商基金的商业保理生态圈。

这是一个后喻时代，用最年轻的团队、最新的金融技术反哺传统的商业保理行业。由此，我们看得到的是创新带来的商业保理行业的新曙光。

附件2　放爱一条生路
——写在摩山保理资产证券化产品发行前夜

严骏伟

  2001年初秋，我在芝加哥IIT学习之余，去ABN AMRO北美总部拜访Sean Chen，这是一次cold call，在前台等了近1个多小时，正想离开的时候，Sean从会议室出来了。当时他负责结构金融产品部，从他那里第一次听到了ABCP (Asset-backed Commercial Paper)，这是一种通过SPV将应收账款和分期付款的资产证券化的金融产品。他得意并享受着ABCP给他带来的快感，而我用等候了1个多小时的代价，和Sean和ABCP成为了好朋友。

  回国后，写了一篇介绍ABCP的文章发表在北京的《金融时报》上，至今已无从寻觅，但ABCP的火种也许就在那个金融抑制的时代开始从内心点燃。

  一晃就是10年……2011年，我离开银行，但ABCP的火种却从没有熄灭过，而Sean也突然出现在国内。Sean尝试在国内做汽车抵押贷款资产证券化和货车租赁资产证券化。但在设计SPV和寻找银行资金的路上却是困难重重。我们也试图通过参股基金子公司来达到SPV的目的，无果。我们试图寻找符合银行要求的资产来做证券化，但一路上充满了正规军的抢夺竞争。

  做金融的人必须是执着的、浪漫的、充满激情和理想主义的。从资产端开始吧，这句话是等待了3年的低谷、无助、孤独之后出现在眼前的一道曙光。摩山商业保理公司在上海自贸区起步。用了4个月的时间，却形成上亿的应收账款资产。而ABCP的资产池形成了。

  随着《私募投资基金管理办法》的出台，为私募投资机构阳光化奠定了法律基础。同时，摩山投资喜获私募基金管理人登记资格。契约式基金开始成为一种全新的资产管理载体。ABCP的SPV雏形出现。

  摩山保理应收账款资产，契约式基金产品，一切近乎完美，开始发行吧。当我找到一家自认为最有可能支持我发行的财富管理公司时，回答却让人失望：对保理资产不熟悉，要研究一下再说。上帝在最后一次考验我的耐心，但我知道我必须坚持。

  于是一路向北。恒天财富，一个充满血性和柔情的北方之狼，一个在中国财富管理行业的坚守者和开拓者，成全了我们最后的梦想。

  尽管是初秋时节，但心里是春暖花开。摩山保理资产管理计划诞生了！这是 ABCP 业务在中国的实践,这是坚守了 10 多年梦想的实现!晚上,前线战士从恒天财富的路演现场发回短信:一切顺利,马上上线发行。

放爱一条生路,让 ABCP 为中国商业保理公司助力!

放爱一条生路,让 ABCP 为中小企业助力!

附件3　国内首单保理资产证券化上市发行启示录

严骏伟

在中国资产证券化的热潮中，坚定地践行着应收账款证券化的目标，2015年5月19日，国内第一单摩山保理资产证券化在上交所发行成功。平静中留下了很多的思考，也为继续前行给予了宝贵的启示。

一、跟着八〇后走，现代社交圈改变旧格局

去年底，智信资产管理研究院的郑智在上海举办了一个资产证券化的沙龙，我应邀去讲了一下保理资产证券化，当时我们正好以私募契约式基金形式发行了第一单保理资产ABS。就在这个民间资产管理智库圈组织的沙龙上，兴业证券的孔哲昕坐在我边上，简单交谈后，我们相约会后一起研究保理资产支持专项计划。

她很快来到摩山保理拟定了工作计划，对基础资产进行了筛选和评估，建立了证券化的保理资产包，并对资产的行业分布、资产分散性提出了很好的建议。后来，由于诸多原因，项目没有继续下去，但小孔的市场敏锐性和对新业务的好奇心给我们留下了深刻的印象。

今年阳春3月，一次偶然的机会，在王冠组织的"ABS行业观察之思想交流群"里，发现了黄长清写的一篇关于租赁和小贷资产证券化的文章，在群里直接联系后，没有几天，他和邓浩总从北京赶到上海和我见面，敲定共同启动保理资产支持计划的证券化项目。

我和小孔这些年轻人素不相识，这是现代社交圈带来的新资源与新人脉。没有吃饭喝酒，只有微信往来；没有礼尚往来，只有沙龙相聚。那些八〇后的年轻人，用最直接的链接，改变了社交的旧格局，却帮助我们做成了最创新的事。

二、做证券化，就要懂艺术

AR（Accounting Receiveable）市场是一个信用市场，也是一个资产交易市场。这个市场买卖的是信用风险和信用保障，保理业务作为一种金融工具，是AR市场买方和卖方的中介。这样的资产要证券化，被上交所定义为"重大无先例项目"，可以想象其中的难度。

金融和艺术是一脉相承的，证券化也是一门艺术。不是每一件事、每一个

人、每一座山、每一片海都有光芒的,但有的肯定有,这就是艺术。艺术的创造过程就是寻找光芒的过程。

把缺乏流动性但具有未来现金流的应收账款打包,通过结构性重组,转变为可以在金融市场上出售和流通的证券,这是一幅多么有张力的艺术作品啊!

于是,大家都成为了艺术大师,在资产组合机制、破产隔离机制和信用提升机制3个方面尽情地发挥,创造出令人眼花缭乱的证券化作品。在这个过程中,恒泰证券的邓浩和黄长清给我留下了深刻的印象。邓总是英国帝国理工学院数量金融专业硕士毕业,曾在多家中外资投行工作,在投行和资本市场上有着深厚的功底,颇有建树。长清是北大硕士毕业,在中国 ABS 市场上,是为数极少的八〇后专家。他们是这次保理资产证券化的金融作品艺术大师。我们充满敬意。

三、重返金融市场,那些年,我们一起追过的金融产品

10多年前,外资银行的那些销售们追着我们,推销他们的 ABS,CDO。一次次的路演,让我们惊讶,信用风险原来可以这么玩。现代资产定价和风险衡量技术的发展,可以使信用产品不按照传统的历史成本方法来衡量,可以采取盯市的方法,并通过交易,增加了信用产品的流动性。2005年后,央行开闸短期融资券,中期票据金融工具,我们也做起非金融企业债务融资工具的承销发行,一度风生水起。

今天,当我们成为被证券化、被承销发行的时候,心中充满的是保理资产内在逻辑和现实的冲突。"你们既不是金融企业,又好像不是一般的工商企业。"一位在银行工作的朋友这样描述商业保理公司的。所以,银行授信给商业保理公司非常难,主要是看股东的实力和具体的保理项目,而不能从应收账款资产的内在逻辑上,看资产的现金流和买方企业的资信情况。商业保理公司面临着资金匮乏的现实困境。

重返金融市场,通过摩山保理资产支持计划,让保理公司多了一条融资渠道。同时,通过市场和投资者的评级评价,约束保理公司的业务模式,按照市场的规则,使应收账款资产做到小额分散,买方企业的付款确认更加顺畅,回款路径更加闭环。同时,建立应收账款的风险管理系统,真正做到应收账款资产筛选、计量、监控、调整、报告的5大功能。只有在市场规范下的保理业务,才能合规合法地健康发展。

今年5月19日,当我们在上交所发行首单摩山保理资产支持计划尘埃落定的时候,又欣喜地听到央行传来好消息:各类债券包括资产支持计划在银行间债券市场上市发行,不再需要审批。保理行业真是生逢其时,赶上了中国金融市场开放的蜜月期。

在大洋彼岸的美国朋友也告诉我一个消息,5月18日,美国有一家专门做应收账款管理和融资的公司荣获美国总统 E 奖。美国商务部长佩妮·普里茨克在颁奖时说道:"FC 公司为境外应收账款提供额外保障并降低风险的能力额外显著。为美国经济做出了巨大贡献。"

"有时直上孤峰顶,月下披云啸一声。"商业保理可以为中小企业的应收账款资产管理和服务方面独树一帜。

2015 年 5 月 22 日于北京亮马河畔

参考文献

[1] 李尚公,沈春晖. 资产证券化的法律问题分析. 法学研究,2000(4):19-30.
[2] SIFMA. Research Quarterly. Research Report,2015.
[3] DBRS. Rating Canadian Trade Receivables Securitization Transaction,Methodology,2013.
[4] 冯果,洪治纲. 论美国破产法之金融合约安全港制度. 当代法学,2009(5):17-24.
[5] 李玫,戴月. 资产证券化中真实销售立法的比较与借鉴. 证券市场导报,2015(12):65-75.
[6] 许余洁,任少雄,余志斌. 美国资产证券化新规及其对我国市场发展的启示. 金融法苑,2015(1):128-150.
[7] 中央国债登记结算公司证券化研究组. 2015年资产证券化发展报告. 2015.
[8] 商务部国际贸易经济合作研究院,中国服务贸易协会商业保理专业委员会,商业保理专委会悦达保理研究院. 2015中国商业保理行业发展报告. 2015.
[9] 黄嵩. 美国:资产证券化的实施样本. 金融博览,2013(9).
[10] 林华. 金融新格局:资产证券化的突破与创新. 中信出版社,2014年.
[11] 林华. 中国资产证券化操作手册. 中信出版社,2015年.

后记

风景这边独好

2013年,我们开始研究中国的应收账款市场,恰逢商务部开始在上海浦东、深圳前海和天津滨海试点商业保理公司,摩山投资发起设立了摩山商业保理有限公司,从此深耕于中国应收账款资产管理和融资领域。一路走来,我们成为了这个行业的领先者:在商业保理行业第一个发行私募契约式基金,第一个发行保理资产证券化产品,第一个引进跨境资金;荣获商业保理行业创新奖、企业证券化年度十大交易奖;创设了摩山应收账款证券化国际论坛。

我和曾总、长清希望把我们在中国应收账款资产管理和证券化的实践中积累的点点滴滴心得和体会记录下来,分享给同行们,共同主编了本书。在本书即将付印出版之际,我们又在新的领域中,劲风满帆,汹涌起航!

凯拿资产实施中国商业保理的4.0战略,全面提升应收账款资产管理的质量,搭建了凯拿资管和凯拿保理双轮驱动平台,即在供应链金融的基础上,垂直行业场景,创设场景金融服务。运用场景产生的交易数据,建立数据分析模型、评级模型和风险管理模型。同时通过互联网技术,实现资产管理和金融服务的高效和安全。

资产证券化业务也从注重原始权益人逐步发展到重视基础资产的质量,从存量资产结构化到投资组合功能的拓展。应收账款资产证券化越来越受到机构投资者在配置资产中的青睐。其小额、分散、期限短、现金流充沛的特点,风险可控度高,可以成为交易账户短久期的基本配置资产。

应收账款资产管理本质上是现金管理和风险管理,在线下人工管控的同时,积极探索智能信贷系统和保理云系统是我们下一步推出的服务产品。我们在摩山投资、摩山保理、凯拿资产、凯拿保理的持续创业中,谱写新金融服务的新篇章。

踏遍青山人未老,风景这边独好。

严骏伟

2016年10月9日 于摩山·林工作室

编写组责任执笔简介

祁 锋

现任天风兰馨投资管理有限公司资产证券化总部总经理助理、结构融资部总经理。曾供职于恒泰证券股份有限公司,主持或参与电力收费权、租赁资产、委托贷款等基础资产类型的多单企业资产证券化项目和类Reits项目;曾供职于中债资信评估有限责任公司,参与数十单多类型信贷资产证券化项目的评级工作。拥有武汉大学金融工程硕士、经济学学士、华中科技大学英语文学学士学位。

舒雨骅

现任职于上海凯拿资产管理有限公司风险管理部。曾供职于上海摩山商业保理有限公司,期间参与发行中国首单商业保理资产证券化项目,并负责及参与差旅行业、零售行业、大消费行业等多个行业保理产品设计和商业保理跨境资金引进等资金工作。曾发表《2015年度商业保理资产证券化大盘点》等文章。拥有英国萨里大学管理学硕士学位。

编写组成员简介

（按姓氏笔画为序，排名不分先后）

王佳璇

现就职于瑞银证券有限责任公司。曾供职于恒泰证券股份有限公司，具有多年资产证券化及固定收益项目相关工作的经验。负责或参与过包括信贷资产、应收账款债权、消费金融债权、融资租赁债权、经营租赁债权、收费收益权等多个交易所及银行间市场的资产证券化项目，对产品结构设计和交易结构安排有深刻的理解。拥有北京大学金融学学士学位。

王嗣豪

现任凯拿资产管理有限公司市场部总经理。曾供职于上海摩山商业保理有限公司和申万证券有限公司，具有近5年的资产管理经验及3年的商业保理业务经验，负责或参与过以下项目：商业保理契约式基金的设计、承销及发行；商业保理资产证券化项目及租赁保理、工程保理、收费权保理等多种结构融资项目。对商业保理业务的产品设计、资产管理、结构融资有着丰富的经验及独到的见解。

邓大为

现就职于中诚信证券评估有限公司，担任结构融资部总经理，负责资产证券化项目评级业务与相关量化模型研究工作，带领团队成功为两百多单资产证券化项目提供评级服务，覆盖了市场所有的基础资产类型，具有丰富的资产证券化产品设计和评级经验。拥有上海财经大学经济学硕士学位。

申 挚

现担任恒泰证券金融市场部总监，债务融资业务负责人。加入恒泰证券股份有限公司之前，曾在东方花旗证券有限公司供职，负责股权融资及创新融资业务；2014年加入恒泰证券，专注于固定收益领域研究与实践。熟悉资本市场，在股权融资及固定收益领域均具备丰富经验，主持或参与了如下项目：宝信租赁一期/二期/四期、海南航空1期BSP票款债权、海航浦发大厦REITs、世联小贷一期及庆汇租赁一期等企业ABS项目；海元2015年第一期信贷资产CLO项目；华盛园林中小企业私募债项目；宝信租赁非公开公司债项目；雪峰科技等IPO项目。拥有南开大学金融学学士和硕士学位。

吕臻飏

现任建信资本管理有限责任公司投资银行部副总裁。曾供职于恒泰证券股份有限公司和联合资信评估有限公司，具有近5年资产证券化经验，负责或参与过包括不良资产、信贷资产、个人住房抵押贷款、汽车贷款、类REITs、收费收益权、融资租赁债权等多种银行间及交易所市场的资产证券化项目，对创新型的交易结构设计具有独到的见解。

李鹏飞

现任上海凯拿资产管理有限公司董事会秘书。曾任上海摩山商业保理有限公司董事会秘书一职，曾参与上海摩山商业保理有限公司交易并购、负责完成商业保理公司第一笔跨境融资业务。对资本市场跨境融资业务有深入研究，主导完成多次商业保理跨境融资业务。拥有英国索尔福德大学国际银行与金融专业硕士学位。

张　璐

现任华兴资本固定收益部经理，拥有境内及海外资产证券化实务经验。曾任职于纽约梅隆银行美国匹兹堡分行和恒泰证券金融市场部，主持负责了多个国内里程碑或首单ABS、类REITs项目，其中负责的恒泰浩睿-彩云之南类REITs项目获得2015年新财富最佳资产证券化项目奖、《证券时报》颁发的中国区十大创新项目奖。此外，负责完成了首单学费资产支持专项计划、首单集合小贷资产支持专项计划、首单演出票款资产证券化、首单保理资产证券化等创新项目。拥有加州大学圣芭芭拉分校经济学（计量方向）硕士学位和复旦大学经济学学士学位。

张怡沁

现任上海凯拿资产管理有限公司运营部总经理。曾供职于上海摩山商业保理有限公司，具有丰富的保理项目经验，曾参与首单保理资产证券化项目。拥有加拿大阿尔伯塔大学金融学优秀学士学位。

姚金伟

于2015年初加入恒泰证券金融市场部。自加入恒泰证券股份有限公司金融市场部以来,一直从事公司债券和企业资产证券化相关工作,参与并完成了以下项目:宝信租赁四期及六期资产支持专项计划项目、宝信非公开公司债项目、摩山保理二期资产支持专项计划项目、方正保理一期资产支持专项计划项目、世联小贷一期资产支持专项计划项目、庆汇租赁一期资产支持专项计划项目等。拥有南开大学金融学硕士学位和学士学位。

谢奇武

曾任晨镒(上海)股权投资基金公司副总裁,任上海摩山商业保理有限公司北京分公司总经理,参与发行中国首单保理资产证券化项目,曾参与多种类型商业保理产品设计等工作,保理业务经验丰富。目前,东北财经大学工商管理学硕士在读。

图书在版编目(CIP)数据

应收账款资产管理及证券化实务/严骏伟,黄长清,曾宪法主编. —上海:复旦大学出版社,2016.11(2017.8重印)
ISBN 978-7-309-12578-8

Ⅰ.应… Ⅱ.①严…②黄…③曾… Ⅲ.应收账款-研究 Ⅳ.F231.2

中国版本图书馆 CIP 数据核字(2016)第 239675 号

应收账款资产管理及证券化实务
严骏伟 黄长清 曾宪法 主编
责任编辑/范仁梅

复旦大学出版社有限公司出版发行
上海市国权路 579 号 邮编:200433
网址:fupnet@fudanpress.com http://www.fudanpress.com
门市零售:86-21-65642857 团体订购:86-21-65118853
外埠邮购:86-21-65109143 出版部电话:86-21-65642845
江苏省句容市排印厂

开本 787×960 1/16 印张 24.5 字数 430 千
2017 年 8 月第 1 版第 2 次印刷

ISBN 978-7-309-12578-8/F·2310
定价:58.00 元

如有印装质量问题,请向复旦大学出版社有限公司出版部调换。
版权所有 侵权必究